河南省"特岗计划"实施成效研究编委会

主　编　刘　筠

副主编　文正建　冯　静

编　委　田　蕾　杨媛媛　李　月
　　　　景其彦　张刘成

河南省教育厅2019年度教师教育课程改革重大招标项目
——河南省"特岗计划"实施成效研究
项目编号 2019-JSJYZB-003

河南省教师教育课程改革研究项目资助

河南省"特岗计划"实施成效研究

刘 筠 主编

河南大学出版社
HENAN UNIVERSITY PRESS

·郑州·

图书在版编目（CIP）数据

河南省"特岗计划"实施成效研究/刘筠主编. --郑州：河南大学出版社，2021.8
 ISBN 978-7-5649-4816-0

Ⅰ. ①河… Ⅱ. ①刘… Ⅲ. ①乡村教育—义务教育—教育工作—研究—河南 Ⅳ. ① G522.3

中国版本图书馆 CIP 数据核字（2021）第 157492 号

责任编辑 陈　巧　刘利晓
责任校对 孙增科
封面设计 郭　灿

出　版	河南大学出版社
	地址：郑州市郑东新区商务外环中华大厦 2401 号
	邮编：450046
	电话：0371-86059701（营销部）
	网址：hupress.henu.edu.cn
排　版	郑州市今日文教印制有限公司
印　刷	广东虎彩云印刷有限公司
版　次	2021 年 8 月第 1 版
印　次	2021 年 8 月第 1 次印刷
开　本	787 mm×1 092 mm　1/16　　　　印　张　20.25
字　数	406 千字　　　　　　　　　　　　定　价　68.00 元

（本书如有印装质量问题，请与河南大学出版社营销部联系调换。）

前　言

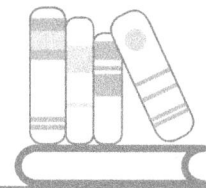

十八大以来，以习近平同志为核心的党中央将教师队伍建设摆在突出的发展位置，做出了一系列重大决策部署，中宣部、中央编办、国家发展和改革委员会、财政部、人力资源和社会保障部等部门大力支持，2006年5月，教育部、财政部、人事部、中央编办联合印发《关于实施农村义务教育阶段学校特设岗位计划的通知》，主要目的是通过公开招聘高校毕业生到农村贫困地区中小学任教，引导和鼓励高校毕业生从事乡村教育工作，逐步解决农村师资总量不足和结构不合理等问题，提高农村教师队伍的整体素质。

河南省从2009年开始实施农村特岗教师计划，成为国家特岗计划实施大省，特岗教师招录人数连续多年在全国排名第一。该计划实施以来，累计为河南省乡村补充中小学教师15万余名，使乡村中小学教师短缺问题得到初步解决，吸引了大量高学历人才到河南省乡村从事义务教育，补充了乡村教师的数量，改善了农村教师队伍的学科结构、学历结构和年龄结构，使乡村教师队伍结构逐步趋于科学合理，来源渠道更有保障，对加强农村学校师资力量、提高农村教育质量、巩固"两基"攻坚成果、推动城乡教育均衡发展发挥了积极的作用。深入持续实施"特岗计划"，在优化农村教师队伍资源配置、提高农村教师队伍整体素质、创新乡村教师补充长效机制建设以及引导促进高校毕业生到基层就业等方面发挥了重要促进作用。众多优秀的大学毕业生到农村从事中小学教育工作，给河南省广大农村学校注入了新的生机和活力，促进了农村教师队伍建设和农村教育事业发展，得到了社会各界的充分肯定和高度评价。

2009年至今，"特岗计划"在河南省已经实施十余年，招聘人数越来越多，覆盖范围越来越广，在提升乡村教育质量方面取得明显的成效，尤其在创新河南省乡村中小学教师补充机制、优化农村教师队伍结构、提升农村教育教学效果和促进大学生就业问题等方面产生了积极效果。然而，该计划在实施的过程中，随着形势的发展也出现了诸多问题。通过课题的形式系统研究河南省"特岗计划"实施的成效，可以客观呈现河南省"特岗计划"政策多年实施效果的真实现状；同时，通过分析"特岗计划"在实施过程中存在的问题，向河南省教育行政部门提出改进河南省"特岗计划"的具体对策与建议，可以更好地实现政策目标，发挥好该项政策的作用。

本书编者根据河南省"特岗计划"实施的基本状况和新时代的客观要求，在刘筠教授主持的河南省教师教育课程改革研究重大招标课题《河南省"特岗计划"实施成效研究》的基础上，突破一般研究成果仅有课题研究报告的局限，拓宽研究思路，把与"特岗计划"实施有关的中共中央、国务院及教育部等部委文件和中共河南省委、省政府及省教育厅文件，以及大量"特岗计划"实施中的优秀工作案例收集在一起，既有明确的政策支撑，也有实施工作中鲜活案例的呈现和系统、全面的研究报告，这些一起构成了本书的结构和内容。

本书共分为三编：第一编是政策编，主要收集、梳理和"特岗计划"实施有关的中共中央、国务院及教育部等部委文件和中共河南省委、省政府及省教育厅文件；第二编是案例编，收集了大量"特岗计划"工作优秀案例和河南省特岗教师工作优秀案例；第三编是研究编，为河南省教师教育课程改革研究重大招标课题《河南省"特岗计划"实施成效研究》的课题研究报告，主要内容包括国家和河南省"特岗计划"实施研究综述、河南省"特岗计划"政策出台和实施研究、河南省"特岗计划"实施的发展进程分析、河南省"特岗计划"实施的实证研究、河南省"特岗计划"取得的成效、河南省"特岗计划"实施过程中存在的问题以及提升河南省"特岗计划"实施成效的建议和对策等。

在本书的编写过程中，课题组成员参考、借鉴、引用了国内许多学者的研究成果和著作，我们尽可能全面地列在参考文献里。在此，我们向对本书写作、出版过程中给予支持和帮助的所有领导、同事和朋友们表示衷心的感谢！

目 录

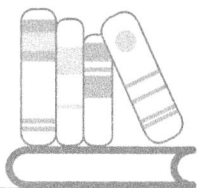

第一编 政策编

一、中共中央、国务院及教育部等部委文件

中共中央 国务院关于全面深化新时代教师队伍建设改革的意见（中发〔2018〕4号）… 3

国务院办公厅关于印发乡村教师支持计划（2015—2020年）的通知（国办发〔2015〕43号）………………………………………………………………………………………… 12

教育部等五部门关于印发《教师教育振兴行动计划（2018—2022年）》的通知（教师〔2018〕2号）………………………………………………………………………………… 17

人力资源社会保障部 教育部 中央编办 财政部关于做好2020年中小学幼儿园教师公开招聘有关工作的通知（人社部发〔2020〕28号）………………………………………… 23

人力资源社会保障部 教育部 司法部 农业农村部 文化和旅游部 国家卫生健康委 国家知识产权局关于应对新冠肺炎疫情影响实施部分职业资格"先上岗、再考证"阶段性措施的通知（人社部发〔2020〕24号）…………………………………………… 25

教育部 财政部 人事部 中央编办关于实施农村义务教育阶段学校教师特设岗位计划的通知（教师〔2006〕2号）…………………………………………………………………… 27

教育部 财政部 人力资源社会保障部 中央编办关于继续组织实施"农村义务教育阶段学校教师特设岗位计划"的通知（教师〔2009〕1号）………………………………… 31

1

教育部关于做好2010年"农村学校教育硕士师资培养计划"实施工作的通知（教师〔2009〕5号）………………………………………………………………………… 34

教育部办公厅关于做好《〈农村义务教育阶段学校教师特设岗位计划〉教师服务证书》发放管理工作的通知（教师厅函〔2010〕1号）……………………………… 37

教育部办公厅　财政部办公厅关于做好2020年农村义务教育阶段学校教师特设岗位计划实施工作的通知（教师厅〔2020〕2号）………………………………… 38

教育部办公厅　财政部办公厅关于做好2021年农村义务教育阶段学校教师特设岗位计划实施工作的通知（教师厅〔2021〕1号）………………………………… 41

二、中共河南省委、省政府及省教育厅文件

中共河南省委　河南省人民政府关于全面深化新时代教师队伍建设改革的实施意见（2019年5月5日）……………………………………………………………… 44

河南省人民政府办公厅关于印发河南省乡村教师支持计划（2015—2020年）实施办法的通知（豫政办〔2015〕157号）……………………………………………… 49

河南省教育厅　河南省财政厅　河南省人力资源和社会保障厅　河南省编办关于印发《河南省2009年农村义务教育阶段学校教师特设岗位计划实施方案》的通知（豫教师〔2009〕82号）……………………………………………………………… 53

河南省教育厅　河南省财政厅　河南省人力资源和社会保障厅　河南省编办关于做好特岗教师有关管理工作的通知（豫教师〔2009〕203号）……………………… 60

河南省教育厅　河南省财政厅　河南省人力资源和社会保障厅　河南省编办关于做好服务期满特岗教师落实工作岗位的通知（豫教师〔2012〕92号）……………… 63

河南省教育厅关于印发《河南省农村学校特岗教师招聘考试考务实施细则》（2015年修订）的通知（教师〔2015〕548号）……………………………………………… 65

河南省教育厅　河南省财政厅　河南省人力资源和社会保障厅　河南省编办关于全面加强特岗教师管理工作的意见（豫教师〔2018〕78号）……………………… 78

河南省教育厅　河南省财政厅　河南省人力资源和社会保障厅　中共河南省委编办关于做好2019年农村义务教育阶段学校教师特设岗位计划实施工作的通知（豫教师〔2019〕62号）……81

河南省教育厅　河南省财政厅　河南省人力资源和社会保障厅　中共河南省委编办关于印发河南省2019年农村义务教育阶段学校特岗教师招聘办法和岗位设置的通知（豫教师〔2019〕86号）……84

河南省教育厅办公室关于做好2019年特岗教师招聘报名和资格初审工作的通知（教师函〔2019〕324号）……89

河南省教育厅办公室关于做好2019年河南省特岗教师招聘考务工作的通知（教师函〔2019〕348号）……90

河南省教育厅办公室关于修订《河南省特岗教师招聘登记表》《河南省特岗教师服务协议书》的通知……92

河南省教育厅办公室关于2020年度高校毕业生服务基层国家助学贷款代偿工作有关问题的通知（教办资助〔2020〕167号）……94

河南省教育厅等四部门关于印发河南省2020年特岗教师招聘办法和岗位设置的通知…97

河南省教育厅等四部门关于印发河南省2021年特岗教师招聘办法和岗位设置的通知（豫教师〔2021〕95号）……102

第二编　案例编

一、"特岗计划"工作优秀案例

（一）教育部2020年"特岗计划"实施工作优秀案例

河北省献县：实施特岗教师"暖心"工程……109
山西省柳林县：构建农村教师补充机制，助力脱贫攻坚全面完胜……110

吉林省永吉县：落实"特岗计划"，促进全县教育优质均衡发展……………… 112
安徽省寿县：借"特岗计划"之风，助推教育发展……………………………… 113
河南省兰考县：保障特岗教师待遇，推进教育健康发展……………………… 114
湖北省房县：精心实施"特岗计划"，促进特岗教师扎根山区………………… 116
广西壮族自治区桂平市：多措并举，助推特岗教师成长……………………… 118
贵州省龙里县：积极落实特岗教师待遇保障…………………………………… 119
陕西省扶风县：让特岗教师在扶风大地上生根开花…………………………… 120
新疆维吾尔自治区阿克苏市：依托"特岗计划"，振兴乡村教育，助力脱贫攻坚… 121

（二）河南省教育厅"特岗计划"实施工作典型案例（2020年）

洛阳师范学院：全员参与，全程发力，扎实做好特岗教师工作……………… 123
信阳市教育局：因地制宜，精准施策，让"特岗计划"助力乡村教育振兴…… 125
济源示范区教育体育局：强化待遇优化服务，确保特岗教师进得来留得住… 127
鹿邑县教育体育局：多措并举，关爱先行，"特岗计划"在鹿邑生根开花…… 129
镇平县侯集镇中心校："四个加强"助推特岗教师专业成长…………………… 131

（三）河南省市县级教育行政部门"特岗计划"实施工作案例

邓州市教育体育局：把好四道关，精准做特岗………………………………… 133
新县教育体育局：特岗教师与新县教育共成长………………………………… 137
延津县教育体育局：栽下梧桐树，引得凤凰来………………………………… 141
新蔡县教育体育局：精心实施，周到服务……………………………………… 143
郸城县教育体育局：按策落实，培育新人，助力郸城教育持续发展………… 144
宝丰县教育体育局：精管理，助成长，打造优质特岗教师队伍……………… 146
禹州市教育体育局：真情关爱，扎实做好特岗教师工作……………………… 148
南召县教育体育局：让特岗教师在农村根深叶茂，绽放万紫千红的花朵…… 150
辉县市教育体育局：认真落实"特岗计划"，精心管理"特岗群体"………… 153
卢氏县教育体育局：关注专业发展，促进"特岗"教师成长………………… 157

（四）乡村学校"特岗计划"实施工作优秀案例

固始县泉河铺镇第一初级中学：构建"三水"平台，助力特岗成长………… 160
兰考县许河乡第一初级中学：拳拳之心系特岗，一枝一叶总关情…………… 163

新安县磁涧镇第一初级中学：提携帮扶共助力，最美青春绽芳华……………………… 166
镇平县张林镇中心小学：零落成泥碾作尘，只有香如故…………………………… 169
息县八里岔乡中学：暖风轻拂春光照，赢得春花香满园…………………………… 172
西平县出山中心学校：营造温馨环境，促进特岗教师发展………………………… 175
淅川县仓房镇小：丹江西岸可爱的人………………………………………………… 177
洛宁县长水镇中心小学：情暖特岗教师，心系乡村教育…………………………… 182
遂平县和兴镇初级中学：优秀特岗教师的摇篮……………………………………… 185
虞城县木兰镇孟楼小学：爱洒满校园………………………………………………… 187

（五）高校"特岗计划"实施工作优秀案例

河南师范大学：弘扬基层就业主旋律，培养担当有为新青年……………………… 190
商丘师范学院：联合联动，做好特岗教师培养组织工作…………………………… 193
洛阳理工学院：广阔天地大有作为…………………………………………………… 195
周口师范学院：坚持"双对接"，构建特岗教师人才培养体系……………………… 197

二、河南省特岗教师工作案例

他用青春为特岗教师代言（濮阳县徐镇镇昆吾社区小学　杨　承）………………… 201
用爱照亮学生的成长之路——一对特岗教师夫妇的幸福（河南师范大学毕业生
　张　杰　王秀秀）…………………………………………………………………… 205
让每个孩子都闪光（范县第三小学　巴世阳）……………………………………… 207
回归平静，继续保持特岗的向上姿态（封丘县潘店镇大辛庄小学　任明杰）…… 211
抖出来的师生情（太康县大许寨镇一中　刘洪威）………………………………… 215
扎根山村，扶智助贫（安阳市林州市采桑镇一中　元建周）……………………… 218
扎根山区，耿耿丹心育桃李（栾川县叫河镇初级中学　代月霞）………………… 221
情系大山，青春无悔（修武县七贤镇方庄中心小学　刘小庆）…………………… 224
相信热爱的力量（卢氏县育才中学　许卓哲）……………………………………… 227
捧着一颗心，付出所有爱（淅川县西簧乡初级中学　张刘成　景其彦）………… 230

第三编　研究编

河南省"特岗计划"实施成效研究报告

内容摘要………………………………………………………………………	237
第一章　绪论…………………………………………………………………	239
第二章　国家和河南省"特岗计划"实施研究综述…………………………	244
第三章　河南省"特岗计划"政策出台和实施研究…………………………	251
第四章　河南省"特岗计划"实施的发展进程分析…………………………	260
第五章　河南省"特岗计划"实施的实证研究………………………………	265
第六章　河南省"特岗计划"取得的成效……………………………………	275
第七章　河南省"特岗计划"实施过程中存在的问题………………………	286
第八章　提升河南省"特岗计划"实施成效的建议和对策…………………	291
参考文献………………………………………………………………………	296
附录：河南省"特岗计划"实施状况调查问卷……………………………	303
后　　记………………………………………………………………………	309

第一编
政策编

一、中共中央、国务院及教育部等部委文件

中共中央 国务院
关于全面深化新时代教师队伍建设改革的意见

中发〔2018〕4号

百年大计，教育为本；教育大计，教师为本。为深入贯彻落实党的十九大精神，造就党和人民满意的高素质专业化创新型教师队伍，落实立德树人根本任务，培养德智体美全面发展的社会主义建设者和接班人，全面提升国民素质和人力资源质量，加快教育现代化，建设教育强国，办好人民满意的教育，为决胜全面建成小康社会、夺取新时代中国特色社会主义伟大胜利、实现中华民族伟大复兴的中国梦奠定坚实基础，现就全面深化新时代教师队伍建设改革提出如下意见。

一、坚持兴国必先强师，深刻认识教师队伍建设的重要意义和总体要求

1.战略意义。教师承担着传播知识、传播思想、传播真理的历史使命，肩负着塑造灵魂、塑造生命、塑造人的时代重任，是教育发展的第一资源，是国家富强、民族振兴、人民幸福的重要基石。党和国家历来高度重视教师工作。党的十八大以来，以习近平同志为核心的党中央将教师队伍建设摆在突出位置，做出一系列重大决策部署，各地区各部门和各级各类学校采取有力措施认真贯彻落实，教师队伍建设取得显著成就。广大教师牢记使命、不忘初衷，爱岗敬业、教书育人，改革创新、服务社会，做出了重要贡献。

当今世界正处在大发展大变革大调整之中，新一轮科技和工业革命正在孕育，新的增长动能不断积聚。中国特色社会主义进入了新时代，开启了全面建设社会主义现代化国家的新征程。我国社会主要矛盾已经转化为人民日益增长的美好生活需要和不平衡不充分的发展之间的矛盾，人民对公平而有质量的教育的向往更加迫切。面对新方位、新征程、新使命，教师队伍建设还不能完全适应。有的地方对教育和教师工作重视不够，在教育事业发展中重硬件轻软件、重外延轻内涵的现象还比较突出，对教师队伍建设的支持力度亟须加大；师范教育体系有所削弱，对师范院校支持不够；有的教师素质能力

难以适应新时代人才培养需要，思想政治素质和师德水平需要提升，专业化水平需要提高；教师特别是中小学教师职业吸引力不足，地位待遇有待提高；教师城乡结构、学科结构分布不尽合理，准入、招聘、交流、退出等机制还不够完善，管理体制机制亟须理顺。时代越是向前，知识和人才的重要性就愈发突出，教育和教师的地位和作用就愈发凸显。各级党委和政府要从战略和全局高度充分认识教师工作的极端重要性，把全面加强教师队伍建设作为一项重大政治任务和根本性民生工程切实抓紧抓好。

2. 指导思想。全面贯彻落实党的十九大精神，以习近平新时代中国特色社会主义思想为指导，紧紧围绕统筹推进"五位一体"总体布局和协调推进"四个全面"战略布局，坚持和加强党的全面领导，坚持以人民为中心的发展思想，坚持全面深化改革，牢固树立新发展理念，全面贯彻党的教育方针，坚持社会主义办学方向，落实立德树人根本任务，遵循教育规律和教师成长发展规律，加强师德师风建设，培养高素质教师队伍，倡导全社会尊师重教，形成优秀人才争相从教、教师人人尽展其才、好教师不断涌现的良好局面。

3. 基本原则。

——确保方向。坚持党管干部、党管人才，坚持依法治教、依法执教，坚持严格管理监督与激励关怀相结合，充分发挥党委（党组）的领导和把关作用，确保党牢牢掌握教师队伍建设的领导权，保证教师队伍建设正确的政治方向。

——强化保障。坚持教育优先发展战略，把教师工作置于教育事业发展的重点支持战略领域，优先谋划教师工作，优先保障教师工作投入，优先满足教师队伍建设需要。

——突出师德。把提高教师思想政治素质和职业道德水平摆在首要位置，把社会主义核心价值观贯穿教书育人全过程，突出全员全方位全过程师德养成，推动教师成为先进思想文化的传播者、党执政的坚定支持者、学生健康成长的指导者。

——深化改革。抓住关键环节，优化顶层设计，推动实践探索，破解发展瓶颈，把管理体制改革与机制创新作为突破口，把提高教师地位待遇作为真招实招，增强教师职业吸引力。

——分类施策。立足我国国情，借鉴国际经验，根据各级各类教师的不同特点和发展实际，考虑区域、城乡、校际差异，采取有针对性的政策举措，定向发力，重视专业发展，培养一批教师；加大资源供给，补充一批教师；创新体制机制，激活一批教师；优化队伍结构，调配一批教师。

4. 目标任务。经过 5 年左右努力，教师培养培训体系基本健全，职业发展通道比较畅通，事权人权财权相统一的教师管理体制普遍建立，待遇提升保障机制更加完善，教师职业吸引力明显增强。教师队伍规模、结构、素质能力基本满足各级各类教育发展需要。

到2035年，教师综合素质、专业化水平和创新能力大幅提升，培养造就数以百万计的骨干教师、数以十万计的卓越教师、数以万计的教育家型教师。教师管理体制机制科学高效，实现教师队伍治理体系和治理能力现代化。教师主动适应信息化、人工智能等新技术变革，积极有效开展教育教学。尊师重教蔚然成风，广大教师在岗位上有幸福感、事业上有成就感、社会上有荣誉感，教师成为让人羡慕的职业。

二、着力提升思想政治素质，全面加强师德师风建设

5. 加强教师党支部和党员队伍建设。将全面从严治党要求落实到每个教师党支部和教师党员，把党的政治建设摆在首位，用习近平新时代中国特色社会主义思想武装头脑，充分发挥教师党支部教育管理监督党员和宣传引导凝聚师生的战斗堡垒作用，充分发挥党员教师的先锋模范作用。选优配强教师党支部书记，注重选拔党性强、业务精、有威信、肯奉献的优秀党员教师担任教师党支部书记，实施教师党支部书记"双带头人"培育工程，定期开展教师党支部书记轮训。坚持党的组织生活各项制度，创新方式方法，增强党的组织生活活力。健全主题党日活动制度，加强党员教师日常管理监督。推进"两学一做"学习教育常态化制度化，开展"不忘初心、牢记使命"主题教育，引导党员教师增强政治意识、大局意识、核心意识、看齐意识，自觉爱党护党为党，敬业修德，奉献社会，争做"四有"好教师的示范标杆。重视做好在优秀青年教师、海外留学归国教师中发展党员工作。健全把骨干教师培养成党员，把党员教师培养成教学、科研、管理骨干的"双培养"机制。

配齐建强高等学校思想政治工作队伍和党务工作队伍，完善选拔、培养、激励机制，形成一支专职为主、专兼结合、数量充足、素质优良的工作力量。把从事学生思想政治教育计入高等学校思想政治工作兼职教师的工作量，作为职称评审的重要依据，进一步增强开展思想政治工作的积极性和主动性。

6. 提高思想政治素质。加强理想信念教育，深入学习领会习近平新时代中国特色社会主义思想，引导教师树立正确的历史观、民族观、国家观、文化观，坚定中国特色社会主义道路自信、理论自信、制度自信、文化自信。引导教师准确理解和把握社会主义核心价值观的深刻内涵，增强价值判断、选择、塑造能力，带头践行社会主义核心价值观。引导广大教师充分认识中国教育辉煌成就，扎根中国大地，办好中国教育。

加强中华优秀传统文化和革命文化、社会主义先进文化教育，弘扬爱国主义精神，引导广大教师热爱祖国、奉献祖国。创新教师思想政治工作方式方法，开辟思想政治教育新阵地，利用思想政治教育新载体，强化教师社会实践参与，推动教师充分了解党情、国情、社情、民情，增强思想政治工作的针对性和实效性。要着眼青年教师群体特点，

有针对性地加强思想政治教育。落实党的知识分子政策，政治上充分信任，思想上主动引导，工作上创造条件，生活上关心照顾，使思想政治工作接地气、入人心。

7. 弘扬高尚师德。健全师德建设长效机制，推动师德建设常态化长效化，创新师德教育，完善师德规范，引导广大教师以德立身、以德立学、以德施教、以德育德，坚持教书与育人相统一、言传与身教相统一、潜心问道与关注社会相统一、学术自由与学术规范相统一，争做"四有"好教师，全心全意做学生锤炼品格、学习知识、创新思维、奉献祖国的引路人。

实施师德师风建设工程。开展教师宣传国家重大题材作品立项，推出一批让人喜闻乐见、能够产生广泛影响、展现教师时代风貌的影视作品和文学作品，发掘师德典型、讲好师德故事，加强引领，注重感召，弘扬楷模，形成强大正能量。注重加强对教师思想政治素质、师德师风等的监察监督，强化师德考评，体现奖优罚劣，推行师德考核负面清单制度，建立教师个人信用记录，完善诚信承诺和失信惩戒机制，着力解决师德失范、学术不端等问题。

三、大力振兴教师教育，不断提升教师专业素质能力

8. 加大对师范院校支持力度。实施教师教育振兴行动计划，建立以师范院校为主体、高水平非师范院校参与的中国特色师范教育体系，推进地方政府、高等学校、中小学"三位一体"协同育人。研究制定师范院校建设标准和师范类专业办学标准，重点建设一批师范教育基地，整体提升师范院校和师范专业办学水平。鼓励各地结合实际，适时提高师范专业生均拨款标准，提升师范教育保障水平。切实提高生源质量，对符合相关政策规定的，采取到岗退费或公费培养、定向培养等方式，吸引优秀青年踊跃报考师范院校和师范专业。完善教育部直属师范大学师范生公费教育政策，履约任教服务期调整为6年。改革招生制度，鼓励部分办学条件好、教学质量高院校的师范专业实行提前批次录取或采取入校后二次选拔方式，选拔有志于从教的优秀学生进入师范专业。加强教师教育学科建设。教育硕士、教育博士授予单位及授权点向师范院校倾斜。强化教师教育师资队伍建设，在专业发展、职称晋升和岗位聘用等方面予以倾斜支持。师范院校评估要体现师范教育特色，确保师范院校坚持以师范教育为主业，严控师范院校更名为非师范院校。开展师范类专业认证，确保教师培养质量。

9. 支持高水平综合大学开展教师教育。创造条件，推动一批有基础的高水平综合大学成立教师教育学院，设立师范专业，积极参与基础教育、职业教育教师培养培训工作。整合优势学科的学术力量，凝聚高水平的教学团队。发挥专业优势，开设厚基础、宽口径、多样化的教师教育课程。创新教师培养形态，突出教师教育特色，重点培养教育硕士，

适度培养教育博士，造就学科知识扎实、专业能力突出、教育情怀深厚的高素质复合型教师。

10. 全面提高中小学教师质量，建设一支高素质专业化的教师队伍。提高教师培养层次，提升教师培养质量。推进教师培养供给侧结构性改革，为义务教育学校侧重培养素质全面、业务见长的本科层次教师，为高中阶段教育学校侧重培养专业突出、底蕴深厚的研究生层次教师。大力推动研究生层次教师培养，增加教育硕士招生计划，向中西部地区和农村地区倾斜。根据基础教育改革发展需要，以实践为导向优化教师教育课程体系，强化"钢笔字、毛笔字、粉笔字和普通话"等教学基本功和教学技能训练，师范生教育实践不少于半年。加强紧缺薄弱学科教师、特殊教育教师和民族地区双语教师培养。开展中小学教师全员培训，促进教师终身学习和专业发展。转变培训方式，推动信息技术与教师培训的有机融合，实行线上线下相结合的混合式研修。改进培训内容，紧密结合教育教学一线实际，组织高质量培训，使教师静心钻研教学，切实提升教学水平。推行培训自主选学，实行培训学分管理，建立培训学分银行，搭建教师培训与学历教育衔接的"立交桥"。建立健全地方教师发展机构和专业培训者队伍，依托现有资源，结合各地实际，逐步推进县级教师发展机构建设与改革，实现培训、教研、电教、科研部门有机整合。继续实施教师国培计划。鼓励教师海外研修访学。加强中小学校长队伍建设，努力造就一支政治过硬、品德高尚、业务精湛、治校有方的校长队伍。面向全体中小学校长，加大培训力度，提升校长办学治校能力，打造高品质学校。实施校长国培计划，重点开展乡村中小学骨干校长培训和名校长研修。支持教师和校长大胆探索，创新教育思想、教育模式、教育方法，形成教学特色和办学风格，营造教育家脱颖而出的制度环境。

11. 全面提高幼儿园教师质量，建设一支高素质善保教的教师队伍。办好一批幼儿师范专科学校和若干所幼儿师范学院，支持师范院校设立学前教育专业，培养热爱学前教育事业，幼儿为本、才艺兼备、擅长保教的高水平幼儿园教师。创新幼儿园教师培养模式，前移培养起点，大力培养初中毕业起点的五年制专科层次幼儿园教师。优化幼儿园教师培养课程体系，突出保教融合，科学开设儿童发展、保育活动、教育活动类课程，强化实践性课程，培养学前教育师范生综合能力。

建立幼儿园教师全员培训制度，切实提升幼儿园教师科学保教能力。加大幼儿园园长、乡村幼儿园教师、普惠性民办幼儿园教师的培训力度。创新幼儿园教师培训模式，依托高等学校和优质幼儿园，重点采取集中培训与跟岗实践相结合的方式培训幼儿园教师。鼓励师范院校与幼儿园协同建立幼儿园教师培养培训基地。

12. 全面提高职业院校教师质量，建设一支高素质双师型的教师队伍。继续实施职业院校教师素质提高计划，引领带动各地建立一支技艺精湛、专兼结合的双师型教师队伍。加强职业技术师范院校建设，支持高水平学校和大中型企业共建双师型教师培养培训基地，建立高等学校、行业企业联合培养双师型教师的机制。切实推进职业院校教师定期到企业实践，不断提升实践教学能力。建立企业经营管理者、技术能手与职业院校管理者、骨干教师相互兼职制度。

13. 全面提高高等学校教师质量，建设一支高素质创新型的教师队伍。着力提高教师专业能力，推进高等教育内涵式发展。搭建校级教师发展平台，组织研修活动，开展教学研究与指导，推进教学改革与创新。加强院系教研室等学习共同体建设，建立完善传帮带机制。全面开展高等学校教师教学能力提升培训，重点面向新入职教师和青年教师，为高等学校培养人才培育生力军。重视各级各类学校辅导员专业发展。结合"一带一路"建设和人文交流机制，有序推动国内外教师双向交流。支持孔子学院教师、援外教师成长发展。服务创新型国家和人才强国建设、世界一流大学和一流学科建设，实施好千人计划、万人计划、长江学者奖励计划等重大人才项目，着力打造创新团队，培养引进一批具有国际影响力的学科领军人才和青年学术英才。加强高端智库建设，依托人文社会科学重点研究基地等，汇聚培养一大批哲学社会科学名家名师。高等学校高层次人才遴选和培育中要突出教书育人，让科学家同时成为教育家。

四、深化教师管理综合改革，切实理顺体制机制

14. 创新和规范中小学教师编制配备。适应加快推进教育现代化的紧迫需求和城乡教育一体化发展改革的新形势，充分考虑新型城镇化、全面二孩政策及高考改革等带来的新情况，根据教育发展需要，在现有编制总量内，统筹考虑、合理核定教职工编制，盘活事业编制存量，优化编制结构，向教师队伍倾斜，采取多种形式增加教师总量，优先保障教育发展需要。落实城乡统一的中小学教职工编制标准，有条件的地方出台公办幼儿园人员配备规范、特殊教育学校教职工编制标准。创新编制管理，加大教职工编制统筹配置和跨区域调整力度，省级统筹、市域调剂、以县为主，动态调配。编制向乡村小规模学校倾斜，按照班师比与生师比相结合的方式核定。加强和规范中小学教职工编制管理，严禁挤占、挪用、截留编制和有编不补。实行教师编制配备和购买工勤服务相结合，满足教育快速发展需求。

15. 优化义务教育教师资源配置。实行义务教育教师"县管校聘"。深入推进县域内义务教育学校教师、校长交流轮岗,实行教师聘期制、校长任期制管理,推动城镇优秀教师、校长向乡村学校、薄弱学校流动。实行学区（乡镇）内走教制度，地方政府可根据实际给予相应补贴。逐步扩大农村教师特岗计划实施规模，适时提高特岗教师工资性补助标

准。鼓励优秀特岗教师攻读教育硕士。鼓励地方政府和相关院校因地制宜采取定向招生、定向培养、定期服务等方式，为乡村学校及教学点培养"一专多能"教师，优先满足老少边穷地区教师补充需要。实施银龄讲学计划，鼓励支持乐于奉献、身体健康的退休优秀教师到乡村和基层学校支教讲学。

16. 完善中小学教师准入和招聘制度。完善教师资格考试政策，逐步将修习教师教育课程、参加教育教学实践作为认定教育教学能力、取得教师资格的必备条件。新入职教师必须取得教师资格。严格教师准入，提高入职标准，重视思想政治素质和业务能力，根据教育行业特点，分区域规划，分类别指导，结合实际，逐步将幼儿园教师学历提升至专科，小学教师学历提升至师范专业专科和非师范专业本科，初中教师学历提升至本科，有条件的地方将普通高中教师学历提升至研究生。建立符合教育行业特点的中小学、幼儿园教师招聘办法，遴选乐教适教善教的优秀人才进入教师队伍。按照中小学校领导人员管理暂行办法，明确任职条件和资格，规范选拔任用工作，激发办学治校活力。

17. 深化中小学教师职称和考核评价制度改革。适当提高中小学中级、高级教师岗位比例，畅通教师职业发展通道。完善符合中小学特点的岗位管理制度，实现职称与教师聘用衔接。将中小学教师到乡村学校、薄弱学校任教1年以上的经历作为申报高级教师职称和特级教师的必要条件。推行中小学校长职级制改革，拓展职业发展空间，促进校长队伍专业化建设。进一步完善职称评价标准，建立符合中小学教师岗位特点的考核评价指标体系，坚持德才兼备、全面考核，突出教育教学实绩，引导教师潜心教书育人。加强聘后管理，激发教师的工作活力。完善相关政策，防止形式主义的考核检查干扰正常教学。不简单用升学率、学生考试成绩等评价教师。实行定期注册制度，建立完善教师退出机制，提升教师队伍整体活力。加强中小学校长考核评价，督促提高素质能力，完善优胜劣汰机制。

18. 健全职业院校教师管理制度。根据职业教育特点，有条件的地方研究制定中等职业学校人员配备规范。完善职业院校教师资格标准，探索将行业企业从业经历作为认定教育教学能力、取得专业课教师资格的必要条件。落实职业院校用人自主权，完善教师招聘办法。推动固定岗和流动岗相结合的职业院校教师人事管理制度改革。支持职业院校专设流动岗位，适应产业发展和参与全球产业竞争需求，大力引进行业企业一流人才，吸引具有创新实践经验的企业家、高科技人才、高技能人才等兼职任教。完善职业院校教师考核评价制度，双师型教师考核评价要充分体现技能水平和专业教学能力。

19. 深化高等学校教师人事制度改革。积极探索实行高等学校人员总量管理。严把高等学校教师选聘入口关，实行思想政治素质和业务能力双重考察。严格教师职业准入，将新入职教师岗前培训和教育实习作为认定教育教学能力、取得高等学校教师资格的必备条件。适应人才培养结构调整需要，优化高等学校教师结构，鼓励高等学校加大聘用具有其他学校学习工作和行业企业工作经历教师的力度。配合外国人永久居留制度改革，健全外籍教师资格认证、服务管理等制度。帮助高等学校青年教师解决住房等困难。推动高等学校教师职称制度改革，将评审权直接下放至高等学校，由高等学校自主组织职称评审、自主评价、按岗聘任。条件不具备、尚不能独立组织评审的高等学校，可采取联合评审的方式。推行高等学校教师职务聘任制改革，加强聘期考核，准聘与长聘相结合，做到能上能下、能进能出。教育、人力资源社会保障等部门要加强职称评聘事中事后监管。深入推进高等学校教师考核评价制度改革，突出教育教学业绩和师德考核，将教授为本科生上课作为基本制度。坚持正确导向，规范高层次人才合理有序流动。

五、不断提高地位待遇，真正让教师成为令人羡慕的职业

20. 明确教师的特别重要地位。突显教师职业的公共属性，强化教师承担的国家使命和公共教育服务的职责，确立公办中小学教师作为国家公职人员特殊的法律地位，明确中小学教师的权利和义务，强化保障和管理。各级党委和政府要切实负起中小学教师保障责任，提升教师的政治地位、社会地位、职业地位，吸引和稳定优秀人才从教。公办中小学教师要切实履行作为国家公职人员的义务，强化国家责任、政治责任、社会责任和教育责任。

21. 完善中小学教师待遇保障机制。健全中小学教师工资长效联动机制，核定绩效工资总量时统筹考虑当地公务员实际收入水平，确保中小学教师平均工资收入水平不低于或高于当地公务员平均工资收入水平。完善教师收入分配激励机制，有效体现教师工作量和工作绩效，绩效工资分配向班主任和特殊教育教师倾斜。实行中小学校长职级制的地区，根据实际实施相应的校长收入分配办法。

22. 大力提升乡村教师待遇。深入实施乡村教师支持计划，关心乡村教师生活。认真落实艰苦边远地区津贴等政策，全面落实集中连片特困地区乡村教师生活补助政策，依据学校艰苦边远程度实行差别化补助，鼓励有条件的地方提高补助标准，努力惠及更多乡村教师。加强乡村教师周转宿舍建设，按规定将符合条件的教师纳入当地住房保障范围，让乡村教师住有所居。拿出务实举措，帮助乡村青年教师解决困难，关心乡村青年教师工作生活，巩固乡村青年教师队伍。在培训、职称评聘、表彰奖励等方面向乡村青年教师倾斜，优化乡村青年教师发展环境，加快乡村青年教师成长步伐。为乡村教师配备相应设施，丰富精神文化生活。

23. 维护民办学校教师权益。完善学校、个人、政府合理分担的民办学校教师社会保

障机制，民办学校应与教师依法签订合同，按时足额支付工资，保障其福利待遇和其他合法权益，并为教师足额缴纳社会保险费和住房公积金。依法保障和落实民办学校教师在业务培训、职务聘任、教龄和工龄计算、表彰奖励、科研立项等方面享有与公办学校教师同等权利。

24. 推进高等学校教师薪酬制度改革。建立体现以增加知识价值为导向的收入分配机制，扩大高等学校收入分配自主权，高等学校在核定的绩效工资总量内自主确定收入分配办法。高等学校教师依法取得的科技成果转化奖励收入，不纳入本单位工资总额基数。完善适应高等学校教学岗位特点的内部激励机制，对专职从事教学的人员，适当提高基础性绩效工资在绩效工资中的比重，加大对教学型名师的岗位激励力度。

25. 提升教师社会地位，加大教师表彰力度。大力宣传教师中的"时代楷模"和"最美教师"。开展国家级教学名师、国家级教学成果奖评选表彰，重点奖励贡献突出的教学一线教师。做好特级教师评选，发挥引领作用。做好乡村学校从教30年教师荣誉证书颁发工作。各地要按照国家有关规定，因地制宜开展多种形式的教师表彰奖励活动，并落实相关优待政策。鼓励社会团体、企事业单位、民间组织对教师出资奖励，开展尊师活动，营造尊师重教良好社会风尚。

建设现代学校制度，体现以人为本，突出教师主体地位，落实教师知情权、参与权、表达权、监督权。建立健全教职工代表大会制度，保障教师参与学校决策的民主权利。推行中国特色大学章程，坚持和完善党委领导下的校长负责制，充分发挥教师在高等学校办学治校中的作用。维护教师职业尊严和合法权益，关心教师身心健康，克服职业倦怠，激发工作热情。

六、切实加强党的领导，全力确保政策举措落地见效

26. 强化组织保障。各级党委和政府要满腔热情关心教师，充分信任、紧紧依靠广大教师。要切实加强领导，实行一把手负责制，紧扣广大教师最关心、最直接、最现实的重大问题，找准教师队伍建设的突破口和着力点，坚持发展抓公平、改革抓机制、整体抓质量、安全抓责任、保证抓党建，把教师工作记在心里、扛在肩上、抓在手中，摆上重要议事日程，细化分工，确定路线图、任务书、时间表和责任人。主要负责同志和相关责任人要切实做到实事求是、求真务实，善始善终、善做善成，把准方向、敢于担当、亲力亲为、抓实工作。各省、自治区、直辖市党委常委会每年至少研究一次教师队伍建设工作。建立教师工作联席会议制度，解决教师队伍建设重大问题。相关部门要制定切实提高教师待遇的具体措施。研究修订教师法。统筹现有资源，壮大全国教师工作力量，培育一批专业机构，专门研究教师队伍建设重大问题，为重大决策提供支撑。

27.强化经费保障。各级政府要将教师队伍建设作为教育投入重点予以优先保障,完善支出保障机制,确保党和国家关于教师队伍建设重大决策部署落实到位。优化经费投入结构,优先支持教师队伍建设最薄弱、最紧迫的领域,重点用于按规定提高教师待遇保障、提升教师专业素质能力。加大师范教育投入力度。健全以政府投入为主、多渠道筹集教育经费的体制,充分调动社会力量投入教师队伍建设的积极性。制定严格的经费监管制度,规范经费使用,确保资金使用效益。各级党委和政府要将教师队伍建设列入督查督导工作重点内容,并将结果作为党政领导班子和有关领导干部综合考核评价、奖惩任免的重要参考,确保各项政策措施全面落实到位,真正取得实效。

国务院办公厅关于印发乡村教师支持计划(2015—2020年)的通知

国办发〔2015〕43号

各省、自治区、直辖市人民政府,国务院各部委、各直属机构:

《乡村教师支持计划(2015—2020年)》已经国务院同意,现印发给你们,请结合实际认真贯彻执行。

中华人民共和国国务院办公厅
2015年6月1日

乡村教师支持计划(2015—2020年)

为深入推进全面建成小康社会、全面深化改革、全面依法治国、全面从严治党"四个全面"战略布局,认真贯彻党中央、国务院关于加强教师队伍建设的部署和要求,采取切实措施加强老少边穷岛等边远贫困地区乡村教师队伍建设,明显缩小城乡师资水平差距,让每个乡村孩子都能接受公平、有质量的教育,特制定乡村教师(包括全国乡中心区、村庄学校教师，下同）支持计划。

一、重要意义

到 2020 年全面建成小康社会、基本实现教育现代化，薄弱环节和短板在乡村，在中西部老少边穷岛等边远贫困地区。发展乡村教育，帮助乡村孩子学习成才，阻止贫困现象代际传递，是功在当代、利在千秋的大事。发展乡村教育，教师是关键，必须把乡村教师队伍建设摆在优先发展的战略地位。党和国家历来高度重视乡村教师队伍建设，在稳定和扩大规模、提高待遇水平、加强培养培训等方面采取了一系列政策举措，乡村教师队伍面貌发生了巨大变化，乡村教育质量得到了显著提高，广大乡村教师为中国乡村教育发展做出了历史性的贡献。但受城乡发展不平衡、交通地理条件不便、学校办学条件欠账多等因素影响，当前乡村教师队伍仍面临职业吸引力不强、补充渠道不畅、优质资源配置不足、结构不尽合理、整体素质不高等突出问题，制约了乡村教育持续健康发展。实施乡村教师支持计划，对于解决当前乡村教师队伍建设领域存在的突出问题，吸引优秀人才到乡村学校任教，稳定乡村教师队伍，带动和促进教师队伍整体水平提高，促进教育公平、推动城乡一体化建设、推进社会主义新农村建设、实现中华民族伟大复兴的中国梦具有十分重要的意义。

二、总体要求

（一）基本原则。

——师德为先，以德化人。着力提升乡村教师思想政治素质和职业道德水平，引导乡村教师带头践行社会主义核心价值观，加强乡村教师对中国特色社会主义的思想认同、理论认同和情感认同。重视发挥乡村教师以德化人、言传身教的作用，教育学生热爱祖国、热爱人民、热爱中国共产党，形成正确的世界观、人生观、价值观，确保乡村教育正确导向。

——规模适当，结构合理。合理规划乡村教师队伍规模，集中人财物资源，制定实施优惠倾斜政策，加大工作支持力度，加强乡村地区优质教师资源配置，有效解决乡村教师短缺问题，优化乡村教师队伍结构。

——提升质量，提高待遇。立足国情，聚焦乡村教师队伍建设最关键领域、最紧迫任务，打出组合拳，多措并举，定向施策，精准发力，标本兼治，加强培养补充，提升专业素质，提高地位待遇，不断改善乡村教师的工作生活条件。

——改革机制，激发活力。坚持问题导向，深化体制机制改革，拓宽乡村教师来源，鼓励有志青年投身乡村教育事业，畅通高校毕业生、城镇教师到乡村学校任教的通道，逐步形成"越往基层、越是艰苦，地位待遇越高"的激励机制，以及充满活力的乡村教师使用机制。通过实施乡村教师支持计划，带动建立相关制度，形成可持续发展的长效机制。

（二）工作目标。

到 2017 年，力争使乡村学校优质教师来源得到多渠道扩充，乡村教师资源配置得到改善，教育教学能力水平稳步提升，各方面合理待遇依法得到较好保障，职业吸引力明显增强，逐步形成"下得去、留得住、教得好"的局面。到 2020 年，努力造就一支素质优良、甘于奉献、扎根乡村的教师队伍，为基本实现教育现代化提供坚强有力的师资保障。

三、主要举措

（一）全面提高乡村教师思想政治素质和师德水平。坚持不懈地用中国特色社会主义理论体系武装乡村教师头脑，进一步建立健全乡村教师政治理论学习制度，增强思想政治工作的针对性和实效性，不断提高教师的理论素养和思想政治素质。切实加强乡村教师队伍党建工作，基层党组织要充分发挥政治核心作用，进一步关心教育乡村教师，适度加大发展党员力度。开展多种形式的师德教育，把教师职业理想、职业道德、法治教育、心理健康教育等融入职前培养、准入、职后培训和管理的全过程。落实教育、宣传、考核、监督与奖惩相结合的师德建设长效机制。

（二）拓展乡村教师补充渠道。鼓励省级人民政府建立统筹规划、统一选拔的乡村教师补充机制，为乡村学校持续输送大批优秀高校毕业生。扩大农村教师特岗计划实施规模，重点支持中西部老少边穷岛等贫困地区补充乡村教师，适时提高特岗教师工资性补助标准。鼓励地方政府和师范院校根据当地乡村教育实际需求加强本土化培养，采取多种方式定向培养"一专多能"的乡村教师。高校毕业生取得教师资格并到乡村学校任教一定期限，按有关规定享受学费补偿和国家助学贷款代偿政策。各地要采取有效措施鼓励城镇退休的特级教师、高级教师到乡村学校支教讲学，中央财政比照边远贫困地区、边疆民族地区和革命老区人才支持计划教师专项计划给予适当支持。

（三）提高乡村教师生活待遇。全面落实集中连片特困地区乡村教师生活补助政策，依据学校艰苦边远程度实行差别化的补助标准，中央财政继续给予综合奖补。各地要依法依规落实乡村教师工资待遇政策，依法为教师缴纳住房公积金和各项社会保险费。在现行制度架构内，做好乡村教师重大疾病救助工作。加快实施边远艰苦地区乡村学校教师周转宿舍建设。各地要按规定将符合条件的乡村教师住房纳入当地住房保障范围，统筹予以解决。

（四）统一城乡教职工编制标准。乡村中小学教职工编制按照城市标准统一核定，其中村小学、教学点编制按照生师比和班师比相结合的方式核定。县级教育部门在核定的编制总额内，按照班额、生源等情况统筹分配各校教职工编制，并报同级机构编制部门和财政部门备案。通过调剂编制、加强人员配备等方式进一步向人口稀少的教学点、村小学倾斜，重点解决教师全覆盖问题，确保乡村学校开足开齐国家规定课程。严禁在有合格教师来源的情况下"有编不补"、长期使用临聘人员，严禁任何部门和单位以任何理由、任何形式占用或变相占用乡村中小学教职工编制。

（五）职称（职务）评聘向乡村学校倾斜。各地要研究完善乡村教师职称（职务）评聘条件和程序办法，实现县域内城乡学校教师岗位结构比例总体平衡，切实向乡村教师倾斜。乡村教师评聘职称（职务）时不作外语成绩（外语教师除外）、发表论文的刚性要求，坚持育人为本、德育为先，注重师德素养，注重教育教学工作业绩，注重教育教学方法，注重教育教学一线实践经历。城市中小学教师晋升高级教师职称（职务），应有在乡村学校或薄弱学校任教一年以上的经历。

（六）推动城镇优秀教师向乡村学校流动。全面推进义务教育教师队伍"县管校聘"管理体制改革，为组织城市教师到乡村学校任教提供制度保障。各地要采取定期交流、跨校竞聘、学区一体化管理、学校联盟、对口支援、乡镇中心学校教师走教等多种途径和方式，重点引导优秀校长和骨干教师向乡村学校流动。县域内重点推动县城学校教师到乡村学校交流轮岗，乡镇范围内重点推动中心学校教师到村小学、教学点交流轮岗。采取有效措施，保持乡村优秀教师相对稳定。

（七）全面提升乡村教师能力素质。到2020年前，对全体乡村教师校长进行360学时的培训。要把乡村教师培训纳入基本公共服务体系，保障经费投入，确保乡村教师培训时间和质量。省级人民政府要统筹规划和支持全员培训，市、县级人民政府要切实履行实施主体责任。整合高等学校、县级教师发展中心和中小学校优质资源，建立乡村教师校长专业发展支持服务体系。将师德教育作为乡村教师培训的首要内容，推动师德教育进教材、进课堂、进头脑，贯穿培训全过程。全面提升乡村教师信息技术应用能力，积极利用远程教学、数字化课程等信息技术手段，破解乡村优质教学资源不足的难题，同时建立支持学校、教师使用相关设备的激励机制并提供必要的保障经费。加强乡村学校音体美等师资紧缺学科教师和民族地区双语教师培训。按照乡村教师的实际需求改进培训方式，采取顶岗置换、网络研修、送教下乡、专家指导、校本研修等多种形式，增强培训的针对性和实效性。从2015年起，"国培计划"集中支持中西部地区乡村教师校长培训。鼓励乡村教师在职学习深造，提高学历层次。

（八）建立乡村教师荣誉制度。国家对在乡村学校从教30年以上的教师按照有关规定颁发荣誉证书。省（区、市）、县（市、区、旗）要分别对在乡村学校从教20年以上、10年以上的教师给予鼓励。各省级人民政府可按照国家有关规定对在乡村学校长期从教的教师予以表彰。鼓励和引导社会力量建立专项基金，对长期在乡村学校任教的优秀教师给予物质奖励。在评选表彰教育系统先进集体和先进个人等方面要向乡村教师倾斜。广泛宣传乡村教师坚守岗位、默默奉献的崇高精神，在全社会大力营造关心支持乡村教师和乡村教育的浓厚氛围。

四、组织实施

（一）明确责任主体。地方各级人民政府是实施乡村教师支持计划的责任主体。要加强组织领导，把实施工作列入重要议事日程，实行一把手负责制，细化任务分工，分解责任，推进各部门密切配合、形成合力，切实将计划落到实处。要将实施乡村教师支持计划情况纳入地方政府工作考核指标体系，加强考核和监督。教育行政部门要加强对乡村教师队伍建设的统筹管理、规划和指导。发展改革、财政、编制、人力资源社会保障部门要按照职责分工主动履职，切实承担责任。要着力改革体制，鼓励和引导社会力量参与支持乡村教师队伍建设。对在乡村教师队伍建设工作方面改革创新、积极推进、成绩突出的基层教育部门，有关部门要加强总结、及时推广经验做法并按照国家有关规定予以表彰。

（二）加强经费保障。中央财政通过相关政策和资金渠道，重点支持中西部乡村教师队伍建设。地方各级人民政府要积极调整财政支出结构，加大投入力度，大力支持乡村教师队伍建设。要把资金和投入用在乡村教师队伍建设最薄弱、最迫切需要的领域，切实用好每一笔经费，提高资金使用效益，促进教育资源均衡配置。要制定严格的经费监管制度，规范经费使用，加强经费管理，强化监督检查，坚决杜绝截留、克扣、虚报、冒领等违法违规行为的发生。

（三）开展督导检查。地方各级人民政府教育督导机构要会同有关部门，每年对乡村教师支持计划实施情况进行专项督导，及时通报督导情况并适时公布。国家有关部门要组织开展对乡村教师支持计划实施情况的专项督导检查。对实施不到位、成效不明显的，要追究相关负责人的领导责任。

省、市、县、乡各级人民政府要制订实施办法，把准支持重点，因地制宜提出符合乡村教育实际的支持政策和有效措施,将本计划的要求进一步明确化、具体化。请各省（区、市）于2015年底前，将本省（区、市）的实施办法报教育部备案，同时向社会公布，接受社会监督。

教育部等五部门关于印发《教师教育振兴行动计划（2018—2022年）》的通知

教师〔2018〕2号

各省、自治区、直辖市教育厅（教委）、发展改革委、财政厅（局）、人力资源和社会保障厅（局）、编办，新疆生产建设兵团教育局、发展改革委、财政局、人事局、劳动和社会保障局、编办：

现将《教师教育振兴行动计划（2018—2022年）》印发给你们，请结合实际认真贯彻执行。

教育部　国家发展改革委　财政部
人力资源社会保障部　中央编办
2018年2月11日

教师教育振兴行动计划（2018—2022年）

教师教育是教育事业的工作母机，是提升教育质量的动力源泉。为深入认真贯彻习近平新时代中国特色社会主义思想和党的十九大精神，根据《中共中央国务院关于全面深化新时代教师队伍建设改革的意见》（中发〔2018〕4号）的决策部署，按照国民经济和社会发展第十三个五年规划纲要及国家教育事业发展"十三五"规划工作要求，采取切实措施建强做优教师教育，推动教师教育改革发展，全面提升教师素质能力，努力建设一支高素质专业化创新型教师队伍，特制定教师教育振兴行动计划。

一、指导思想

以习近平新时代中国特色社会主义思想为指导，全面学习贯彻党的十九大精神，紧紧围绕统筹推进"五位一体"总体布局和协调推进"四个全面"战略布局，坚持和加强党的全面领导，坚持以人民为中心的发展思想，坚持全面深化改革，牢固树立新发展理念，全面贯彻党的教育方针，坚持社会主义办学方向，落实立德树人根本任务，主动适应教育现代化对教师队伍的新要求，遵循教育规律和教师成长发展规律，着眼长远，立足当前，以提升教师教育质量为核心，以加强教师教育体系建设为支撑，以教师教育供给侧结构性改革为动力，推进教师教育创新、协调、绿色、开放、共享发展，从源头上加强教师队伍建设，着力培养造就党和人民满意的师德高尚、业务精湛、结构合理、充满活力的教师队伍。

二、目标任务

经过5年左右努力，办好一批高水平、有特色的教师教育院校和师范类专业，教师培养培训体系基本健全，为我国教师教育的长期可持续发展奠定坚实基础。师德教育显著加强，教师培养培训的内容方式不断优化，教师综合素质、专业化水平和创新能力显著提升，为发展更高质量更加公平的教育提供强有力的师资保障和人才支撑。

——落实师德教育新要求，增强师德教育实效性。将学习贯彻习近平总书记对教师的殷切希望和要求作为教师师德教育的首要任务和重点内容。加强师德养成教育，用"四有好老师"标准、"四个引路人"、"四个相统一"和"四个服务"等要求，统领教师成长发展，细化落实到教师教育课程，引导教师以德立身、以德立学、以德施教、以德育德。

——提升培养规格层次，夯实国民教育保障基础。全面提高师范生的综合素养与能力水平。根据各地实际，为义务教育学校培养更多接受过高质量教师教育的素质全面、业务见长的本科层次教师，为普通高中培养更多专业突出、底蕴深厚的研究生层次教师，为中等职业学校（含技工学校，下同）大幅增加培养具有精湛实践技能的"双师型"专业课教师，为幼儿园培养一大批关爱幼儿、擅长保教的学前教育专业专科以上学历教师，教师培养规格层次满足保障国民教育和创新人才培养的需要。

——改善教师资源供给，促进教育公平发展。加强中西部地区和乡村学校教师培养，重点为边远、贫困、民族地区教育精准扶贫提供师资保障。支持中西部地区提升师范专业办学能力。推进本土化培养，面向师资补充困难地区逐步扩大乡村教师公费定向培养规模，为乡村学校培养"下得去、留得住、教得好、有发展"的合格教师。建立健全乡村教师成长发展的支持服务体系，高质量开展乡村教师全员培训，培训的针对性和实效性不断提高。

——创新教师教育模式，培养未来卓越教师。吸引优秀人才从教，师范生生源质量显著提高，用优秀的人去培养更优秀的人。注重协同育人，注重教学基本功训练和实践教学，注重课程内容不断更新，注重信息技术应用能力，教师教育新形态基本形成。师范生与在职教师的社会责任感、创新精神和实践能力不断增强。

——发挥师范院校主体作用，加强教师教育体系建设。加大对师范院校的支持力度，不断优化教师教育布局结构，基本形成以国家教师教育基地为引领、师范院校为主体、高水平综合大学参与、教师发展机构为纽带、优质中小学为实践基地的开放、协同、联动的现代教师教育体系。

三、主要措施

（一）师德养成教育全面推进行动。研制出台在教师培养培训中加强师德教育的文件和师德修养教师培训课程指导标准。将师德教育贯穿教师教育全过程，作为师范生培养和教师培训课程的必修模块。培育和践行社会主义核心价值观，引导教师全面落实到教育教学实践中。制订教师法治培训大纲，开展法治教育，提升教师法治素养和依法执教能力。在师范生和在职教师中广泛开展中华优秀传统文化教育，注重通过中华优秀传统文化涵养师德，通过经典诵读、开设专门课程、组织专题培训等形式，汲取文化精髓，传承中华师道。将教书育人楷模、一线优秀教师校长请进课堂，采取组织公益支教、志愿服务等方式，着力培育师范生的教师职业认同和社会责任感。借助新闻媒体平台，组织开展师范生"师德第一课"系列活动。每年利用教师节后一周时间开展"师德活动周"活动。发掘师德先进典型，弘扬当代教师风采，大力宣传阳光美丽、爱岗敬业、默默奉献的新时代优秀教师形象。

（二）教师培养层次提升行动。引导支持办好师范类本科专业，加大义务教育阶段学校本科层次教师培养力度。按照有关程序办法，增加一批教育硕士专业学位授权点。引导鼓励有关高校扩大教育硕士招生规模，对教师教育院校研究生推免指标予以统筹支持。支持探索普通高中、中等职业学校教师本科和教育硕士研究生阶段整体设计、分段考核、有机衔接的培养模式。适当增加教育博士专业学位授权点，引导鼓励有关高校扩大教育博士招生规模，面向基础教育、职业教育教师校长，完善教育博士选拔培养方案。办好一批幼儿师范高等专科学校和若干所幼儿师范学院。各地根据学前教育发展的实际需求，扩大专科以上层次幼儿园教师培养规模。支持师范院校扩大特殊教育专业招生规模，加大特殊教育领域教育硕士培养力度。

（三）乡村教师素质提高行动。各地要以集中连片特困地区县和国家级贫困县为重点，通过公费定向培养、到岗退费等多种方式，为乡村小学培养补充全科教师，为乡村初中培养补充"一专多能"教师，优先满足老少边穷岛等边远贫困地区教师补充需要。加大紧缺薄弱学科教师和民族地区双语教师培养力度。加强县区乡村教师专业发展支持服务体系建设，强化县级教师发展机构在培训乡村教师方面的作用。培训内容针对教育教学实际需要，注重新课标新教材和教育观念、教学方法培训，赋予乡村教师更多选择权，提升乡村教师培训实效。推进乡村教师到城镇学校跟岗学习，鼓励引导师范生到乡村学校进行教育实践。"国培计划"集中支持中西部乡村教师校长培训。

（四）师范生生源质量改善行动。依法保障和提高教师的地位待遇，通过多种方式吸引优质生源报考师范专业。改进完善教育部直属师范大学师范生免费教育政策，将"免费师范生"改称为"公费师范生"，履约任教服务期调整为6年。推进地方积极开展师范生公费教育工作。积极推行初中毕业起点五年制专科层次幼儿园教师培养。部分办学条件好、教学质量高的高校师范专业实行提前批次录取。加大入校后二次选拔力度，鼓励设立面试考核环节，考察学生的综合素养和从教潜质，招收乐教适教善教的优秀学生就读师范专业。鼓励高水平综合性大学成立教师教育学院，设立师范类专业，招收学科知识扎实、专业能力突出、具有教育情怀的学生，重点培养教育硕士，适度培养教育博士。建立健全符合教育行业特点的教师招聘办法，畅通优秀师范毕业生就业渠道。

（五）"互联网＋教师教育"创新行动。充分利用云计算、大数据、虚拟现实、人工智能等新技术，推进教师教育信息化教学服务平台建设和应用，推动以自主、合作、探究为主要特征的教学方式变革。启动实施教师教育在线开放课程建设计划，遴选认定200门教师教育国家精品在线开放课程，推动在线开放课程广泛应用共享。实施新一周期中小学教师信息技术应用能力提升工程，引领带动中小学教师校长将现代信息技术有效运用于教育教学和学校管理。研究制定师范生信息技术应用能力标准，提高师范生信息素养和信息化教学能力。依托全国教师管理信息系统，加强在职教师培训信息化管理，建设教师专业发展"学分银行"。

（六）教师教育改革实验区建设行动。支持建设一批由地方政府统筹，教育、发展改革、财政、人力资源社会保障、编制等部门密切配合，高校与中小学协同开展教师培养培训、职前与职后相互衔接的教师教育改革实验区，带动区域教师教育综合改革，全面提升教师培养培训质量。深入实施"卓越教师培养计划"，建设一流师范院校和一流师范专业，分类推进教师培养模式改革。推动实践导向的教师教育课程内容改革和以师范生为中心的教学方法变革。发挥"国培计划"示范引领作用，加强教师培训需求诊断，优化培训内容，推动信息技术与教师培训的有机融合，实行线上线下相结合的混合式培训。实施新一周期职业院校教师素质提高计划，引领带动高层次"双师型"教师队伍建设。实施中小学名师名校长领航工程，培养造就一批具有较大社会影响力、能够在基础教育领域发挥示范引领作用的领军人才。加强教育行政部门对新教师入职教育的统筹规划，推行集中培训和跟岗实践相结合的新教师入职教育模式。

（七）高水平教师教育基地建设行动。综合考虑区域布局、层次结构、师范生招生规模、校内教师教育资源整合、办学水平等因素，重点建设一批师范教育基地，发挥高水平、有特色教师教育院校的示范引领作用。加强教师教育院校师范生教育教学技能实训平台建设。国家和地方有关重大项目充分考虑教师教育院校特色，在规划建设方面予以倾斜。推动高校有效整合校内资源，鼓励有条件的高校依托现有资源组建实体化的教师教育学院。制定县级教师发展中心建设标准。以优质市县教师发展机构为引领，推动整合教师培训机构、教研室、教科所（室）、电教馆的职能和资源，按照精简、统一、效能原则建设研训一体的市县教师发展机构，更好地为区域教师专业发展服务。高校与地方教育行政部门依托优质中小学，开展师范生见习实习、教师跟岗培训和教研教改工作。

（八）教师教育师资队伍优化行动。国家和省级教育行政部门加大对教师教育师资国内外访学支持力度。引导支持高校加大学科课程与教学论博士生培养力度。高校对教师教育师资的工作量计算、业绩考核等评价与管理，应充分体现教师教育工作特点。在岗位聘用、绩效工资分配等方面，对学科课程与教学论教师实行倾斜政策。推进职业学校、高等学校与大中型企业共建共享师资，允许职业学校、高等学校依法依规自主聘请兼职教师，支持有条件的地方探索产业导师特设岗位计划。推进高校与中小学教师、企业人员双向交流。高校与中小学、高校与企业采取双向挂职、兼职等方式，建立教师教育师资共同体。实施骨干培训者队伍建设工程，开展万名专兼职教师培训者培训能力提升专项培训。组建中小学名师工作室、特级教师流动站、企业导师人才库，充分发挥教研员、学科带头人、特级教师、高技能人才在师范生培养和在职教师常态化研修中的重要作用。

（九）教师教育学科专业建设行动。建立健全教师教育本专科和研究生培养的学科专业体系。鼓励支持有条件的高校自主设置"教师教育学"二级学科，国家定期公布高校在教育学一级学科设立"教师教育学"二级学科情况，加强教师教育的学术研究和人才培养。明确教育实践的目标任务，构建全方位教育实践内容体系，与基础教育、职业教育课程教学改革相衔接，强化"三字一话"等师范生教学基本功训练。修订《教师教育课程标准》，组织编写或精选推荐一批主干课教材和精品课程资源。发布《中小学幼儿园教师培训课程指导标准》。开发中等职业学校教师教育课程和特殊教育课程资源。鼓励高校针对有从教意愿的非师范类专业学生开设教师教育课程，协助参加必要的教育实践。建设公益性教师教育在线学习中心，提供教师教育核心课程资源，供非师范类专业学生及社会人士修习。

（十）教师教育质量保障体系构建行动。建设全国教师教育基本状态数据库，建立教师培养培训质量监测机制，发布《中国教师教育质量年度报告》。出台《普通高等学校师范类专业认证标准》，启动开展师范类专业认证，将认证结果作为师范类专业准入、质量评价和教师资格认定的重要依据，并向社会公布。建立高校教师教育质量自我评估制度。建立健全教育专业学位认证评估制度和动态调整机制，推动完善教育硕士培养方案，聚焦中小学教师培养，逐步实现教育硕士培养与教师资格认定相衔接。

建立健全教师培训质量评估制度。高校教学、学科评估要考虑教师教育院校的实际，将教师培养培训工作纳入评估体系，体现激励导向。

四、组织实施

（一）明确责任主体。要加强组织领导，把振兴教师教育作为全面深化新时代教师队伍建设改革的重大举措，列入重要议事日程，切实将计划落到实处。教育行政部门要加强对教师教育工作的统筹管理和指导，发展改革、财政、人力资源社会保障、编制部门要密切配合、主动履职尽责，共同为教师教育振兴发展营造良好的法治和政策环境。成立国家教师教育咨询专家委员会，为教师教育重大决策提供有力支撑。

（二）加强经费保障。要加大教师教育财政经费投入力度，提升教师教育保障水平。根据教师教育发展以及财力状况，适时提高师范生生均拨款标准。教师培训经费要列入财政预算。幼儿园、中小学和中等职业学校按照年度公用经费预算总额的 5% 安排教师培训经费。中央财政通过现行政策和资金渠道对教师教育加大支持力度。在相关重大教育发展项目中将教师培养培训作为资金使用的重要方向。积极争取社会支持，建立多元化筹资渠道。

（三）开展督导检查。建立教师教育项目实施情况的跟踪、督导机制。国家有关部门组织开展对教师教育振兴行动计划实施情况的专项督导检查，确保各项政策举措落到实处。按照国家有关规定对先进典型予以表彰奖励，对实施不到位、敷衍塞责的，要追究相关部门负责人的领导责任。

各省、自治区、直辖市要因地制宜提出符合本地实际的实施办法，将本计划的要求落到实处。

人力资源社会保障部 教育部 中央编办 财政部
关于做好2020年中小学幼儿园教师公开招聘有关工作的通知

人社部发〔2020〕28号

各省、自治区、直辖市及新疆生产建设兵团人力资源社会保障厅（局）、教育厅（教委、教育局）、党委编办、财政厅（局）：

为贯彻习近平总书记在统筹推进新冠肺炎疫情防控和经济社会发展工作部署会议上的重要讲话精神，落实国务院常务会议关于促进高校毕业生就业的部署要求，加强教师队伍特别是基层教师队伍建设，推进教育事业发展，现就应对新冠肺炎疫情影响，做好2020年中小学幼儿园教师公开招聘有关工作通知如下。

一、提高认识，统筹谋划做好教师公开招聘工作

受疫情影响，今年高校毕业生就业形势严峻，党中央、国务院出台一系列稳就业重要举措，促进高校毕业生就业。各地要按照党中央、国务院决策部署，统一思想，高度重视，充分认识当前高校毕业生就业和教师队伍建设的重要性，统筹推进疫情防控和教育改革发展，稳存量、拓增量，多措并举促进高校毕业生就业，全面加强教师队伍特别是基层教师队伍建设，扎实做好2020年中小学幼儿园教师公开招聘工作，鼓励和引导更多高校毕业生补充到基层中小学幼儿园，满足教育发展需要。

二、挖潜创新，加强中小学教职工编制保障

各地要认真落实好国家进一步挖潜创新加强中小学教职工管理有关政策要求，加大事业编制挖潜、创新和统筹调剂力度，盘活用好现有资源尤其是教育系统各类事业编制，落实城乡统一的中小学教职工编制标准。充分考虑多种增编因素，科学合理核定中小学教职工编制，为高校毕业生提供更多的中小学教师岗位。

三、重点突破，加大幼儿园教师补充力度

各地要重点加强幼儿园教师公开招聘，落实《幼儿园教职工配备标准（暂行）》，创新人员管理方式，保障幼儿园教师工资待遇，依法依规参加社会保险。支持各地加强

幼儿园编制配置，有条件的省份每年核定一定数量的幼儿园教职工编制，招聘学前教育专业高校毕业生到幼儿园就业。中央财政在分配相关资金时，将统筹考虑各地幼儿园专任教师数因素，支持推进学前教育改革发展。

四、优化供给，教师公开招聘实施"先上岗、再考证"

各地在中小学幼儿园（含"特岗计划"）教师公开招聘工作中，要根据岗位需求，科学合理地设置招聘条件，不得设置指向性或与岗位无关的歧视性条件。要按照人力资源社会保障部等七部门有关应对新冠肺炎疫情影响实施部分职业资格"先上岗、再考证"阶段性措施文件的要求，在2020年12月31日前招聘高校毕业生的，不得将取得教师资格证书作为限制性条件。

五、积极支持，引导高校毕业生到艰苦边远地区学校任教

艰苦边远地区县乡中小学幼儿园按照艰苦边远地区县乡事业单位公开招聘工作的有关规定，在坚持公开招聘基本制度的基础上，可以适当放宽年龄、学历、专业等招聘条件，拓宽招聘渠道；可以拿出一定数量岗位面向本县、本市或者周边县市户籍人员（或者生源）招聘。其中，乡镇中小学幼儿园招聘本科以上高校毕业生、县中小学幼儿园招聘硕士以上高校毕业生，可以结合实际情况，采取面试、直接考察的方式公开招聘；可以根据应聘人员报名、专业分布等情况适当降低开考比例，或不设开考比例，划定成绩合格线。

六、挂图推进，确保完成"特岗计划"招聘计划

各地教育行政部门要按照工作部署，制定工作推进图表，加强与人力资源社会保障、编制、财政等部门的协调配合，切实做好今年的"特岗计划"招聘组织实施工作，精心分配计划，广泛宣传政策，吸引广大高校毕业生应聘。一次性招聘未完成计划的省份，可以按规定依次递补聘用或组织二次招聘，保证招聘完成率。实施地方"特岗计划"的省份，要统筹中央和地方两级"特岗计划"使用，优先完成中央"特岗计划"。2020年中央"特岗计划"教师招聘工作对湖北省招聘计划和湖北籍以及湖北高校毕业生予以适当倾斜支持。

七、协同配合，落实教师招聘工作责任

各级人力资源社会保障、教育、编制、财政部门要加强协调配合，各司其职，根据各类中小学幼儿园生源和教师队伍建设情况，加大教师公开招聘力度，细化举措，明确任务，在去年招聘高校毕业生数量的基础上，再扩大招聘一定数量的高校毕业生，吸纳更多高校毕业生从教。各地要结合实际，尽快启动2020年教师公开招聘工作，招聘公告在事业单位人事综合管理部门公开招聘服务平台、教育部门网站及教育部"24365校园招聘"平台上发布，通过多种途径广泛推介招聘信息。人力资源社会保障部、教育部、

中央编办将建立调度协调机制,定期调度各地教师公开招聘落实进展情况,协调解决工作中的问题和困难,并在相关工作中给予支持。

八、大力扶持,增强民办学校吸纳就业能力

各地要加大就业政策落实力度,支持民办学校积极吸纳就业,对吸纳高校毕业生、就业困难人员等重点群体就业的民办中小学幼儿园按规定落实税收减免、社会保险补贴、一次性吸纳就业补贴等扶持政策。对民办中小学幼儿园按规定落实阶段性减免社会保险费政策。

请各省(区、市)教育行政部门将教师招聘工作联系人及联系电话报教育部教师工作司,并每两周报送一次工作进展情况。在2020年教师公开招聘工作结束后,报送《2020年中小学幼儿园教师岗位招聘毕业生情况统计表》。

人力资源社会保障部　教育部　中央编办　财政部
2020年5月9日

人力资源社会保障部　教育部　司法部　农业农村部 文化和旅游部　国家卫生健康委　国家知识产权局 关于应对新冠肺炎疫情影响实施部分职业资格 "先上岗、再考证"阶段性措施的通知

人社部发〔2020〕24号

各省、自治区、直辖市及新疆生产建设兵团人力资源社会保障厅(局)、教育厅(教委、教育局)、司法厅(局)、农业农村(农牧、畜牧兽医、渔业)厅(局、委)、文化和旅游厅(局)、卫生健康委、知识产权局(知识产权管理部门):

为深入贯彻落实习近平总书记关于统筹推进新冠肺炎疫情防控和经济社会发展工作的重要指示精神,落实国务院常务会议部署要求,进一步强化稳就业举措,促进高校毕业生就业,经国务院同意,对《国家职业资格目录》中部分职业资格实施"先上岗、再考证"阶段性措施。现就有关事项通知如下:

一、对中小学、幼儿园、中等职业学校教师资格实施"先上岗、再考证"阶段性措施，凡符合教师资格考试报名条件和教师资格认定关于思想政治素质、普通话水平、身体条件等要求的高校毕业生，可以先上岗从事教育教学相关工作，再参加考试并取得教师资格。对护士执业资格、渔业船员资格、执业兽医资格、演出经纪人员资格、专利代理师资格等5项准入类职业资格实施"先上岗、再考证"阶段性措施，凡符合该5项职业资格考试报名条件的高校毕业生，可以先上岗从事相关工作，再参加考试并取得职业资格。用人单位在2020年12月31日前招聘高校毕业生的，不得将取得上述职业资格作为限制性条件。

二、对实施"先上岗、再考证"的准入类职业资格，高校毕业生在取得职业资格之前主要从事辅助性工作。其中，尚未取得教师资格的高校毕业生先上岗的，不宜独立承担一门课的讲授任务或幼儿园带班任务。尚未取得护士执业资格的护理、助产专业高校毕业生先上岗的，可以先从事医疗护理员工作，但不得从事诊疗技术规范规定的护理活动。尚未取得执业兽医资格的兽医相关专业高校毕业生先上岗的，不得独立从事动物诊疗活动、开具兽药处方。

三、尚未取得法律职业资格证书的高校毕业生，符合国家统一法律职业资格考试报名条件和申请律师执业实习其他条件的，可先申请实习登记，在律师事务所实习。实习期满经律师协会考核合格并取得法律职业资格证书的，或者自收到考核合格通知之日起一年内取得法律职业资格证书的，可以按规定申请律师执业。

四、各地区统筹安排技能培训补贴时，要将先上岗的高校毕业生纳入补贴范围。用人单位要按规定对先上岗的高校毕业生加强岗位培训，提高其实际工作能力。

五、各地区、各有关部门要落实好先上岗的高校毕业生各项待遇保障，按照规定为其计算工龄，依法缴纳社会保险费等，切实维护其合法权益。对实施"先上岗、再考证"阶段性措施的准入类职业资格，高校毕业生参加事业单位公开招聘被聘用从事相关工作的，事业单位与先上岗的高校毕业生签订聘用合同时，应当按规定约定1年试用期；先上岗的高校毕业生在试用期内未取得相应职业资格的，应当依法解除聘用合同。高校毕业生与用人单位签订劳动合同的，按照有关规定管理。

六、实施"先上岗、再考证"阶段性措施是当前形势下稳定高校毕业生就业的重要举措。各地区、各有关部门要高度重视，提高政治站位，加强监督指导，精心组织实施，做好政策宣传和舆论引导，让广大高校毕业生和社会公众充分了解政策，让用人单位精准把握政策，确保政策落实落地。要根据新冠肺炎疫情防控形势，合理安排职业资格考试，为高校毕业生参加考试提供便利，统筹做好高校毕业生就业和职业资格有关工作。

教育部　财政部　人事部　中央编办
关于实施农村义务教育阶段学校教师特设岗位计划的通知

教师〔2006〕2号

内蒙古、湖北、广西、海南、重庆、四川、贵州、云南、陕西、甘肃、宁夏、新疆、青海省（自治区、直辖市）教育厅（教委）、财政厅（局）、人事厅（局）、编办，新疆生产建设兵团教育局、财务局、人事局、编办：

为贯彻落实党的十六届五中全会精神，进一步加强农村教师队伍建设，促进义务教育均衡发展，根据《中共中央国务院关于推进社会主义新农村建设的若干意见》（中发〔2006〕1号）和《中共中央办公厅国务院办公厅印发〈关于引导和鼓励高校毕业生面向基层就业的意见〉的通知》（中办发〔2005〕18号）精神，经研究，决定实施农村义务教育阶段学校教师特设岗位计划（以下简称"计划"）。通过公开招募高校毕业生到西部"两基"攻坚县县以下农村义务教育阶段学校任教，引导和鼓励高校毕业生从事农村教育工作，逐步解决农村师资总量不足和结构不合理等问题，提高农村教师队伍的整体素质。实施"计划"，是创新教师补充机制，吸引高学历人才从事农村义务教育的重要改革；是扩大高校毕业生就业渠道，促进青年人才健康成长的有效途径；是巩固"两基"攻坚成果，完善农村义务教育保障机制的必然要求；是提高农村教育质量，促进社会主义新农村建设的有效措施。各级有关部门要充分认识实施这一计划的重大意义和作用。

为妥善实施好"计划"，各级有关部门要高度重视，加强领导，结合本地实际，研究制订具体实施办法。各有关部门要明确职责，密切配合，共同努力。省级教育行政部门要结合本地实际，将特设岗位落实到受援学校，并认真做好教师招聘、岗前培训、跟踪服务和评估等各项工作。省级财政部门要负责统筹协调特设岗位的经费保障，落实资金，规范管理。机构编制部门要加强中小学编制工作的监督、检查。省级人事部门要积极推动和支持中小学人事制度改革，并按照事业单位人员公开招聘的要求，会同教育行政部门共同做好教师招聘工作。设置特设岗位县的县级有关部门，要为特设岗位教师提供周转宿舍及其他必要生活条件。当前2006届高校毕业生毕业在即，请各地按照《农村义务教育阶段学校教师特设岗位计划实施方案》（见附件）的要求，抓紧做好各项工作，并加大宣传力度，认真做好特设岗位教师招聘等工作，切实将工作做实、做细，务求开好局、起好步，确保按计划招聘的特设岗位教师，于2006年秋季开学前准时到校任教。当前，实施"计划"时间紧，任务重，各地各有关部门必须高度重视，精心组织，认真落实，确保各项目标如期实现。并请将实施过程中的新情况和新问题及时向教育部、财政部等相关部门报告请示。

附件：农村义务教育阶段学校教师特设岗位计划实施方案

教育部　财政部　人事部　中央编办
二〇〇六年五月十五日

附件：

农村义务教育阶段学校教师特设岗位计划实施方案

为贯彻落实《中共中央国务院关于推进社会主义新农村建设的若干意见》（中发〔2006〕1号）和《中共中央办公厅国务院办公厅印发〈关于引导和鼓励高校毕业生面向基层就业的意见〉的通知》（中办发〔2005〕18号）精神，积极稳妥地实施农村义务教育阶段学校教师特设岗位计划（以下简称"计划"），特制定如下方案。

一、"计划"的目标和任务

1. 通过公开招聘高校毕业生到西部地区"两基"攻坚县县以下农村学校任教，引导和鼓励高校毕业生从事农村义务教育工作，创新农村学校教师的补充机制，逐步解决农村学校师资总量不足和结构不合理等问题，提高农村教师队伍的整体素质。

2. 从2006年起，用5年的时间实施。特设岗位教师聘期3年。

二、"计划"的实施范围和资金安排

3. "计划"的实施范围以国家西部地区"两基"攻坚县为主（含新疆生产建设兵团的部分团场），包括纳入国家西部开发计划的部分中部省份的少数民族自治州，适当兼顾西部地区一些有特殊困难的边境县、少数民族自治县和少小民族县。

相关省（自治区、直辖市）在安排特设岗位时，要注意重点向藏区、"双语教学"区、少小民族聚居区倾斜。

4. "计划"所需资金由中央和地方财政共同承担，以中央财政为主。

中央财政设立专项资金，用于特设岗位教师的工资性支出，并按人均年1.5万元的标准，与地方财政据实结算。特设岗位教师在聘任期间，执行国家统一的工资制度和标准；其他津贴补贴由各地根据当地同等条件公办教师年收入水平和中央补助水平综合确定。凡特设岗位教师工资性年收入水平高于1.5万元的，高出部分由地方政府承担。

省级财政负责统筹落实资金，用于解决特设岗位教师的地方性补贴、必要的交通补助、体检费和按规定纳入当地社会保障体系，享受相应的社会保障待遇（政府不安排商业保险）应缴纳的相关费用，以及特设岗位教师岗前集中培训和招聘的相关工作等费用。

三、"计划"的实施原则和步骤

5. 事权不变，创新机制。"计划"是中央对西部农村贫困和边远地区解决教师问题的支持，不改变事权划分。纳入"计划"的县（市），必须是教师总体缺编、结构性矛盾突出，财力比较困难，但工作基础好、积极性高的县（市），"计划"实施期内不得再以其他方式补充新教师。

各相关省（自治区、直辖市）要在核定的编制总额内招聘特设岗位教师。

6. 中央统筹，地方实施。教育部、财政部牵头制订总体规划和年度计划，提出特设岗位教师总量指导性意见。相关省（自治区、直辖市）要研究制订实施"计划"的具体政策和落实办法，并精心组织实施。受援县（市）负责教师的日常管理和考核，并向省级有关部门报告。

7. 相对集中，成组配置。特设岗位教师的安排应注意结合当地实际需求，按照学科结构，科学搭配。岗位的设置要相对集中，避免过于分散。一般在1个县（市）安排100个左右，1所学校安排3—5人。

8. 侧重初中，兼顾小学。特设岗位教师原则上安排在县以下农村初中，适当兼顾乡镇中心学校。人口较少的边境县、少数民族自治县和少小民族县可安排在农村生源占60%左右的县城学校。

9. 先行试点，逐步扩大。"计划"的实施采取先试点，后推开的办法。2006年拟安排2万—3万个特设岗位教师。相关省（自治区、直辖市）要精心选择部分教师紧缺、工作基础好的"两基"攻坚县作为试点县，并认真抓好试点工作。

2007年至2010年在不断总结试点工作的基础上，根据中小学生数量变动情况，每年另行确定招聘人数。中央财政视实际招聘人数据实核定经费。

四、特设岗位教师的招聘

10. 特设岗位教师实行公开招聘，合同管理。合同中应详细明确规定用人单位和应聘人员双方的权利和义务。

11. 招聘工作由省级教育、人事、财政、编办等相关部门共同负责，遵循"公开、公平、自愿、择优"和"三定"（定县、定校、定岗）原则，按下列程序进行：（1）公布需求。（2）自愿报名。（3）资格审查。（4）考试考核。（5）集中培训。（6）资格认定。（7）签订合同。（8）上岗任教。招聘可采取组织专场招聘会、网上招聘会、组织设岗所在地有关部门到高校招聘等多种方式进行。

12. 招聘对象和条件：

（1）以高等师范院校和其他全日制普通高校应届本科毕业生为主，可招少量应届师范类专业专科毕业生。

（2）取得教师资格，具有一定教育教学实践经验，年龄在30岁以下的全日制普通高校往届本科毕业生。

（3）参加过"大学生志愿服务西部计划"、有从教经历的志愿者和参加过半年以上实习支教的师范院校毕业生同等条件下优先。

（4）报名者应同时符合教师资格条件要求和招聘岗位要求。

五、"计划"的相关保障政策

13. 特设岗位教师享受《中共中央办公厅国务院办公厅印发〈关于引导和鼓励高校毕业生面向基层就业的意见〉的通知》（中办发〔2005〕18号）和人事部等部门《关于组织开展高校毕业生到农村基层从事支教、支农、支医和扶贫工作的通知》（国人部发〔2006〕16号）规定的各项优惠政策。相关省（自治区、直辖市）负责制定具体落实政策和措施。

14. "计划"的实施可与"农村学校教育硕士师资培养计划"相结合。符合相应条件要求的特设岗位教师，可按规定推荐免试攻读教育硕士。特设岗位教师3年聘期视同"农村学校教育硕士师资培养计划"要求的3年基层教学实践。

15. 特设岗位教师在聘期内，由地方教育行政部门对其进行跟踪评估。对成绩突出、表现优秀的，给予表彰；对不按合同要求履行义务的，要及时进行批评教育，督促改正；对不适合继续在教师岗位工作的，应及时将其调整出教师队伍并相应取消其享受的相关政策优惠。

16. 相关省（自治区、直辖市）要研究制定政策措施，鼓励特设岗位教师在3年聘期结束后，继续扎根基层从事农村教育事业。对自愿留在本地学校的，要负责落实工作岗位，将其工资发放纳入当地财政统发范围，保证其享受当地教师同等待遇。

实施"计划"的地区要进一步创新教师补充机制，今后城市、县镇学校教师岗位空缺需补充人员时,应优先聘用特设岗位教师。

对重新择业的,各地要为其重新选择工作岗位提供方便条件和必要的帮助。

西部地区相关省(自治区、直辖市)在实施"计划"的同时,要研究制订具体可行办法,将"计划"的实施与大力推进城镇教师支援农村教育、积极稳妥地处理好代课人员问题等工作有机结合起来。

六、其他有关事宜

17.聘任期间,特设岗位教师户口和档案关系的管理,由省级人民政府根据当地实际情况确定。档案关系原则上统一转至工作学校所在地的县级政府教师人事档案管理部门。

18.各受援县(市)和学校,要为特设岗位教师提供相应的周转住房和必要的生活条件。

19.西部地区相关省(自治区、直辖市)应按照本实施方案的要求,结合各地实际,制订具体实施细则,报教育部、财政部备案。

20.本方案由教育部、财政部负责解释。

教育部 财政部 人力资源社会保障部 中央编办关于继续组织实施"农村义务教育阶段学校教师特设岗位计划"的通知

教师〔2009〕1号

山西、内蒙古、安徽、江西、河南、湖北、湖南、广西、海南、重庆、四川、贵州、云南、陕西、甘肃、宁夏、新疆、青海省(自治区、直辖市)教育厅(教委)、财政厅(局)、人事厅(局)、编办,新疆生产建设兵团教育局、财务局、人事局、编办:

根据《国务院办公厅关于加强普通高等学校毕业生就业工作的通知》(国办发〔2009〕3号)关于继续组织实施"农村义务教育阶段学校教师特设岗位计划"(以下简称"特岗计划")的要求,现就有关工作通知如下:

一、深入实施"特岗计划",鼓励引导高校毕业生到农村学校任教

2006年,教育部、财政部、人事部、中央编办下发了《关于实施农村义务教育阶段

学校教师特设岗位计划的通知》（教师〔2006〕2号），并联合启动实施"特岗计划"，公开招聘高校毕业生到"两基"攻坚县农村义务教育阶段学校任教。2006—2008年，共招聘特岗教师5.9万多人，覆盖400多个县、6000多所农村学校。"特岗计划"的实施有力地缓解了农村地区教师紧缺和结构性矛盾，促进了农村学校面貌的变化，受到各地的普遍欢迎。当前，高校毕业生就业形势严峻，就业压力加大；同时，部分农村学校特别是中西部边远贫困地区农村学校教师仍然紧缺。毕业生下不去，合格教师难以补充。为了进一步加强农村师资力量，并有效地促进高校毕业生就业，2009年继续实施"特岗计划"，并将实施范围扩大到中西部地区国家扶贫开发工作重点县，国家计划的名额将视各地实施国家"特岗计划"的情况以及是否实施地方"特岗计划"的情况进行分配。特岗教师招聘、培训、管理等政策按教师〔2006〕2号通知要求执行。各地要做好与其他引导和鼓励高校毕业生到农村基层服务项目的衔接。

二、提前做好服务期满特岗教师的工作安排

教师〔2006〕2号通知要求，"鼓励特岗教师3年聘期结束后，继续扎根基层从事农村教育事业。对自愿留在本地学校的，要负责落实工作岗位，将其工资发放纳入当地财政统发范围，保证其享受当地教师同等待遇"。2006年起实施"特岗计划"的省（区、市）第一批特岗教师三年服务期将于今年期满，做好服务期满特岗教师工作岗位安排意义重大。相关省（区、市）要采取切实措施，鼓励服务期满考核合格的特岗教师继续留在当地从教。今后城市、县镇义务教育阶段学校教师空缺需补充人员时，同等条件下应优先聘用服务期满特岗教师。相关省（区、市）教育、人事、编办、财政部门要加强沟通协调，提前研究制订方案，确保服务期满考核合格且愿意留任的特岗教师全部落实工作岗位，做好人事、工资关系等接转工作。

三、采取有力措施，创新教师补充机制，建设高素质教师队伍

各地要根据国家"特岗计划"的原则精神和促进高校毕业生就业工作的总体部署，全面推进地方"特岗计划"，采取有力措施，吸引大批高校毕业生到农村学校任教，为中小学及时补充合格教师，着力解决教师队伍结构性矛盾，并有效地促进高校毕业生就业。各省级教育行政部门要统一掌握本地区中小学教师岗位需求情况，会同有关部门统筹安排全省中小学教师自然减员补充。从2009年开始，各地中学和小学教师补充应全部采取公开招聘的办法，同等条件下优先聘用高校毕业生（含引导和鼓励高校毕业生到农村基层服务期满人员），不得再以其他方式和途径自行聘用教师。

中小学教师补充要充分考虑教师队伍建设总体规划、人员编制情况和学科结构等因素，在核定的编制总额内，按需设岗，规范招聘程序，严格招聘条件，确保新教师的质量。

要抓住贯彻落实《国务院办公厅转发人力资源和社会保障部财政部教育部关于义务教育学校实施绩效工资指导意见的通知》（国办发〔2008〕133号）的有利时机，加大教师用人制度改革力度，进一步完善并严格实施教师资格准入制度，严把教师入口关。要加强对拟聘教师的岗前培训，免费进行教师资格认定，确保持证上岗。

四、认真履行职责、密切配合、相互支持，切实做好"特岗计划"实施工作

省级教育行政部门要结合本地实际，认真做好教师公开招聘、岗前培训、跟踪管理服务等各项工作，加强对实施县工作的指导和检查；省级财政部门要负责统筹协调特岗的经费保障，落实资金，规范管理；省级人力资源和社会保障部门要协同教育行政部门做好教师招聘工作；机构编制部门要加强中小学编制工作的监督、检查；设置特岗县的县级有关部门，要为特岗教师提供周转宿舍及其他必要的生活条件。要加强"特岗计划"实施工作的动态管理。对"特岗计划"实施情况进行督导检查。各实施省（区、市）要建立特岗教师数据库，及时掌握特岗教师的基本信息；要定期检查督促特岗教师工资待遇等各项政策落实情况，确保特岗教师在工资待遇、职称评聘、评优评先、年度考核等方面与当地公办学校教师同等对待，鼓励吸引大批优秀高校毕业生到农村从教。

五、大力加强"特岗计划"宣传，形成良好的环境氛围

各地要采取多种方式，充分利用广播电视、报刊、互联网等各类媒体，广泛宣传"特岗计划"的方针政策和工作成效，将特岗教师招聘工作与引导和鼓励高校毕业生面向基层就业结合起来，吸引更多优秀高校毕业生报名应聘。要大力宣传各地推进"特岗计划"的好经验、好做法，不断创新教师补充机制。要采取切实措施，提高特岗教师教书育人的能力，帮助他们尽快成长为骨干教师，同时注意发现特岗教师中的优秀典型，加大特岗教师典型宣传力度，进一步营造良好的工作氛围。

中华人民共和国教育部
中华人民共和国财政部
中华人民共和国人力资源和社会保障部
中央机构编制委员会办公室
二〇〇九年二月二十三日

教育部关于做好2010年"农村学校教育硕士师资培养计划"实施工作的通知

教师〔2009〕5号

各省、自治区、直辖市教育厅（教委）、高等学校招生委员会，有关高等学校：

"农村学校教育硕士师资培养计划"自2004年实施以来，取得了积极成效，为农村学校培养了一批骨干教师。为进一步加强农村教师队伍建设，在总结经验基础上，教育部决定从2010年开始，进一步扩大"农村学校教育硕士师资培养计划"（以下简称"硕师计划"）规模，并与"农村义务教育阶段学校教师特设岗位计划"（以下简称"特岗计划"）结合实施，现就有关事宜通知如下：

一、培养和服务方式

从具有推荐免试硕士研究生资格的高校中，选拔部分优秀应届普通本科毕业生，录取为"硕师计划"研究生，并与地方政府教育行政部门签约聘为编制内正式教师。在县镇及以下农村学校任教，服务期三年，并在职学习研究生课程。第四年，到培养学校脱产集中学习一年，毕业时获硕士研究生毕业证书和教育硕士专业学位证书。

各地要将实施"硕师计划"与"特岗计划"紧密结合。可采取如下两种方式：

一是录取为"硕师计划"研究生可同时应聘为特岗教师。聘为特岗教师的，先到设岗县的农村义务教育阶段学校任教服务三年，并在职学习研究生课程。第四年，到培养学校脱产集中学习一年，毕业时获硕士研究生毕业证书和教育硕士专业学位证书。

二是根据《教育部财政部人事部中央编办关于实施农村义务教育阶段学校教师特设岗位计划的通知》（教师〔2006〕2号）精神，对于具备普通高等学校本科学历、三年聘期内年度（或绩效）考核至少一年优秀并继续留在当地学校任教的表现突出特岗教师，经任教学校和县级教育行政部门考核推荐，培养学校单独考核，符合培养要求的可推荐免试在职攻读教育硕士。具体办法另行制定。

二、推荐人选条件和范围

政治思想素质好，热爱教育工作，具备教师资格条件，志愿到农村学校任教；可按时获得学士学位的应届本科毕业生。

同等条件下，师范类专业毕业生优先，参加过一学期实习支教的师范类专业毕业生优先。

本科所学专业范围：思想政治教育、汉语言文学、汉语言、历史学、英语、数学与应用数学、信息与计算科学、物理学、应用物理学、化学、应用化学、生物科学、生物技术、地理科学、计算机科学与技术、教育技术学、音乐学、美术学、体育教育等相关专业。

三、推荐和培养学校

推荐学校：本省（区、市）内具有推荐免试研究生资格的师范大学和综合大学；经教育部批准开展"硕师计划"专项推荐免试工作的高等学校。

培养学校：本省（区、市）内具有教育硕士专业学位培养资格的高等学校。

四、工作程序

1. 下达推免名额

2010年"硕师计划"研究生推免名额另文下达，计划单列，不得挪用。"硕师计划"研究生计划已含在下达给有关招生单位的硕士生招生总规模和国家计划之内。

2. 报名推荐

2010年实施"硕师计划"县（包括实施"特岗计划"的设岗县，下同）、学校名单及拟聘教师人数、专业要求等相关信息由省级教育行政部门于2009年10月12日前通知推荐学校。

推荐学校公布"硕师计划"研究生报名办法和实施"硕师计划"县、学校名单及拟聘教师人数、专业要求。

具备条件的应届本科毕业生自愿报名，学校按照推荐免试研究生选拔条件和有关程序择优推荐，并张榜公示。

推免生资格需经省级高等学校招生办公室审核并在《2010年"硕师计划"研究生登记表》上加盖公章。

3. 复试录取

省级教育行政部门组织县级教育行政部门、用人学校与"硕师计划"研究生的供需见面会，按照正式教师聘用或特岗教师录用程序进行考核和面试，签订《教师聘用合同》。

培养学校对签订教师聘用合同的考生进行复试（含面试），通过复试的考生取得"硕师计划"研究生录取资格；对不符合培养学校要求的考生，可不予录取，《教师聘用合同》经双方协商一致后，可继续执行。

培养学校将录取的"硕师计划"研究生列入 2010 年硕士研究生录取名单，并按规定时间上报教育部；同时为考生办理入学手续。

4. 培训派遣

省级教育行政部门集中组织"硕师计划"研究生进行岗前培训。"硕师计划"研究生要在本科学习期间或经过岗前培训后申请取得教师资格证书。

"硕师计划"研究生于 2010 年 8 月前按有关规定到任教学校办理报到手续，并将户籍、档案转至工作单位所在县。"硕师计划"研究生在农村学校任教满 3 学年并通过每年度考核者，于 2013 年 9 月到培养学校报到并入学。任教未满 3 年或年度考核不合格者，取消入学资格。继续留在当地任教的"硕师计划"研究生，不转户口、档案。其他"硕师计划"研究生，户口、档案转至培养学校。

五、经费保障和相关待遇

"硕师计划"研究生在学期间免缴学费，培养经费由培养学校在教育部下达的研究生招生国家计划内安排，住宿等费用按照在校研究生缴费办法执行。

"硕师计划"研究生在三年服务期内，按照在职教师相关政策待遇执行。其中聘为特岗教师的"硕师计划"研究生，在农村义务教育学校任教三年期间，执行国家统一的工资制度和标准；其他津贴补贴由各地根据当地同等条件公办教师年收入水平和中央补助水平综合确定。

三年服务期满后与当地教育部门续签教师聘用合同的"硕师计划"研究生，脱产学习一年的相关待遇，按照在职教师脱产学习的规定执行。

符合《高等学校毕业生学费和国家助学贷款代偿暂行办法》条件要求的"硕师计划"研究生，实施相应的学费和助学贷款代偿。

六、组织和质量保障

实施"硕师计划"，是通过推荐免试攻读教育硕士、"特岗计划"等政策导向，鼓励和吸引优秀大学毕业生服务农村教育事业的重要途径；是通过教育硕士培养，为立志长期从教的教师专业发展创造条件的有效办法；是创新教师培养模式，造就大批高层次高素质的骨干教师的重要举措。实施"硕师计划"对于加强农村教师队伍建设，提高农村教育质量具有重要意义。省教育行政部门要高度重视，加强领导和管理，精心组织，成立以师范（师资）、学生、学位、人事等部门组成的工作小组；建立健全规章制度，保证"硕师计划"研究生报名、推荐、录取、培养等各项环节的工作规范有序地进行。

培养学校要认真研究制订"硕师计划"研究生培养方案,配备水平较高的指导教师,加强教育实践环节,在前3年要通过网络等方式跟踪指导学生在职学习,第4年要做好集中专业课程教学和论文指导工作,保证"硕师计划"研究生的培养质量。

各地可将"硕师计划"的实施与本地区加强农村教师队伍建设有关计划项目相结合。

请各省级教育行政部门与培养学校和推荐学校商定2010年"硕师计划"硕士生培养计划,填报申报表,于2009年10月10日前报教育部师范教育司。

计划执行过程中如有疑问,请及时与我部联系。

教育部
二〇〇九年九月二十五日

教育部办公厅关于做好《〈农村义务教育阶段学校教师特设岗位计划〉教师服务证书》发放管理工作的通知

教师厅函〔2010〕1号

为做好"农村义务教育阶段学校教师特设岗位计划"(以下简称"特岗计划")特岗教师管理服务以及服务期满教师有关政策衔接工作,经商人力资源社会保障部,我部制定了《〈农村义务教育阶段学校教师特设岗位计划〉服务证书》(以下简称《证书》)式样和填写说明。现就《证书》发放、管理有关工作通知如下:

一、《证书》发放对象为经省级教育行政部门统一招聘录用、服务期满考核等次为合格以上的特岗教师,《证书》是享受《中共中央办公厅国务院办公厅印发〈关于引导和鼓励高校毕业生面向基层就业的意见〉的通知》和人事部等部门《关于组织开展高校毕业生到农村基层从事支教、支农、支医和扶贫工作的通知》规定有关优惠政策的重要依据。

二、省级教育行政部门统筹负责本省(自治区、直辖市)《证书》的印制、发放和管理。服务期满的特岗教师填写《"农村义务教育阶段学校教师特设岗位计划"服务期满登记表》,经县级教育行政部门审核后,由省级教育行政部门发放《证书》。省级教育行政部门每年10月15日前将本年度服务期满特岗教师《证书》发放信息表报全国高等学校学生信息咨询与就业指导中心。《证书》式样及有关资料可登录中国大学生就业公共服务立体化平台（http：//www.ncss.org.cn）查询下载。

三、《证书》的发放和管理是实施"特岗计划"的重要工作环节，事关特岗教师的切身利益，务必高度重视，切实做好《证书》管理发放工作。《证书》管理与发放工作有关问题，请与我部师范教育司联系。

教育部办公厅　财政部办公厅关于做好2020年农村义务教育阶段学校教师特设岗位计划实施工作的通知

教师厅〔2020〕2号

有关省、自治区、直辖市教育厅（教委）、财政厅（局），新疆生产建设兵团教育局、财政局：

为深入贯彻落实全国教育大会精神和《中共中央国务院关于全面深化新时代教师队伍建设改革的意见》，吸引优秀高校毕业生到农村学校任教，推动城乡义务教育一体化发展，更好地服务乡村振兴战略和教育脱贫攻坚工作，现就做好2020年农村义务教育阶段学校教师特设岗位计划（以下简称"特岗计划"）实施工作通知如下。

一、政策要点

（一）实施范围。2020年中央"特岗计划"实施范围与2019年相同，具体为：集中连片特殊困难地区和中西部国家扶贫开发工作重点县，省级扶贫开发工作重点县，西部地区原"两基"攻坚县（含新疆生产建设兵团的部分团场），纳入国家西部开发计划的部分中部省份的少数民族自治州以及西部地区一些有特殊困难的边境县，少数民族自治县和少小民族县。

（二）招聘数量。2020年全国计划招聘特岗教师10.5万名，各省（区、市）和新疆生产建设兵团的招聘名额见《2020年中央"特岗计划"各省份设岗名额分配表》（附件）。

（三）招聘条件。1. 2020年特岗教师招聘不将教师资格作为限制性条件，具体要求按照人力资源社会保障部、教育部等7部委《关于应对新冠肺炎疫情影响实施部分职业资格"先上岗、再考证"阶段性措施的通知》（人社部发〔2020〕24号）有关规定执行。2. 符合招聘岗位要求。3. 以普通高校本科及以上毕业生和师范专业专科毕业生为主，年龄不超过30周岁。

（四）财政支持。中央财政继续对特岗教师给予工资性补助。教育部、财政部将根据各地2020年设岗计划和往届特岗教师在岗人数核拨2020年"特岗计划"中央补助经费。

（五）工作重点。切实加强乡村学校教师补充，优先满足"三区三州"等深度贫困地区县，特别是52个脱贫攻坚挂牌督战县，以及新冠肺炎疫情严重地区县村小、教学点的教师补充需求，县城学校不再补充新的特岗教师；持续优化教师队伍结构，加强体音美、外语、信息技术等紧缺薄弱学科教师的补充；向湖北籍和湖北省高校毕业生倾斜。

二、工作要求

（一）安全有序做好招聘工作。各地要在切实做好疫情防控工作的同时，创新招聘方式，安全有序开展招聘工作。一次性招考未完成计划的省份，可以按规定依次递补录用或者调剂计划组织二次招考，开展二次招考的省份可适当推迟第二批特岗教师到岗时间。边远艰苦贫困地区和急需紧缺专业的特岗教师招聘，可以结合实际情况适当降低开考比例或不设开考比例，采取面试、直接考察的方式公开招聘，划定成绩合格线。

（二）及时广泛发布招聘信息。各地要结合本地实际情况，尽快启动2020年特岗教师公开招聘工作。招聘公告须在事业单位人事综合管理部门公开招聘服务平台、教育部门网站及教育部"24365校园招聘"平台上发布，要通过多种途径广泛推介招聘信息，扩大信息发布范围和社会知晓度，及时为高校毕业生应聘提供岗位信息。

（三）确保特岗教师待遇保障。各地要强化主体责任，确保特岗教师工资按时足额发放，按规定参加社会保险，同等条件下在职称评聘、评先评优、年度考核等方面享受与当地公办学校在编教师同等待遇。特岗教师在聘任期间，执行国家统一的工资制度和标准；其他津贴补贴由各地根据当地同等条件公办教师年收入水平和中央补助水平综合确定。要落实好周转宿舍等安排，帮助解决工作生活中的实际困难。

（四）开展特岗教师针对性培训。利用"国培计划"、结对子帮扶等有效措施对特岗教师开展具有针对性的系统培训和指导。尤其是针对非师范专业毕业生，要认真做好入职前的培训工作，帮助其提升师德修养，提高教育教学能力和水平。

（五）落实特岗教师入编等工作。要严格按照有关文件精神，保证三年服务期满、考核合格且愿意留任的特岗教师及时入编并落实工作岗位，扎实做好相关人事、工资关系等接转工作，连续计算工龄、教龄，不再实行试用期。做好《〈农村义务教育阶段学校教师特设岗位计划〉教师服务证书》编制和发放工作。按照国家有关规定落实好服务期满特岗教师相关优惠政策。

（六）强化特岗教师信息管理。各地要结合特岗教师数据库建设，及时掌握特岗教师的基本信息，加强动态管理。教育部将适时把"全国教师管理信息系统"数据作为"特岗计划"实施情况和核定招聘计划的基础数据，各地要及时更新"全国教师管理信息系统"中特岗教师信息，严格审核把关，按时报送。

（七）营造良好社会氛围。2020年是"特岗计划"实施15周年，各地要深入挖掘特岗教师中的优秀典型，加强对"特岗计划"在提升农村义务教育质量，助力脱贫攻坚作用发挥和取得成果等方面的总结，并通过多种形式和渠道进行广泛宣传。请各地认真遴选3—5名具有代表性的优秀特岗教师和3—5个"特岗计划"组织实施较好、特岗教师群体助力农村义务教育、脱贫攻坚等作用发挥较好的典型案例，分别填写《优秀特岗教师先进事迹推荐表》和《特岗计划组织实施典型案例推荐表》。

（八）加强实施情况监督检查。各地要加大"特岗计划"实施工作的督查力度，严格按照"特岗计划"教师岗位设置要求招聘教师，对特岗教师待遇保障、服务期满入编等政策落实不到位的县（市、区），要及时予以督促整改，同时下一年度不再将该县（市、区）列入"特岗计划"实施范围。对于"特岗计划"实施管理工作不到位，招聘计划完成率较低、特岗教师保障政策落实问题突出的省份，下一年度将适当核减岗位名额。

附件：2020年中央"特岗计划"各省份设岗名额分配表

教育部办公厅　财政部办公厅
2020年5月6日

附件：

2020年中央特岗计划各省份设岗名额分配表

省份	设岗数量	省份	设岗数量
河北省	8200	海南省	700
山西省	2700	重庆市	280
内蒙古自治区	1561	四川省	2333
吉林省	2400	贵州省	5527
黑龙江省	2400	云南省	8711
安徽省	3000	陕西省	5700
江西省	6100	甘肃省	5400

续表

省份	设岗数量	省份	设岗数量
河南省	11000	青海省	300
湖北省	4600	宁夏回族自治区	500
湖南省	5218	新疆维吾尔自治区	18000
广西壮族自治区	8350	新疆生产建设兵团	2020
总计			105000

教育部办公厅 财政部办公厅关于做好2021年农村义务教育阶段学校教师特设岗位计划实施工作的通知

教师厅〔2021〕1号

有关省、自治区、直辖市教育厅（教委）、财政厅（局），新疆生产建设兵团教育局、财政局：

为深入贯彻落实全国教育大会精神和《中共中央国务院关于全面深化新时代教师队伍建设改革的意见》，加强新时代乡村教师队伍建设，巩固拓展脱贫攻坚成果，全面推进乡村振兴，现就做好2021年农村义务教育阶段学校教师特设岗位计划（以下简称"特岗计划"）实施工作通知如下。

一、政策要点

（一）实施范围。2021年中央"特岗计划"实施范围为：脱贫地区（原集中连片特殊困难地区、中西部国家扶贫开发工作重点县和省级扶贫开发工作重点县），西部地区原"两基"攻坚县（含新疆生产建设兵团的部分团场），纳入国家西部开发计划的部分中部省份的少数民族自治州以及西部地区一些有特殊困难的边境县，少数民族自治县和少小民族县。

（二）招聘数量。2021年全国计划招聘特岗教师84330名，各省（区、市）和新疆生产建设兵团的招聘名额见《2021年中央"特岗计划"各地设岗名额分配表》（附件）。

（三）招聘条件。1.符合招聘岗位要求。应符合《教师法》《教师资格条例》等法律法规规定的普通话水平、身体条件和心理条件。符合新时代中小学、幼儿园教师职业行为十项准则要求，无刑事犯罪记录和其他不得聘用的违法记录。2.具有相应的教师资格证书。受疫情影响，暂未取得教师资格证书的人员，可持在有效期内的（中小学教师资格考试合格证明）或笔试合格成绩——"中小学教师资格考试（NTCE）成绩"报考特岗教师招聘（幼儿园、小学教师资格为两科笔试成绩，初中教师资格为三科笔试成绩）。严格"持证上岗"，所有拟聘人员在办理录用手续前须取得教师资格证书。3.以普通高校本科及以上毕业生为主，鼓励本科师范专业毕业生应聘，可适当招聘高等师范专科毕业生。4.年龄不超过30周岁。5.参加过"大学生志愿服务西部计划"、有从教经历的志愿者和参加过半年以上实习支教的师范院校毕业生同等条件下优先录取。

（四）财政支持。中央财政继续对特岗教师给予工资性补助。教育部、财政部将根据各地2021年设岗计划和往届特岗教师在岗人数核拨2021年"特岗计划"中央补助经费。

（五）工作重点。保持政策总体稳定，重点向"三区三州"、原脱贫攻坚挂牌督战地区、少数民族地区等地区倾斜；重点为乡村学校补充特岗教师，持续优化教师队伍结构，进一步加强思想政治、体音美、外语、信息技术等紧缺薄弱学科教师的补充。

二、工作要求

（一）积极有效开展招聘工作。各地要统筹抓好疫情防控和招聘工作，严格按照核定的岗位数量，结合本地实际情况，及时广泛发布招聘信息，尽早开展2021年特岗教师公开招聘工作。一次性招考未完成计划的省份，可以按规定依次递补录用或者调剂计划组织二次招考。边远艰苦贫困地区和急需紧缺专业的特岗教师招聘，可以结合实际情况适当降低开考比例，或不设开考比例，采取面试、直接考察的方式公开招聘，划定成绩合格线。对于特别边远艰苦、教师流失较严重的地区可向本地生源倾斜。

（二）切实做好特岗教师待遇保障。各地要强化主体责任，确保特岗教师工资按时足额发放，按规定参加社会保险。同等条件下在职称评聘、评先评优、年度考核等方面享受与当地公办学校在编教师同等待遇。严格按照有关文件精神，保证三年服务期满、考核合格且愿意留任的特岗教师及时入编并落实工作岗位，做好相关人事、工资关系等接转工作，连续计算工龄、教龄，不再实行试用期。做好服务证书编制和发放工作。按照国家有关规定落实好服务期满特岗教师相关优惠政策。落实好周转宿舍等安排，帮助解决特岗教师工作生活中的实际困难。

（三）系统开展特岗教师培训工作。各地要围绕高素质专业化创新型教师队伍的建设目标，制定培训规划，为特岗教师提供高质量的培训研修服务。加强岗前培训，帮助新教师尽快适应教育教学工作；强化师德师风教育，规范教师从教行为，不断提高教师自身修养,落实立德树人根本任务;按照乡村教师实际需求优化培训内容和方式,开展针对性的教育和培训;加强非师范专业毕业生教育教学技能培训,提升教育教学基本素质与能力。

(四)扎实做好特岗教师信息管理。教育部2021年将把"全国教师管理信息系统"数据作为"特岗计划"实施情况、核定招聘计划和拨付中央补助经费的基础数据,各地要高度重视、倒排时间表、明确责任,扎实做好"全国教师管理信息系统"数据补充和更新工作,确保年底前数据库完整准确。同时,结合特岗教师数据库建设,及时掌握特岗教师的基本信息,加强动态管理,深入挖掘和广泛宣传特岗教师中的优秀典型,对于优秀特岗教师以适当形式予以表彰奖励。

(五)从严开展实施工作监督检查。各地要严格开展"特岗计划"实施和教师保障政策落实工作的监督和检查,重点督查按照核定计划和岗位要求开展教师招聘、特岗教师工资按时足额发放、"五险一金"缴纳和服务期满留任特岗教师入编手续及时办理等情况,对存在问题的县(市、区),要及时予以督促整改。特岗教师保障政策落实存在突出问题的省份,要及时整改,对整改不力的,下一年度将适当核减设岗名额。

附件:2021年中央"特岗计划"各地设岗名额分配表

附件:

2021年中央"特岗计划"各地设岗名额分配表

省份	设岗数量	省份	设岗数量
河北省	8500	海南省	700
山西省	2800	重庆市	230
内蒙古自治区	1300	四川省	1700
吉林省	1700	贵州省	6000
黑龙江省	1900	云南省	1800
安徽省	3700	陕西省	5400
江西省	5800	甘肃省	5500
河南省	12500	青海省	100
湖北省	3000	宁夏回族自治区	500
湖南省	4000	新疆维吾尔自治区	8500
广西壮族自治区	7400	新疆生产建设兵团	1300
总计			84330

二、中共河南省委、省政府及省教育厅文件

中共河南省委　河南省人民政府
关于全面深化新时代教师队伍建设改革的实施意见

（2019年5月5日）

为深入贯彻落实《中共中央、国务院关于全面深化新时代教师队伍建设改革的意见》（中发〔2018〕4号）精神，结合我省实际，现提出如下实施意见。

一、站位发展全局，全面把握新时代教师队伍建设改革的总体要求

1. 指导思想。全面贯彻落实党的十九大精神，以习近平新时代中国特色社会主义思想为指导，坚持和加强党的全面领导，坚持以人民为中心的发展思想，坚持全面深化改革，全面贯彻党的教育方针，坚持社会主义办学方向，落实立德树人根本任务，遵循教育规律和教师成长发展规律，加强师德师风建设，倡导尊师重教社会风尚，形成优秀人才争相从教、广大教师尽展其才、名师名家不断涌现的良好局面。

2. 目标任务。经过5年左右努力，培养中原千人计划中原教学名师150名，中原名师、省级名师10000名，省级骨干教师50000名。教师队伍规模、结构和素质能力基本满足教育发展需要。教师培养培训体系基本健全，职业发展通道比较畅通，事权人权财权相统一的教师管理体制普遍建立，待遇提升保障机制更加完善，职业吸引力明显增强。到2035年，培养造就数以十万计的骨干教师、数以万计的卓越教师和数以千计的教育家型教师。教师科学素养显著提高，能够主动适应信息化、人工智能等新技术变革，积极有效开展教育教学。管理体制机制科学高效，实现教师队伍治理体系和能力现代化。尊师重教蔚然成风，广大教师在岗位上有幸福感、事业上有成就感、社会上有荣誉感，教师真正成为令人尊敬和羡慕的职业。

二、坚定政治方向，着力提升教师思想政治素质和师德师风水平

3. 加强教师党支部和党员队伍建设。把党的政治建设摆在首位，将全面从严治党要求落实到每个教师党支部和教师党员，坚持立身、立业、立言、立德，在严格的党内生

活中不断增强党性锻炼。实施教师党支部书记"双带头人"培育工程。推进"两学一做"学习教育常态化制度化，开展"不忘初心、牢记使命"主题教育，引导党员教师增强"四个意识"，争做"四有"好老师示范标杆。健全把骨干教师培养成党员、把党员教师培养成教学科研管理骨干的"双培养"机制。

4. 提高思想政治素质。加强理想信念教育，深入学习领会习近平新时代中国特色社会主义思想，引导教师坚定"四个自信"，准确理解把握社会主义核心价值观的深刻内涵。创新工作方式方法，增强思想政治工作的针对性实效性。配齐建强高校思想政治和党务工作队伍。把从事学生思想政治教育计入高校思想政治工作兼职教师工作量，作为职称评审的重要依据。

5. 加强师德师风建设。实施师德师风建设工程，健全师德建设长效机制。落实新时代教师职业行为准则，引导教师做学生锤炼品格、学习知识、创新思维、奉献祖国的引路人。推行师德考核负面清单制度，完善诚信承诺和失信惩戒机制。加强监督和师德考评，在年度考核、职称评聘、表彰奖励等工作中实行师德失范"一票否决"。

三、加快创新发展，全面提升教师专业素质能力

6. 加大师范教育支持力度。实施教师教育振兴行动计划。改革师范院校招生办法。创建一批国家和省级高水平师范教育基地。师范院校要坚持以师范教育为主业，严控更名为非师范院校。提高师范专业生均拨款标准，在现行标准基础上提高30%，3年内达到普通专业生均拨款标准的1.5倍。降低师范生学费标准，师范毕业生在服务期内履行相应的责任和义务。

7. 建设高素质专业化的中小学教师队伍。以实践为导向优化教师教育课程体系，强化教学基本功和教学技能训练。配齐配强体音美和信息技术等学科教师。加大教师培训力度，提高培训质量。鼓励教师海外研修访学。加强中小学校长培训，重点开展乡村中小学骨干校长培训和名校长研修。

8. 建设高素质善保教的幼儿园教师队伍。支持师范院校设立学前教育专业。鼓励师范院校与幼儿园协同建立幼儿园教师培养培训基地。加大幼儿园园长、乡村幼儿园教师、普惠性民办幼儿园教师培训力度。

9. 建设高素质双师型职业院校教师队伍。深入实施职业院校教师素质提高计划，支持高水平学校和大中型企业共建双师型教师培养培训基地。推进教师定期到企业实践，提升实践教学能力。建立企业经营管理者、技术能手与职业院校管理者、骨干教师相互兼职制度。

10. 建设高素质创新型的高校教师队伍。着力提高教师专业能力，加强院系教研室等

教学组织建设，健全传帮带机制。加强教师教学能力培训，着力建设人才梯队。选送优秀教师到"双一流"建设高校访学和在职研修。鼓励高校校（院）长、中层干部到国内一流高校挂职锻炼，支持国内一流高校管理人员到我省高校挂职任职。重视加强辅导员队伍建设。

深入实施中原百人计划、中原千人计划、省特聘教授等重大人才项目，完善人才引进配套政策，充分发挥"绿色通道"作用，着力引进和培养一流科学家、学科领军人物和创新团队。加强高端智库建设，汇聚培养一大批哲学社会科学名家名师。

四、深化综合改革，进一步理顺教师管理体制机制

11. 创新规范中小学教师编制配备。在现有编制总量内，合理核定教职工编制，原则上每三年核定一次。盘活存量，优化结构，采取调剂、补充、压减、引进等方式保证教师需求。加大跨地区、跨层级、跨行业调整力度，省级统筹、市域调剂、以县为主，动态调配，优先满足教师队伍需要。教师编制总量不足的省辖市和县（市、区）要压缩一定比例的事业编制，统筹用于教师队伍建设。组织实施高考综合改革基础条件改善攻坚计划，按照普通高中现有教师10%以上的比例，增加满足走班教学要求的在编教师或政府购买服务的教师。编制向乡村小规模学校倾斜，按照班师比与生师比相结合的方式核定。落实幼儿园教职工配备标准，研究公办幼儿园教职工编制标准。挖掘编制资源潜力，调剂解决公办幼儿园编制问题。严禁挤占、挪用、截留编制和有编不补。严禁中小学自行聘用编外教师。鼓励实行政府购买服务，将教职工编制配备和购买工勤服务相结合，满足教育快速发展需求。

12. 深化中小学教师职称考核评价制度和岗位管理机制改革。适当提高中小学中、高级教师岗位结构比例，在现行标准基础上，幼儿园、小学提高5%，初中、高中提高8%左右。学校可根据政策规定自主设岗和动态调岗，实现职称评审与岗位聘用有效衔接。凡获得省特级教师、中原名师、省级（含）以上优秀教师的，或在农村学校从教且教龄男满30年、女满25年的在岗在编教师，符合申报条件的，可不受岗位结构比例限制，直接评聘为中小学高级教师。

完善职称评价标准，将中小学教师到乡村学校、薄弱学校任教1年以上的经历作为申报高级职称和特级教师的必要条件。完善职称评聘退出机制，对考核不合格的实行降级或解聘。

13. 优化义务教育教师资源配置。推进县域内义务教育教师"县管校聘"。深入推进校长、教师交流轮岗，引导城镇优秀校长、骨干教师向乡村和薄弱学校流动。持续开展革命老区、贫困地区对口支教。实行学区（乡镇）内走教制度，当地政府可给予相应补贴。

逐步扩大农村教师特岗计划实施规模，适时提高工资性补助标准。深入实施小学全科教师培养计划。从 2020 年起，启动实施公费师范生培养计划，实行定向招生、定向培养、定向就业，精准培养本土化乡村教师。开展乡村中小学首席教师岗位计划试点工作。推行银龄讲学计划。

14. 健全职业院校教师管理制度。落实职业院校用人自主权，打通企业工程技术人员、高技能人才进入职业院校任教通道。在现行高级岗位结构比例标准基础上，中等职业学校、技工院校提高 8% 左右，正高级岗位按 5% 核定。支持高水平工科学校举办职业技术师范教育，鼓励支持具备条件的本科和高职院校设立职业技术师范二级学院。双师型教师考核评价要充分体现专业技能和教育教学能力。

15. 深化高校教师人事制度改革。加快推进"放管服"改革，赋予高校更多用人自主权。制定出台高校人员总量控制和管理办法，在试点的基础上加快推行"员额制"改革。加快推进教师职称改革，将评审权全部下放到高校，对符合条件的教师做到应评尽评。高校高级岗位结构比例在现有基础上提高 5% 左右。突出教学业绩和师德考核，落实教授为本、专科生上课制度。加强聘期考核和人事改革事项事中事后监管。

16. 健全教师准入、招聘与退出机制。改革中小学教师招聘办法，落实用人单位自主权，充分发挥教育主管部门和学校的主体作用，在人事综合管理部门和教育主管部门指导监督下组织实施。新入职教师必须取得教师资格。实行定期注册制度，完善教师退出机制。逐步将幼儿园教师学历提升至专科，小学教师学历提升至师范专业专科和非师范专业本科，初中教师学历提升至本科，有条件的地方将普通高中教师学历提升至研究生。

五、提高地位待遇，不断增强教师幸福感成就感荣誉感

17. 完善中小学教师待遇保障机制。健全中小学教师工资长效联动机制，确保中小学教师平均工资收入水平不低于或高于当地公务员平均工资收入水平，确保乡村教师实际工资收入水平不低于同等条件县镇教师工资收入水平，并随着经济社会发展逐步提高。完善教师收入分配激励机制，有效体现工作量和工作绩效，绩效工资分配向班主任和特殊教育教师倾斜。班主任按照教师标准课时工作量的一半计入基本工作量。实施中小学(中等职业学校)班主任津贴，每月不低于 400 元，各地可结合实际提高标准。提高中小学(中等职业学校)教师教龄津贴标准，在落实国家规定标准基础上，按照每增加一年教龄增加 10 元的标准累计计算核定，高校可结合实际参照执行。鼓励各地探索制定寄宿制学校教师补助和延时服务津贴发放办法。

18. 着力提升农村教师工作生活待遇。全面落实惠及农村教师的生活补助、乡镇工作补贴等各项政策。将国家集中连片特困地区重点县义务教育学校乡村教师生活补助政策

扩大到全省农村义务教育学校教师，依据艰苦边远程度实行差别化补助。2019年1月1日起，26个原国家集中连片特困地区重点县的乡镇、村、教学点教师生活补助标准分别提高到200元／月、500元／月和800元／月；2019年7月1日起，12个国家扶贫开发重点县和15个省定扶贫开发重点县（均含已脱贫摘帽县）的乡镇、村、教学点教师生活补助标准分别按200元／月、400元／月和600元／月执行，其他县（市、区）的乡镇、村、教学点教师生活补助标准分别按200元／月、300元／月和500元／月执行，所需资金由省、市、县按照财政事权和支出责任分档办法和分担比例予以保障。拓宽投资渠道，解决好农村教师住房保障问题，3年内基本完成农村中小学教师周转房建设，5年内基本完成中小学教师保障性住房建设。重视农村青年教师队伍建设，积极搭建发展平台，帮助解决实际困难，稳定青年教师队伍。

19.加快推进高校教师薪酬制度改革。建立体现以增加知识价值为导向的收入分配机制，扩大高校收入分配自主权，在核定绩效工资总量内自主确定收入分配办法。高校教师依法取得的科技成果转化奖励收入，不纳入本单位工资总额基数。支持高校盘活资源开发青年人才公寓。

20.维护教师合法权益。各级党委、政府要切实负起中小学教师保障责任，确立公办中小学教师作为国家公职人员特殊的法律地位，不断提升教师的政治地位、社会地位和职业地位。完善教师社会保障制度。加大教师表彰奖励力度，营造尊师重教良好社会风尚。鼓励社会团体、企事业单位、民间组织对教师进行资助奖励。依法保障民办学校教师在科研立项、表彰奖励等方面享有与公办学校教师同等权利。完善民办学校教师社会保障机制，依法依规参加各项社会保险。

六、强化服务保障，确保教师队伍建设改革取得切实成效

21.强化组织保障。各级党委、政府要切实履行职责，加强对教师队伍建设改革的领导，优先谋划教师工作。省委和省辖市党委常委会每年至少研究一次教师队伍建设工作。各级党委教育工作领导小组要定期研究解决教师队伍建设改革中的重大问题。

22.强化经费保障。各级政府要优先保障教师经费投入，优先满足教师队伍建设需要。优化经费投入结构，重点用于提高教师待遇、提升专业素质能力。加大师范教育投入力度。健全以政府投入为主、多渠道筹措教育经费的体制。加强教育经费监管，确保资金使用效益。

23.强化跟踪问效。各级党委、政府要将教师队伍建设列入督查督导工作重点内容，并将结果作为党政领导班子和有关领导干部综合考核评价、奖惩任免的重要参考。健全督查反馈机制，确保各项政策措施全面落实，取得切实成效。

河南省人民政府办公厅关于印发河南省乡村教师支持计划（2015—2020年）实施办法的通知

豫政办〔2015〕157号

各市、县人民政府，省人民政府各部门：

《河南省乡村教师支持计划（2015—2020年）实施办法》已经省政府同意，现印发给你们，请认真贯彻执行。

河南省人民政府办公厅

2015年12月19日

河南省乡村教师支持计划（2015—2020年）实施办法

为贯彻落实《国务院办公厅关于印发乡村教师支持计划（2015—2020年）的通知》（国办发〔2015〕43号），进一步深化教育领域综合改革，切实加强我省乡村教师（包括全省乡中心区、村庄学校教师）队伍建设，特制定本实施办法。

一、指导思想

以党的十八大和十八届三中、四中、五中全会精神为指导，按照"四个全面"战略布局要求，以办好人民满意的教育为宗旨，以吸引优秀人才到乡村学校任教、稳定乡村教师队伍、带动和促进教师队伍整体水平提高为目的，解决当前乡村教师队伍建设领域存在的突出问题。坚持师德为先、以德化人，着力提升乡村教师思想政治素质和职业道德水平，引导乡村教师带头践行社会主义核心价值观；坚持规模适当、结构合理，加强乡村教师优质教师资源配置，有效解决乡村教师短缺问题；坚持提升质量、提高待遇，提升乡村教师专业素质，不断改善乡村教师的工作生活条件；坚持改革机制、激发活力，以问题为导向，深化体制机制改革，拓宽乡村教师来源，畅通高校毕业生、城镇教师到乡村学校任教的通道，逐步形成"越往基层、越是艰苦，地位待遇越高"的激励机制，以及充满活力的乡村教师使用机制。到 2017 年，力争使乡村学校教师来源得到多渠道扩充，乡村教师资源配置得到改善，教育教学水平稳步提升，各方面合理待遇依法得到较好保障，职业吸引力明显增强，逐步形成"下得去、留得住、教得好"的局面。到 2020 年，努力造就一支素质优良、甘于奉献、扎根乡村的教师队伍，为基本实现我省教育现代化提供坚强有力的师资保障。

二、主要举措

（一）全面提升乡村教师思想政治素质和师德水平

加强乡村中小学校基层党组织建设，在乡镇中心学校完善党组织机构、配备专职党务干部，进一步关心教育乡村教师，适度加大发展党员力度。建立乡村教师政治理论学习制度，增强思想政治工作的针对性和实效性，不断提高教师的理论素养和思想政治素质。全面落实立德树人根本任务，开展多种形式的师德教育，把教师职业理想、职业道德、学术规范以及心理健康教育、法制教育等融入职前培养、职后培训和管理的全过程。加强教师文化建设，建立教师宣誓制度，加大优秀师德典型宣传力度，深入开展师德主题教育活动和"河南最美教师"公益活动，健全师德标兵和师德先进个人表彰机制，营造尊师重教的良好社会氛围。严格师德考核，促进教师自觉加强师德修养，把师德表现作为教师资格定期注册、业绩考核、职称评审、岗位聘用、评优奖励的首要内容。规范师德惩处，建立健全教育、宣传、考核、监督与奖惩相结合的乡村教师师德建设长效机制。

（二）拓展乡村教师补充渠道

继续实施农村义务教育学校教师特岗计划和农村学校教育硕士师资培养计划。扩大中央特岗计划实施规模，继续实施省级特岗计划，并向乡村学校倾斜，按照中央要求适时提高特岗教师工资待遇。自 2016 年起，以培养小学全科教师为载体，启动开展省级免费师范生教育制度试点，依托省内高等师范院校进行全科综合培养，对定向培养的学生实行"两免一补"（免除学费、住宿费和发放生活补助），各县（市、区）在核定的教职工编制总额内按协议办理事业单位人员录用、编制、工资等手续，真正为乡村学校培养大批"下得去、留得住、教得好"的骨干教师。高校毕业生取得教师资格并到乡村学校任教 3 年以上（含 3 年），按我省有关规定享受国家助学贷款代偿政策。

（三）提高乡村教师生活待遇

全面落实我省集中连片特困县乡村教师生活补助政策，依据学校艰苦边远程度实行差别化补助标准。鼓励其他有条件的地方建立并实施乡村教师生活补助制度。各地要依法依规落实乡村教师工资待遇政策，为教师缴纳住房公积金和各项社会保险费，按规定将符合条件的乡村教师住房纳入当地住房保障范围。继续实施边远艰苦地区乡村学校教师周转宿舍建设工程，切实改善乡村教师住房条件。在现行制度架构内，做好乡村教师重大疾病救助工作。

（四）加强教师编制管理

按照城乡统一标准核定乡村中小学教职工编制。对人口居住分散的农村偏远地区、山区必须保留的学校和教学点，在核定教职工编制时予以倾斜，可按照生师比和班师比相结合的办法核定，重点解决教师全覆盖问题，确保乡村学校开足开齐国家规定课程，特别是体育、音乐、美术、科学技术课程。农村寄宿制学校教师兼任生活管理教师的，应合理计算工作量并相应增核绩效工资总量。留守儿童较多的乡村学校可配备或聘请心理辅导教师。县级教育部门在核定的编制总额内，按照班额、生源等情况统筹分配各校教职工编制，并报同级机构编制部门和财政部门备案。严禁在有合格教师来源的情况下有编不补、长期使用临聘人员，严禁任何部门和单位以任何理由、任何形式占用或变相占用中小学教职工编制。同时，进一步加强教师管理，严禁无正当理由长期脱岗、私自聘用临时人员代岗等。

（五）职称（职务）评聘向乡村学校倾斜

专业技术中高级岗位设置向乡村学校倾斜。对在乡村学校任教累计满25年且仍在乡村学校任教，具备相应专业技术资格的在编教师，聘用相应专业技术岗位时予以倾斜。对基层和农村学校实行职称倾斜政策。对农村学校与城市学校实行同样的结构比例控制标准。对在农村教学第一线连续从事教育教学工作满30年，且当年年底距离法定退休年龄不满5年的农村教师，可不受单位结构比例限制，专设职数考核认定和聘任中小学一级教师，通过考核认定取得的资格与评委会评审具有同等效力。乡村教师评聘职称（职务）时，评价标准在城市标准的基础上适当降低要求，外语成绩（外语教师除外）、发表论文不作刚性要求，注重师德修养，注重教育教学工作业绩，注重教育教学方法，注重教育教学一线实践经历。城市中小学教师晋升高级教师职称（职务），应有在乡村学校或薄弱学校任教一年以上的经历。

（六）推动城镇优秀教师向乡村学校流动

贯彻落实《河南省关于推进县（区）域内义务教育学校校长教师交流轮岗工作的指导意见》，全面推进县（市、区）域内校长、教师交流轮岗工作，促进教师资源合理配置。加强县（市、区）域内义务教育学校教师统筹管理，推进县管校聘管理改革，探索工资待遇制度、岗位结构比例、公开招聘、岗位聘用、培养培训、考核评价、退休教师管理和服务等义务教育学校教师管理新模式。各市、县（市、区）政府要采取定期交流、跨校竞聘、学区一体化管理、学校联盟、对口支援、乡镇中心学校教师走教等多种途径和方式，重点推动城镇学校优秀校长、教师到乡村学校交流轮岗支教。到乡村学校交流支教一年及以上的城镇教师，在支教期间享受当地的乡村教师生活补助和乡镇工作补贴。鼓励城镇退休的优秀教师到乡村支教讲学，各级财政按照国家有关规定予以适当补助。

（七）全面提升乡村教师能力素质

建立健全以国培计划为引领、以校本研修为基础的国培、省培、市培、县培和校培五级联动机制，到2020年，对全体乡村教师、校（园）长进行不少于360学时的培训。把乡村教师培训纳入基本公共服务体系，保障经费投入，确保乡村教师培训时间和质量。将教师培训经费列入财政预算，市、县两级要按教职工工资总额的1.5%—2.5%足额安排，幼儿园、中小学校按照年度公用经费预算总额的5%安排教师培训经费。整合各地教、科、研、训资源，推动师范院校与政府、县级培训机构和优质中小学幼儿园融合发展，推进乡村教师职前教育、入职教育与职后培养一体化建设，建立乡村教师、校长发展支持服务体系。全面提升乡村教师信息技术应用能力，积极利用信息技术手段，破解乡村优质教学资源不足难题，同时建立支持学校、教师使用相关设备的激励机制并提供必要的保障经费。加强乡村学校音乐、体育、美术等师资紧缺学科教师培训，支持乡村教师提升教育教学能力，培养教学名师。加强教师培训团队建设。鼓励乡村教师在职学习深造，提高学历层次，到2020年，乡村教师学历基本达标。

（八）建立乡村教师荣誉制度

省政府对在乡村学校从教20年以上的教师按照有关规定颁发荣誉证书，县级政府对在乡村学校从教10年以上的教师给予鼓励。鼓励和引导社会力量建立专项基金，对长期在乡村学校任教的优秀教师给予物质奖励。在评选表彰教育系统先进集体和先进个人等方面向乡村学校、乡村教师倾斜。推荐的基础教育领域先进集体，县镇以下（含县镇）的农村学校占本地推荐名额的60%以上。推荐的先进个人，县镇以下（不含县镇）的乡村中小学教师占本地推荐总名额的35%以上。

三、组织实施

（一）强化各级政府责任

各级政府是实施乡村教师支持计划的责任主体。要加强组织领导，把实施工作列入重要议事日程，实行一把手负责制，细化任务分工、分解责任，推进各部门密切配合、形成合力，切实将计划落到实处。教育部门要加强对乡村教师队伍建设的统筹规划、指导和管理，制定相关政策和标准。机构编制、发展改革、财政、人力资源社会保障等有关部门要在各自的职责范围内，积极推进有关工作。要着力改革体制，积极鼓励和引导社会力量参与支持乡村教师队伍建设。

(二)加强经费保障

各级政府要积极调整财政支出结构,统筹考虑乡村教师队伍建设经费需求,加大投入力度,大力支持乡村教师队伍建设。多渠道筹措教育经费,吸引社会资金投资乡村教育。要把资金和投入用在乡村教师队伍建设最薄弱、最迫切需要的领域,切实用好每一笔经费,提高资金使用效益,促进教育资源均衡配置。要制定严格的经费监管制度,规范经费使用,加强经费管理,强化监督检查,坚决杜绝截留、克扣、虚报、冒领等违法违规行为发生。

(三)定期督导检查

各级政府教育督导机构要会同有关部门建立乡村教师工作专项督导考核制度,对乡村教师队伍建设情况进行专项督导,督查结果纳入各市、县(市、区)政府教育工作考核指标体系,纳入义务教育均衡县(市、区)督导评估内容,及时通报督导情况并公布督导结果。对实施不到位、成效不明显的,追究相关负责人的领导责任。

各市、县(市、区)、乡镇政府要制定贯彻实施办法,因地制宜地提出符合乡村教育实际的支持政策和有效措施,将本实施办法要求进一步明确化、具体化、精准化。各市、省直管县(市)将本地实施办法于2016年6月30日前报省教育厅备案,同时向社会公布,接受社会监督。

河南省教育厅 河南省财政厅 河南省人力资源和社会保障厅 河南省编办关于印发《河南省2009年农村义务教育阶段学校教师特设岗位计划实施方案》的通知

豫教师〔2009〕82号

各省辖市教育局、财政局、人事局、编办,各重点扩权县(市)教育局、财政局、人事局、编办,各有关普通高等学校:

今年2月23日,教育部、财政部、人力资源和社会保障部、中央编办印发了《关于继续组织实施"农村义务教育阶段学校教师特设岗位计划"的通知》(教师〔2009〕1号)

（以下简称"特岗计划"），将我省纳入该计划实施范围。这是加强我省农村教育工作，提高农村教师队伍整体素质，引导和鼓励高校毕业生从事农村教育工作的重大举措。为了切实做好这项工作，根据教育部、财政部、人力资源和社会保障部、中央编办《关于实施农村义务教育阶段学校教师特设岗位计划的通知》（教师〔2006〕2号）和《关于继续组织实施"农村义务教育阶段学校教师特设岗位计划"的通知》（教师〔2009〕1号）精神，结合我省实际，我们制定了《河南省2009年"农村义务教育阶段学校教师特设岗位计划"实施方案》（见附件），现印发给你们，并提出以下意见，请一并贯彻执行。

一、充分认识实施"特岗计划"的重大意义

"特岗计划"是2006年教育部、财政部、人事部、中央编办联合启动实施的一项重大工作计划，主要目的是通过公开招聘高校毕业生到农村贫困地区中小学任教，引导和鼓励高校毕业生从事农村教育工作，逐步解决农村师资总量不足和结构不合理等问题，提高农村教师队伍的整体素质。这项计划2006—2008年主要在我国西部地区实施，从今年开始扩大到包括我省在内的中西部22个省（直辖市、自治区）。实施好"特岗计划"，对于我省创新教师补充机制，吸引高学历人才从事农村义务教育，扩大高校毕业生就业渠道，促进青年人才健康成长，维护教育公平，提高农村教育质量，促进农村教育事业发展具有非常重要的意义。各地相关部门和各有关高等学校要充分认识实施这一计划的重大意义，高度重视，周密部署，确保这项计划在我省顺利实施。

二、明确职责，密切合作，确保计划顺利实施

为实施好"特岗计划"，我省专门成立了"农村义务教育阶段学校教师特设岗位计划"实施工作领导小组，加强对这项工作的领导，并明确了省直有关部门的职责，确保这项计划在我省顺利实施。省教育厅负责将特设岗位落实到县，并认真做好教师招聘、岗前培训、跟踪管理服务等各项工作。省财政厅负责统筹协调特设岗位的经费保障，落实资金，规范管理。省人力资源和社会保障厅负责按照事业单位人员公开招聘的要求，协同省教育厅共同做好特设岗位教师计划下达和招聘工作，并推动我省中小学人事制度改革。省编办负责加强中小学编制工作的监督、检查。各省辖市、各设岗县（市），以及各有关高等学校也要成立相应的机构，明确相关部门职责，加强领导，认识到位、措施到位、组织到位、经费保障到位，通过扎实有效的工作，切实将这项好事办好。

三、加大宣传和动员工作力度，吸引更多优秀大学毕业生从事农村教育工作

一是采取多种方式，加大宣传工作力度。各地要充分利用广播电视、报刊、互联网等各类媒体，宣传实施"特岗计划"的重大意义和有关政策，动员和鼓励更多的优秀大学毕业生报名应聘特设岗位教师工作。我省"特岗计划"相关信息将通过河南省教育

厅（http：//www.haedu.gov.cn）、河南省人力资源和社会保障厅（http：//www.ha.lss.gov.cn）、河南省毕业生就业信息网（http：//www.hnbys.gov.cn）对社会公布。

二是高等学校尤其是高等师范院校要采取有力措施，动员和组织好优秀大学毕业生报名应聘特设岗位教师的工作，教育和引导毕业生树立正确的择业观，鼓励他们到基层和艰苦的地方去建功立业。同时，要加强学生的教师基本技能教育，以增强毕业生适应基础教育教学工作的能力和水平。

三是各地教育行政部门要从本地教师队伍建设实际出发，按照我省统一部署和安排，做好需求测算、组织招聘、定岗定校等工作，吸引一批优秀的毕业生到本地任教。对到基层任教的毕业生，要热情关心和支持他们的工作、学习和生活，鼓励他们在农村乡镇学校长期任教；要坚持以人为本，切实加强特设岗位教师的跟踪管理和服务工作；特别是要落实好特设岗位教师的工资发放、住房安排等其他相关生活待遇保障工作，努力为特设岗位教师创造必要的工作和生活条件，妥善解决特设岗位教师的后顾之忧。

四、认真做好2009年我省"特岗计划"的实施工作

2009年，我省启动实施"农村义务教育阶段学校教师特设岗位计划"，这对逐步缓解农村地区教师紧缺，提高农村教师队伍素质，有效促进高校毕业生就业具有重要意义。为了更好地实施该计划，进一步加强农村师资力量，省委、省政府决定今年我省在实施好国家计划的同时，启动实施地方计划，招聘一批优秀高校毕业生到农村中小学任教。各地、各有关高校要高度重视，采取得力措施，确保这项计划的顺利实施。这项工作时间紧、任务重，希望各地相关部门、各有关高等学校要按照要求，加大宣传力度，抓紧做好各项工作，主要领导亲自抓，明确责任，落实到人，以保证这项工作顺利推进。

附件：河南省2009年"农村义务教育阶段学校教师特设岗位计划"实施方案

河南省教育厅　河南省财政厅

河南省人力资源和社会保障厅　河南省机构编制委员会办公室

二〇〇九年五月六日

附件：

河南省2009年"农村义务教育阶段学校教师特设岗位计划"实施方案

为进一步加强农村教师队伍建设，引导和鼓励优秀高校毕业生从事农村教育事业，

根据教育部、财政部、人力资源和社会保障部、中央编办《关于实施农村义务教育阶段学校教师特设岗位计划的通知》（教师〔2006〕2号）和《关于继续组织实施"农村义务教育阶段学校教师特设岗位计划"的通知》（教师〔2009〕1号）要求，结合我省实际，特制定《河南省2009年"农村义务教育阶段学校教师特设岗位计划"实施方案》。

一、指导思想和目标任务

以党的十七大精神和科学发展观为指导，坚持教育为人民服务的宗旨，以建设高素质农村教师队伍、促进毕业生就业为目标，通过公开招聘高校毕业生到农村学校任教，引导和鼓励毕业生从事农村义务教育工作，创新农村学校教师补充机制，逐步解决农村学校师资总量不足和结构不合理问题，提高农村教师队伍整体素质，提高农村教育质量，促进义务教育均衡发展，努力办好让人民群众满意的教育。

二、计划实施范围和服务期限

1."特岗计划"的实施范围以我省国家和省扶贫开发工作重点县为主，兼顾其他县（市）。其中，国家计划主要安排在31个国家扶贫开发工作重点县；我省地方计划主要安排在13个省扶贫开发工作重点县，6个深山区县，以及经济条件相对比较落后，教师总体缺编和结构性矛盾突出，但工作基础好、积极性高的县（市）。

2.特设岗位教师每届服务期为3年，服务期内原则上全部安排在设岗县（市）的农村乡镇学校任教。可根据当地农村的需求，在乡镇学校之间交流。

三、工资实施标准和资金安排

1."特岗计划"教师在聘任期间，执行国家统一的工资制度和标准。其他津贴补贴由各设岗县（市）根据当地同等条件公办教师年收入水平和中央补助水平综合确定。"特岗计划"教师年收入水平原则上不低于当地同等条件公办教师年收入水平。

2."特岗计划"所需资金由中央财政和地方财政共同承担，以中央和省级财政为主。中央和省级财政安排专项资金，用于"特岗计划"教师的工资性支出，其中，国家计划所需资金由中央财政安排，我省地方计划由省财政安排。国家计划和我省地方计划执行同一工资标准，与设岗县（市）财政据实结算。凡"特岗计划"教师工资性收入水平高于该标准的，其高出部分由县（市）财政负担。

3.设岗县（市）财政负责落实资金，用于解决特设岗位教师的地方性津补贴、必要的交通补助、体检费和按规定纳入当地社会保障体系，享受相应的社会保障待遇（政府不安排商业保险）应缴纳的相关费用。

4.省辖市和设岗县（市）财政负责落实资金，用于特设岗位教师招聘的笔试具体考务、判卷、面试组织、岗前培训等相关工作，确保这项计划的顺利实施。

四、实施原则

1.事权不变,创新机制。"特岗计划"是中央对扶贫开发重点县解决教师问题的支持,不改变事权划分。纳入"计划"的县(市)原则上不得再以其他方式补充新教师。各设岗县(市)要在核定的编制总额内,对聘期已满、考核合格、愿意继续留在当地任教的特设岗位教师,要负责落实工作岗位,将其工资发放纳入当地财政统发范围,保证其享受当地教师同等待遇。

2.中央统筹,地方实施。中央有关部门制定总体规划和年度计划,提出"特岗计划"教师总量指导性意见。省有关部门研究制订实施"特岗计划"的具体政策和落实办法,省直有关部门、省辖市和设岗县共同组织实施。设岗县(市)负责教师的日常管理和考核,并向上级有关部门报告。

3.相对集中,成组配置。设岗县(市)对特设岗位教师工作岗位的安排应结合当地实际需求,按照学科结构,科学搭配。为了便于管理,岗位的设置要相对集中,避免过于分散。一般1所学校安排3—5人。

4.侧重初中,兼顾小学。特设岗位教师主要安排在县城以下的农村乡镇初中,可适当兼顾乡镇中心小学。

五、招聘对象和条件

1.以高等师范院校和其他全日制普通高校应届本科毕业生为主,可招少量应届师范类专业专科毕业生。

2.取得教师资格,具有一定教育教学实践经验,年龄在30岁以下的全日制普通高校往届本科毕业生。

3.报名者应同时符合教师资格条件要求和招聘岗位要求。

六、招聘程序和办法

特设岗位教师实行公开招聘,合同管理。招聘工作由省教育厅、财政厅、人力资源和社会保障厅、省编办共同负责,遵循"公开、公平、公正、自愿、择优"的原则,按照下列程序进行(河南省2009年特设岗位教师岗位设置计划、招聘办法、招聘简章另行印发):

1.公布需求。根据我省的特设岗位计划总数,多种渠道面向社会公布。招聘公告包括拟招聘的县(市)及所需教师的学段、学科、数量、条件等内容。

2.自愿报名。省教育厅会同省人力资源和社会保障厅负责受理报名,并进行资格初审。

3.考试考核。省教育厅会同省人力资源和社会保障厅负责笔试的命题、试卷印制工作。具体考务和判卷工作在省实施工作领导小组的指导下,由各省辖市、重点扩权县(市)

统一组织。根据考生的志愿，按照笔试成绩从高分到低分的顺序，以设岗县（市）分学段、分学科岗位设置数的1：1.2比例依次确定面试人选。资格复审、面试和体检等项工作以设岗县或省辖市为单位统一组织，并进行公示。

4. 确定人选。公示后，各设岗县或省辖市初步提出拟聘人员建议名单，经省辖市汇总审核后，报省教育厅，由省实施工作领导小组审定。

5. 岗前培训。拟招聘教师岗前培训的主要内容是师德教育、新课程理念、教材教法，以及履行岗位职责的基本要求等。岗前培训采用网上远程培训的方式进行，由省教育厅统一安排，省辖市、设岗县共同组织实施，培训时间不少于30学时。

6. 教师资格认定。岗前培训后，由县级教育行政部门对符合相应教师资格条件又未认定教师资格的拟聘人员，免费进行教师资格认定，颁发《教师资格证书》。

7. 签订合同。应聘人员与设岗县（市）人民政府签订为期3年的聘任合同，合同中应详细明确规定用人单位和应聘人员双方的权利、义务和终止合同的条件。

8. 上岗任教。应聘人员在签订聘用合同后，由设岗县（市）教育行政部门派遣到设岗学校，由设岗学校安排一线教学工作。

七、政策措施

1. 为吸引更多优秀高校毕业生到农村学校任教，参加过"大学生志愿服务西部计划"、"三支一扶"计划且服务期满的志愿者，参加过半年以上实习支教的师范院校毕业生，以及生源地考生在同等条件下优先招聘。

2. 特设岗位教师享受《中共中央办公厅国务院办公厅印发〈关于引导和鼓励高校毕业生面向基层就业的意见〉的通知》（中办发〔2005〕18号）和人事部等部门《关于组织开展高校毕业生到农村基层从事支教、支农、支医和扶贫工作的通知》（国人部发〔2006〕16号）规定的各项优惠政策。

3. "特岗计划"的实施可与"农村学校教育硕士师资培养计划"相结合。符合相应条件要求的特设岗位教师，可按规定推荐免试攻读教育硕士。特设岗位教师3年聘期视同"农村学校教育硕士师资培养计划"要求的3年基层教学实践。

4. 各地区在实施"特岗计划"时，要研究制定具体可行的办法，加大创新农村教师补充机制的工作力度，确保愿意留任的特设岗位教师3年聘期届满后全部落实工作岗位。今后各城市、县镇教师岗位空缺需补充人员时，要优先聘用聘期已满、考核合格的特设岗位教师。

八、服务期内和服务期满后的管理

1. 特设岗位教师在服务期内，日常管理与考核主要由设岗学校和设岗县教育行政部门负责，省、市教育行政部门对其进行跟踪管理，及时了解和掌握他们的思想、工作及生活情况。对成绩突出、表现优秀的，给予表彰，不断总结经验，推广典型；对工作不扎实、不按合同要求履行义务的，要及时进行批评教育，督促改正；对不按合同要求履行义务，经教育仍无转变，不适合在教师岗位继续工作的，应解除协议。各设岗学校每年度要对本校特设岗位教师的政治思想表现和工作情况进行综合考核，评定考核等次，并报县教育行政部门审核后存入其工作档案。各设岗县（市）和学校，要为特设岗位教师在服务期内提供必要的周转房，方便教师的工作和生活。特设岗位教师服务期计算工龄。

2. 特设岗位教师3年服务期满后，鼓励其继续扎根基层从事农村教育事业。对考核合格，自愿留在本地学校的，经设岗县县级教育行政部门申报，县级人事行政部门审核，县政府批准，按照有关规定在核定的教职工编制总额内办理编制、核定工资等事业单位人员聘用手续，并分别报省、市机构编制、人事、教育行政等部门备案，同时将其工资纳入当地财政统发范围，保证其享受当地教师同等待遇。对重新择业的，各设岗县要为其重新选择工作岗位提供方便条件和必要的帮助。

3. 户口和档案管理。特设岗位教师聘用期间，其户口根据本人自愿，可留在原籍，也可迁至工作学校所在地或工作学校所在地的县城；党（团）组织关系转至工作单位，并应积极主动参加工作单位的党（团）组织活动；特设岗位教师人事档案，原则上统一转至工作学校所在地的县级政府教师人事档案管理部门。服务期满后，对重新择业被国家机关、国有企事业单位正式录（聘）用的，其工作档案和党团关系按规定转到具有人事管理权限的相关单位管理，或由人事行政部门人才服务机构代理；其他人员的工作档案和党团组织关系按照中组部、人事部印发的《流动人员人事档案管理暂行规定》（人发〔1996〕118号）办理。

九、组织机构和职责分工

我省"特岗计划"的实施工作，在省政府领导下，成立以分管教育副省长为组长，省政府分管副秘书长、教育厅、财政厅、人力资源和社会保障厅、省编办等负责同志参加的领导小组，统筹组织，统一安排。领导小组下设办公室，办公室设在省教育厅，负责制定实施"特岗计划"的相关政策措施，协调办理具体实施中的有关问题。省直有关部门、省辖市和设岗县职责分工是：

1. 省教育厅：牵头起草我省"特岗计划"的实施方案、招聘办法、招聘简章等；负责收集各地对特设岗位教师的需求计划、提出各设岗县（市）岗位设置计划方案；负责特设岗位教师公开招聘的统筹管理和具体实施的相关协调工作；负责指导各地特设岗位教师招聘的考务、岗前培训、教师资格认定等相关具体工作；负责对特设岗位教师的跟踪了解和评估等宏观管理工作。

2. 省财政厅：负责统筹落实计划实施工作的有关经费；加强对资金使用的监督管理。

3. 省人力资源和社会保障厅：深化中小学人事制度改革，按照事业单位人员公开招聘的规定，协同教育厅共同做好特设岗位教师的计划下达和公开招聘工作。

4. 省编办：加强对全省中小学教职工编制使用及人员结构管理工作的监督、检查，指导全省中小学教职工编制的规范管理。

5. 各省辖市教育、财政、人事、机构编制等部门要按照要求，由当地政府统一协调，组织本辖区各设岗县(市)特设岗位教师岗位设置及申报、招聘和管理工作。各设岗县(市)人民政府负责本县(市)特设岗位教师的岗位设置与申报、招聘相关工作、日常管理与考核、统筹发放特设岗位教师的工资和津补贴、户口和档案关系管理等有关工作。

十、本实施方案由省教育厅、财政厅、人力资源和社会保障厅、省编办负责解释。

河南省教育厅 河南省财政厅 河南省人力资源和社会保障厅 河南省编办关于做好特岗教师有关管理工作的通知

豫教师〔2009〕203号

各省辖市教育局、财政局、人事局、编办，各有关普通高等学校：

2009年在我省农村义务教育阶段学校实施"特岗计划"，招聘万名高校优秀毕业生到农村贫困地区从事教育工作，是省委、省政府加强农村教育工作的重大举措，也是提高我省农村教师队伍整体素质，引导和鼓励高校优秀毕业生从事农村教育工作的重要制度创新。目前，这项招聘工作已经圆满结束，特岗教师已赴农村学校上岗任教。为进一步推进特岗计划的顺利实施，切实做好特岗教师有关管理工作，现提出如下意见，请认真贯彻落实。

一、加强特岗教师教育。这次招聘的万名特岗教师总体来看，学历层次高、综合素质好、工作积极性高，但要真正成为一名合格的教师，还需要通过不断学习和教育，来提升职业道德素养和教育教学技能。为此，各地要加强特岗教师教育，不断提高其政治和业务素质。一是加强师德师风教育。要通过组织师德主题教育活动、开展向优秀模范教师学习等多种形式，不断提升特岗教师职业道德素养，增强特岗教师的光荣感、责任感和使命感；鼓励他们明确职责，认真履行协议规定的义务；激励他们热爱农村教育事业，热爱学生，爱岗敬业，为人师表，无私奉献。二是加强业务指导和培训。各地要将特岗教师培训纳入中小学教师继续教育进行管理，通过开展专项培训、专题报告、教学研讨，建立"一帮一"帮扶机制、开展听课指导等多种形式，帮助特岗教师提高教育教学水平和教学技能，尽快成长为学校教学的骨干力量。三是引导特岗教师注重自身素质提高。特岗教师要养成虚心学习的良好品质，虚心向老教师学习，接受他们的指导；要认真学习相关教育政策法规和学校各项管理制度，增强依法执教的能力和水平；要努力把自己所掌握的专业知识与教育教学实践紧密结合起来，尽快适应教育教学工作；要坚持在教中学、学中教，不断总结、不断提高，使自己快速成长为一名优秀教师。

二、落实特岗教师待遇。特岗计划的实施，改善了农村教师队伍结构，带来了先进的教育理念，为我省农村教育事业注入新的力量。各地要认真执行国家和我省有关政策，确保特岗教师各项待遇落实到位，使他们不但教得好，而且留得住。一是落实好工资待遇。目前，教育部、财政部等中央有关部门尚未确定今年国家计划特岗教师工资标准，待国家计划特岗教师工资标准明确后，我省地方计划和国家计划特岗教师将执行国家统一的工资制度和标准，一并与设岗县（市）财政据实结算。各地必须按照确定的特岗教师工资标准，足额发放到位。在此之前，各设岗县或学校可以通过借支等办法，为特岗教师解决部分生活费用，待工资到位后再足额补齐，以便特岗教师能够正常工作和生活。二是按照《2009年农村义务教育阶段学校教师特设岗位计划实施方案》的规定，各设岗县（市）财政部门要落实资金，解决特岗教师的地方性津补贴、必要的交通补助、体检费和按规定纳入当地社会保障体系，享受相应的社会保障待遇应缴纳的相关费用。三是落实好优惠政策。各地要建立健全各项规章制度，确保特岗教师在工资、待遇、福利、评优评先等方面，享受当地教师同等待遇。特岗教师任教满1年后，参照当地相关政策，纳入当地在编在职教师的专业技术职务评审工作，进行晋职聘任和职称评聘等工作。四是创造良好工作和生活条件。各地要积极创造条件，坚持用待遇留人、用情感留人，要对特岗教师给予更多的关心，使其收入有保障、工作有岗位、地位平等、生活舒心；要解决其后顾之忧，使其更加勤奋地工作，安心从教，为当地教育事业做出更大贡献。

三、严格特岗教师管理。一是严格岗位分配管理。按照教育部要求，特岗教师岗位设置要坚持定县、定校、定岗的原则。各设岗县要根据我省下达的招聘计划进行岗位分配，原则上不得随意变换教师岗位。同时要坚持相对集中，成组配置，侧重初中，兼顾小学。

设岗县（市）对特岗教师工作岗位的安排要结合当地实际需求，按照学科结构，科学搭配。为了便于管理，岗位的设置要相对集中，避免过于分散。一般 1 所学校安排 3—5 人。原则上，特岗教师主要安排在县城以下的农村乡镇初中，可适当兼顾乡镇中心小学。二是完善就业相关手续。为鼓励特岗教师长期扎根农村教育事业，特岗教师就业择业期由 2 年延长到 3 年，各有关高等学校要为符合条件的特岗教师积极办理毕业生有关派遣手续。三是各设岗县县级教育行政部门对符合相应教师资格条件又未认定教师资格的拟聘人员，并按照河南省教师资格管理办公室《关于 2009 年"特岗教师"认定教师资格相关问题的通知》（豫教资办〔2009〕21 号）要求，免费进行教师资格认定，颁发《教师资格证书》。四是做好户口和档案管理工作。特岗教师聘用期间，其户口根据本人自愿，可留在原籍，也可迁至工作学校所在地或工作学校所在地的县城。特岗教师人事档案，原则上统一转至工作学校所在地的县级政府教师人事档案管理部门。五是加强日常教学管理。特岗教师在服务期内，日常管理与考核主要由设岗学校和设岗县教育行政部门负责，省、市教育行政部门对其进行跟踪管理，及时了解和掌握他们的思想、工作及生活情况。各设岗学校每年度要对本校特岗教师的政治思想表现和工作情况进行综合考核，评定考核等次，并报上级主管部门审核后存入其工作档案。同时，要注重对特岗教师的安全教育，加强交通、人身和饮食安全意识的培养和教育，保证其身心健康，全力投入教育工作。

河南省教育厅　河南省财政厅
河南省人力资源和社会保障厅　河南省机构编制委员会办公室
二〇〇九年十一月十七日

河南省教育厅 河南省财政厅
河南省人力资源和社会保障厅 河南省编办
关于做好服务期满特岗教师落实工作岗位的通知

豫教师〔2012〕92号

各省辖市教育局、财政局、人力资源和社会保障局、编办,省直管试点县教育局、财政局、人力资源和社会保障局、编办,重点扩权县(市)教育局、财政局、人力资源和社会保障局、编办:

根据《教育部、财政部、人事部、中央编办关于实施农村义务教育阶段学校教师特设岗位计划的通知》(教师〔2006〕2号)、《教育部、财政部、人力资源社会保障部、中央编办关于继续组织实施"农村义务教育阶段学校教师特设岗位计划"的通知》(教师〔2009〕1号)和《河南省教育厅、财政厅、人力资源和社会保障厅、编办关于印发〈河南省2009年农村义务教育阶段学校教师特设岗位计划实施方案〉的通知》(豫教师〔2011〕82号)精神,为继续引导和鼓励更多的优秀大学毕业生到农村中小学任教,进一步完善农村教师补充机制,现就做好服务期满特岗教师落实工作岗位的有关事宜通知如下。

一、高度重视

"特岗计划"在我省实施以来,在省政府的正确领导下,在各级政府特别是教育、财政、人力资源和机构编制等部门的共同努力下,为农村学校补充了一大批高素质的教师,有效提高了农村教育的质量,取得了显著成效。而服务期满特岗教师的岗位落实工作,是"特岗计划"顺利实施的关键环节,具有非常重要的意义。各地教育、财政、人力资源和机构编制部门一定要高度重视,加强沟通协调,提前研究制定方案,落实好服务期满特岗教师的工作岗位,切实做到有编有岗。

二、实施意见

1.落实岗位原则。根据《河南省2009年农村义务教育阶段学校教师特设岗位计划实施方案》精神，特岗教师3年服务期满后，鼓励其继续扎根基层从事农村教育事业。各设岗县（市）要在核定的编制总额内，对聘期已满、考核合格、愿意继续留在当地任教的特岗教师，要负责落实工作岗位，将其工资发放纳入当地财政统发范围，保证其享受当地教师同等待遇。

2. 落实岗位范围。全省纳入"国家计划"和"地方计划"实施范围的设岗县（市）中，即将3年服务期满且考核合格的特岗教师。

3. 强化考核管理。设岗县（市）教育行政部门和设岗学校负责对服务期满特岗教师进行考核。经服务期满、考核等次为合格以上的特岗教师，发放《农村义务教育阶段学校教师特设岗位计划教师服务证书》，并享受《中办发〔2005〕18号》和《国人部发〔2006〕16号》规定的各项优惠政策。

4. 严格聘用手续。对考核合格，自愿留在本地学校的，经设岗县（市）级教育行政部门申报，县级机构编制部门、人事行政部门审核，县政府批准，按照有关规定在核定的教职工编制总额内办理编制、岗位核准认定、核定工资等事业单位人员聘用手续，并分别报省、市机构编制、人事、教育行政等部门备案，同时将其工资纳入当地财政统发范围，保证其享受当地教师同等待遇。特岗教师3年服务期计算工龄。城市、县镇学校教师空缺需补充人员时，同等条件下应优先聘用服务期满特岗教师。

5. 其他情况。对重新择业的特岗教师，各设岗县（市）要为其重新选择工作岗位提供方便条件和必要的帮助。

三、有关要求

1. 各省辖市、省直管试点县、重点扩权县（市）教育、财政、人力资源和机构编制部门要结合实际，共同制订服务期满特岗教师落实工作岗位的具体方案，并于2012年6月底前报省教育厅备案。

2. 各设岗县（市）人民政府要站在确保教育事业健康发展、维护社会和谐稳定的高度，切实负责，加强领导，督促有关部门共同落实《河南省特设岗位教师服务协议书》规定的各项义务。

3. 各地要于今年秋季开学前完成我省首届服务期满特岗教师岗位落实工作，并将名单于9月底前报省教育厅备案。

河南省教育厅　河南省财政厅
河南省人力资源和社会保障厅　河南省机构编制委员会办公室
二〇一二年五月十日

河南省教育厅关于印发《河南省农村学校特岗教师招聘考试考务实施细则》（2015年修订）的通知

教师〔2015〕548号

各省辖市、省直管县（市）教育局：

为进一步加强我省特岗教师招聘考务管理，严肃考务纪律，维护公平、公正的考试环境，确保考务的安全有序，在征求意见的基础上，针对新形势、新特点，省教育厅研究修订了《河南省农村学校特岗教师招聘考试考务实施细则》，现印发给你们，请遵照执行。

附件：河南省农村学校特岗教师招聘考试考务实施细则（2015年修订）

2015年7月16日

附件：

河南省农村学校特岗教师招聘考试考务实施细则（2015年修订）

第一章　总则

第一条　为健全我省农村义务教育阶段学校教师特设岗位计划（以下简称"特岗计划"）招聘考试的考务工作制度，保障考试的安全有序实施，依据有关法律、法规，结合我省"特岗计划"招聘考试工作实际情况，制定本细则。

第二条　"特岗计划"招聘考试工作在省教育厅、省财政厅、省人力资源和社会保障厅、省编办的统一部署下进行。各省辖市、省直管县（市）教育行政部门在当地政府的领导下，具体实施各项考务工作。

第三条　"特岗计划"招聘考试坚持"公开、公平、公正"的基本原则；实行"依法行政、

"从严治考、科学组织、规范管理"的工作方针；笔试参照河南省普通高校招生机制进行。

第二章 试卷命题及印刷、运送和保管

第四条 试题清样、试卷、答卷的交接、印制、运送和保管，应严格按照教育部、中宣部、公安部、国家保密局联合印发的《国家教育考试安全保密规定》（教考试〔2004〕2号）和教育部《国家教育考试试卷印制安全保密规范》《国家教育考试试卷印制规范》《国家教育考试制卷监印规范》（教考试〔2014〕1号）有关要求执行。

第五条 各地教育行政部门要指定3名以上工作人员，持介绍信，按省教育厅指定的时间、地点领取试卷。运转试卷要有专车，以车况良好的密封车运送，且不得有押运人员之外的他人搭乘。运送途中，试卷现场押运人员也不得少于3人（不含司机）。试卷在启用前属国家秘密级材料，必须加强试卷的安全保密工作，对试卷的运送和保管实行责任制。

第六条 试卷保密室建设、试卷保密员及保卫人员的选聘和培训、试卷保密室的管理制度、试卷（答卷）的交接制度、备用卷的管理和使用、非正常情况处理等按照有关规定执行。各地要按照保密规定，设立保密室，指定专门保管人员，将领取的试卷存在保密铁柜中。试卷开启前要有专人24小时值守。试卷保管、分发场所须安装2个以上摄像头，进行全程全方位、无死角监控录像。

第七条 各考点要指定3名以上工作人员，于开考当日且开考2小时前，到当地教育行政部门试卷室领取试卷。

第八条 考试结束后，由考点按照考生座号顺序装订、密封，于考试结束当日送至指定的地点。

第九条 试卷在每次交接时，交接人员都要认真核对试卷类型、袋数，检查密封，无误后双方签字负责。试卷、参考答案和评分标准启用前，答案在评卷结束前，任何组织和个人不得以任何理由启封查阅。

第三章 工作人员与职责范围

第十条 "特岗计划"招聘考试以省辖市、省直管县（市）为考区。各考区视情况设若干考点，考点设主考、副主考。各考点设若干考场，每个考场配备监考员2人。考点应设立考务、保卫、监控、医疗、后勤、保密等相关考试工作小组，以保证考试实施。

第十一条 考试工作人员条件：

（一）认真执行党的路线、方针，深入贯彻特岗教师招聘考务的各项政策和要求。

（二）坚持原则，作风正派，法纪意识强、原则性强、组织纪律性强。

（三）工作认真，业务熟悉，具有高度的责任心。

（四）身体健康，适应工作。

第十二条 实行回避制度。如有直系亲属参加当年的考试，应回避接触试题、评分标准和判卷等工作。

第十三条 考区主任职责：

（一）在省教育厅、省财政厅、省人力资源和社会保障厅、省编办的统一部署安排下，各考区根据本《细则》，组织管理本考区的考试工作。

（二）确定考点，选聘各考点的主考和副主考；组织选聘监考员等考试工作人员。

（三）组织对考试工作人员和考生的考风考纪与诚信教育。

（四）监督检查各项规定和纪律的执行情况。

（五）处理和解决考试中的突发事件和重大问题。

（六）保证考试期间试卷的安全保密工作万无一失，保证考试正常进行。

（七）考区副主任协助主任进行工作。

第十四条 主考、副主考职责：

（一）在考区主任的统一领导下，根据本《细则》主持考点的考试，全面负责考点的工作；副主考协助主考进行工作。

（二）宣传和贯彻执行考试工作方针、质量标准、基本要求和考风考纪要求。

（三）组建考点办公室，选聘、培训监考员，组织对考点和考场的布置，完善各项设施，做好考前准备工作。

（四）如因考卷不完整、字迹模糊或试卷错装等原因必须换卷时，启用备用卷，并和试卷保密员同时在试卷袋上签名负责，并及时向考区主任报告启用备用卷的理由和情况。

（五）组织和验收答卷的装订与密封，并派专人看管和按时返回。

（六）坚守岗位，加强巡视，组织好安全保卫工作。

（七）对不认真负责的工作人员，直接批评教育；对严重失职或徇私舞弊的工作人员及时撤换，严肃处理。

（八）按规定处理考试工作中的问题；对重大问题和突发事件，及时向市主管领导和考区主任报告。

第十五条 监考员职责：

（一）在主考领导下，维护考场秩序，主持本考场的考试，严格执行考试实施程序，如实记录考试情况，保证考试正常进行。

（二）按要求参加考前相关培训，强化责任意识、法纪意识，认真学习考试政策规定，熟悉监考业务，熟练掌握考试有关设备的操作规程，能够识别常见作弊工具。未经培训合格不得担任监考工作。

（三）组织本考场考生入场，按规定对考生进行手机、电子设备等违禁物品检查、身份验证、准考证核对，督促检查考生准确填写姓名等信息，发现错误，要求其改正。

（四）对考生进行考风考纪教育，宣布考试注意事项。检查考生准考证、身份证，对考生进行资格审查。

（五）监督考生按规定答题，实施巡查考场，防范、制止违纪舞弊行为，并按规定程序处理违规考生。

（六）除主考、副主考、巡视员外，严格制止非本考场考生和无关人员进入考场。对考试期间非正常出入考场人员做出记录。

（七）遵守监考工作纪律，认真履行职责。佩戴工作证件，严格遵守考点时间安排，不迟到、早退、不擅离职守。监考工作过程中，不吸烟，不打瞌睡，不阅读书报，不聊天，不抄题、做题、念题，不检查或暗示考生答题，不做与监考工作无关的事情，不得擅自提前或延长考试时间，不得将考试规定以外的物品带入考场，不得擅自发布与考试有关的信息或内容，不得把试卷、草稿纸带出或传出考场。

（八）负责本考场试卷、草稿纸、考试设备的领取、发放、回收、整理、上交，并做好考场记录。

（九）考试中发现异常情况要立即通过场外联络员报告主考，不得扩散。

（十）负责有关考试项目规定和主考布置的其他工作。

第十六条 考点试卷保密员职责：

（一）坚守工作岗位，保守秘密。

（二）核对考题试卷，检查试卷密封情况，清点试卷袋数，办理交接手续。

（三）保管备用卷，根据主考指示启用备用卷，并在试卷袋上签名负责。

（四）在主考指定人员的陪同下，向有关考场递送备用卷。

（五）返回多余的备用卷并重新密封。

第十七条 场外联络员的职责主要是负责监考员与主考、考点办公室之间的联系；处理因监考员不能离开考场的有关事宜。场外联络员的工作岗位，设在考场附近的固定位置，无事时不能在考场门口走动。

第十八条 考点其他工作人员的职责和必要的制度由省辖市、直管县（市）教育行政部门制定。

第四章 考试的准备工作

第十九条 考点的考试准备工作，在主考的主持下进行。

第二十条 组织监考人员和其他考试工作人员的培训。培训由主考主持，在考试前进行。培训内容有本次考试的特点、任务、考试要求，监考人员的职责、考试程序、工作细则、工作作风、工作纪律、规范操作等。

第二十一条 按照规范化要求布置考点。

考点气氛要庄重，使考生感到既严肃又亲切、和谐。

考点大门要悬挂红色横幅，统一用字为："河南省××年农村学校特岗教师招聘考试××市××学校考点。"

大门两旁竖插装饰彩旗，张贴具有欢迎和鼓励意义的标语，如：

——热烈欢迎您参加特设岗位教师招聘考试！

——发扬沉着、认真、细心、守纪的良好考风！

——信守承诺、诚信考试！

——端正考风，严肃考纪！

——遵守考试纪律，参与公平竞争！

在考点的大门口，树立"非考生禁止入内""考试工作人员凭证入内"的标志。

在考点醒目处张贴《考点平面图》《考场安排示意图》《考生守则》和《关于严肃考风考纪的通告》。

在考点设置的办公室、医务室、茶水供应站、车辆存放处等地张贴标志牌，在通向厕所的地方粘贴明显的指示标志。

考场周围5米处画隔离线或拉隔离绳，非考试工作人员严禁入内。

保持考点的整齐、清洁、安静。

第二十二条 按照规范化要求布置考场。

考场应宽敞明亮、桌椅整齐，具备较好的通风、采光、照明条件，统一在考场前方配备钟表。

每个考场设30个座位。考生座位须单人、单桌、单行排列，间距80厘米以上，桌斗口朝前，桌面要平整。考生座位采用随机编排方式确定，并在靠走道的桌角上贴考生座位号。

桌凳排列要整齐，桌凳、地面保持清洁，桌斗内的杂物和纸屑要清除干净，考场内多余的课桌要集中放在考场后面或搬出考场。

考场门口悬挂或张贴考场号、准考证号起止号。门口放置两张单人（或一张双人）课桌，并指示考生物品放置处。

第二十三条 制定专人负责发布考试信号：

（一）预备：电铃（考试前40分钟），不超20秒；

（二）考试开始：电铃，不超15秒；

（三）考试开始后15分钟：吹哨1次；

（四）考试结束前15分钟：吹哨1次；

（五）考试结束：电铃，不超15秒。

第二十四条 考点和考场应在考生熟悉考场之前准备完毕。考生熟悉考场的时间为考试前一天的下午。

第五章 考试程序和监考工作细则

第二十五条 开考前监考员和有关人员到达考点办公室，参加点名和接受主考临场指示，抽签确定考场，核对确定考场，核对钟表时间，领取试卷。领取试卷时，必须认真检查试卷袋上的标题是否正确，密封是否完好，无误后办理签收手续，带上试卷，径直前往考场。

第二十六条 开考前15分钟：组织考生有秩序进入考场，10分钟内入场完毕。考生入场时，监考员甲维持秩序，劝阻考生不要携带规定以外的物品入场，监考员乙核对考生相貌与准考证和身份证上的照片是否相符，指导考生对号入座。

上述工作完成后，监考员甲宣读第1条指导语：

"请大家坐好，把准考证、身份证放在课桌靠走道的上角。（稍停）请大家仔细检查一下自己的姓名、考生号、考场号和座位号是否有误，如果有误，立即举手报告。（稍停）请严格遵守考试纪律，如有违纪、作弊行为要严肃处理。"

第二十七条 开考前5分钟，监考员乙当众启封试卷，宣布："现在启封试题卷。"（此时应将试卷袋略微举起，密封处朝向考生，以示启封前密封完好。）启封后要认真核对试卷份数、页数。试卷分发完毕。监考员甲宣读第2条指导语："请检查一下，如试卷有缺张、漏印、破损、污迹或字迹不清等情况请举手报告。（稍停）请大家在准考证号栏处填上自己的准考证号，以及座号、身份证号，（稍停）填完后，请仔细检查一下。"

第二十八条 遇有试卷"更正通知"时：监考员乙在黑板上书写通知内容，并由甲宣读第3条指导语：

"本试卷有更正通知，请按黑板上写的通知更正，在试卷上改过来。"

第二十九条 开考信号发出后：监考员甲宣读第4条指导语：

"现在开始答卷。"

宣读后，两名监考人员一面注视全场考试，一面分头对以下各项进行例行检查：

（一）考生相貌特征与准考证和身份证的照片是否一致；

（二）考生是否在试题卷上填写自己的姓名、准考证号、座位号等。

（三）考生填写的姓名和准考证号是否与有关证件一致。如有漏填，当即促其填写；如有填错，当即要求考生改正；如有其他问题或疑点，立即查明，按规定处理。

第三十条　检查后，两名监考人员一人在前，一人在后，监视全场考试。在前者可以坐下，在后者不能坐下，考试期间，两人位置可以对换。

第三十一条　监考员应坚守岗位，全神贯注，要使全体考生感觉到监考员时刻都在密切注视全场考试。

第三十二条　监考员应维持考场秩序，有责任制止除主考、副主考、市巡视员及其陪同上级领导之外的无关人员进入考场。未经管理部门允许，不得在考场内拍照、录像。

第三十三条　开考 30 分钟后，迟到考生不得进场。监考员甲对以下各项进行例行处理：

（一）处理缺考考生的试卷。用钢笔（水笔）将缺考考生的准考证号和座号写在试卷的相应处，在成绩栏总分处填写"缺考"2 字。

（二）处理多余试卷。在尾考场多余试卷的总分栏和姓名栏填写"空白"2 字。

（三）填写试卷封袋上的有关栏目。

第三十四条　考试结束 15 分钟前信号发出后：监考员甲宣读第 5 条指导语：

"还有 15 分钟，请注意掌握时间。"

此时，前面的监考员亦应起立，注视全场，维持好考场秩序。

第三十五条　考试结束信号停止：监考员甲宣读第 6 条指导语：

"考试结束，停止答题，把笔放下，全体起立。如果继续答题，要按违纪处理。请大家把试卷整理好放在桌子上面。请不要走动，验收后方可离场。"

此时，甲在讲台上维持秩序。乙按座号从小到大顺序，收集清点试卷。收卷完毕，考生方可离开考场，谨防考生将试卷带出考场。然后，两名监考进行清点、整理。不能有缺份、缺张、颠倒顺序和颠倒头尾。

第三十六条　被收缴的作弊物件清点整理后交考点主考处保存。

第三十七条　主考和主考指定的验收人员对装订和密封情况负责全面检查，无误后签字负责。

第三十八条　副题的启用：

（一）因自然灾害等不可抗力原因以及其他突发事件造成未能按时实施考试，须及时报告省教育厅，经批准后启用副题进行考试。

（二）因试卷、考生答卷丢失、被窃或其他原因造成试题失密、泄密及考生答卷损毁的，各级教育行政部门须立即采取有效措施控制扩散，并立即报告省教育厅。查清失密、泄密、损毁范围后，按规定程序，启用副题重新进行考试。

（三）启用副题进行考试的组织管理、评卷等工作均依照本规定相应条款执行。

第三十九条　由于试卷印刷有误、自然灾害或其他突发事件等原因造成全国统考时间延误的，须由考区主任立即上报省级教育考试机构批准延长考试结束时间，延长的考试时间原则上不超过30分钟。

第六章　考风与考纪

第四十条　考试工作人员应当具有严密组织、严格要求、严肃纪律的良好作风。

第四十一条　考生应具有沉着、认真、细心、守纪的良好考风。

第四十二条　所有考试工作人员都应当遵守以下"三项纪律"：

（一）不擅离职守；

（二）不徇私舞弊；

（三）不违反规章。

第四十三条　监考员除应遵守上述"三项纪律"外，在执行监考任务时还应遵守以下纪律：

（一）不吸烟；

（二）不聊天、不打瞌睡；

（三）不阅读书报；

（四）不抄题、做题；

（五）不念题和解释试题内容；

（六）不在考生旁边无故停留或检查考生答题；

（七）不提前和拖延考试时间；

（八）不把试卷带出或传出考场；

（九）不违反对违纪、作弊考生做出考场记录的规定；

（十）不纵容、包庇、伙同考生或他人违纪、作弊。

第四十四条　考生应遵守以下"考生守则"：

（一）凭准考证、身份证参加考试。

（二）考试前15分钟入场，10分钟内入场完毕。

（三）开考30分钟后不准入场，考试结束前不得交卷出场。

（四）考生对号入座，将自己的准考证等入场证件放在桌子靠走道一边的上角。在试卷规定的地方填写自己的姓名、准考证号、座号等，不得在试卷其他地方做任何标记。

（五）开考信号发出后方可开始答题。

（六）在试卷的密封线外规定的地方答题。

（七）在考场内保持安静，不准吸烟，不准喧哗。

（八）考试时不准交头接耳、左顾右盼、打手势、做暗号，不准夹带、偷看、抄袭或有意让他人抄袭，不准传抄答案或交换试卷。离场时不准带走试卷。

（九）考生提问须先举手，得到允许后，可提出有关卷面缺损、字迹不清、污损等问题。

（十）考试结束信号发出后，考生须立即停笔并起立，在收卷后依次退出考场。

第七章　巡视与监督

第四十五条　全省"特岗计划"考试实行严格的监督与巡视制度。省教育厅组织巡视组，派遣巡视员，分赴各考区巡视监督考试工作。

第四十六条　巡视员除了应具备一般考试人员的条件外，应是教育行政部门坚持原则、作风正派和对考试规定比较熟悉的干部。巡视员依据本《细则》进行监督检查，同时要服从当地的领导，既要坚持原则又要谦虚谨慎，努力做好自己的工作。

第四十七条　巡视员对当地考试工作的协助，主要是通过监督检查来实现，而不是采取直接参与的方式。

第四十八条　巡视员职责：

（一）学习和掌握本《细则》，严格按照有关规定，监督检查考区、考点、考场贯彻各项规定的情况，并督促其严格按规定进行。

（二）按规定时间到达巡视地点，了解考试工作的全过程，包括：贯彻考试工作方针和质量标准的情况；领导重视考试工作和解决实际问题的情况；试卷的运转和保密保管情况；考点、考场布置规范化的情况；监考员的选聘和培训情况；监考员的责任心和考试工作程序化、规范化情况；考风、考纪教育和考场秩序、考试纪律情况；下一级巡视员的工作情况。

（三）对考试组织违背有关规定的应及时提醒注意，并促其改正。

（四）可以进行考场察看。但进考场后不宜过多地来回走动，也不应在考生座位前无故停留。

（五）发现考生违纪，可以当场制止，也可以通知监考员制止；必须做出记录时，由监考员记录。

（六）发现监考员监视不严、工作不负责任，当场指出并批评教育，对情节严重者告知主考由主考处理。

（七）对考试工作中发生问题的处理，由主考负责；如主考处理不当，巡视员可根据有关规定提出意见。

（八）对考试工作中发生的重大问题，及时向省教育厅报告。

（九）根据省教育厅的安排，负责对考点和考试工作的考核。

第四十九条　巡视员要熟悉业务，深入工作，善于发现问题，敢于提出问题。被巡视单位要支持巡视员的工作，主动征求和虚心听取巡视员的意见。

第八章　考核与反馈

第五十条　为了促进全省"特岗计划"考试工作，根据本《细则》的要求，进一步健全我省"特岗教师"考试的目标管理和考核管理办法。对考点、考场工作的考核与评审，采取实地考察、听取汇报和调阅材料相结合的方法，自评与他评相结合的方法，对各地教育行政部门进行考核。

第五十一条　对于考试中发现的问题以及群众举报、来信来访反映的问题，都要登记、整理并落实、反馈。

第九章　附则

第五十二条　各省辖市、直管县（市）教育行政部门可根据本细则制定补充性的规定，但不得与本细则相抵触。

第五十三条　本细则自发布之日起实行。

附件：关于考试中若干问题的处理办法

附件：

关于考试中若干问题的处理办法

一、考生未带准考证或身份证

监考员：按规定两证齐全才能进考场。但如果属于考生忘带或丢失准考证、身份证，可暂让其先进场考试，但须告知考生应委托他人在本场考试结束前取回或补办证件；同时报告主考。在考试结束前将证件交给监考员核查无误的，该考生本场考试有效，否则本场考试无效。

主考：掌握该生情况。可进一步调查了解，与考区负责同志联系解决。

注意事项：既要坚持原则，照章办事，又不要轻易将考生拒于考场外。

二、考生相貌与有关证件上的照片明显不符或有疑点监考员：若两者明显不符，可要求考生做出说明，如考生承认替考，报告主考将其（如已接触试卷，应在开考30分钟之后）带至考点办公室。如不承认替考，报告主考处理。对于仅有疑点而不能肯定的，也应报告主考处理。

主考：应首先让其交验一切考试证件。对确认替考者，令其写出检查，取消被替考者的考试资格；对不承认替考或仅有疑点者，可让其先行考试，然后应进一步辨认。必要时在该考场考试结束时将该生带至考点办公室询问。

注意事项：处理替考要坚决，但处理替考时不要与考生在考场内争执，以免影响其他考生答题。对辨认不清的，不要轻易停止考生考试。

三、监考员领取试卷时，发现无密封条或有被拆封现象

监考员：应要求调换试卷。

主考：立即报告考区主任调查处理，如排除失密，可作备用卷使用。

注意事项：要调查清楚，落实到位。

四、试卷启封后，发现试卷份数不足，或有的试卷缺张、少页、漏印、重印、污损

监考员：如本考场有缺考考生或尾考场有多余试卷，可先调剂使用，但须报告主考用备用卷补足。如无可调剂，要求启用备用卷。

主考：按程序启用备用卷补足。

注意事项：监考员不要自行就近串场解决。

五、考生在考试中途发现试卷缺张、少页、漏印、重印、污损

监考员：报告主考，要求启用备用卷，并记下耽误考试的时间。

主考：用备用卷补足。要分析调换试卷的原因，如属于考生本人开始时检查不仔细而没有及时发现，耽误考试时间由本人负责；如属于非本人原因，逐级上报省教育厅批准，延长考试时间，但一般不应超过30分钟。

注意事项：监考员应嘱咐考生不要在忙乱中忘记写上自己的姓名和准考证号等信息；主考对是否要求延长考试结束时间的问题应从严掌握。

六、考生考试时无意污损试卷而要求换卷

监考员：经检查如不影响作答，应劝其不要换卷；如必须换卷，应告诉其耽误时间不补，并报告主考。

主考：用备用卷补发。

七、试卷中似有错漏且无更正通知

监考员：不作答复，并立即报告主考。

主考：将情况逐级上报，得到更正通知后及时更正。如无答复，告诉考生按照自己

的理解答题。

注意事项：不要自行解释。

八、个别试卷印刷不清

监考员：查对后应当众答复。

注意事项：注意"当众"2字。

九、试卷启封后，发现有错装、混装的试卷

监考员：立即将试卷装回试卷袋，不许扩散，并报告主考。

主考：对于错装、混装或重印的问题，启用备用卷。均应报告考区主任并转报省教育厅。

注意事项：要镇静。为避免引起误会，对此类问题不应传播，并在适当范围内说明情况和采取措施，以安定人心。

十、有影响和扰乱考场秩序的行为

监考员：及时劝阻和警告，努力维护秩序，同时报告主考，做好考场记录。

主考：必要时亲自或派人协助监考员维持秩序。

十一、考生有夹带、偷看、抄袭等舞弊行为

监考员：如属个别考生舞弊，立即令其停止；如属多人舞弊，除全力制止外，并立即报告主考，同时做好考场记录。

主考：必要时亲自或派人到场，协助监考员制止舞弊，维护秩序。

注意事项：态度坚决，讲究方法。

十二、考生答卷上写的姓名、准考证号、身份证号等与本人证件不符

监考员：要求考生做出说明，并报告主考。

主考：进行调查了解，核实情况，如属舞弊行为，考试结束时将其带至考点办公室询问，并首先让其交验一切考试证件，令其写出检查，并做好考场记录。

注意事项：不要在考场内与其纠缠。

十三、考生考试时发生晕场或突然患病

监考员：一面安抚考生，一面立即报告主考处理。

主考：应立即组织治疗，并指派两人以上监护，经治疗可以继续考试者，应当允许，但不得延长考试时间。

注意事项：1.不要影响其他考生答题；2.防止作弊。

十四、考生带走试（答）卷

监考员：如未出考场或刚出考场，立即追回；如已远离，立即报告主考。

主考：组织力量，立即追回。首先让其交验一切考试证件，并令其写出检查。

注意事项：重在预防，事先防止此类问题的发生。

十五、监考员收集试卷时无意中将考生答卷撕毁、污损

监考员：报告主考，并通知被撕毁、污损试卷的考生等候。

主考：在无法做技术处理的情况下，在主考或副主考、省或市巡视员、当地监察员的监视下，由有关考生对被撕毁、污损部分重新抄写，并经监视人共同校对，同时报告考区主任。

十六、考生违纪处理办法

（一）考生在有下列行为之一的，取消其考试成绩

1. 交头接耳、互打暗号、手势的；

2. 将试卷带出考场的；

3. 在答卷中做其他标记的；

4. 自行传递文具、物品的；

5. 携带无线通信、电子存储及记忆工具等规定以外的设备及物品进入考场的；

6. 考试开始信号发出前或考试结束信号发出后答题的；

7. 喧哗、吸烟或有其他影响考试秩序的行为，经劝阻仍不改正的；

8. 未带准考证、身份证，经批准进场考试，在考试结束前未提供证件者；

9. 有其他舞弊行为的。

（二）考生有下列情形之一的，取消其考试资格

1. 夹带的；

2. 接传答案或交换案卷的；

3. 抄袭他人答案或将自己的答案让他人抄袭的；

4. 将试卷、答卷带出考场的；

5. 撕毁答卷或试卷的；

6. 在评卷中被认定为雷同卷的；

7. 由他人代考的；

8. 伪造证件、证明、档案以取得考试资格的；

9. 扰乱考点、考场、评卷点及考试有关工作场所秩序的；

10. 拒绝、阻碍考试工作人员对考试实施管理的；

11. 威胁考试工作人员人身安全或公然侮辱、诽谤、诬陷考试工作人员的；

12. 有其他严重舞弊行为的。

河南省教育厅　河南省财政厅
河南省人力资源和社会保障厅　河南省编办
关于全面加强特岗教师管理工作的意见

豫教师〔2018〕78号

各省辖市、省直管县（市）教育局、财政局、人力资源和社会保障局、编办：

根据《中共中央国务院关于全面深化新时代教师队伍建设改革的意见》精神，为加快推进我省乡村教育现代化进程，努力培养造就一支"下得去、留得住、教得好"的特岗教师队伍，结合实际情况，现就做好特岗教师管理工作提出如下意见。

一、保障特岗教师工资待遇

1. 切实保障特岗教师与当地公办学校教师同等待遇。各设岗县（市）要确保按时足额发放特岗教师工资，统筹落实资金，解决特岗教师应享受的绩效奖励、生活补助和社会保障待遇。落实好周转房安排等工作，切实解决其工作、生活中的实际困难，确保特岗教师收入水平原则上不低于当地同等条件公办教师收入水平，与当地公办学校教师同等对待。

2. "特岗计划"所需资金由中央财政和地方财政共同承担。中央和省级财政安排专项资金，分别用于中央、地方"特岗计划"招聘教师的工资性支出，按照教育部、财政部确定的工资性补助标准与设岗县（市）财政进行结算。设岗县（市）财政负责落实资金，解决特设岗位教师的地方性津补贴、必要的交通补助、体检费和按规定纳入当地社会保障体系，享受相应的社会保障待遇（政府不安排商业保险）应缴纳的相关费用。

3. 设岗县（市）对特岗教师的工资发放要做到"四不准"：不准截留、挪用工资性补助资金；不准拖欠特岗教师工资；不准迟发特岗教师工资；不准降低特岗教师工资标准。特岗教师工资发放办法参照当地正式在编教师进行管理，做到规范、有序、高效，不得出现直接领取现金、隔月发放或按季度发放等情况，不得以任何理由出现拖欠特岗教师工资的现象。

4.各设岗县（市）特岗教师工资、社保、津补贴等落实情况，纳入河南省中小学教师工资待遇政策落实联合督导检查范围，定期进行督查。对于特岗教师工资待遇及相关配套政策落实不到位的，将严肃进行查处。

二、加强特岗教师履约管理

1.特岗教师经录用后，与设岗县（市）人民政府签订为期3年的聘任合同，由设岗县（市）教育局派遣到农村学校任教。特岗教师日常管理与考核工作由设岗县（市）教育局和任职学校负责。学校每年度要对本校特岗教师的政治思想表现和工作情况进行综合考核，评定考核等次，并报县教育局审核后存入其工作档案。特岗教师服务期间，户口、档案和党团关系均参照当地正式在编教师进行管理。

2.特岗教师服务期间，自觉遵守国家各项法律法规和主管部门的各项规章制度，接受设岗县（市）教育局和任职学校的管理和考核，并认真履行服务协议。特岗教师因个人原因不能按协议要求履行义务，由本人提出申请，经设岗县（市）同意后，双方可以解除服务协议。特岗教师未能按协议要求履行义务的，设岗县（市）有权主动解除服务协议。尚在服务期内的特岗教师，不允许再次报考特岗教师岗位。

3.特岗教师服务期满后，对考核合格的特岗教师，设岗县（市）教育局按照有关规定为其发放《特岗教师服务证书》，保证其享受中共中央办公厅、国务院办公厅《关于进一步引导和鼓励高校毕业生到基层工作的意见》（中办发〔2016〕79号）及"三支一扶"规定有关优惠政策。

4.特岗教师服务期满且考核合格、自愿留在当地继续任教的，按照有关规定在核定的教职工编制总额内为其办理编制、核定工资等事业单位人员聘用手续，同时将其工资纳入当地财政统发范围。对重新择业的特岗教师，各设岗县（市）要为其重新选择工作岗位提供方便条件和必要的帮助。城市、县镇教师岗位空缺需补充人员时，参加城市、县镇教师公开招聘时，同等条件下优先聘用聘期已满、考核合格的特岗教师。

5.从2018年起，新招聘的特岗教师所持教师资格证与实际录用的岗位不一致的，需要在3年服务期内考取相应的教师资格证书，服务期满时才能办理入编手续。

三、落实特岗教师配套政策

1.特岗教师岗位设置坚持定县、定校、定岗的原则，设岗县（市）要根据公布的招聘计划进行岗位分配，不得随意变换教师岗位。特岗教师服务期内安排在乡镇学校及以下学校任教，可根据需求在乡镇学校之间交流。岗位设置要相对集中，方便特岗教师的工作和生活。

2.特岗教师要按规定参加各项社会保险。其中，特岗教师服务期间按规定参加企业职业基本养老保险；服务期满留任的特岗教师办理入编手续后按规定参加机关事业单位基本养老保险；服务期满自行择业的，随工作单位参加相应的基本养老保险，没有工作单位的可按照灵活就业人员身份参加企业职工基本养老保险。

3.特岗教师任教满1年后，设岗县（市）要将特岗教师纳入当地正式在编教师的专业技术职务评审工作，参照当地新聘用正式在编教师的办法，为特岗教师办理入岗手续，纳入事业单位岗位管理，定期进行职称评聘工作。

4.特岗教师服务期满、考核合格且在当地留任后，3年服务期计算为连续工龄。特岗教师服务期满、取得《特岗教师服务证书》后，跨县（区）聘用从教或自行择业的，工龄计算按照有关规定执行。特岗教师未能完成服务期的，从事农村教学工作的服务年限不能计算为工龄。

5.设岗县（市）要参照当地新聘用正式在编教师的办法，及时地为新聘用的特岗教师办理完善就业手续，对特岗教师档案进行统一规范管理。除特岗教师自身原因造成的问题外，不得以超过择业期等为理由拒绝为服务期满留任的特岗教师办理入编手续。

6.特岗教师在评优评先、国家法定假日、婚产假、加班补助，以及伤残补助、抚恤金等方面，享受当地正式在编教师同等待遇。

四、促进特岗教师专业成长

1.采取切实措施加强特岗教师培训，尤其是针对非师范专业毕业生，做好入职前的师德教育与教学培训工作。在"国培计划""省培计划"以及市（县）级培训等项目中统筹安排，开展针对特岗教师的业务培训，促进特岗教师转型提高，帮助特岗教师尽快成长为工作骨干。注重对特岗教师的安全教育，加强交通、人身和饮食安全意识的培养和教育，保证其身心健康，全力投入教育工作。

2.深入挖掘特岗教师中的优秀典型，通过多种形式活动，宣传特岗教师奉献精神和感人事迹，激励特岗教师志存高远、扎根农村。加强对"特岗计划"和特岗教师的宣传，进一步营造良好的工作氛围。

3.积极创造条件，坚持用待遇留人、用情感留人，对特岗教师给予更多的关心，使其收入有保障、工作有岗位、地位平等、生活舒心；解决其后顾之忧，使其更加勤奋地工作，安心从教，为农村教育事业做出更大贡献。

河南省教育厅　河南省财政厅
河南省人力资源和社会保障厅　河南省机构编制委员会办公室
2018年7月6日

河南省教育厅 河南省财政厅
河南省人力资源和社会保障厅 中共河南省委编办
关于做好2019年农村义务教育阶段学校教师
特设岗位计划实施工作的通知

豫教师〔2019〕62号

各省辖市、省直管县（市）教育局、财政局、人力资源和社会保障局，市（县）委编办：

为深入贯彻落实全国和我省教育大会精神，扎实推进《中共中央、国务院关于全面深化新时代教师队伍建设改革的意见》，吸引更多优秀大学毕业生到农村学校任教，更好地服务乡村振兴战略和教育脱贫攻坚工作，现就做好2019年农村义务教育阶段学校教师特设岗位计划（以下简称"特岗计划"）实施工作通知如下：

一、2019年"特岗计划"主要实施政策

（一）实施范围。2019年我省"特岗计划"实施范围与2018年相同。中央"特岗计划"实施范围为我省集中连片特殊困难地区县、国家扶贫开发工作重点县和省级扶贫开发工作重点县。除上述实施范围外，申报实施"特岗计划"的县（市）纳入我省地方"特岗计划"。

（二）招聘数量。2019年中央"特岗计划"分配我省招聘名额9800名，我省地方"特岗计划"招聘名额6000名。省教育厅将会同省财政厅、人力资源和社会保障厅、省委编办，综合考虑各地教师队伍实际情况、以往"特岗计划"实施绩效和今年申报计划数等因素，共同审核下达各设岗县（市）2019年度特岗教师招聘计划。

（三）财政支持。中央财政和省财政分别对中央、地方特岗教师继续给予工资性补助，根据各设岗县（市）2019年招聘计划和往届特岗教师在岗人数核拨2019年"特岗计划"补助经费，2020年根据2019年度实际在岗教师人数进行结算。

（四）工作重点。2019年河南省特岗教师招聘条件与2018年相同。重点加强乡村学校教师补充，优先满足村小、教学点的教师补充需求。进一步优化教师队伍结构，加强体音美、外语、信息技术等紧缺薄弱学科教师的补充。特岗教师招聘向本地生源倾斜。

二、2019年"特岗计划"申报条件及程序

（一）申报条件

1. 申报"特岗计划"的设岗县（市），必须是教师总体缺编、结构性矛盾突出的县（市）。

2. 申报"特岗计划"的设岗县（市），必须落实中央工资性补助资金以外所需的经费投入，确保特岗教师服务期内执行国家统一的工资制度，切实保障特岗教师在同等条件下享受与当地公办学校在编教师同等待遇，并及时为服务期满考核留任的特岗教师落实编制和工资转接手续。在上一年度"特岗计划"实施过程中未能及时落实相关配套政策的县（市），今年度将视情况核减特岗教师招聘计划或取消设岗县（市）实施"特岗计划"资格。

（二）申报程序

1. 申报"特岗计划"的设岗县（市），要认真调研本地区中小学教师需求情况，综合考虑当地中小学教师现状、学科分布、自然流失等因素，在省辖市有关部门的指导下，客观、真实、准确地提出本县（市）岗位需求计划。设岗县（市）人民政府出具申请实施"特岗计划"的报告，报告中应明确说明今年设岗需求数量，并承诺按规定落实特岗教师待遇、为服务期满特岗教师办理入编手续和落实工作岗位。同时，设岗县（市）填写《河南省2019年服务期内特岗教师待遇落实情况汇总表》《河南省2019年特岗计划岗位需求申报表》，并加盖公章报省辖市有关部门审核。省直管县（市）的申报材料直接报送省教育厅。

2. 各省辖市教育、财政、人力资源和社会保障、机构编制部门共同审核设岗县（市）的申报材料，汇总填写《河南省2019年服务期内特岗教师待遇落实情况汇总表》《河南省2019年特岗计划岗位需求申报表》并加盖公章，连同设岗县（市）人民政府的申请报告，于6月20日前将报送省教育厅。

3. 请各省辖市、各设岗县（市）同时将申报材料扫描件，以及设岗县（市）岗位需求、分学科拟招聘特岗教师数等信息上传至河南省特岗教师招聘管理系统。省教育厅、财政厅、人社厅、省委编办将共同核定各设岗县（市）的招聘计划，并通过河南省特岗教师招聘管理系统下达。

三、2019年"特岗计划"实施工作要求

（一）认真做好特岗教师招聘工作。要高度重视"特岗计划"实施，认真落实配套政策，扎实组织特岗教师公开招聘工作。要严格按照教师岗位设置要求招聘教师，不得将特岗

教师安排在非乡镇及以下农村义务教育学校,或非教师岗位。要把好特岗教师招聘质量关,从严执行招聘条件规定,不得自行放宽尺度、降低标准。要做好招聘实施工作,遵循"公开、公平、自愿、择优"的原则,严格规范程序。要务必于8月底完成招聘工作,确保新录用特岗教师秋季开学时按时到岗。

(二)切实落实特岗教师各项待遇。要按照省教育厅、省财政厅、省人社厅、省编办《关于全面加强特岗教师管理工作的意见》(豫教师〔2018〕78号)要求,落实好特岗教师的工资与补贴发放、周转宿舍安排等工作,切实解决其工作、生活中的实际困难,确保特岗教师在工资待遇、职称评聘、评优评先、年度考核等方面与当地公办学校教师同等对待。根据教育部、财政部财科教〔2019〕30号文件精神,从2018年7月1日起提高特岗教师工资性补助标准,年人均补助标准提高到3.52万元。

(三)切实做好服务期满特岗教师入编等工作。要切实保证三年服务期满、考核合格且愿意留任的特岗教师及时入编并落实工作岗位,扎实做好相关人事、工资关系等接转工作。做好特岗教师服务证书发放和管理工作,按照国家有关规定落实好服务期满特岗教师在报考党政机关公务员、硕士研究生等方面的优惠政策。

(四)采取切实措施加强特岗教师培训。要将特岗教师培训纳入当地中小学教师继续教育规划,在"国培计划""省培计划"以及市(县)级培训等项目中统筹安排,加大对特岗教师的业务培训力度,帮助特岗教师尽快成长。尤其是针对非师范专业毕业生,认真做好入职前的师德教育与教学培训工作。

(五)认真做好特岗教师跟踪管理服务等工作。依托全国教师信息管理系统、河南省特岗教师招聘管理系统做好新录用、在岗以及服务期满特岗教师的数据统计工作。要充分掌握特岗教师的基本信息,加强"特岗计划"实施工作的动态管理,及时更新维护系统内的数据信息。

(六)大力宣传"特岗计划"的成果和特岗教师的先进事迹。深入挖掘特岗教师中的优秀典型,通过多种形式和渠道,广泛宣传特岗教师志存高远、扎根农村的奉献精神和感人事迹。加强对"特岗计划"在提升农村义务教育质量,促进教育公平方面发挥作用和取得成果的总结和宣传,努力营造实施"特岗计划"的良好工作氛围。

河南省教育厅　河南省财政厅
河南省人力资源和社会保障厅　中共河南省委机构编制委员会办公室
2019年6月5日

河南省教育厅 河南省财政厅
河南省人力资源和社会保障厅 中共河南省委编办
关于印发河南省2019年农村义务教育阶段
学校特岗教师招聘办法和岗位设置的通知

豫教师〔2019〕86号

各省辖市、省直管县（市）教育局、财政局、人力资源和社会保障局，市（县）委编办，各有关高等学校：

根据教育部办公厅、财政部办公厅《关于做好2019年农村义务教育阶段学校教师特设岗位计划实施工作的通知》（教师厅〔2019〕3号）和河南省教育厅、河南省财政厅、河南省人力资源和社会保障厅、中共河南省委编办《关于做好2019年农村义务教育阶段学校教师特设岗位计划实施工作的通知》（豫教师〔2019〕62号）精神，省教育厅、省财政厅、省人力资源和社会保障厅、省委编办共同制定了《河南省2019年农村义务教育阶段学校特岗教师招聘办法》和《河南省2019年农村义务教育阶段学校特岗教师招聘岗位设置》，现予公布。

各地有关部门、各有关高等学校要高度重视"特岗计划"实施工作，严格规范招聘程序，严肃公开招聘纪律，严把特岗教师招聘质量关，按期完成招聘任务。同时，深入宣传"特岗计划"实施的重要意义和显著成效，大力宣传特岗教师中的优秀典型，激励更多优秀高校毕业生到基层从事教育，为促进我省教育事业更加公平更有质量地发展做出贡献。

附件：1. 河南省2019年农村义务教育阶段学校特岗教师招聘办法
2. 河南省2019年农村义务教育阶段学校特岗教师招聘岗位设置

河南省教育厅 河南省财政厅
河南省人力资源和社会保障厅 中共河南省委机构编制委员会办公室
2019年7月24日

附件1：

河南省2019年农村义务教育阶段学校特岗教师招聘办法

一、招聘原则

农村特岗教师招聘坚持"公开、公平、公正、自愿、择优"的原则。

二、招聘计划

2019年全省共招聘农村特岗教师15800名，其中，初中特岗教师6017名，小学特岗教师9783名。

三、招聘对象及条件

（一）招聘对象：

1.全日制普通高校应、往届本科及以上毕业生；

2.全日制普通高校师范类专业应、往届专科毕业生；

上述招聘对象均要求具备教师资格证书，且年龄在30周岁以下（1989年7月1日后出生）。

（二）招聘条件：

1.政治素质好，热爱社会主义祖国，拥护党的各项方针、政策，热爱教育事业，有强烈的事业心和责任感，品行端正，遵纪守法，在校或工作（待业）期间表现良好，未受过任何纪律处分，志愿服务农村基层教育。

2.符合报考岗位要求。应聘初中教师岗位的，要求本科及以上学历。应聘体育、音乐、美术、心理健康教育学科岗位的，要求所持有的教师资格证书任教学科与报考岗位学科一致。持有幼儿园教师资格证书的考生，可以报考音乐、美术、语文、数学等学科岗位，但不能报考体育、心理健康教育学科岗位。

3.身体条件符合《河南省教师资格申请人员体格检查标准（2017年修订）》要求，并能适应设岗地区工作、生活环境条件。

4.生源地考生、参加过"大学生志愿服务西部计划""三支一扶"计划且服务期满的志愿者、参加过半年以上实习支教的师范院校毕业生和全日制硕士及以上毕业研究生，同等条件下优先招聘。

四、招聘程序

（一）网上报名。报名时间为7月29日—8月4日。特岗教师招聘报名采用网络方式进行。网报地址为河南省特岗教师招聘网站（http：//tgzp.haedu.gov.cn）。特岗教师招聘不收取报名考务费。凡自愿参加河南省2019年特岗教师招聘的毕业生，需登录河南省特岗教师招聘网站，认真阅读招聘办法，了解招聘岗位规定的范围、对象、条件、报名程序、有关政策和注意事项等内容，按特岗教师招聘系统提示进行注册，如实、准确填写相关报名信息，选择符合条件的职位进行报名。

（二）报名资格审查。特岗教师招聘实行全程考生资格审查。在考生报考及3年服务期内，如发现不符合报考条件、隐瞒有关问题或提供虚假注册信息及材料等，将取消其特岗教师资格，所造成的损失和责任由其本人承担。河南省内高校应、往届毕业生报名资格初审由考生的毕业学校负责，省外高校应、往届毕业生报名资格初审由省教育厅负责。考生可在报名期间登陆招聘系统查询资格初审结果。报名资格复审在面试时由各设岗县（市）组织进行。

（三）打印准考证。经资格初审合格的考生，于8月8日—9日登陆招聘系统打印本人准考证，并在笔试当天持本人准考证和身份证原件到指定地点参加笔试。

（四）笔试。

1. 笔试时间为8月11日上午9：00—11：00。笔试以闭卷方式进行，主要考试内容为教师职业道德、教育学、心理学、课程与教学论、教育教学技能、新课程理念及教师专业标准等。笔试注重应试者分析问题、解决问题的能力和教师基本技能的测试，满分为150分。笔试工作由省、市（直管县）级教育行政部门共同组织实施。基本原则是："全省统一试卷命题、统一试卷印制、统一笔试时间、统一调配巡视人员。"各省辖市、直管县（市）负责根据报考人数，合理设置考点、考场等具体考务工作；负责考场监考人员的组织、考场纪律；负责判卷和汇总成绩等。

2. 公布笔试成绩。笔试成绩于8月19日对社会公布，考生可登录招聘系统查询笔试成绩。

（五）面试。

1. 确定面试人员。为确保特岗教师招聘质量，各地确定的参加面试的考生笔试成绩不能低于90分（报考体育、音乐、美术学科岗位笔试成绩不能低于80分）。各地根据考生的志愿，在省定最低分数线以上，按照笔试成绩从高分到低分的顺序，以设岗县（市）分学段、分学科岗位设置数的1∶1.2比例依次确定面试人选。若符合面试条件的人数达不到面试比例要求，由各省辖市、直管县（市）结合本地实际情况，按照"公开、公平、公正"的原则进行调剂，具体调剂办法由各省辖市、直管县（市）确定。面试人员名单于8月22日对社会公布，进入面试的考生可以登录系统打印面试通知单。

2.面试资格审查(报名资格复审)。各地在考生面试前组织面试资格审查,主要审查考生提供的有关证件和材料与网络报名信息是否一致、真实,具体时间由各设岗县(市)确定。进入面试范围的人员按指定的时间和地点,携带面试通知单、身份证、毕业证、教师资格证和照片(一式三份,要求与招聘系统上传照片同一底版)等参加资格复审。考生如缺少有关材料或未按规定时间参加资格复审,取消其面试资格,责任自负。资格复审合格后,考生填写《河南省农村义务教育阶段学校特岗教师招聘登记表》,审核部门签署资格审查意见。

3.组织面试。各地组织面试时间为8月23日—25日。面试主要考察应聘者学科知识、教师基本素养、语言表达能力、仪表举止等,满分为100分。面试工作由各设岗县(市)或省辖市组织实施。

4.公布面试成绩。面试成绩于8月27日对社会公布,考生可登录招聘系统查询面试成绩。

(六)体检。

1.确定体检人员。按照总成绩(笔试成绩与面试成绩之和)从高分到低分依次确定参加体检人选,参加体检人员数与各设岗县(市)分学段、分学科岗位设置数的比例为1∶1。若体检后出现缺额的,可依次递补。体检人员名单于8月27日对社会公示。考生登录招聘网站查阅各设岗县(市)体检公告。

2.组织体检。各地于8月底前组织体检。体检工作由各设岗县(市)统一组织,要求体检的医院具备二级乙等以上(含二乙)资质。

3.公布体检结果。体检合格人员名单将于9月上旬对社会公布。

(七)拟定招聘人选。各地根据下达的特岗教师计划数和招聘考核成绩、体检结果,在系统内提交本地区拟聘特岗教师人选,并填写《河南省农村义务教育阶段学校特岗教师拟聘人员统计表》加盖公章后报省教育厅。省教育厅会同省财政厅、人力资源和社会保障厅、编办共同审核确定后,通过河南省教育厅等有关招聘网站向社会公示。

(八)岗前培训。拟聘特岗教师岗前培训的主要内容是师德教育、新课程理念、教材教法以及履行职责的基本要求等,培训时间不少于30学时。岗前培训采用网上远程培训和集中培训相结合的方式进行,由省教育厅统筹安排,省辖市、设岗县(市)共同组织实施。

(九)签订合同。特岗教师与设岗县(市)人民政府签订《河南省农村义务教育阶段学校特岗教师服务协议书》,并由设岗县(市)教育行政部门派遣到设岗学校,由设岗学校安排一线教学工作和进行日常管理。

五、特岗教师的管理、待遇及有关优惠政策

1. 特岗教师服务期为3年。特岗教师在聘用期间，在工资待遇、职称评聘、评优评先、年度考核等方面与当地公办学校教师同等待遇。中央财政和省级财政对特岗教师工资性补助标准为年人均3.52万元。特岗教师的档案、户口等管理工作按照相关规定执行。

2. 特岗教师服务期满后，享受中共中央办公厅、国务院办公厅《关于进一步引导和鼓励高校毕业生到基层工作的意见》（中办发〔2016〕79号）及"三支一扶"规定有关优惠政策；经考核合格且愿意留任的特岗教师，在核定的教职工编制总额内办理入编手续，享受当地教师同等待遇；对重新择业的特岗教师，设岗县（市）为其重新选择工作岗位提供方便条件和必要的帮助。

3. 2019年特岗教师招聘工作管理体制和特岗教师服务期内的管理等有关政策，按照河南省教育厅、财政厅、人力资源和社会保障厅、编办《河南省2009年农村义务教育阶段学校教师特设岗位计划实施方案》（豫教师〔2009〕82号）、《关于全面加强特岗教师管理工作的意见》（豫教师〔2018〕78号）等文件要求执行。

六、其他

1. 特岗教师招聘实行"县来县去""乡来乡去"的优先录用和岗位分配政策。各地在制定特岗教师招聘的面试考核、调剂递补工作方案及就业岗位分配办法时，要坚持同等条件下生源地考生优先的原则，优先录用本县或周边地区的考生，并充分考虑特岗教师个体家庭因素，优先安排到相对较近的乡镇学校或村小、教学点工作，引导和鼓励特岗教师服务期满后留在当地继续任教。

2. 做好"农村教育硕士师资培养计划"研究生签约聘用工作。按照教育部有关政策精神，郑州大学、河南大学、河南师范大学、河南科技学院、信阳师范学院、洛阳师范学院"硕师计划"研究生定向到贫困县就业，"硕师计划"研究生不再参加特岗教师招聘考试，直接聘用为特岗教师，3年服务期内派遣至乡镇义务教育阶段学校任教。

附件2：略。

河南省教育厅办公室
关于做好2019年特岗教师招聘报名和资格初审工作的通知

教师函〔2019〕324号

各有关高等学校：

根据《河南省2019年农村义务教育阶段学校特岗教师招聘办法》（豫教师〔2019〕86号）精神，现就做好2019年特岗教师招聘的网上报名和考生资格初审工作通知如下。

一、高度重视"特岗计划"实施工作

"特岗计划"是贯彻落实国家和我省教育大会精神，全面深化新时代教师队伍建设的一项重要举措，在引导高校毕业生面向基层就业、促进义务教育均衡发展等方面具有非常重要的意义。各高校要高度重视，明确责任分工，落实专人负责，切实做好特岗教师招聘的宣传和就业指导工作，引导和鼓励更多优秀高校毕业生从事教育工作。要严格按照我省有关规定执行资格审核工作，做到认识到位、宣传到位、部署到位、人员到位、审核到位、保障到位。要强化后期的跟踪服务工作，为新录用的特岗教师在就业报到证办理、档案管理等方面给予帮助。

二、2019年特岗教师招聘工作安排

今年特岗教师招聘网上报名时间是7月29日—8月4日，资格初审工作时间是7月29日—8月6日。特岗教师招聘的对象及条件、招聘程序和优惠政策等内容按照省教育厅等四部门印发的《河南省2019年农村义务教育阶段学校特岗教师招聘办法》（豫教师〔2019〕86号）执行。各高校要严格按照文件要求进行资格审查工作，严格工作纪律，杜绝各类违规现象的发生，切实做到公平、公正。要在规定的时间内提交报名资格初审结果，防止出现大量报考人员信息未审核的情况发生。特岗教师招聘报名和资格审查期间，凡发现有组织不力、失职渎职及违规违纪行为的，将依规进行责任追究。

三、做好2019年"农硕计划"的衔接工作

郑州大学、河南大学、河南师范大学、河南科技学院、信阳师范学院、洛阳师范学

院要指导本校 2019 级的农村教育硕士研究生，根据省教育厅指定的特岗教师报名入口登陆特岗教师招聘系统，填写个人基本信息，完成报名资格初审。农村教育硕士研究生要按照设岗县（市）的要求办理就业报到、签约等相关手续。不履行特岗教师报名手续的，将不能被录取为特岗教师。

四、其他事宜

请各高校填写《河南省 2019 年特岗教师招聘工作信息登记表》，于 7 月 28 日下午 5 点前发送邮件至指定信箱。省教育厅将依据各高校填报负责人信息反馈特岗教师招聘管理系统的账号、密码。

河南省特岗教师招聘管理系统登录地址：

http：//tgzp.haedu.gov.cn/HA

2019 年 7 月 25 日

河南省教育厅办公室
关于做好2019年河南省特岗教师招聘考务工作的通知

教师函〔2019〕348号

各有关省辖市、省直管县（市）教育局：

为切实加强特岗教师招聘考务管理，严肃考风考纪，营造公平、公正的考试环境，现就做好 2019 年全省特岗教师招聘考务工作通知如下：

一、高度重视特岗教师招聘考务工作。各地要参照国家教育考试管理运行机制，严格执行招聘考务程序，严肃招聘考务纪律，完善工作机制，采取有力措施，确保特岗教师招聘考务工作的安全、平稳、有序实施。建立健全特岗教师招聘考务工作各项规章制度，实行重大问题及时报告、零报告制度，制定考试工作应急处置预案，做细、做深特岗教师招聘各个环节的管理，及时处置意外、突发情况，加大预防力度和监督力度，坚决防范和遏制各类安全事件发生。

二、全面加强招聘笔试考务管理。加强试卷的保密领运、保密室管理以及考前的试卷分发等全过程的监管保卫，对试卷的安全保密工作慎之又慎，做到万无一失（试卷领取时间、地点、要求另行通知）。强化考务人员教育管理，选拔思想觉悟过硬、组织纪律性强、工作认真负责的人员参与考试工作。开展考前培训，考务人员熟悉工作流程、明确工作职责、牢记工作纪律。考试必须使用高考标准化考场，全面开启全程视频监控系统，对考生行为、监考行为和考务管理情况实施全程录像。严把考场入门关口，严格考生入场身份核验，禁止考生携带手机等电子产品和除考试工具外的物品进入考场。配合公安、通讯管理等部门，采取有效技术手段，净化考点周边环境。严格规范组织笔试判卷工作，严格执行评分标准，及时公布笔试复核的办法，切实做好判卷和成绩复核工作，确保阅卷工作科学、有序、高效。

三、有效强化面试工作的指导和监督。省辖市教育局要加强对设岗县（市）特岗教师招聘面试的指导、监督和检查，制定工作预案，强化招聘各环节人员调剂、递补的管理。设岗县（市）教育部门要在当地政府的领导下，会同财政、人事、编制机构、纪检监察等相关部门制定科学合理的面试工作方案，加强协调，各司其职，密切配合，确保面试工作顺利进行。要切实做好面试人员的资格复审工作，全面审查报考人员的资格条件，并在《河南省特岗教师招聘登记表》上签署资格审查意见。要实行封闭式管理，严格执行回避制度，邀请纪检监察部门全程监督。

四、严格落实主体责任和监督责任。特岗教师招聘考试实行"谁主管、谁负责"的分级管理责任制。各地要落实各环节工作人员的岗位职责、工作要求，考务人员要坚守法纪底线、监考道德底线，坚决杜绝擅离职守、徇私舞弊等违法乱纪行为。对工作不力、履职不到位甚至顶风违纪的，严格按照《中国共产党问责条例》等法纪法规和我省高考、中考的有关规定进行严肃处理。充分发挥法律监督、纪检监督、行政监督、舆论监督和社会监督的作用，强化对重点环节、重点岗位、重点时段的监督，畅通群众的检举和申诉渠道，严防各类作弊行为的发生。省教育厅将在笔试考试期间向各地派出巡视检查人员，对各地考试情况进行督导检查。

招聘考试期间，如有突发情况请及时向省教育厅报告。

2019年8月6日

河南省教育厅办公室
关于修订《河南省特岗教师招聘登记表》
《河南省特岗教师服务协议书》的通知

各省辖市、省直管县（市）教育局：

　　根据河南省教育厅等四部门《关于全面加强特岗教师管理工作的意见》（豫教师〔2018〕78号）精神，为进一步优化特岗教师招聘管理工作，结合我省实际，省教育厅对《河南省特岗教师招聘登记表》《河南省特岗教师服务协议书》进行了修订完善。现印发给你们，请遵照执行。

　　附件：1. 河南省特岗教师招聘登记表
　　　　　2. 河南省特岗教师服务协议书

2019 年 8 月 6 日

附件1：略。

附件2：

河南省特岗教师服务协议书

聘用方（设岗县人民政府）：＿＿＿＿＿＿＿＿＿＿＿＿＿＿＿＿（以下简称甲方）

受聘方（特岗教师）：＿＿＿＿＿＿＿＿＿＿＿＿＿＿＿＿＿＿（以下简称乙方）

　　河南省"农村义务教育阶段学校教师特设岗位计划"（以下简称"特岗计划"）由省教育厅、省人力资源和社会保障厅、省财政厅、省委编办共同组织实施，按照"公开招聘、自愿报名、择优选拔、统一派遣"的方式，选拔优秀高校毕业生到农村义务教育阶段学校任教。

　　甲方根据当地教师队伍情况和"特岗计划"的实施规定，报经省级教育、财政、人力资源和社会保障、机构编制等部门审定，设定"特岗计划"教师岗位。乙方自愿报名申请受聘"特岗计划"教师岗位，经考试选拔和身体检查合格，报经省有关部门审核确认后，甲方聘用乙方为"特岗计划"教师，聘用期为3年。

为明确双方的权利和义务，保证"特岗计划"的顺利实施，甲、乙双方就相关事项签订如下协议。

第一条　甲方权利

1.乙方试用期为半年，考核不合格者，甲方有权单方中止协议。

2.乙方服务期间因违反法律政策规定造成恶劣影响的，或严重违反协议约定，或因其他情况致使本协议无法履行的，甲方有权中止协议。

3.在乙方申请相应政策支持时，甲方有权要求其提供相关政策依据或证明。

第二条　甲方义务

1.落实国家和省对"特岗计划"教师待遇的有关规定，并为乙方提供必要的工作和生活条件。

2.负责乙方聘用期间日常管理和考核，负责对乙方人事档案、户口和党团关系进行管理，并给予相应指导和帮助。对乙方报到前的相关事项给予指导和帮助。

3.乙方服务期满且考核合格、自愿留在当地继续任教的，按照有关规定在核定的教职工编制总额内为其办理编制、核定工资等事业单位人员聘用手续，同时将其工资纳入当地财政统发范围。

4.乙方服务期满选择重新择业，为其重新选择工作岗位提供方便条件和必要的帮助。

第三条　乙方权利

1.乙方在聘用期间享受国家统一规定的教师工资标准，享受按规定纳入当地社会保障体系的相应社会保障待遇，在评优评先、职称评定、国家法定假日等方面，享受当地正式在编教师同等待遇。

2.乙方服务期满且考核合格后，享受中共中央办公厅、国务院办公厅《关于进一步引导和鼓励高校毕业生到基层工作的意见》（中办发〔2016〕79号）及"三支一扶"规定有关优惠政策。

3.服务期满后，考核合格且愿意继续留在当地任教，转为编制内正式教师。

第四条　乙方义务

1.乙方确系自愿申请报考河南省特岗教师岗位，承诺填报的个人相关信息真实、准确，无任何违法犯罪记录，未受过任何纪律处分，不存在事业单位无法聘用的事项。如发现不符合报考条件、隐瞒有关问题或提供虚假注册信息及材料等，取消聘用资格，所造成的损失和责任由其乙方承担。

2.按照甲方要求的时间和地点报到，除不可抗力因素，不以任何理由拖延。

3.在特岗教师服务期间，自觉遵守国家各项法律法规和主管部门的各项规章制度，接受甲方的管理和考核，并认真履行服务协议。

4.服务期满后若留在当地继续任教，服从甲方管理和调配；若未留在当地学校任教，保证与甲方做好工作交接。

第五条 其他

1.特岗教师相关待遇及管理按照河南省教育厅、财政厅、人力资源和社会保障厅、编办《河南省2009年农村义务教育阶段学校教师特设岗位计划实施方案》（豫教师〔2009〕82号）、《关于全面加强特岗教师管理工作的意见》（豫教师〔2018〕78号）等文件执行。

2.因乙方个人原因不能按协议要求履行义务，由乙方提出申请，经甲方同意后，双方可以解除本服务协议。

3.协议书一式三份，具有同等法律效力，双方各持一份，一报市级教育行政部门备案。

4.本协议自双方签字、盖章后生效。

第六条 当事人双方可以协商约定的其他内容：_____

甲方（签字盖章）：_____

乙方（签　　字）：_____

年　月　日

河南省教育厅办公室关于2020年度高校毕业生服务基层国家助学贷款代偿工作有关问题的通知

教办资助〔2020〕167号

各省辖市、直管县（市）教育局，各高等学校：

根据省财政厅、省教育厅关于印发《河南省高等学校毕业生国家助学贷款代偿暂行办法》（以下简称《暂行办法》）的通知（豫财教〔2011〕316号），为切实做好2020年度大学生服务基层国家助学贷款代偿工作，现就有关问题通知如下。

一、代偿资格申请

符合国家助学贷款代偿条件的高校毕业生，按下列要求提出代偿申请：

（一）服务基层的范围。根据《暂行办法》中有关规定，我省高校毕业生服务艰苦边远地区的范围包括：国家连片特困地区重点县、国家扶贫开发重点县和省定扶贫开发工作重点县。特岗教师按照河南省人民政府办公厅印发的《关于贯彻落实国办发〔2016〕37号文件精神加快我省教育发展的实施意见》（豫政办〔2017〕90号）要求办理，对于服务期满三年的应届毕业生，农村特岗教师国家助学贷款代偿政策实施范围由特困县扩大到全省所有省辖市、县（市、区）。

（二）代偿时限。2020年10月31日前（含）服务基层期满，符合《暂行办法》文件中有关国家助学贷款代偿条件的所有高校毕业生，可向服务单位所在地县（市、区）学生资助管理中心提出代偿申请，同时递交加盖各有关单位公章的《河南省高等学校毕业生国家助学贷款代偿申请表》。除"大学生村干部"外，其他类别服务基层的高校毕业生享受国家助学贷款代偿政策必须是应届毕业生。我省招收的大学生村干部国家助学贷款代偿按照《河南省关于进一步推进"大学生村干部"计划的实施意见》（豫办〔2008〕16号）有关规定办理。服务期满后符合代偿条件但超过两年仍未按规定办理代偿手续的服务基层人员，视为自动放弃代偿资格。

（三）代偿类别。本科、专科（高职）、研究生和第二学士学位毕业生国家助学贷款的年限，分别按照国家规定的相应学制计算。

（四）代偿标准。根据《河南省财政厅河南省教育厅人行郑州中心支行河南省银监局转发财政部教育部中国人民银行银监会关于调整完善国家助学贷款相关政策措施的通知》（豫财教〔2014〕202号）要求，从2014年7月1日起，调整国家助学贷款（含校园地国家助学贷款和生源地信用助学贷款）资助标准和资助比例，国家助学贷款代偿的标准相应调整为本专科学生每人每年最高不超过8000元、研究生每人每年最高不超过12000元，毕业后所产生的自付利息不再代偿。

二、代偿资格审批

（一）县级审核。2020年11月13日前（含），县级学生资助管理中心对毕业生上报的申请材料进行审核，填写《河南省2020年度高等学校毕业生国家助学贷款代偿汇总表》，并连同服务基层大学生递交的《申请表》一同报送市级学生资助管理中心。

（二）省辖市审核。2020年11月18日—20日，各省辖市学生资助管理中心审核并填写本市（县）服务基层大学生代偿《汇总表》，加盖公章后同各县上报的《汇总表》和《申请表》一并报送省学生资助管理中心。省财政直管县（市）直接报送省学生资助管理中心。

（三）省级审批。省学生资助管理中心审核确定获得国家助学贷款代偿资格的学生名单，报省教育厅、财政厅审核批准后下达本年度国家助学贷款代偿资金预算。

三、有关要求

（一）明确职责分工。各省辖市、省直管县（市）教育局、学生资助管理中心，各高等学校要明确责任分工，指定专人负责高校毕业生国家助学贷款代偿业务。对于因工作变动的各省辖市、省财政直管县（市）教育局、学生资助管理中心新的联系人，要于2020年11月13日前（含）将主管领导、业务负责人姓名、职务、联系方式等信息通过登录河南省高校学生资助管理系统进行报送（网址：http://ywxt.gxzz.haedu.gov.cn）。各级学生资助管理中心要加强协调、积极配合，为服务基层大学生办理代偿手续，工作中遇到的困难和问题要及时向上级主管部门反映。

（二）严格审核材料。请各省辖市、省财政直管县（市）相关部门严格审核、按时报送有关申报材料，避免出现材料不齐、手续不全、内容缺失、填报错误等情况。

（三）规范上报材料。一是申请代偿的高校毕业生应登录河南省高校学生资助业务信息管理系统（个人在线申请网址：http://fwjc.gxzz.haedu.gov.cn）在线填写个人信息，准确填写国家助学贷款代偿申请表，县（市）学生资助管理中心对学生个人信息进行初审，初审通过后方可打印申请表格。二是初审通过人员须完整提供表中所需证明材料并按要求加盖印章和签名，表内指定盖章处须加盖单位公章，指定签名处须由当事人手写签名。三是各经办单位要依序整理、装订《申请表》和《汇总表》，确保两表排列顺序一致。四是认真撰写工作总结。主要内容包括：2019年度本市（县）国家助学贷款代偿资金发放情况，本年度材料审核工作的基本情况、存在的问题及下一步工作建议。五是各省辖市、直管县（市）教育局要认真检查落实本市（县）2019年度服务基层大学生国家助学贷款代偿资金下拨或发放情况，并如实填写《河南省2019年度高校毕业生国家助学贷款代偿各市（县）配套资金落实情况统计表》，于2020年11月18日—20日前（含）报送省教育厅学生资助管理中心。六是各市县经办单位要严格按照国家档案管理的有关规定做好经手材料、上报材料和批复材料的归档保管工作。

（四）加强资金监管。各有关单位要建立健全责任机制，切实加强对代偿资金的监督管理。各市（县）在收到上级下拨代偿专项资金后，应及时足额安排本级应分担资金，并在规定时间内将代偿资金发放到毕业生本人银行卡中，由学生本人偿还国家助学贷款应付本息。对于弄虚作假、套取、截留、挪用代偿资金的，一经查实，从严处理。

教育厅学生资助管理中心

2020 年 8 月 13 日

河南省教育厅等四部门
关于印发河南省2020年特岗教师招聘办法和岗位设置的通知

各省辖市、济源示范区、省直管县（市）教育局、财政局、人力资源和社会保障局、党委（党工委）编办，各有关高等学校：

根据教育部办公厅、财政部办公厅《关于做好 2020 年农村义务教育阶段学校教师特设岗位计划实施工作的通知》（教师厅〔2020〕2 号）和河南省教育厅、河南省财政厅、河南省人力资源和社会保障厅、中共河南省委编办《关于做好 2020 年农村义务教育阶段学校教师特设岗位计划实施工作的通知》（豫教师〔2020〕61 号）精神，省教育厅、省财政厅、省人力资源和社会保障厅、省委编办共同制定了《河南省 2020 年特岗教师招聘办法》和《河南省 2020 年特岗教师招聘岗位设置》，现予以公布。

各地有关部门、各有关高等学校要高度重视"特岗计划"实施工作，严格规范招聘程序，严肃公开招聘纪律，严把特岗教师招聘质量关，按期完成招聘任务。同时，深入宣传"特岗计划"实施的重要意义和显著成效，大力宣传特岗教师中的优秀典型，激励更多优秀高校毕业生到基层从事教育，为促进我省教育事业更加公平更有质量地发展做出贡献。

附件：1. 河南省 2020 年特岗教师招聘办法
      2. 河南省 2020 年特岗教师招聘岗位设置

河南省教育厅　河南省财政厅
河南省人力资源和社会保障厅　中共河南省委机构编制委员会办公室

2020 年 7 月 24 日

附件1：

河南省2020年特岗教师招聘办法

一、招聘原则

农村特岗教师招聘坚持"公开、公平、公正、自愿、择优"的原则。

二、招聘计划

2020年全省共招聘农村特岗教师17000名。

三、招聘对象及条件

（一）招聘对象：

1. 全日制普通高校应、往届本科及以上毕业生；

2. 全日制普通高校师范类专业应、往届专科毕业生；

上述招聘对象均要求年龄在30周岁以下（1990年7月1日以后出生）。

（二）招聘条件：

1. 思想政治要求。政治素质好，热爱社会主义祖国，拥护党的各项方针、政策，热爱教育事业，有强烈的事业心和责任感，品行端正，遵纪守法，在校或工作（待业）期间表现良好，未受过任何纪律处分，志愿服务农村基层教育。

2. 教师资格要求。河南省2020年特岗教师招聘教师资格实施"先上岗、再考证"阶段性措施，教师资格不作为特岗教师招聘报考的限制性条件。

3. 报考岗位要求。应聘初中教师岗位的，要求本科及以上学历。应聘体育、音乐、美术、心理健康教育岗位的，要求所持有的教师资格证书任教学科与报考岗位一致，或所学专业与报考岗位一致、相近。持有幼儿园教师资格证书的毕业生、学前教育专业毕业生，可以报考音乐、美术、语文、数学等岗位，不能报考体育、心理健康教育岗位。

4. 身体条件要求。符合《河南省教师资格申请人员体格检查标准（2017年修订）》要求，并能适应设岗地区工作、生活环境条件。

5. 生源地考生、参加过"大学生志愿服务西部计划""三支一扶"计划且服务期满的志愿者、参加过半年以上实习支教的师范院校毕业生和全日制硕士及以上毕业研究生，同等条件下优先招聘。

四、招聘程序

（一）网上报名。报名时间为7月27日—8月2日。特岗教师招聘报名采用网络方式进行。网报地址为河南省特岗教师招聘网站（http：//tgzp.haedu.gov.cn）。特岗教师招聘不收取报名考务费。凡自愿参加河南省 2020 年特岗教师招聘的毕业生，需登录河南省特岗教师招聘网站，认真阅读招聘办法，了解招聘岗位规定的范围、对象、条件、报名程序、有关政策和注意事项等内容，按特岗教师招聘系统提示进行注册，如实、准确填写相关报名信息，选择符合条件的职位进行报名。

（二）报名资格审查。特岗教师招聘实行全程考生资格审查。在考生报考及 3 年服务期内，如发现不符合报考条件、隐瞒有关问题或提供虚假注册信息及材料等，将取消其特岗教师资格，所造成的损失和责任由其本人承担。河南省内高校应、往届毕业生报名资格初审由考生的毕业学校负责，省外高校应、往届毕业生报名资格初审由省教育厅负责。考生可在报名期间登陆招聘系统查询资格初审结果。报名资格复审在面试时由各设岗县（市）组织进行。

（三）打印准考证。经资格初审合格的考生，于 8 月 6 日—7 日登陆招聘系统打印本人准考证，并在笔试当天持本人准考证和身份证原件到指定地点参加笔试。

（四）笔试。

1. 笔试时间为 8 月 9 日上午 9：00—11：00。笔试以闭卷方式进行，主要考试内容为教师职业道德、教育学、心理学、课程与教学论、教育教学技能、新课程理念及教师专业标准等。笔试注重应试者分析问题、解决问题的能力和教师基本技能的测试，满分为 150 分。笔试工作由省教育厅、省辖市和省直管县（市）教育局共同组织实施。基本原则是："全省统一试卷命题、统一试卷印制、统一笔试时间、统一调配巡视人员。"各省辖市、直管县（市）负责根据报考人数，合理设置考点、考场等具体考务工作；负责考场监考人员的组织、考场纪律；负责判卷和汇总成绩等。

2. 公布笔试成绩。笔试成绩于 8 月 17 日对社会公布，考生可登录招聘系统查询笔试成绩。

（五）面试。

1. 确定面试人员。为确保特岗教师招聘质量，各地确定的参加面试的考生笔试成绩不能低于 90 分（报考体育、音乐、美术学科岗位笔试成绩不能低于 80 分）。各地根据考生的志愿，在省定最低分数线以上，按照笔试成绩从高分到低分的顺序，以设岗县（市）分学段、分学科岗位设置数的 1：1.2 比例依次确定面试人选。若符合面试条件的人数达不到面试比例要求，由各省辖市、直管县（市）结合本地实际情况，按照"公开、公平、公正"的原则进行调剂，具体调剂办法由各省辖市、直管县（市）确定。面试人员名单于 8 月 20 日对社会公布，进入面试的考生可以登录系统打印面试通知单。

2. 面试资格审查（报名资格复审）。各地在考生面试前组织面试资格审查，主要审查考生提供的有关证件和材料与网络报名信息是否一致、真实，具体时间由各设岗县（市）确定。进入面试范围的人员按指定的时间和地点，携带面试通知单、身份证、毕业证、教师资格证和照片（一式三份，要求与招聘系统上传照片同一底版）等参加资格复审。考生如缺少有关材料或未按规定时间参加资格复审，取消其面试资格，责任自负。资格复审合格后，考生填写《河南省农村义务教育阶段学校特岗教师招聘登记表》，审核部门签署资格审查意见。

3. 组织面试。各地组织面试时间为8月21日—23日。面试主要考察应聘者学科知识、教师基本素养、语言表达能力、仪表举止等，满分为100分。面试工作由各设岗县（市）或省辖市组织实施。

4. 公布面试成绩。面试成绩于8月25日对社会公布，考生可登录招聘系统查询面试成绩。

（六）体检。

1. 确定体检人员。按照总成绩（笔试成绩与面试成绩之和）从高分到低分依次确定参加体检人选，参加体检人员数与各设岗县（市）分学段、分学科岗位设置数的比例为1∶1。若体检后出现缺额的，可依次递补。体检人员名单于8月25日对社会公示。考生登录招聘网站查阅各设岗县（市）体检公告。

2. 组织体检。各地于8月底前组织体检。体检工作由各设岗县（市）统一组织，要求体检的医院具备二级乙等以上（含二乙）资质。

3. 公布体检结果。体检合格人员名单将于9月上旬对社会公布。

（七）拟定招聘人选。各地根据下达的特岗教师计划数和招聘考核成绩、体检结果，在系统内提交本地区拟聘特岗教师人选，并填写《河南省农村义务教育阶段学校特岗教师拟聘人员统计表》加盖公章后报省教育厅。省教育厅会同省财政厅、省人力资源和社会保障厅、省委编办共同审核确定后，通过河南省教育厅等有关招聘网站向社会公示。

（八）岗前培训。拟聘特岗教师岗前培训的主要内容是师德教育、新课程理念、教材教法以及履行职责的基本要求等，培训时间不少于30学时。岗前培训由各设岗县（市）组织实施。

（九）签订合同。特岗教师与设岗县（市）人民政府签订《河南省特岗教师服务协议》，并由设岗县（市）教育行政部门派遣到设岗学校，由设岗学校安排一线教学工作和进行日常管理。尚未取得教师资格的特岗教师，需签署《河南省特岗教师服务补充协议》。

五、特岗教师的管理、待遇及有关优惠政策

1. 特岗教师服务期为3年。特岗教师聘任期间执行国家统一的工资制度和标准，其他津贴补贴由设岗县（市）根据当地同等条件公办教师年收入水平和特岗教师年工资性补助水平综合确定。特岗教师在工资待遇、职称评聘、评优评先、年度考核等方面与当地公办学校教师同等对待。特岗教师的档案、户口等管理工作按照相关规定执行。

2. 特岗教师服务期满后，享受中共中央办公厅、国务院办公厅《关于进一步引导和鼓励高校毕业生到基层工作的意见》（中办发〔2016〕79号）及"三支一扶"规定有关优惠政策；经考核合格且愿意留任的特岗教师，在核定的教职工编制总额内办理入编手续，享受当地教师同等待遇；对服务期满重新择业的特岗教师，设岗县（市）为其重新选择工作岗位提供方便条件和必要的帮助。

3. 2020年特岗教师招聘工作管理体制和特岗教师服务期内的管理等有关政策，按照河南省教育厅、财政厅、人力资源和社会保障厅、编办《河南省2009年农村义务教育阶段学校教师特设岗位计划实施方案》（豫教师〔2009〕82号）、《关于全面加强特岗教师管理工作的意见》（豫教师〔2018〕78号）等文件要求执行。

六、其他

1. 2020年聘用的尚未取得教师资格的特岗教师，对其教学岗位安排、待遇保障及履约管理等，均按照人力资源社会保障部、教育部等7部委《关于应对新冠肺炎疫情影响实施部分职业资格"先上岗、再考证"阶段性措施的通知》（人社部发〔2020〕24号）执行。

2. 特岗教师招聘继续实行"县来县去""乡来乡去"的优先录用和岗位分配政策。各地在制定特岗教师招聘的面试考核、调剂递补工作方案及就业岗位分配办法时，要坚持同等条件下生源地考生优先的原则，优先录用本县或周边地区的考生，并充分考虑特岗教师个体家庭因素，优先安排到相对较近的乡镇学校或村小、教学点工作，引导和鼓励特岗教师服务期满后留在当地继续任教。

3. 做好"农村教育硕士师资培养计划"研究生签约聘用工作。按照教育部有关政策精神，郑州大学、河南大学、河南师范大学、河南科技学院、信阳师范学院、洛阳师范学院"硕师计划"研究生定向到贫困县就业，"硕师计划"研究生不再参加特岗教师招聘考试，直接聘用为特岗教师，3年服务期内派遣至乡镇义务教育阶段学校任教。

附件2：略。

河南省教育厅等四部门
关于印发河南省2021年特岗教师招聘办法和岗位设置的通知

豫教师〔2021〕95号

各省辖市、济源示范区、省直管县（市）教育局、财政局、人力资源和社会保障局、党委（党工委）编办，各有关高等学校：

根据教育部办公厅、财政部办公厅《关于做好2021年农村义务教育阶段学校教师特设岗位计划实施工作的通知》（教师厅〔2021〕1号）和河南省教育厅、河南省财政厅、河南省人力资源和社会保障厅、中共河南省委编办《关于做好2021年农村义务教育阶段学校教师特设岗位计划实施工作的通知》（豫教师〔2021〕55号）精神，省教育厅、省财政厅、省人力资源和社会保障厅、省委编办共同制定了《河南省2021年特岗教师招聘办法》和《河南省2021年特岗教师招聘岗位设置》，现予以公布。

各地各校要站在贯彻落实省委、省政府工作部署，办好关系群众切身利益的重点民生实事、让改革发展成果更多惠及广大人民群众的角度，高度重视"特岗计划"实施工作，严格规范招聘程序，严肃公开招聘纪律，严把教师招聘质量关，按期完成特岗教师招聘任务。要深入宣传"特岗计划"实施的重要意义和显著成效，大力宣传特岗教师中的优秀典型，激励更多优秀高校毕业生到基层从事教育，为促进我省教育事业更加公平更有质量地发展做出贡献。

附件：1. 河南省2021年特岗教师招聘办法
      2. 河南省2021年特岗教师招聘岗位设置

河南省教育厅　河南省财政厅
河南省人力资源和社会保障厅　中共河南省委机构编制委员会办公室
2021年7月13日

附件1：

河南省2021年特岗教师招聘办法

一、招聘原则

农村义务教育阶段学校特岗教师招聘坚持"公开、公平、公正、自愿、择优"的原则。

二、招聘计划

2021年全省共招聘特岗教师18000名。

三、招聘对象及条件

（一）招聘对象：

1. 普通高校应、往届本科及以上毕业生；

2. 普通高校师范类专业应、往届专科毕业生；

上述招聘对象均要求年龄在30周岁以下（1991年7月1日及以后出生）。

（二）招聘条件：

1. 热爱社会主义祖国，拥护党的各项方针、政策，热爱教育事业，符合招聘岗位要求，符合《教师法》《教师资格条例》等法律法规规定的普通话水平、身体条件和心理条件，志愿到农村义务教育阶段学校任教。符合新时代中小学、幼儿园教师职业行为十项准则要求，无刑事犯罪记录和其他不得聘用的违法记录。

2. 具有教师资格证书。暂未取得教师资格证书的人员，可持有效期内的《中小学教师资格考试合格证明》报考，并在办理聘用手续前取得教师资格证书。

3. 报考岗位要求。应聘初中教师岗位的，要求本科及以上学历。应聘体育、音乐、美术、心理健康教育岗位的，要求所持有的教师资格证书任教学科（或《中小学教师资格考试合格证明》考试类别中标注的学科）与报考岗位一致。持有小教全科教师资格的毕业生，对报考学科不作限制。持有幼儿园教师资格证书的毕业生，不能报考体育、心理健康教育岗位。

4. 生源地考生、参加过"大学生志愿服务西部计划""三支一扶"计划且服务期满的志愿者、参加过半年以上实习支教的师范院校毕业生和硕士及以上毕业研究生，同等条件下优先聘用。

四、招聘程序

（一）网上报名。报名时间为7月17日—21日。特岗教师招聘报名采用网络方式进行。

报名网址为河南省特岗教师招聘网（http://tgzp.haedu.gov.cn）。特岗教师招聘不收取报名考务费。凡自愿参加河南省2021年特岗教师招聘的毕业生，需登录河南省特岗教师招聘网站，认真阅读招聘办法，了解招聘岗位规定的范围、对象、条件、报名程序、有关政策和注意事项等内容，按特岗教师招聘系统提示进行注册，如实、准确填写相关报名信息，选择符合条件的职位进行报名。

（二）报名资格审查。特岗教师招聘实行全程考生资格审查。在考生报考及3年服务期内，如发现不符合报考条件、隐瞒有关问题或提供虚假注册信息及材料等，将取消其特岗教师资格，所造成的损失和责任由其本人承担。河南省内高校应、往届毕业生报名资格初审由考生的毕业学校负责，省外高校应、往届毕业生报名资格初审由省教育厅负责。考生可在报名期间登录招聘系统查询资格初审结果。报名资格复审在面试时由各设岗县（市）组织进行。

（三）打印准考证。经报名资格初审合格的考生，可于7月30日—31日登录招聘系统打印准考证，并在笔试当天持本人准考证和身份证原件到指定地点参加笔试。

（四）笔试。

1. 笔试时间为8月1日上午9:00—11:00。笔试以闭卷方式进行，主要考试内容为教师职业道德、教育学、心理学、课程与教学论、教育教学技能、新课程理念及教师专业标准等。笔试注重应试者分析问题、解决问题的能力和教师基本技能的测试，满分为150分。笔试考务工作由河南省招生办公室与各省辖市、省直管县（市）招生考试机构共同组织实施。河南省招生办公室负责制定考务管理规范，组织试卷命题、印制、配发，安排巡视等工作。各省辖市、省直管县（市）招生考试机构负责设置考点考场，落实各项具体考务管理，组织判卷和成绩复核等工作。

2. 公布笔试成绩。笔试成绩于8月8日对社会公布，考生可登录招聘系统查询笔试成绩。

（五）面试。

1. 确定面试人员。为确保特岗教师招聘质量，各地确定的参加面试的考生笔试成绩不能低于90分（报考体育、音乐、美术学科岗位笔试成绩不能低于80分）。各地根据考生的志愿，在省定最低分数线以上，按照笔试成绩从高分到低分的顺序，以设岗县（市）分学段、分学科岗位设置数的1∶1.2比例依次确定面试人选。若符合面试条件的人数达不到面试比例要求，由各省辖市、省直管县（市）结合本地实际情况，按照"公开、公平、公正"的原则进行调剂，具体调剂办法由各省辖市、省直管县（市）确定。面试人员名单于8月11日对社会公布，进入面试的考生可以登录系统打印面试通知单。

2. 面试资格审查（报名资格复审）。各地在考生面试前组织面试资格审查，主要审查考生提供的有关证件和材料与网络报名信息是否一致、真实，具体时间由各设岗县（市）确定。进入面试范围的人员按指定的时间和地点，携带面试通知单、身份证、毕业证、教师资格证原件和照片（一式三份，要求与招聘系统上传照片同一底版）等参加资格复审。考生如缺少有关材料或未按规定时间参加资格复审，取消其面试资格，责任自负。资格复审合格后，考生填写《河南省农村义务教育阶段学校特岗教师招聘登记表》，审核部门签署资格审查意见。

3. 组织面试。各地组织面试时间为8月12日—14日。面试主要考察应聘者学科知识、教师基本素养、语言表达能力、仪表举止等，满分为100分。面试工作由各设岗县（市）或省辖市组织实施。

4. 公布面试成绩。面试成绩于8月15日对社会公布，考生可登录招聘系统查询面试成绩。

（六）体检。

1. 确定体检人员。按照总成绩（笔试成绩与面试成绩之和）从高分到低分依次确定参加体检人选，参加体检人员数与各设岗县（市）分学段、分学科岗位设置数的比例为1∶1。若体检后出现缺额的，可依次递补。体检人员名单于8月中旬对社会公示。考生登录招聘网站查阅各设岗县（市）体检公告。

2. 组织体检。各地于8月中下旬组织体检。体检工作由各设岗县（市）统一组织，要求体检的医院具备二级乙等以上（含二乙）资质，体检标准为《河南省教师资格申请人员体格检查标准（2017年修订）》。

3. 公布体检结果。体检合格人员名单适时向社会公布。

（七）拟定招聘人选。各地根据下达的特岗教师计划数和招聘考核成绩、体检结果，在系统内提交本地区拟聘特岗教师人选，填写《河南省农村义务教育阶段学校特岗教师拟聘人员统计表》加盖公章后报省教育厅。省教育厅会同省财政厅、省人力资源和社会保障厅、省委编办共同审核确定后，通过河南省教育厅等有关招聘网站向社会公示。

（八）岗前培训。拟聘特岗教师岗前培训的主要内容是师德教育、新课程理念、教材教法以及履行职责的基本要求等，培训时间不少于30学时。岗前培训由各设岗县（市）组织实施。

（九）签订合同。特岗教师与设岗县（市）人民政府签订《河南省特岗教师服务协议》，由设岗县（市）教育行政部门派遣到乡镇及以下学校任教，由设岗学校安排教学任务并进行日常管理。

五、特岗教师的管理、待遇及有关优惠政策

1. 特岗教师服务期为3年。特岗教师聘任期间执行国家统一的工资制度和标准，其他津贴补贴由设岗县（市）根据当地同等条件公办教师年收入水平和特岗教师年工资性补助水平综合确定。特岗教师在工资待遇、职称评聘、评优评先、年度考核等方面与当地公办学校教师同等对待。特岗教师的档案、户口等管理工作按照相关规定执行。

2. 特岗教师服务期满后，享受中共中央办公厅、国务院办公厅《关于进一步引导和鼓励高校毕业生到基层工作的意见》（中办发〔2016〕79号）及"三支一扶"规定有关优惠政策；经考核合格且愿意留任的特岗教师，在核定的教职工编制总额内办理入编手续，享受当地教师同等待遇；对服务期满重新择业的特岗教师，设岗县（市）为其重新选择工作岗位提供方便条件和必要的帮助。

3. 2021年特岗教师招聘工作管理体制和特岗教师服务期内的管理等有关政策，按照河南省教育厅、财政厅、人力资源和社会保障厅、省委编办《河南省2009年农村义务教育阶段学校教师特设岗位计划实施方案》（豫教师〔2009〕82号）、《关于全面加强特岗教师管理工作的意见》（豫教师〔2018〕78号）等文件要求执行。

六、其他

1. 特岗教师招聘继续实行"县来县去""乡来乡去"的优先聘用和岗位分配政策。各地在制定特岗教师招聘的面试考核、调剂递补工作方案及就业岗位分配办法时，要坚持同等条件下生源地考生优先的原则，优先聘用本县或周边地区的考生，并充分考虑特岗教师个体家庭因素，优先安排到相对较近的乡镇学校或村小、教学点工作，引导和鼓励特岗教师服务期满后留在当地继续任教。

2. 做好"农村教育硕士师资培养计划"研究生签约聘用工作。按照教育部有关政策精神，郑州大学、河南大学、河南师范大学、信阳师范学院"硕师计划"研究生定向到贫困县就业，"硕师计划"研究生不再参加特岗教师招聘考试，可直接聘用为特岗教师，3年服务期内派遣至乡镇义务教育阶段学校任教。

附件2：略。

第二编

案例编

一、"特岗计划"工作优秀案例

（一）教育部2020年"特岗计划"实施工作优秀案例

河北省献县：
实施特岗教师"暖心"工程

一、政策支持，加大投入，解除特岗教师的后顾之忧

一是先后投资1700余万元，为10多个乡镇的特岗教师建成了教师周转房，解决住房与生活问题。二是下发文件，对特岗教师尤其是异地特岗教师给予政策上的支持和照顾，使他们能够安心工作、扎根献县。三是严格落实省市文件要求，服务期内特岗教师执行与公办教师相同的工资标准，其他福利及社会保障均享受与公办教师相同的待遇。四是对服务期满考核结果为合格以上等次且愿意继续在献县任教的特岗教师，县政府积极安排相关单位为特岗教师落实人事、编制、工资、保险及住房公积金等相应待遇，从制度上解除了特岗教师服务期满后重新择业的忧虑。

二、求真务实，用心服务，当好特岗教师的"娘家人"

一是积极帮助特岗教师解决婚姻等生活问题。为使特岗教师能安心工作，教体局领导、校长、学校同事为他们做起了红娘。成立特岗教师服务办公室，积极动员社会各界人士为单身特岗教师做红娘，解决他们的婚姻生活问题。先后五次为单身特岗教师举办"青春相约·缘聚献县"青年交友联谊会，为他们架设了交流的平台。目前已帮助50多对特岗教师喜结连理。二是为特岗教师举办汉服集体婚礼。2016年为五对异地特岗教师举办了以"执子之手　兴教圆梦"为主题的汉服集体婚礼，增强了教师队伍的向心力。活动得到了新华社、《中国教育报》等20余家媒体的现场追踪报道。

三、多措并举，政策倾斜，确保特岗教师扎下根

一是城区学校选聘教师时，服务期满的非献县籍特岗教师笔试成绩加5分。二是服务期满后，夫妻均为非献县籍特岗教师的可调1人到县城学校任教。三是招聘县域内合

同制教师时，特岗教师配偶是外县的，若符合招聘条件，可破格参加招聘考试。四是非献县籍特岗教师因婚姻、生活问题申请在乡镇之间调动的（乐寿镇除外），核实后办理调动手续。五是积极鼓励特岗教师配偶来献县工作，特岗教师配偶为外县市在编工作人员的，经本人申请，按规定办理调动和入编手续，就近安排夫妻双方工作。

四、注重培养，扶传帮带，帮助特岗教师尽快成长

注重对特岗教师的培养，无论是在国家、省、市组织的各级培训，还是县组织的活动，尽可能地安排特岗教师参加，充分给他们锻炼的机会。在日常工作中，学校也会安排有经验的老师对他们进行传帮带，使他们快速地成长。据不完全统计，全县特岗教师在省、市、县各种业务素质比赛中，有600多人次获奖，200余人次获得市级以上荣誉称号。

五、加强党建，倾听诉求，关心特岗教师的政治发展

特岗教师是教育的特殊群体，为了更好地倾听他们的意见和诉求，献县教体局特意推荐三名特岗教师作为教体系统的政协委员。同时，为提高特岗教师的工作积极性，树立先进榜样，加强在特岗教师中的党建工作，近年共新发展特岗教师党员37名，提高了这一群体的战斗力。

山西省柳林县：
构建农村教师补充机制，助力脱贫攻坚全面完胜

一、不折不扣落实特岗教师待遇

一是政策有落实。加大地方政府支持力度，柳林县委、县政府出台了《通过特岗计划补充农村教师的实施意见》《选拔优秀特岗教师进城计划》等一系列政策措施，为特岗教师工作和生活提供制度保障，文件规定的特岗教师工资、福利和社会保障待遇全部得到落实。二是待遇有保障。县财政增加预算，实施乡村教师生活补助计划，发放乡镇工作补贴。为特岗教师每人每月发放乡镇补助400元，同时发放取暖费每人每年3360元，年终奖人均每年2280元。除上级财政每人每年拨付35200元外，县政府为每名特岗教师每年支付工资福利和各项保障5万余元。目前，该县217名特岗教师，县财政累计支出2300余万元，切实提高了特岗教师的获得感。

二、无微不至关爱特岗教师生活

一是生活有保证。要求学校在特岗教师报到前准备好必要的生活用具，由用人学校统一安排车辆接送到校，派遣上岗。积极为特岗教师提供教工宿舍并安装无线网络，开设教工食堂，有条件的学校为特岗教师建设周转房。充分考虑特岗教师个人实际情况，工作安排人性化，同时在培训进修、评先评优、评聘职称、绩效工资、发展党员等方面与在编教师同等对待。设立乡村教师救助基金，及时救助家庭困难特岗教师。系统工会为未婚特岗教师牵线搭桥，先后为35名特岗教师解决了婚姻问题，实现了特岗教师安居乐业。每两年为特岗教师安排一次免费体检。每年教师节，教科局慰问有困难的特岗教师累计15人次，发放慰问金2万余元。二是精神常激励。在每年教师节表彰当中，专门划出名额指标向特岗教师倾斜，同时举办"特岗教师座谈会"。通过精神奖励，营造特岗教师安心乡村从教的浓厚氛围，让他们有职业荣誉感。在评优评先活动中向特岗教师倾斜，增强特岗教师的社会荣誉感。每年教师节评选10名"师德标兵"在全县做巡回报告，为师德师风建设做出楷模。三是上升畅通道。发挥广大特岗教师的聪明才智，为他们创设良好的发展平台。不仅充分发挥他们的专长，更要发掘他们的潜力。将他们中的党员、优秀者选为骨干教师、学科带头人，优先提拔为学校中层、校级领导，将积极分子发展为党员，让他们成为学校改革的开拓者、发展的引领者。

三、全面培训提高特岗教师能力

一是建立由学校骨干教师与特岗教师结对子的"老带新制度"。二是选派部分优秀特岗教师参加各种业务提高培训。例如，"柳林县基础教育质量提升三年行动计划"培训、国培计划、市级培训，以此提升特岗教师的专业化水平；集中开展非师范类专业教师培训，增强其教书育人的能力；每年举行农村学校薄弱学科培训，帮助特岗教师提高教育教学水平。三是优先安排特岗教师外出学习进修，鼓励参加各种赛课活动和文体活动，为其提供施展才华和实现人生理想的舞台。

吉林省永吉县：
落实"特岗计划"，促进全县教育优质均衡发展

一、严格落实待遇，提供坚强保障

严格按照规定，将特岗教师聘期计入工龄、教龄，特岗教师聘期内在评职、晋级、评优、培训、福利待遇等方面享受公办教师同等待遇。特岗教师报到签约上岗后，完全按照公办教师标准为其核定工资。按照政策规定，对于资金差额部分，积极主动落实主体责任，克服财力不足的困难，将所需资金纳入财政预算，并及时拨付。职称及岗位评聘，服务期内特岗教师与公办教师同标准同批次进行。目前，特岗教师中二级教师809人，一级教师142人，与此同时，已有部分人员具备评聘高级教师资格。

二、及时解决编制，消除后顾之忧

做好编制预留，为特岗教师转正做好充分准备。扎实开展服务期满特岗教师转正入编工作。每年6月，对服务期满且自愿留任的特岗教师进行考核。通过"个人述职、学校汇报、座谈交流"等方式充分考核特岗教师的"德、能、勤、绩"，确保了考核的全面和真实。对经考核合格待入编教师的基本信息进行核实、登记，在确认其信息准确、真实的情况下，将相关信息录入机构编制网络实名制系统，确保实名制系统数据的完整性和准确性。截至目前，2009年至2016年招聘的服务期满考核合格且本人愿意留任继续从事教育教学工作的665名特岗教师，全部履行了聘任及编制手续。

三、加强培训学习，提高业务水平

依托国、县、校三级培训体系和技能竞赛对特岗教师开展了全员全方位培训，培训内容包括职业道德、教学方法、教学技能等，涉及教育教学的各个方面。通过开展形式多样的培训活动，帮助特岗教师明确了教学方向和目标，掌握了基本教学策略和方法，激发了自身专业发展的内驱力。目前，永吉县特岗教师先后有35人获得市级以上优秀教师称号，115人获得县级优秀教师称号，在年度考核中获得优秀等次162人次。

四、积极宣传典型，营造良好氛围

深入挖掘特岗教师中的优秀典型，广泛宣传特岗教师志存高远、扎根农村的奉献精

神和感人事迹。2009年以来，先后在县级以上媒体宣传报道优秀特岗教师8人次，2012年，拍摄的特岗教师专题片《特岗教师绽芳华》在教育部宣传片展演中荣获一等奖。积极组织特岗教师参加各项竞赛活动，先后有1200余人次在县级以上活动中获奖，营造了实施特岗计划的良好工作氛围。

五、加强人文关怀，激发工作热情

为使特岗教师迅速地融入教师队伍中来，使她们在永吉工作得好、成长得好、生活得好，学校一方面加强特岗教师日常生活保障，一方面加强人文关怀。通过加强配套设施建设，筹建周转宿舍等措施，确保了特岗教师有地方住、有饭吃和人身安全。

安徽省寿县：
借"特岗计划"之风，助推教育发展

一、精心组织特岗教师招聘工作，用公平公正赢得特岗教师的信任

每年特岗教师招聘工作前期，通过县电视台、县政府网等媒体，广泛宣传特岗教师招聘政策，发布招聘信息，同时通过各中小学师生协助宣传，努力扩大社会知晓面，提高报名率。针对面试环节，精心制定面试工作实施方案，严格按照国家公务员录用考试的标准，规范操作，强化监督，保证面试工作规范有序。

做好特岗教师定岗工作。在全省率先实行自主择岗、优绩优选。县人大代表、政协委员及县监察局、人社局现场监督，考生及家长共同见证，保证了择岗工作的公开透明和公平公正，得到了省教育厅的好评和推广。

二、关心特岗教师的工作和生活，用真情实意赢得特岗教师的感动

认真落实特岗教师待遇。特岗教师的工资、医疗保险、失业保险、生育保险、工伤保险、住房公积金以及职称评定等方面与当地公办教师享受同等待遇。

关心特岗教师的生活。在特岗教师相对集中的学校实施教师周转房项目，2012年以来，累计建成教师周转房19处514套约17990㎡，总投资2958万元，努力使特岗教师安居乐业。设岗学校为特岗教师翻修宿舍，安装防盗门窗，开通电脑网线，购买生活用品，部分学校还为特岗教师修建了洗澡间，给予他们力所能及的照顾。定期召开特岗教师座谈会，

倾听他们的意见。将看望和慰问特岗教师作为规定动作，帮助特岗教师解决工作和生活中的实际困难。

三、加强对特岗教师的管理，用制度建设促进特岗教师的成长

制定特岗教师考核办法。每年教师节期间，评选表彰 10 名优秀特岗教师，安排特岗教师做先进事迹报告，对优秀特岗教师的先进事迹进行采访宣传。关注特岗教师专业成长，提出了"一年打基础，两年压担子、三年成名师"的培养目标。将特岗教师纳入教师继续教育范畴，新入职特岗教师必须参加为期三年、不少于 120 学时的新教师入职培训，并将师范类和非师范类教师分开培训，突出培训的针对性，培训合格后认定继续教育学时。选派特岗教师到县内外优质学校跟岗学习，安排经验丰富的教师对特岗教师进行传帮带。积极组织特岗教师参加各级各类教研活动和教学竞赛活动。

四、助力乡村教育，用工作促进教育发展

寿县是农业大县，由于长期未补充教师，师资队伍严重匮乏，教育资源极不均衡，随着教育体制的改革和发展，学生综合素质和水平的整体提升，农村教育资源已不能满足教学需要。特岗教师的到来大大填补了农村学校英语、音体美等薄弱学科的空缺和不足，大批专业人才的到来，使各校基本都能开足开全所有课程，保证了农村学校教学的正常进行，有效地助力了脱贫攻坚工作。

河南省兰考县：
保障特岗教师待遇，推进教育健康发展

兰考是 2018 年脱贫的国家级扶贫开发重点县，也是习近平总书记第二批党的群众路线教育实践活动联系点。全县总面积 1116 平方千米，总人口 87.1 万，辖 13 个乡镇、3 个街道、454 个行政村。有高中 4 所，技工学校 1 所，义务教育阶段成建制学校 255 所，其中公办 230 所，特殊教育学校 1 所，教学点 32 个。义务教育阶段在编在岗教师 5733 人，特岗教师 762 人，在校生 122794 人。

为用好特岗教师这一有生力量，我们采取人性化的管理，尽量为他们提供工作和生活上的便利条件，全面保障特岗教师的待遇和权益。

一、做好特岗教师职前培训

为使特岗教师尽快适应、熟悉教育教学工作，我县对每一年新招聘的特岗教师都要进行岗前集中培训，同时根据省厅工作安排，引导特岗教师认真完成30学时的网络培训。通过培训使他们尽快熟悉教育教学业务，明晓职业道德，养成良好操守；使每位特岗教师都能从容自信地走上讲台，教书育人。

二、做好特岗教师管理

很多特岗教师所任教的学校比较偏远，条件相对较差。为让他们在一线安心从事教育教学工作，我县从上到下都给予了他们无微不至的关怀。

首先是重视特岗教师的思想政治工作。学校在特岗教师到岗后，都要组织学习教育法律法规，增强特岗教师的职业操守和工作责任感，同时邀请他们上党课，向党组织靠拢，在他们当中培养党员发展对象。

其次是注重业务引导。推行了一对一的帮扶机制，由所在学校有丰富教育教学的老教师从如何备课、如何上课对他们进行一对一的帮扶和指导。通过示范和评课，让他们掌握教学方法，掌握教育和管理学生的方式、方法。组织特岗教师开展丰富多彩的入门课、成长汇报课等教学展示活动，积极搭建展示自我平台，进而提升他们的教学品位，促进其专业发展。尤其对非师范类毕业的特岗，通过教研组和校本研修使他们快速掌握教育教学技巧。

三、认真落实特岗教师待遇

积极创造条件，保障特岗教师的福利待遇。在编在职教师所享受的福利待遇，特岗教师全部同等享受，所有特岗教师均享有五险一金、乡村教师津贴、农村义务教育补助、取暖费等待遇，担任班主任的还享有班主任补助，女教师还享有卫生费。同时，县委县政府将保障特岗教师的权益和待遇列入兰考县重大风险防控事项，专项监控和督办。各项待遇的落实，使特岗教师与同级别的在岗在编教师收入基本持平，工资和补贴按月发放，从不截留挪用中央和省拨特岗教师专项资金。同时，按照河南省初级教师职称评审认定要求，对特岗教师及时认定职称级别。我县从未发生特岗教师因待遇落实不到位而上访的事件。

四、加强人文关怀、得到社会认可

我县积极推进教师周转房建设，目前，离家较远的特岗教师都有一间自己的宿舍，里面配有浴室、卫生间和卧室。学校为他们购买了各种生活用品，大到床、被褥、蚊帐，小到牙膏、牙刷等，还有做饭用的燃气具、锅碗瓢盆，给他们营造一个温馨的生活氛围，令他们感受到集体的温暖。为丰富特岗教师的业余文化生活，多数学校还在资金紧张的情况下，特意购买了电视机、电脑，架设了光纤，为他们了解外面的世界提供了方便。

我县还非常关心单身特岗教师的婚姻问题，通过举办联谊会、动员社会人士牵线搭桥等方式，促进特岗教师之间、特岗教师与外界青年的交流了解，让特岗教师立业、成家。通过这种方式，许多外地特岗教师将家安在了兰考，安在了农村。

六、做好特岗教师入编工作

为做好特岗教师的入编工作，我县根据河南省有关文件精神，制定了《兰考县人民政府〈关于做好服务期满特岗教师落实工作岗位的通知〉》（兰政〔2012〕23号），以文件形式保障特岗教师服务期满考核合格入编问题。2015年我县共招聘特岗教师180人，分别分配到我县偏远的8个乡镇，2016年我县共招聘特岗教师240人，分别分配到我县偏远的9个乡镇，均已服务期满，通过2018年6月、2019年6月份教育、人事、财政、编办四家单位联合考核，结合三年的平时跟踪考核，2015年和2016年分别有159人、215人考核合格，我们已为愿意留在兰考的老师全部办理了入编手续。

特岗教师为我县教育发展起到了至关重要的作用。今后，我县将一如既往地关心、关爱特岗教师，吸引更多的有志青年报考兰考特岗，让他们在兰考大地上建功立业，在兰考教育事业中上展示才华。

湖北省房县：
精心实施"特岗计划"，促进特岗教师扎根山区

一、高度重视，强化部门协调

县委、县政府高度重视特岗教师招聘工作，成立了以分管教育副县长为组长的工作领导小组，各部门协同配合，确保特岗计划顺利实施。县纪委监委对招聘过程全程监督，各环节严格按规范程序开展，及时在网上公示。按照综合成绩，让教师自由选岗，做到岗位公开、过程公开、结果公开。

二、搭建平台，促进快速成长

一是实施特岗教师培训工程。所有新聘特岗教师在省级培训结束后，全部参加为期3天的县级岗前培训班。通过"国培"、农村薄弱学科专项培训、跟岗学习等措施，实

现培训全覆盖，大幅提高了业务水平。二是实施"青蓝工程"。开展骨干教师与新聘特岗教师结对子、特岗教师老带新活动，依托"中青年教师教学大赛""一师一优课"等活动，强化教师专业化发展。三是大胆使用年轻特岗教师。注重对特岗教师的培养使用，对表现优秀的特岗教师纳入后备干部库，跟踪培养，提拔使用，目前选拔2名特岗教师担任初中校长，有15名特岗教师担任学校中层干部。四是加强对特岗教师的宣传。深入挖掘特岗教师优秀典型，对特岗教师扎根农村的奉献精神和感人事迹大力宣传。

三、落实政策，做好服务保障

一是持续改善特岗教师待遇。对在乡镇任教的特岗教师实施乡镇工作补贴，按类区分别享受300—450元/月的补贴。县财政为所有特岗教师每年预算1个月的奖励工资，年人均增资5600元，且对新招聘特岗教师高套1个薪级工资，直接按照试用期满的标准发放工资。落实"五险一金"。二是关心特岗教师生活。统一为特岗教师分配周转房，配齐网络和电脑，享受免费体检，开设教师食堂，定期召开座谈会解决热点难点问题。

四、创新机制，激发教师活力

一是出台特岗教师教师管理机制。出台《房县农村义务教育学校新机制教师队伍管理暂行办法》，对特岗教师与本地教师实行统一管理，人员编制实行实名制，在工资福利、社会保险、职称评定、职务晋升、岗位聘用、表彰奖励等方面与本地教师享受同等待遇，省拨付经费不足部分由县级财政统筹解决，全额列入预算。二是建立特岗教师学费奖补制度。建立了普通高校毕业生乡村任教到岗学费奖补制度，2018年开始，对2016年以来毕业到乡镇学校工作的高校毕业生分三年补偿其大学期间的学费。三是建立正常流动机制。特岗教师工作满一个聘期后，和本地教师一样，在县域内进行流动；对在交通不便，离县城偏远学校的特岗教师予以优先考虑；对夫妻分居的特岗教师由本人提出申请，统筹考虑调配至同一乡镇工作，解决他们的后顾之忧，使他们能安心教学。四是建立表彰奖励机制。每年教师节表彰拿出一定比例指标，对爱岗敬业、钻研业务、关爱学生、尊重家长、廉洁从教、团结协作、遵纪守法的特岗教师进行表彰。

广西壮族自治区桂平市：
多措并举，助推特岗教师成长

一、保障福利待遇，解决特岗教师后顾之忧

一是特岗教师聘任期间，执行国家统一的工资制度和标准。二是按时足额发放绩效工资（基础性绩效工资按月发放，奖励性绩效工资每学期发放一次）。三是与在编教师一样享受事业单位基本养老保险、职业年金、医疗保险、生育保险、失业保险、住房公积金等社会保障待遇，市财政每年足额按时缴纳社会保障各类费用。四是与乡镇在编教师一样享受每人每月400—500元的乡镇工作补贴和人均每月250—400元的乡村（教学点）教师生活补助。五是与在编教师一样享受人均每年2.5万元的绩效工资增量。六是对高校毕业生在农村学校任教的，按规定给予学费补偿和国家助学贷款代偿。

二、政策倾斜，让特岗教师幸福倍增

一是在服务期内办理入编手续，确保特岗教师有编有岗，全市特岗教师单独统一使用一本编制证，由编制部门和教育行政部门共同管理。二是精心制定特岗教师分配方案，根据户籍所在地，考虑夫妻关系及已确立恋爱关系等因素，就近分配工作。三是服务期间为他们开设绿色通道，在教师资格认定、职称评定、年度考核、评优评先、学习培训、发展党员等方面，均与在编公办教师一视同仁。四是在每年教师节表彰当中，专门划出名额指标向特岗教师倾斜，每年有190名服务期内的特岗教师接受市级以上表彰。五是安排项目、筹措经费，2015—2019年，共投入15387万元建设教师公租房、周转房2689套，学校优先为特岗教师提供单人单间的教工宿舍，避免因环境落差导致打退堂鼓。六是特岗教师的档案，统一由市教育局免费保管。七是对要求解聘的特岗教师及时办理解聘手续，经考试录入公务员的，尽可能提供便利，并协助办理相关手续。

三、搭建平台，助推特岗教师成长

一是破格提拔重用特岗教师，将适应能力强、入行快、工作成绩突出的特岗教师提拔进入学校中层领导岗位（约110人）。二是大胆使用特岗教师，为他们施展才干提供平台，很多学校充分发挥特岗教师年轻、有活力，与学生容易沟通，知识面较广的优势，让他们担任班主任，上公开课、研究课，参加教学基本功比赛等，让他们在不断挑战中实现自我价值。

四、稳定教师队伍，为男女青年教师牵线搭桥

桂平市所招聘的几千名特岗教师当中男女教师比例失调，不少老师特别是外县市的特岗教师因为找不到对象被迫转行或不能安心工作。热心老师借助自己的"成就方圆"工作坊，坊下设"喜缘工作室"，把教师的婚姻大事列入工作目标。平时，经常向各行各业了解并收集未婚青年情况，并通过红娘Q群、教师培训、送教下乡、教研交流等活动了解年轻教师婚姻情况，建立档案资料，根据掌握的情况主动为年轻教师穿针引线，10多年，成功牵线促使200多对青年教师喜结连理。

贵州省龙里县：
积极落实特岗教师待遇保障

一、工资有保障

按照《贵州省农村义务教育阶段学校特设岗位教师管理办法（试行）》（黔教师发〔2009〕342号）文件要求，落实好"特岗教师"工资待遇，薪级工资调整与在编教师一致，并按时足额发放，未发生拖欠、克扣、挪用等现象。同时，确保住房公积金、医疗保险、工伤保险、生育保险等社会保障政策落实到位。

二、乡补有提高

根据《中共贵州省委贵州省人民政府印发〈关于全面深化新时代教师队伍建设改革的实施意见〉的通知》（黔党发〔2018〕32号）、《中共黔南州委黔南州人民政府关于印发〈黔南州全面深化新时代教师队伍建设的若干措施〉的通知》（黔南党发〔2019〕8号）文件要求，全县特岗教师与农村学校同等享受乡村教师生活补助政策，2019年9月前标准为每月200元、230元、270元、300元四个等次，2019年9月提标后按每月300元、400元、500元三个等次进行补助，并将公办乡村幼儿园教师纳入发放范围。

三、职称有落实

根据《关于印发〈贵州省中小学教师系列专业技术职务任职资格申报评审条件（试

行）〉的通知》（黔人社厅通〔2014〕374号）文件要求，组织符合申报条件的特岗教师按文件要求进行专业技术任职资格评审。

四、津贴绩效有兑现

根据《中共贵州省委贵州省人民政府关于全面深化新时代教师队伍建设改革的实施意见》规定，每年县财政在奖励性绩效工资总量基础上提高25%，即550万元左右（2019年为565.5635万元），用于执行县属学校所设立的校长津贴、班主任津贴、超课时津贴、农村学校教师补贴等项目，特岗教师同等享受，并在保质保量完成工作任务的前提下，全额拿到绩效工资。同时，每年参照县直机关年终目标考核标准，与在编在岗教师同等享受县财政给予的年终一次性绩效奖励人均12000元。

五、评优评先有机制

每年教师节拿出近10%的评优评先比例，单独用于"优秀特岗教师"表彰，2019年教师节评选表彰了县级"优秀特岗教师"15名，进一步肯定了他们的成绩和奉献精神，增强了他们的荣誉感和获得感，鼓励他们扎根农村。

陕西省扶风县：
让特岗教师在扶风大地上生根开花

一、健全机制，确保入口顺畅

一是建立长效补充机制。县委、县政府把"特岗计划"确立为农村义务教育阶段学校教师补充的主要途径，列入"民生计划"之中进行督办，教育、人社、财政、编制等部门联合成立实施工作领导小组，密切配合，协力推进。二是规范实施行为。坚持"公开、自愿、择优"原则下的阳光招聘，制定《扶风县特岗教师招聘工作面试办法》，以县为主，统一面试时间、形式、流程和标准。确保特岗教师招聘程序的公平、公正和公开，增强了公信度和吸引力，社会满意度高达100%。三是探索招聘办法，结合农村和学科实际，不断探索招聘工作规律，制定行之有效的招聘办法，降低紧缺学科学历标准，加大对本土考生的政策宣传力度，同时做到有编必补，缩短编制调整时间，确保特岗教师进得来、留得住。

二、注重培养，提升业务能力

一是重视岗前培训。由教师进校负责，对特岗教师进行系统的教育学、教育心理学、教师职业道德、教学法等方面的教育学理论知识培训。邀请中小学名校长、省市教学能手开展专题讲座和示范课教学，通过专题讲授、案例分析、模拟演练等方式，使特岗教师逐步熟悉和掌握教育教学基本规律和基本技能，提高课堂教育教学实际能力。二是保障职后培训。开展多种形式的业务提高培训，把教师的专业能力提升和职业理想、职业道德、法治教育、心理健康教育等融入职后培训和管理的全过程。三是加强敬业精神培训。以暑期教师学习会为契机，开展师德师风专题教育，邀请近年评选出的最美特岗教师进行专题讲座，倡导爱岗敬业、精益求精的敬业精神，树立服务农村教育事业发展的敬业理念。四是完善教师帮扶机制。以校内青蓝结对帮扶为主，县级名师工作室为辅，安排各校落实特岗教师导师带动制度，搭建各级各类研修平台，发挥好"传帮带"的作用，近年来在特岗教师中培养省级能手1名，市级能手4名，县级教学能手17名。

三、强化保障，激励安心从教

一是待遇保障。县财政在中中央财政转移支付的基础上，加大特岗教师专项经费投入力度，"特岗教师"工资等同当地公办教师标准，享受乡村教师补贴和乡镇工作补贴，"五险一金"落实到位，确保特岗教师的基本物质生活和工作得以保障。二是政策保障。加大特岗教师在职称评定、周转宿舍方面的政策倾斜力度，对所有符合条件的特岗教师直接认定职称，创新用人机制，对表现突出的特岗教师提供晋升机会。三是生活保障。组织开展特岗教师外出学习交流、节日座谈等联谊活动，使他们能够安心从教、乐于从教。目前特岗教师留任率达96%。开展"最美乡村教师"和优秀特岗教师评选等活动，选树典型培养名师，用身边的实例来激发特岗教师的上进心。

新疆维吾尔自治区阿克苏市：
依托"特岗计划"，振兴乡村教育，助力脱贫攻坚

一、千方百计引人才

一是成立招聘工作领导小组，统筹招聘工作，对全市教师配备情况进行核算，摸清

底数与缺口，制订招聘计划。二是严把教师入口关，坚持把"政治合格、胜任国家通用语言文字教学标准、胜任国家专业学科教学要求"作为教师招聘的核心指标，确保招录一个、合格一个、管用一个。三是成立联合招聘工作组，分批、分片、包干赴内地各大高等院校开展教师招聘工作。四是试行订单式招聘，与内地多个院校签订人才计划，建立教师直聘合作关系，拓宽教师引入源头。

二、用心用情稳人才

一是优先保障教师工资。执行国家统一的工资制度和标准，按时足额发放特岗教师工资，实施乡村教师补贴政策，足额发放差别化待遇和乡村交通补助，确保特岗教师与当地公办学校教师同等工资待遇。二是持续改善居住条件。加大教师周转房建设，2017年至2019年，投入资金2.83亿元，高标准建设教师周转房2635套，所有周转房均按照拎包入住的标准进行精装修，实现了特岗教师"城里有套房、乡里有张床"。三是建立健全奖励机制。对优秀教师进行表彰，利用各类媒体大力宣传先进，在全市营造了崇尚知识、尊师重教的良好氛围。四是致力搭建沟通平台。定期举办相亲交友、集体婚礼等活动，拓宽特岗教师的交友范围，为单身特岗教师搭建互相认识、互相交流的平台。

三、多措并举育人才

一是抓知识功底。鼓励特岗教师立足岗位、研读教材、学习经验、大胆实践、凸显活力、主动反思，为站稳讲台奠定理论基础，激励特岗教师树立终身学习和"比、学、赶、帮、超"的意识。二是抓教学能力。通过开展基本素养、教学常规、教育教学理论研读等"引路式"培训，提高特岗教师课堂教学能力；完善特岗教师集体备课机制，发挥集体智慧研课磨课，帮助特岗教师突破教学瓶颈；定期开展教师基本功大赛、素养大赛、技能比赛等交流活动，助力特岗教师成长。三是抓教学方法。落细落实"指导帮扶"工作，制订师徒结对计划，签订结对协议，做到青蓝结对全覆盖，逐步提升特岗教师教学方法。对师徒结对实施过程监管，每月检查任务完成情况，每学期进行考核，年终对优秀师徒对子进行表彰奖励。四是抓教学态度。持续推进师德师风教育，发挥先进模范带头作用，加强对敬业爱生、无私奉献先进事迹的宣传。

四、不拘一格用人才

一是积极发展优秀特岗教师入党，把特岗教师培养成党员，把党员教师培养成管理骨干，打破论资排辈、唯年龄、唯经验论的常规，使优秀党员教师走上城乡学校中层岗位，走上村级学校领导岗位；二是大胆启用优秀特岗教师，把特岗教师培养成市级骨干人才，继续加大培养力度，将特岗教师培养成各学校教学科研骨干、学科带头人等综合型人才。

（二）河南省教育厅"特岗计划"实施工作典型案例（2020年）

洛阳师范学院：
全员参与，全程发力，扎实做好特岗教师工作

"特岗计划"是贯彻落实国家和河南省教育大会精神、全面深化新时代教师队伍建设的一项重大教育人才支持计划。截至目前，我省已连续实施12年，每年都吸引一大批高校优秀毕业生投身教育事业。洛阳师范学院高度重视特岗教师引导与培育，报考特岗教师人数持续走高。2018—2020年，分别有3295名、3125名、4363人通过了资格初审。

洛阳师范学院通过多种途径创新教师教育培训机制，不断提高学生的师范专业技能，积极引导、鼓励和服务学生实现基层就业，每年都有大量学生投身到基础教育薄弱地区从事教育工作，在农村基础教育领域奉献青春、建功立业。

一、愿意去：彰显学校办学定位，引导投身基层教育

作为一所具有百年师范办学历史的师范院校，学校积极响应党和国家号召，始终高擎师范大旗，弘扬师范精神。一方面，学校根据社会经济和师范教育发展现状，修订培养方案，不断提高学生的师范教育技能；另一方面，学校通过各种实践活动，强化对学生的理想信念教育，帮助学生树立正确的价值观。通过职业生涯规划、主题班会、党日活动等帮助学生树立正确的择业观念，鼓励引导毕业生响应国家号召，敢于乐于扎根基层建功立业。

此外，学校还通过校友访谈、启梦大讲堂、中学名师公开课、"三下乡"支教实践等方式，不断激发学生对基础教育的热情，为他们最终选择特岗教师道路奠定思想基础。

二、能胜任：突出学校办学特色，提升师范教育技能

多年来，学校持续凸显师范教育特色，多措并举培养提升学生的教师教育技能。

一是成立"卓越名师班",培育学生教书育人情结。组织一批立志从事教育事业的学生加入,并选拔专业老师定期组织学生参加各种专业技能活动,提高他们的专业技能;同时,从中遴选一批学生参加暑期社会实践活动,前往贫困学校开展支教工作,不断培养学生服务于基层教育的意识。

二是改革培养机制,提升学生师范技能水平。学校不断完善培养方案,创新培养模式。在课程设置上,自大二起,就开设有教育学、课程设计与评价等教学相关课程,培养学生的教学理论水平;在实习实践环节上,师范类专业学生分配到对应学校进行顶岗实习,学生将所学知识运用到实际教学中,更有利于提高学生的师范技能水平。

三是丰富活动形式,增强学生专业技能。学校开展丰富多彩的活动,帮助学生提高专业兴趣,增强专业水平。例如,迎新之际,开展说课比赛、教案比赛等;毕业之前,开展专业汇报演出等。

三、考得上:宣传动员悉心指导,提高就业服务水平

学校要求各学院教师和就业指导与服务中心的工作人员,认真学习上级文件,研读吃透政策精神,加强宣传,充分动员。各个学院通过专题讲座、主题宣传、就业辅导等形式向学生全面介绍"特岗计划",增进毕业生对特岗计划的了解,激发他们投身特岗奉献青春的豪情壮志。

通过就业意向统计,建立专门特岗考试工作群,开展精准就业指导服务;辅导员、专业课教师加入工作群,针对存在的问题释疑解惑,加强笔试知识辅导和面试指导。对顺利考取特岗的毕业生,就业指导与服务中心开通绿色通道,确保毕业生顺利完成报到证办理、档案迁移等就业手续,为他们最终奔赴特岗教师岗位创造良好的外部条件。

四、留得住:跟踪调研鼓励引导,扎根基层建功立业

"特岗计划"主要是在农村义务教育阶段学校任教,工作环境和条件相对清贫、艰苦,对于考取岗位的毕业生来讲,能否坚定选择、坚守岗位、扎根基层确实存在一定的挑战。近年来,学校密切跟踪回访,加强与特岗任教毕业生的联系。

一方面,对这些毕业生的工作现状进行关心慰问,鼓励他们返校攻读在职硕士研究生,给予他们更多的关爱与支持;另一方面,适时调研了解他们在工作中面临的实际需求和现实困难,积极帮助他们解决问题,助力他们扎根基层,为他们最终坚守特岗教师岗位争取更多的政策支持。

信阳市教育局：
因地制宜，精准施策，让"特岗计划"助力乡村教育振兴

面对"穷市办大教育"、农村教师数量不足、学科结构不合理的现状，信阳市解放思想、因地制宜，创新管理，深入实施"特岗计划"，大力加强农村教师队伍建设，着力培养造就一支"招得来、留得住、教得好"的特岗教师队伍，不断推动全市教育健康、持续、快速发展。

一、创新工作方式，确保教师招得来

一是"盘活"编制。按照《信阳市乡村教师支持计划（2016—2020年）实施办法》，建立乡村教师长效补充机制。推行"退一补一"政策，做到有编必补，持续补充。积极向省教育厅申请增加"特岗计划"指标，11年来共招聘15382名特岗教师，占全省特岗教师总数的十分之一，占全市农村专任教师总数的51%，承担着60%以上的工作量，受益范围覆盖7个县1506多所农村学校。探索建立县域内教师编制随生源流动机制，缩短编制调整时间，盘活教育编制资源。二是"阳光"招聘。探索适合信阳实际、行之有效的"市级笔试+县级面试+校级聘用"的招聘模式。市级笔试由招办组织，严格按照高考要求组织实施；面试环节严格审查报名资格，异地抽调评委，现场抽取面试试题，全程实行无死角监控。11年来，全市特岗教师招聘工作实现了零投诉、零事故，打造成阳光工程。三是拓展渠道。结合农村教学实际，探索制定了《信阳市特岗教师招聘工作递补办法》和《信阳市特岗教师招聘工作紧缺学科调剂办法》，使本县生源率达74.9%，本市生源率达94.3%，很大程度上实现了本土化，有效预防特岗教师流失。同时，进一步充实和优化了农村体音美教师学科结构。

二、健全保障机制，确保教师留得住

一是待遇留人。积极落实特岗教师与当地公办教师享受同等待遇，依据国家、省市有关政策，按新的工资标准及时兑现工资；落实乡村教师补助和乡镇工作补贴；按规定为特岗教师缴纳住房公积金和各项社会保险费，确保特岗教师"五险一金"全部落实到位。从2011年开始，全市共投入资金2.5亿多元，在7个县区412所学校建设了教师周转宿舍，

配齐生活基本设施，做到通水通电通网，特岗教师拎包即可入住，安心扎根农村。二是"感情"留人。教师节期间，市委、市政府在《信阳日报》上发表慰问信，各级领导专程看望慰问特岗教师，营造尊师重教的浓厚氛围。不断完善教师帮扶机制，让走访慰问特岗教师成为常态化，落实定期对特岗教师进行身体健康检查、安排休养等规定，保障身心健康。与工会、团委联合开展鹊桥会，积极为未婚教师牵线搭桥、创造条件，做好"娘家"人。三是政策留人。制定地方配套"暖心"政策，实现了全省"三个率先"。率先制定了《特岗教师管理办法》，确保服务期满入编入岗。近年来，为10552名服务期满特岗教师办理了入编入岗手续，特岗教师留任率达到92%，入编率100%。率先制定了《服务期满特岗教师调剂办法》，在全市范围内为1100名家在异地、夫妻双方两地分居、独生子女父母生病需要照顾等存在实际困难的特岗教师办理了调剂入编手续。率先推行"县来县去""乡来乡去"政策，制定《特岗计划管理办法》，坚持岗位公开、过程公开、结果公开，做到透明分配。通过一系列尊师、惠师举措，真正为特岗教师办实事、做好事、解难事，使广大特岗教师乐教爱教，甘守乡村讲台。

组织召开全市特岗教师工作交流会，厉天军局长讲话

三、精准施策激励，确保教师教得好

一是强化专业发展。实施新入职、特岗专项、名师引领"三大工程"：开展120学时的入职岗前培训，帮助新任特岗教师尽快适应教育教学工作；建立特岗教师"老带新制度""青蓝工程"，帮助特岗教师克服教学中的实际困难，逐步成长；强化专业化发展培训，以"国培计划"为引领的五级联动教师培训机制为依托，以名师引领实施培育工程，培训特岗教师35000余人次，提升了特岗教师队伍的整体素质。以"农村学校教育硕士师资培养计划"为模式，构建农村高层次骨干师资培养体系。目前，全市有153名特岗教师通过进修取得硕士学位。二是强化绩效考核。建立特岗教师考核档案，对特岗教师实行聘后跟踪管理和评估。设岗学校负责试用期半年考核和学年度考核，设岗县教育行政部门会同人社、财政、编办等部门对服务期满特岗教师进行全面考核。三是强

化事业激励。对所有符合条件的特岗教师直接认定职称,对表现突出的创造晋升机会,任命其为学科带头人以及教研组长、主任和校长。市里每年表彰 300 名优秀特岗教师,县里出台多项教师表彰措施,给予 5000 元至 2 万元的奖励。在师德报告团和乡村优秀青年教师培养奖励计划等工作中,深入挖掘特岗教师中的优秀典型,重点宣传,树立榜样。与北师大联合编辑《乡村青年教师教育梦》《特岗教师回忆录》等书籍,选树了一批长期扎根基层的优秀特岗教师典型。通过开展"寻找最美乡村教师""我的特岗生活"等评选活动,加强对特岗教师的宣传,为特岗教师提供展示才能的平台,让特岗教师体现自我价值,让特岗教师人尽其才有发展。

济源示范区教育体育局:
强化待遇优化服务,确保特岗教师进得来留得住

2009 年以来,济源示范区教育体育局在省教育厅的正确领导下,在济源示范区党工委、管委会的高度重视下,在编制、人社、财政等部门的大力支持配合下,特岗计划相关政策得到积极贯彻,特岗教师相关待遇得到有效落实,确保特岗教师进得来、留得住。

一、严格执行政策不走样

济源示范区严格落实《河南省 2009 年农村义务教育阶段学校教师特设岗位计划实施方案》(豫教师〔2009〕82 号)、《关于做好服务期满特岗教师落实工作岗位的通知》(豫教师〔2012〕92 号)、省教育厅等四部门《关于做好特岗教师有关管理工作的通知》(豫教师〔2009〕203 号)以及每年度特岗教师招聘办法规定的各项政策,确保济源特岗教师在工资福利、生活待遇、业务培训、考核评价、评优评先、职称评审等方面,均与当地正式在编教师享受同等待遇。服务期满考核合格的特岗教师均按期办理了入编手续,服务期内工作年限一并计入任教年限。

二、强化待遇保障抓落实

济源示范区服务期内的特岗教师与在编教师统一工资标准、统一发放时间,工资均通过银行直接按月拨入特岗教师个人账户。严格按照国家标准核定基本工资,并逐年按照考核结果晋升薪级工资标准,按月发放基础性绩效工资、乡镇补贴、农村山区教师津贴、

保留物价福利补贴、物业服务补贴等。特岗教师均参与学校每学期一次的奖励性绩效工资考核和分配以及每季度审核发放一次的平时考核奖，在文明单位工作的享受同等水平的文明单位奖。每年年终均正常发放取暖费、全国文明城市奖，年度考核等次为合格及以上人员发放目标考核奖；全国文明城市奖和目标考核奖均为本人上一年度最后一个月的全工资。

特岗教师岗前培训

认真落实特岗教师保障待遇，医疗保险、失业保险、工伤保险、生育保险和住房公积金均与在编教师同样缴纳，其中养老保险、医疗保险、失业保险和住房公积金分别按照本人全工资的8%、2%、0.3%、12%的比例缴纳，财政部门分别按本人工资的19%、6.5%、1.2%和12%予以补贴，另外财政部门还为他们缴纳了0.8%的生育保险、0.3%的工伤保险和2.5%的公务员医疗补助。据统计，2019年济源服务期特岗教师年平均工资约10.1万元，另外住房公积金每年缴费额约1.5万元，合计年收入达11.6万元。

三、注重管理服务促成长

济源示范区坚持强化以人为本，优化服务，关心特岗教师成长发展，坚持服务与管理相结合，使用与培养相结合，不断强化日常管理服务，努力使特岗教师"招得来、下得去、干得好、留得住"。在生活上，千方百计地为特岗教师提供便利条件，坚持待遇留人、情感留人，积极解决其后顾之忧，使其安心从教。在工作上，各设岗学校放手使用，给予特岗教师充分的信任和扶持，鼓励引导特岗教师在工作中勇挑重担，一些素质较好的特岗教师直接承担班主任或毕业班教学工作。在培训、进修学习等方面，对特岗教师采取倾斜政策，帮助其尽快成长为业务上的骨干力量，充分利用他们在教育观念、知识结构和素质教育能力等方面的优势，带动当地农村中小学教师队伍素质的整体提高。

鹿邑县教育体育局：
多措并举，关爱先行，"特岗计划"在鹿邑生根开花

一、政府支持，各级部门重视

"造就党和人民满意的高素质专业化创新型教师队伍，加快教育现代化，建设教育强国，办好人民满意的教育。"这是中共中央、国务院关于全面深化新时代教师队伍建设改革的意见中明确提出的目标任务。围绕这一宗旨，鹿邑县委、县政府，教体局党组对"特岗计划"高度重视。自上而下，成立领导小组（县级，以县主管领导为组长，财政局、人社局、编办负责人为成员；县教体局，以局长为组长，副局长为成员；各设岗乡镇学校，以中心校长为组长，各中小学校长为成员），为特岗计划保驾护航。从执行"特岗计划"以来，鹿邑县特岗教师在岗率达到100%。

二、管爱齐行，解决后顾之忧

在特岗教师管理工作中，鹿邑县教育体育局先后出台了《鹿邑县教育体育局关于印发〈特岗教师管理办法〉的通知》《鹿邑县教育体育局关于进一步加强特岗教师管理工作的通知》等文件。

一是在特岗教师分配中，遵循两个原则，首先是学校岗位需求原则，充分发挥特岗教师的学科特长，真正服务教育教学；然后是就近安置原则，考虑特岗教师家庭住址，尽最大可能在满足岗位需求的前提下，把特岗教师分配到离家最近的学校工作。外地户籍的特岗教师，要求设岗学校特别关爱，由本地教师结对照顾，让他们能够感受到家的温暖。

二是设岗学校坚持用待遇留人，用情感待人。充分考虑到特岗教师工作、生活的便利，注重特岗教师的安全，把分配到本单位的特岗教师集中安置到本单位的乡镇初中和中心小学，不得分配到远离乡镇、交通不便的学校。已建成周转房的学校，优先安排特岗教师，没有建成周转房的学校，为特岗教师集中安排住房，配备必要的生活用品和办公用具。为特岗教师配备空调、网络、电脑、桌椅、床铺、衣柜、淋浴房等。根据特岗教师个人意愿，或安排特岗教师到学校餐厅免费就餐，或向特岗教师提供炊具、餐具和做饭场所。

特岗教师在服务期间，鹿邑县严格执行特岗教师待遇标准，确保特岗教师各项待遇落实到位。一是落实工资待遇，特岗教师和在编教师一样，按月准时发放特岗教师工资。二是地方教龄补贴、乡村教师补贴、班主任津贴（特岗担任班主任者）全部足额发放，"五险一金"全部落实到位。三是特岗教师在评优、评先、晋级等方面，和在编教师同等待遇，并设立专项指标，适当倾斜。四是特岗服务期满经考核合格后，及时为他们办理入编手续，让他们踏实工作，完全没有后顾之忧。

这些措施让新分配的特岗教师迅速适应新的工作生活环境，感受到学校的人文关怀，互帮互学，抱团成长。

三、培训助力，促进专业成长

特岗教师进入工作岗位后，把特岗教师培训纳入中小学教师继续教育系统进行管理，除岗前培训外，在"省培""国培"项目中，凡是有利于特岗教师专业成长和教师素养的培训，如新入职教师培训、学科素养、教学技能类的培训，优先选派特岗教师参加。聘请专家、组织县级名师、骨干教师，通过专项培训、专题报告、送教下乡、听课评课、名师指导、一对一帮扶、师带徒等形式，帮助特岗教师提高教学水平、提升教学技能，引导特岗教师在教中学、学中教，不断总结、不断提高，尽快成长为学校教学的骨干力量。

四、遍地开花，特岗效果凸显

由于政策执行有力、领导贴心关怀、专业培养助力、待遇落实到位，鹿邑县招聘的特岗教师做到了不仅下得去，还下得满意，不仅留得住，而且留得牢固、教得好。师德师风、教学水平、专业技能迅速成长，安心农村教学工作，并在工作中取得突出成绩，成为乡村教学的主力军、骨干力量。几十位特岗教师走上了领导岗位；上百位特岗教师在教学专业技能上取得优异成绩，在省级、县级优质课大赛上获奖，成为学科带头人等，其中2015年特岗教师孙艳丽入选省2020年乡村优秀青年教师培养计划；获得省级名师、骨干教师、县级名师、骨干教师称号的特岗教师不胜枚举，优秀教师、模范教师、先进个人、教学能手、业务骨干更如雨后春笋……

百尺竿头春意盛，讴歌伟梦谱新篇。"特岗计划"的有效落实，为鹿邑县农村义务教育注入了一股新鲜血液，打造了一批有生命力、创造力的年轻教师队伍。

镇平县侯集镇中心校：
"四个加强"助推特岗教师专业成长

镇平县侯集镇位于县城南10公里处，现有初中2所，小学21所，在校中小学生6450余人，在职教职员工398人。2014—2020年，先后有7批共150名特岗教师分到该镇工作。截至目前，仍有141人特岗教师留任，占教师总数的35%。

特岗教师一定程度上缓解了农村地区教育的落后状况，促进了农村学校面貌的变化；但在实际工作中，存在对课程标准和教材的把握缺乏深度和广度，在课堂教学中，很难灵活地驾驭课堂、驾驭教材等问题。面对特岗教师的教学现状，侯集镇坚持以教学实践为载体，做到中心校、学校、教研组三级联动、协同发展，努力提高他们实施素质教育和教育教学水平。截至2020年秋期，2014年特岗教师李杰已被聘为易营小学校长，2016年特岗教师张响、2015年特岗教师王玉娜等6人被初中聘为学校中层，杨鑫等16人为小学中层，侯爽等25人已成为学校骨干教师。可以说特岗教师正成为侯集教育的中流砥柱。

一、加强校本培训，促进特岗教师专业成长

要求有特岗教师的学校以业务校长为牵头人，探讨、研究制定特岗教师培养方案。一是开展师徒结对活动。师傅做到备课有指导、上课有示范、课后有点评，做好特岗教师教学入门的知心人和引路人。二是发挥年级组帮扶作用。利用年级组集体备课，给特岗教师压担子，让他们做新课的初讲人，在与老教师的研课和课堂教学对比中加快成熟的脚步。三是搭建成长平台。充分利用校内教研活动，派高素质的特岗教师与县域内优秀教师进行短期跟踪学习，汲取名优教师的教学经验、教学理念；领导掌握特岗教师教学动态、教学现状、教学需求，与教学主管业务部门沟通，做好特岗教师的专项辅导。四是减轻教师负担。学校在不给特岗教师增加无谓负担的原则下做好考核工作，加快特岗教师成长的脚步。

二、加强联片教研，促进特岗教师专业成长

一是名师引领。每学期组织片域内最优秀的教师到片内其他4个乡镇学校针对特岗教师培养需求送课下乡，安排特岗教师与名师进行交流互动，以身示范，言传身教，零距离解答特岗教师在教学过程中遇到的疑难困惑。二是帮扶结对。片域内5所学校提供最好的教师资源，将每位特岗教师分别与片域内名优教师结成帮扶对子，特岗教师可以短期脱岗全程跟踪学习。三是全员参与。在片域内的教研活动中，特别重视特岗教师的参与度。给一些能力较强的特岗教师创设展示的空间和平台，有意识地锻炼他们，使他们成为教研活动的参与者，在浓郁的教学氛围中自觉学习，自主提升。

三、加强个性指导，促进特岗教师专业成长

中心校教研员全面了解特岗教师教学现状，拟定阶梯式培养计划，根据特岗教师存在的共个性问题，采取切实有效的培养措施。一是一对一进行教学指导。每学期教研员至少一次深入基层，走进特岗教师的课堂，对他们的课堂教学进行观察，由浅入深进行耐心细致的一对一辅导。二是做特岗教师专业引领的挚友。依据分工教研员与学科教师建立特岗教师微信工作群，随时进行帮扶指导，有计划地加深指导，将教学理念、课标要求融入他们的教学意识中，提升引领特岗教师的专业素养。三是有意识地开展菜单式研培活动。学科教研员根据对特岗教师教学现状的了解，针对存在的共性问题设计开展专项教研活动，通过一系列的示范课、研讨课和教研员专题培训促使特岗教师的教学能力水平快速提高。

四、加强平台建设，促进特岗教师专业成长

对特岗教师全面培养进行一段时间后，对一些素质好、进步快的教师进行更全面的指导，为他们搭建展示平台，上特岗教师展示课、研讨课，参与大型教研活动，让他们迅速成长为学校、教研片、县域内教育教学活动的骨干力量。此外，为特岗教师创造机会，让他们走出校园，感受名师教学思想。为了使特岗教师具有较前沿的教学理念、创新的教学设计、开阔的教学视野，充分利用国培省培、专家讲座、优质课比赛等形式，为他们创造外出学习、不断提升的机会，通过网络学习教学名家视频课，阅读国内外名师教学专著，感受名家教学思想，带领他们走进名师课堂，走向名师之路。

（三）河南省市县级教育行政部门"特岗计划"实施工作案例

邓州市教育体育局：
把好四道关，精准做特岗

"特岗计划"的实施，对于充实、壮大农村义务教育阶段学校师资队伍力量，促进农村教育发展发挥了非常积极的推动作用。自2009年秋期开始，邓州市率先将"特岗计划"专项招聘工作纳入全市教师队伍建设实施的"重点工程"范畴，设立专项预算资金，支持招聘特岗教师工作。

截至2018年底，我市累计招聘特岗教师已达1400多人，约占全市义务教育阶段教师总人数十分之一，其中招聘英语、计算机及音、体、美学科教师800多名。"特岗计划"实施十年来，大批高校毕业生通过考试和专项培训成为特岗教师，奔赴全市28个农村乡镇的学校任教，为我市农村教师队伍补充了新鲜血液，并逐渐成为农村教育的骨干力量。在实际工作中，我市积极探索特岗教师管理方法，确立"把好四道关，精准做特岗"的工作思路，取得了明显成效。

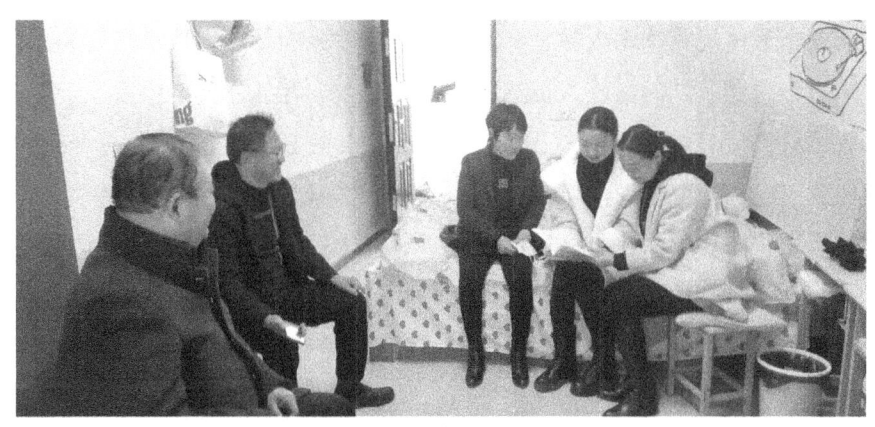

点滴温暖润心田

一、严格执行政策，把好特岗招聘质量"入口关"

依据河南省教育厅、财政厅、人社厅、编办《关于印发河南省农村义务教育学校特设岗位教师招聘办法和岗位设置的通知》文件精神，每年8月上旬，邓州市教体局就详细拟订《邓州市农村义务教育阶段学校特设岗位教师招聘面试工作实施方案》，提前和南阳市教育局做好沟通汇报（我市笔试工作委托南阳市教育局组织实施，面试工作由邓州市直接组织实施），全力筹备年度特岗招聘事宜。

一是健全组织机构。市政府成立主管教育副市长为组长，政府办、教体局、财政局、人社局、编办、监察委、公安局、卫计委、电业局等单位负责同志为成员的招聘工作领导小组，在省教育厅、南阳市的统一安排部署下，领导、组织、管理本市的面试工作。领导小组下设考务办公室，办公室设在市教体局，具体组织实施面试工作。设考务、后勤、监督、安全、保密等若干工作小组完善考点机构。考务办公室在主考、副主考领导下开展工作。由教体局局长担任主考；副主考分别由主管副局长、客县带队领导及考点校长担任，领导带头担纲。二是成立面试评委会和评委小组。由市教体局局长担任主任，评委会委员由邓州市考点委员会统一聘任，评委会下设各个学科评委小组。评审委员会根据学段、专业和设岗人数设立评委小组。每个评委小组由客县7位评委组成，其中主任评委1名，成员6名。各小组主任评委由考点评委主任聘任。主任评委要由业务能力强、有一定教学管理经验的教研员、校长或骨干教师担任。面试评委由邓州市教体局委托客县按上述条件要求统一选聘。三是优选面试考点。面试考点按上级要求选择在交通便利、环境幽静、基础设施好、便于封闭的学校，并设置考点办公室、医务室、试卷保密室等，张贴考场示意图，划分警戒区域。所有考场内安装无线信号屏蔽装置，配备电子狗。考点悬挂具有欢迎和鼓励意义的标语。设置考生资格复审处，按要求对应试考生进行资格复审。面试考场包括"三室"，即面试室、候考室、备考室。四是科学制订面试工作流程。面试前，邓州市教体局将选聘人数、专业等评委条件标准及计划数通知到客县，客县教体局按要求进行选聘，同时做好人员选聘的保密工作。客县评委集中后，于面试当天早上7：30前，到达邓州市考点。面试当天，我们提前根据工作安排，细化每个时间段节点，从考生进场到出场，制订下发翔实工作流程、岗位及人员职责，做到守岗有责，职责明晰。五是严把考生资格审查关。我市严格按照志愿筛选比例，最终确定参加面试初中考生及小学考生。六是抓好特岗教师体检、培训及分配工作。特岗面试工作由我市独立组织实施。综合笔试和面试总成绩排名进行录取。当计划指标完成不足时，我市根据年度计划严格按招聘程序，在异地组织进行二次面试，按成绩降幂补录。考生录取后将参加市教体局统一组织的体检、岗前集中培训、签约登记、录取上报并分配到岗。招聘的特岗教师，全部分配至罗庄、刘集、杏山等教师紧缺缺编突出的 27 个农村乡镇学校或教学点任教。

二、严管厚爱，把好特岗教师"立足关"

特岗计划涉及人事、财政、编制、教育、政府等多个单位，需要上级政府和地方地方政府出台硬性政策，统筹协调并严格执行。几年来，邓州市教体局坚持把特岗教师工作纳入常规教师渠道，和公办教师一样一视同仁，严管厚爱。一是工作情况督查到位。坚持每年每学期开展一次特岗教师在岗工作情况专项督查活动。特别是 2016 年 4 月、2017 年 6 月、2018 年 5 月，教体局先后三次大规模抽调纪检、基教、计财、人事、师训、督导等科室人员组成督查组，兵分四路，对近 3 年来分配特岗教师的工作情况进行全面督查，做到不打招呼进校见人随机抽查，进课堂、看课表、查教案三对照，先后下发通报三期。二是先进事迹宣传到位。利用《邓州教育信息》，开辟"特岗教师风采"专题，大力宣传优秀特岗教师的先进事迹。特别是 2012 年以来，共表彰优秀特岗教师 300 名。几年来，涌现出了像冀荟宇、马飞燕、王嘉嘉、丁飞、丁玲玲等一大批敢于吃苦、甘于奉献、善于钻研的特岗"名片教师"。我市组建的师德报告团，优先推荐特岗教师为成员，大力宣讲特岗事迹，突出特岗人，讲好特岗事，在全市特岗教师中引起了强烈共鸣和震动。三是福利待遇保障到位。为特岗教师学习工作生活提供保障，切实解决特岗教师后顾之忧，实现以心暖人。特岗教师的工资收入始终是影响"特岗计划"吸引力的关键因素，也是影响特岗教师生活质量及去留意愿的重要因素。为了吸引和稳定特岗教师，必须严格执行特岗教师工资的相关规定，防止工资发放不及时现象的发生。市教体局坚持和财政局协调，坚决按国家文件政策办事，工资该涨就涨，全部足额按时发放，逐步提高特岗教师工资水平；同时严格落实"享受和地方公办教师的同等待遇，包括工资、医疗保险、住房公积金、失业保险等各种福利待遇"等政策要求。通过规划建设教师周转房、公租房，利用学校闲置住房和租用学校周边民房等方式，解决特岗教师住房问题。赵集、孟楼、高集、九龙等乡镇为特岗教师每月追加 100—300 元不等的生活交通补贴及购置生活用品。四是工作过程管理到位。成立市乡两级特岗教师管理领导小组，出台《特岗教师常规管理办法》。落实学校特岗教师管理主体责任，建立完善全市特岗教师数据库，加强对各乡镇特岗教师的师德师风、教学业绩等考核，并将考核结果纳入年度考核和三年服务期满结转留任的要依据。

三、精训细培，把好特岗教师"成长关"

几年来，我市通过开展不同形式的教育教学培训活动，把培训当福利发放给一线特岗教师，激发他们的投身乡村教育的巨大热情。一是大力开展业务帮扶校本研修活动。在每年新招聘的"特岗计划"教师中，大约有 10% 的人员是非师范类专业毕业，在学校没有受过教育专业培养和实习锻炼，缺乏基本的教学技能，较难适应教学工作。针对这一状况，我们坚持精细的培训，加速特岗教师的成长。通过岗前培训、结对帮扶和教研教改等方式，加大特岗教师的培养培训，尽快使特岗教师熟悉环境，适应环境，提高教育教学的本领，弥补教学时间短、经验不足的短板。在教体局的倡导下，各学校积极为特岗教师的交流、研讨、互助创造条件，实行"师徒结对"的方式，充分发挥了老教师"传帮带"的作用。鼓励特岗教师积极参加市"三名工作室"，开阔视野，大胆提升教研水平。二是搭建技能展示舞台展现特岗教学风采。我市利用中青年教师优质课竞赛、教师技能大赛、"教学标兵"评选等活动，对选拔出的优秀特岗教师，要求其上全市性示范观摩课，并参与名师"送教下乡"、城乡教育结对帮扶等活动。仅2018年度，送教乡镇达21个，上课百余节，开办业务讲座80余次，加强了城乡教师业务交流，促进了校际优势互补。同时，每学年举行一次全市性教改课展示评比活动，特岗教师都积极参与并取得优异成绩，充分展示了我市中小学课堂教学改革的优秀成果。对积极承担教改实验任务的特岗教师，我市实行过程性奖励（听课监控）和结果性奖励（成绩比照），并在评先晋级、外出培训等活动中予以优先考虑和特别关照。同时，坚持开放机制，鼓励教师主动、积极、全员参与，机会共享，利益均沾，极大地调动了广大特岗教师教书育人的积极性。三是突出特岗教师实际教学能力的培养。为给特岗教师创造更多学习实践机会，给他们压担子，充分发挥特长，把钢用在刀刃上，我市要求学校要根据特岗教师在大学所学的专业，安排其讲授与其专业相一致的课程，减少其他副科的教学，使年轻的教师们有时间与精力研究其专业学科，在注重"量"的过程中，更加注重"质"的提高，让这些特岗教师的专业知识得到最大限度发挥，力争使其早日步入乡镇一级的学科骨干教师梯队。

四、调转交流，把好特岗教师"扎根关"

如何让特岗教师更好扎根乡村，一直是我们努力的方向。我们调查发现，特岗教师最关心的问题就是工资待遇和编制。如果三年聘任期满后，特岗教师能够转入地方编制，就意味着他们的工作稳定性和工资得到了进一步保障。但转正入编需要多个部门共同配合考核审查才能完成，当多方协调存在问题时，特岗教师的去留就会存在较大的不确定性，这直接关系到他们长期扎根农村教育的决心。为了扩大特岗教师的留任比例，我市做到以情留人主动出击。根据《河南省教育厅、财政厅、人力资源和社会保障厅、编办关于做好服务期满特岗教师落实工作岗位的通知》文件精神，市教体局坚持于每年6月底前，积极协调市编办、市人社局、市财政局，组成联合考核小组，严格按走访座谈、师生问卷、综合评议等程序，对三年服务期满的特岗教师进行细致全面的考核。对于服务期满的特岗教师，如果考核合格，愿意留下的一律无条件接转为正式在编在职教师；不愿留下的，学校及各级管理部门积极协助办理离岗手续。入编后，夫妻双方均为特岗教师且两地分居的，教体局党组专项研究，将其调整到一个学校、一个乡镇或相邻乡镇学校任教。

总之，我市教育系统通过敞开渠道，广纳贤才，坚持每年通过特岗渠道强筋壮骨，不断补充教师队伍新生力量，通过把好"四道关"，真正让特岗教师"招得来、下得去、教得好、留得住"，成为我市教师队伍的"永久牌"。

新县教育体育局：
特岗教师与新县教育共成长

2009年以来，我县根据文件精神，公开招聘高校毕业生到农村贫困地区学校任教，引导和鼓励高校毕业生从事农村教育事业，逐步解决了农村师资总量不足和结构不合理等问题，提高农村教师队伍的整体素质，取得了显著成效。

一、基本情况

新县地处鄂豫皖三省交界的大别山腹地，京广、京九铁路和大广高速穿境而过。这里是许世友、李德生等93位将军的故乡。新县总面积约1200平方公里，辖15个乡（镇）、1个街道办事处和1个管理区，属国家级贫困县。全县现有各级各类学校284所，各级各类学校教职工4980人，在校生69922人。

二、中央"特岗计划"实施情况

（一）落实政策，成效显著。新县10年来共计招聘特岗教师1860名，目前留任1709名（其中2009—2013年招聘三年服务期满留任办理聘用入编手续共计961名），调出或个人辞职251名。目前留任的1369名特岗教师占农村中小学教师总数的73.2%，为我县农村教育注入了新鲜血液，使农村教育充满了生机和活力，有效地促进了农村教育质量的提高。

（二）深入调研，按需设岗。每学期开始，县教育局成立了人事工作领导小组，对全县各学校人员情况进行了全面深入的调研，实行"组长负责，校长落实"的原则，精准掌握各学校教师及紧缺学科情况，然后依据具体情况申请特岗计划，做到精确设岗，科学设计学段学科人数，保证特岗计划落到实处，取得实效。

（三）严密组织，依规招聘。新县教育局对特岗招聘工作高度重视，成立了招聘工作领导小组，严格依照上级文件精神，依法依规实施。

1. 加强领导，统筹协调。我县科学制定了《新县特岗教师招聘面试、体检工作实施方案》，成立了新县特岗教师招聘工作领导小组，领导小组下设办公室，在市教育局指导下，具体负责特岗教师面试、体检、录用工作。

2. 科学计划，积极申报。在特岗招聘领导小组的领导下，根据教育局的调研情况，经县政府常务会议研究决定所需招聘特岗教师数及学科分布情况，并将招聘计划上报省市教育部门。

3. 严格程序，规范操作。我县始终坚持"公平、公正、公开、择优"和"统一政策、规范操作、有效监督"的原则，实施"阳光招聘"，做到招聘工作"四公开"，分配工作"人性化"，严把"面试关"，从面试试卷的接运、面试过程到体检对象的确定等一直在县纪委、监察等部门的全程监督下阳光操作。几年来，我县组织特岗招聘面试、递补、体检、分配等工作实现了"零投诉"。

三、健全机制，科学管理

（一）特岗教师的管理。一是招聘后立即由县政府与特岗教师签订三年的服务合同，施行合同制管理；二是县教体局转发了《信阳市特岗教师管理办法（试行）》，依据此管理办法对其进行规范管理；三是明确管理权限，学校是管理特岗教师的主体，同时在特岗教师考核、考勤、交流、培训、请销假制度等各个环节加强管理。

（二）特岗教师的考核。坚持学期考核和年度考核相结合的方式进行。一是学期考核。每学期县教育局就组织人员对特岗教师的在岗情况、工作情况进行考核。二是年度考核。将特岗教师纳入教育系统在职教工年度考核，一般在每年的12月份进行。三是服务期满考核。特岗教师三年服务期满，县教育局根据上级规定，对其三年工作情况进行全面考核，并将此考核作为聘用入编的主要依据。

（三）办理聘用入编手续。对服务期满、考核合格且愿意留任的特岗教师，直接办理聘用手续，解决其编制问题。目前，我县2009—2014年共计招聘特岗教师831名，三年服务期满且考核合格办理了直接聘用入编手续的779名（不含服务期间调出或自行辞职的52人）。

（四）特岗教师的交流。对本县内特岗教师的交流，我们参照在编教师的交流进行办理。一是每年于8月份集中受理，要求调入、调出单位签署同意调动的意见，教育局统一受理后提交局长办公会研究，再办理调动手续；二是坚持超编乡镇（学校）不进入或按"出一进一"对调的原则进行；三是适当照顾想回本乡镇任教的特岗教师，以解决其生活不便的问题;四是坚持特岗教师只在农村中小学流动和不进城的原则。近年来,我县每年受理特岗教师调动人员10—20名,10年来共计调整特岗教师岗位198人次。

(五)实行"2+3工作制"。为了支持县域教育均衡发展,针对县高中等学校紧缺学科教师的现状,教育局选派学历高、工作能力强的特岗教师,实行"2+3工作制"。即在所分配的农村学校每周工作2天,在所聘学校工作3天。年终有农村学校对其考核,督促其成长。

(六)落实"特岗教师入编调剂政策"。我们根据省市文件精神,根据户籍转岗的方式进行调动交流,在调入地办理聘用入编手续。此项工作从2014年开始实施,新县籍在外县任教转岗调入回来办理聘用入编手续的特岗教师5名,外县籍在新县任教转岗调出办理聘用入编手续的6名,有效解决了部分特岗教师的生活与工作之间的矛盾。

四、落实待遇,着力保障

(一)落实规定标准。近年来,我县严格落实上级文件精神,特岗教师工资待遇完全根据省定标准,2014年10月至2017年6月,每人每年2.8万元,每月领取平均工资2333元,2017年7月至今,提高为每人每年3.16万元,每月领取平均工资2633元。除此之外,特岗教师同在编教师一样享受农村教师生活补助和乡镇工作补贴。目前,特岗教师工资和补贴发放办法参照正式在编教师进行管理,按月发放,做到规范、有序、高效。

(二)落实"五险一金"。从招聘当年起,我县所有特岗教师均享受医疗保险、生育保险、工伤保险、住房公积金等社会保障(失业保险0.3%由个人交,生育保险0.3%、工伤保险0.4%由单位交,医疗保险个人交2%、财政交8%,大病保险个人交66元、单位交66元,住房公积金个人交12%、财政交12%)。

(三)落实住房保障。我县认真落实周转房等工作,切实解决特岗教师工作、生活中的实际困难,保障特岗教师与公办学校在编教师同等待遇。各学校为他们提供周转房解决住宿问题,请炊事员解决就餐问题,安排保卫人员为晚上留宿教师解决安全等问题,让特岗教师安心地来,静心地工作,真正实现"招得来,留得住,用得好",使特岗教师无后顾之忧。

五、关爱成长,促进发展

(一)培训促成长。我县特岗培训分为两个阶段,前期是理论培训,采用网上远程培训和集中培训相结合的方式,培训时间不少于30学时;后期是跟岗实习,时间为一周。理论培训地点安排在新县光彩实验学校,为期三天,主要由一线名师、校长和外聘专家对他们进行培训,内容主要包括师德修养、教学常规、教育理论、教学技能、班级管理等。跟岗实习是将受训教师按学段分到县高中、新县三中、光彩实验学校、首府实验学校、由教研室教研员协同学校负责组织受训教师到班跟岗听课、写教案、批改作业、上课等。

组织特岗教师听专家讲座

（二）常规管理留人。为了加强特岗教师管理，督促其尽快成长，使其更好地融入教师队伍之中，县教育局成立了特岗教师工作领导小组，工作组随时随地深入特岗教师所在学校，采取民主测评、座谈、走访、查看教案作业及个人业务档案等形式，对特岗教师的德、能、勤、绩等进行全面了解。每年表彰一批优秀特岗教师，成立新县师德师风报告团，对他们的事迹进行宣传。

（三）情感留人。为了掌握特岗教师动态，激励特岗教师全身心投入工作，师训中心随时随地到偏远乡镇偏远教学点去看望特岗教师，了解关心他们的工作情况，询问他们的生活状况、婚姻问题及子女状况、工作适应情况等；督促学校帮助解决工作、生活中的困难。距离县城近50千米的田铺乡陶冲教学点，交通不便，陈硕（南阳内乡）、刘艳（新乡长垣）两位特岗教师身怀六甲，仍坚守在教学一线，令人感动；世友小学的陈伟娜（新乡长垣）克服话语障碍，守望乡村，并游说自己的丈夫放弃上海的工作回家当特岗；还有苏河中心校赵坳教学点的曾丽（光山泼河），在赵坳教学点一待就是八年；郭家河一贯制学校的陈缝，家在新乡获嘉县，来新县得转6次车，全程1000多千米，2013年经家人介绍认识了当时即将大学毕业的浮迎娟，后经他的劝说和动员，浮迎娟也选择了报考新县特岗。

（四）以岗位促发展。不少特岗教师经过一到两年的培养，多数已成为我县教师队伍骨干力量。到目前为止，全县中小学领导班子调整中已有32人成为小学、初中的中层干部，20人担任村小校长职务。

延津县教育体育局：
栽下梧桐树，引得凤凰来

自 2009 年省教育厅实施农村特岗计划以来，延津县共招聘了 994 名特岗教师，占我县全体在编教师的 25%。现有留任特岗教师 846 名，留任率达 85%。这些特岗教师近半来自我县，其余人员大多数为新乡其他县区的，也有少数来自更远的地区。

为使这些教师能够"进得来、留得住、干得好"，延津县多措并举，抓好落实，通过待遇留人、事业留人、感情留人，温暖了全体特岗教师的心，引得更多人才到延津发展。

一、待遇留人

为每位特岗教师办理了"三险一金"，即失业保险、医疗保险、养老保险、住房公积金等，为每位特岗教师办理了农村教师补贴，最高者每人可享受 300 元。为每位特岗教师办理了冬季取暖补助，每人享受 1400 元。与在编教师享受同等待遇，仅此一项，每人每年可享受地方补贴 12348 元，加上省拨付每年工资 31600，实际上每名特岗教师每年享受 43948 元。其综合待遇已经高于我县新招聘教师工资。

二、事业留人

为使每位特岗教师都有发展目标，学有榜样，延津县建立了教师专业发展攀升体系，即教坛新秀—骨干教师—学科带头人—名师—教育专家，此举措增强了全体特岗教师干事创业的积极性和主动性。经过近年来的持续培养，特岗教师中间产生了省级骨干教师 6 人，市级骨干教师 30 余人。2 名教师被提拔为幼儿园园长，4 名教师被提拔为初中副校长，6 名教师提拔为小学校长。另外如果城区学校缺编，将会优先安排服务期满的特岗教师参加选拔。2018 年 9 月份，通过公开选拔，遴选了 10 名服务期满的特岗教师到延津初级中学任教。

三、感情留人

县局规定，凡是有特岗教师的学校，一是必须配备洗衣机、洗浴间，尤其是近年来教师周转宿舍项目的实施，改善了教师的住宿条件。我们要求建好周转宿舍后，优先安排外地特岗教师入住。二是生活给予适当补贴，来往交通上给予提供便利，特别是远离中心乡镇的偏远农村小学,在特岗教师回家搭车时,校长要负责接送特岗教师到乡镇。三是培训、学习机会优先向特岗教师倾斜,每年招聘面试结束以后,都会安排5天的上岗前培训,使他们尽快适应工作。另外在国培、省培、市培、县培等各级培训中,要单独为特岗教师预留出一定的指标,安排他们参训。四是晚上住校必有一名当地教师领班,保证特岗教师安全。我们要求各中心校尽量将特岗教师分配到较大规模的中小学,绝对不允许让只有一名特岗教师的学校出现。五是积极培育特岗教师新秀,让一部分责任心强、业务能力高、师德先进的老师走上领导岗位。

2010级特岗教师赵秀昆家是东北的,留在延津县娶妻生子,现任石婆固社区幼儿园园长

另外,新招聘的特岗教师多数面临婚姻问题,女性特岗教师占整个群体的90%以上。在农村地区,同龄的男青年较少,在乡镇行政事业单位工作的男青年也比较少。特岗教师封闭在本单位中,与外界接触较少。我们积极发动同单位的教师,多操心她们的婚姻问题。很多外地的女特岗老师成了延津的媳妇,外地的男特岗老师成了延津的女婿。有两个来自东北黑龙江地区的男特岗教师,已经在我县娶妻生子,安家落户。

一系列的举措让每位特岗教师都感受到家的温暖,客的待遇。他们纷纷表示,一定安心工作,潜心育人,用实际行动和成绩回馈延津人民的厚爱,介绍更多的学子到延津来生根、发展。

新蔡县教育体育局：
精心实施，周到服务

一、高度重视特岗计划工作

县委、县政府高度重视，由县政府下文成立了特岗教师招聘工作领导小组，县教体局、人社局、财政局、编办、卫计委、公安局为成员单位，办公室设在教体局，负责指导全县特岗教师招聘工作的组织和实施。

二、统筹特岗教师分配和交流工作

精心制定特岗教师分配方案，综合考虑严重缺编乡镇和中学学科矛盾，公开岗位、公开成绩、公开分配形式，通过公开自愿选岗的形式确定岗位，邀请人社局、财政局、编办、考生家长及设岗学校校长共同参与监督。分配结束后，特岗教师由校长带回学校，并要求设岗学校为特岗教师安排住宿、购置生活用品。特岗教师服务期满愿意继续留任的，可按照教育局、人社局、财政局、编办共同制定的文件精神，申请到户籍所在地、夫妻一方工作所在地或夫妻一方的父母所在地工作。

三、做好聘后管理工作

教育局对特岗教师实行聘后全程跟踪管理和评估。日常管理与考核主要由设岗学校和中心学校负责。每年进行综合考核，评定考核等次，并报县教育行政部门审核后存入其工作档案。

四、做好政策保障工作

一是提供培训机会。除参加省厅规定的网络培训外，我们根据实际情况，开展为期一周的岗前培训，让他们早日进入角色。积极组织特岗教师参加"国培计划"。二是为特岗教师在评定职称上提供方便。在教师职称晋级时享受当地同等条件公办教师相同待遇，充分调动了其工作积极性。三是加强"特岗计划"中央专项资金管理，确保专款专用，执行国家统一的工资制度和标准，为特岗教师缴纳医疗保险、失业保险、工伤保险、生育保险和住房公积金，还根据偏远程度、生活条件不同等情况为每位特岗教师每月发放160、300、400、500元不等的连片特困县义务教育阶段乡村教师生活补助。四是为服务期满的特岗教师做好落编工作。服务期满后，愿意在当地继续留任的，及时办理入编、工资手续，确保特岗教师有编有岗，并与当地公办教师享受同等待遇。申请流转的，全部同意调入异地入编任教。经考试录入其他部门的，尽可能提供便利，并协助办理相关手续。

特岗教师周转宿舍

郸城县教育体育局：
按策落实，培育新人，助力郸城教育持续发展

自 2009 年启动实施农村义务教育阶段学校教师特设岗位计划以来，郸城县共招聘特岗教师 1957 人。为了让特岗计划招录的教师留得住、干得好，我县从以下几个方面做好特岗计划实施工作。

一、加强领导

县委县政府高度重视，建立了由县长任组长，教育、财政、人力资源和机构编制部门参与的领导小组，定期召开领导小组会议，专题研究特岗教师招聘、管理、落实待遇和入编等工作，制定详细的实施方案。严格按照省市文件通知要求，逐项逐条落实，严格按程序规范进行,执行政策不走样。对聘期已满、考核合格、愿意继续留在当地任教的特岗教师,落实工作岗位,并将其工资发放纳入当地财政统发范围,保证其享受当地教师同等待遇,切实做到让广大特岗教师安心从教,乐于从教。

二、强化管理

1.县教体局和各乡镇中心校每年对服务期满特岗教师进行考核。对服务期满考核优秀的特岗教师同等条件下优先调到县城缺编学校任教。2.教体局组织纪检、人事、师训等部门对服务期内特岗教师履行职责情况监督管理,定期或不定期进行督查,一经发现不在岗或未履行职责者,进行通报批评,责令限期返岗。对情节严重者,解除招聘协议。

三、落实待遇

1.对服务期内的特岗教师给予工作生活上的照顾和帮助,学校为其提供生活灶具、教师周转房或住房等生活条件,确保他们能够安心工作。2.对服务期内特岗教师评先晋级与在编在岗教师同等考虑。3.服务期内特岗教师享受乡村教师生活补助,乡镇所在地学校每人每月100元,其他学校每人每月300元。4.严格按政策落实待遇,将特岗教师"五险一金"纳入社会保障体系。

优秀特岗教师焦肖肖

四、注重培养

为了让年轻教师迅速成长起来,教体局开展"老带新"一对一帮扶活动,逐步使特岗教师尽快适应岗位。每年的各类培训特岗教师优先参加,并为其发放培训期间的交通生活费。开展乡村青年教师优质课评选活动,优先推荐特岗教师,2014年招聘的特岗教师唐银灰入选国家级培养奖励计划的乡村优秀青年教师,单盼盼等8人入选周口市培养奖励计划的乡村优秀青年教师。目前在聘特岗教师中,获得过县级优质课一等奖的占总数的45%,26名特岗教师在市级优质课评选活动中获得奖励,8名特岗教师在全省乡村优秀青年教师优质课评选活动中分别荣获省级一、二、三等奖。广大特岗教师已成为振兴我县农村教育教学的中坚力量。

宝丰县教育体育局:
精管理,助成长,打造优质特岗教师队伍

宝丰县自2009年实施"特岗计划"工作以来,截止到2018年,共计招聘特岗教师596名,特岗教师招聘已经成为我县补充农村义务教育阶段中小学教师的重要渠道,特岗教师已成为优化我县教师年龄结构的重要生力军,为我县教育事业的发展做出了巨大贡献。我县特岗工作我们主要从以下几个方面开展。

一、组织调研,优化岗位配置

1. 认真组织需求调研。在每年上报特岗招聘计划之前,我们都会召开"特岗计划"工作座谈会,对当年农村义务教育阶段教师需求情况开展调查、调研活动,各乡镇按照学段学科实际需求上报特岗教师需求数量,并对特岗教师在管理使用过程中出现的问题提出合理化的意见建议。

2. 认真核准缺编数量。自"特岗计划"实施以来,我们每年都会和县编办认真核准我县义务教育阶段教师总数以及缺编、空岗人员数量,并按照每年自然减员数量推算出三年后在编教师数量,确定当年特岗教师招聘数量,并报县政府批准及同级财政、人事部门备案,确保招聘人员三年后能够顺利入编。

10年来,我县教师队伍通过不断地加入新生力量,使以往没有专业老师的学科,能够配备一定数量的专业老师,比如计算机、心理学专业教师等;年龄偏大、知识结构老化的一些民师转正老师相继退休,逐步被新招聘的学历层次较高的特岗教师替代,教师年龄结构得到一定程度的优化。

新入职特岗教师宣读教师誓词

二、严格招聘，合理分配使用

1. 全面协调，做好招聘。县政府非常重视特岗面试工作，面试前召开由教育、人社、编办、财政、纪委监委、公安、电力、卫计委等部门参加的特岗招聘协调会，会上相关部门通过研讨，最终确定本年度宝丰县特岗招聘面试工作方案，公布招聘工作详细流程，并确定参与人员岗位职责，确保人员按时到岗，招聘工作顺利有序进行。

2. 坚持原则，严格招聘。历年来，在招聘工作中，我县认真贯彻公开、公平、公正原则，并对考生信息、外聘评委、内部服务人员严格执行保密制度，面试招聘全程都由县纪委监委工作人员参与监督，确保招聘过程、结果合规、公正、透明。特别是在外聘评委上，从哪里聘请评委，在什么时候、什么地方接到评委，都由局长一人亲自安排，评委到考点后，几分钟的考试事项沟通后，即进入考场，尽量减少人员接触，确保不发生泄密事件。

3. 岗前培训，签订协议。我县对每年招聘的特岗教师在到岗之前进行网络和集中岗前培训。培训有师德教育、教育教学、信息技术等内容，使特岗教师能够尽快进入角色。培训后，签订特岗教师服务协议书，并按照规定的时间到岗工作。

4. 依据标准，选岗分配。根据特岗教师在整个招聘过程中的笔试面试总成绩和各乡镇学科设岗需求，统一进行公开选岗，选岗后和各乡镇对接上岗。

5. 亲情关怀，留住特岗。特岗到岗后，我们将特岗教师相关信息输入特岗招聘系统，纳入常规管理。同时组织县教体局人员到各特岗所在学校进行实地查看，慰问特岗教师工作生活情况。近些年，特岗教师的流动性较大，为了能留住特岗教师并让其静心工作，我县各乡镇中心校都能很好地安排特岗教师的工作生活。为特岗教师实行免费供餐，报销每周到校的交通费用，安排优秀的教师跟班帮扶等，这些措施受到特岗教师的好评。

三、高度重视，落实保障待遇

县政府高度重视特岗教师的待遇问题，按照河南省教育厅、河南省财政厅、河南省人力资源和社会保障厅、河南省编办《关于做好2009年农村义务教育阶段学校教师特设岗位计划实施工作的通知》和《关于全面加强特岗教师管理工作的意见》等文件，积极落实"特岗教师在服务期内，执行国家统一标准的工资制度和标准，并享受相应社会保障待遇"的规定，已为我县服务期内特岗教师建立养老保障、医疗保险、住房民公积金专户。目前，2014—2018年服务期内特岗教师各项社会保障待遇资金已全部办理完毕，现正常按月缴纳。

四、加强培养，助推特岗成长

县教体局注重教师的专业成长，尤其是青年教师的成长，为特岗教师搭建平台。鼓励特岗教师积极参加优质课、公开课、观摩课等活动，并纳入教师梯级发展培养工程中培养。2019年3月，根据市局《关于做好2019年名师工作室优秀青年教师培育对象遴选工作的通知》精神，我县选出70多名青年教师加入市级名师工作室培养，其中特岗教师就有50多名。乡村优质课比赛，参赛教师大多是特岗教师。河南省2019年乡村优秀青年教师培养奖励计划学员推荐工作中，我县推荐的全部是优秀的特岗教师。

百年大计，教育为本，教育大计，教师为本，特岗教师为我县的教育队伍注入了新鲜血液，使宝丰的教育焕发了新的生机和活力。随着特岗教师队伍的不断壮大，特岗教师必将成为我县教育工作的生力军和中坚力量，我县将一如既往地实施好"特岗计划"，确保教师队伍建设整体再上新台阶。

禹州市教育体育局：
真情关爱，扎实做好特岗教师工作

2009—2018年，禹州市共招聘特岗教师1062人，截至目前，经考核合格后，已入编488人，服务期满内未入编481人，中途辞职93人。这些特岗教师的补充缓解了我市偏远山区教师配备不足、学科结构不合理的教师配备短板问题，有力地助推了禹州义务教育的均衡发展，成为我市教师队伍的一支生力军。为了加强我市农村教育工作，提高农村教学质量，本着"下得去、留得住、教得好"的原则，我市对特岗教师实施了一系列保障措施。

一、科学管理，畅通特岗教师安置渠道

岗前培训，让特岗教师及早了解教育理念。特岗教师来自不同院校，有提前踏入社会代课任教的，有刚从大学校门走出的，三尺讲台对他们还比较陌生。为此，每年特岗教师招聘结束后，我市会组织为期一周的岗前集中面授培训，让特岗教师早日进入角色；按照各乡镇教师缺编情况，由局党委会统一研究安排到各个乡镇学校，让特岗教师及时上岗；服务期满后，愿意在当地继续留任的，及时办理入编、工资手续，确保特岗教师有编有岗，并与当地公办教师享受同等待遇。

二、提高待遇，解决特岗教师后顾之忧，留住人，更要留住心

为留住人，留住心，让特岗教师安心、舒心工作，我们在提高待遇上下功夫，用足用好国家对特岗教师的政策，同时，积极争取本级政府给予支持。加强"特岗计划"中央专项资金管理，确保专款专用，不折不扣地执行国家统一的工资制度和标准。2015年我市率先为未入编的特岗教师办理了基本医疗、大病救助、工伤等险种，2019年又增加了生育、失业、养老等社会保险和住房公积金，这在许昌地区尚属首例。在地方财政资金困难的情况下，想方设法筹措配套资金，建设乡村学校教师周转房，优先保障特岗教师住房。确保特岗教师工资及时拿到手，生活有保障，工作安心舒畅。

三、拓展空间，搭建平台，促进特岗教师快速成长

为提高特岗教师的综合素质，使他们早日成为教学能手，我们充分利用各种教育资源，为他们搭建平台，创造历练提升机会。依托"国培"、省培、市培、县培等各个培训计划，积极组织特岗教师参加，加强对特岗教师的培训，使其加快成长速度；依托优质教育资源及平台，通过资源共享、互帮互学等措施，培养特岗骨干、树立特岗标杆；依托名师工作室及骨干教师，开展结对子活动，提升特岗教师的教育实践能力，提高特岗教师的专业水平；健全特岗教师考核评价体系，对特岗教师进行综合考核，并将考核结果登记存档，作为特岗教师职称晋升和服务期满后入编的重要依据。

四、沟通情感，铸造特岗教师爱的归宿

特岗教师来自四面八方，有的远离家乡，生活不便，我们就创造条件，通过学校的"教工之家"丰富老师的业余生活，建立谈话制度，及时发现并努力解决他们工作和生活上的困难；我们还利用节假日及课余时间加强校与校、乡与乡教师之间的交流学习，组织特岗教师根据各校教师男女结构特点，有针对性地分配年轻教师。通过与其他事业或者行政单位未婚人员加强交往和联系，提供接触沟通机会，扩大选择范围，为特岗教师牵

线搭桥，让他们早日找到爱的归宿。

五、对特岗教师的管理和建议

特岗教师是一个特殊的群体，人员来自全国各地，他们离家远，生活不便，再加上"特岗计划"就是为农村教育注入新的活力，将这些从大城市招聘来的年轻大学生安排到偏远山区，心理落差是存在的。特岗教师这一职位，某种情况下，已成为部分特岗教师选择职业的跳板，再加上没有文件明确规定特岗教师必须期满方可辞职，这样就造成了招聘上岗后期管理的困难。部分特岗教师上岗后，不甘心蜗居于此，遇到机会便参加其他地方的招聘考试，随后要求辞职，有些甚至刚上岗就辞职，造成工作被动。为此，我市于2017年出台了《禹州市特岗教师管理办法》，让特岗教师对自己的权利和义务有一个明确的认识。建议上级重视特岗教师的管理，出台和明确特岗教师管理政策，让地方管理心中有数，有政策依据，同时也使特岗教师掌握了解政策，进退有度。

南召县教育体育局：
让特岗教师在农村根深叶茂，绽放万紫千红的花朵

南召县位于伏牛山南麓，南阳盆地北缘，是国家级贫困县，自2009年至今，我县落实"特岗计划"已将近10年，迎来了一大批朝气蓬勃的青年教师。这是一支年轻化、专业化的教师队伍，为农村教育增添了无限活力，为农村孩子们成才点燃了希望之灯，他们在三尺讲台上奉献着自己的青春，绽放绚丽的光彩，也谱写着南召教育的崭新篇章。特岗教师是学校的未来和希望，特岗教师的快速成长和进步对学校的未来有着至关重要的作用，是学校实现可持续发展的关键所在。然而，特岗教师"来去自由"的特殊身份，像活泼金属一样"很不稳定"。作为贫困的山区县，怎样既能接得住，又能够长远留得住这支新生的力量，是一个需要重视的问题。同时，特岗教师又是一块璞玉，需要雕琢，需要研磨，怎样才能让特岗教师在教师队伍中快速脱颖而出，承担起乡村教育的重任，也是一个问题。围绕上述问题，我们做了如下工作和探索。

一、实施"温暖工程"，让特岗教师切实感受到乡村教育的亲切和温馨

1. 迎新入校，让特岗教师感受到被尊重的自豪。每年在迎接新教师到校的时候，为

了给这支刚跨出大学校园的"新教师"送上一份初来乍到的惊喜,在教体局隆重的接送仪式后,各乡镇党委政府分管领导和中心校校长亲自把新特岗教师送到学校,各学校以各具特色的方式举办欢迎新同事加入教师队伍的欢迎仪式,学校领导对新进教师的到来表示热烈欢迎,勉励大家在工作岗上做最优秀的自己,共创学校美好未来。学生代表纷纷为新特岗教师献上鲜花,表示诚挚的欢迎。新特岗教师以自我介绍和表态发言方式,和同事们互相认识,增进感情;新特岗教师纷纷表示尽快融入这个大家庭,奉献自己的青春和汗水。

2. 生活安顿,让特岗教师体验到家一般的温暖。每年新特岗教师到校前,学校提前安排好教师周转房,保障水、电、网畅通;挂好崭新的窗帘,墙壁上张贴好温馨的字画,购置好必备的床、写字台、桌子、凳子等必备的生活用品。入住后,学校组织往届特岗教师和老教师组成的志愿者团队帮助他们备办床铺被褥、锅碗瓢盆等生活用具,帮助安置一个温馨的家。让他们在艰苦的条件下,旅途劳顿后感到家的温暖,感受到学校领导和同事好像是一家人般的亲切。

与特岗教师座谈交流

3. 生日贺礼,让特岗教师收获一份意外惊喜。特岗教师在生日的时候,会收到校长亲自写的一张生日贺卡、一个生日蛋糕和一本热销的教育专著。一位新特岗教师拿着校长写的生日贺卡温情地说:"没想到今天我收到了校长的'生日礼物',心中充满感动!"润物细无声,细小见真情,每年还会不断创新给特岗教师过生日的形式和内容,不仅让特岗教师感受到学校这个大家庭的温暖,还体现了学校领导对特岗教师的情感慰藉和人文关怀,极大地提高了特岗教师的从教幸福感,增强了学校的凝聚力,营造了"大爱·幸福"的校园文化。

4. 缤纷活动,让特岗教师的精神世界有了自己的家园。要让特岗教师留下来,就要通过各种途径，在生活上关心他们，在感情上温暖他们，让他们有留下来的愿望和激情。每逢教师节、青年节，学校组织青年教师参加座谈会等联谊活动，或者畅所欲言，或者载歌载舞，让新同事在轻松愉悦的氛围中融入新环境。许多新特岗教师表示，会倍加珍惜这个机会，以生为友，以校为家，贡献自己的一分力量，为学校发展添砖加瓦，以极大的热情投入到工作中去。

二、实施"专业引领"工程，让特岗教师尽快成长起来，成熟起来

1. 帮助特岗教师专业成长扎下深厚的根基。为了帮助特岗教师尽快适应教育教学工作，学校多渠道帮助特岗教师快速成长。首先，推行集体备课，发挥教研组的集体智慧，帮助特岗教师分析教材，设计教法；还举办了"如何做一个合格的教师""课堂教学艺术""青年教师成长的途径"等讲座。其次，组织特岗教师进行研课磨课活动。邀请乡镇中心校教研员来校指导，或者安排骨干教师开设专题讲座，让特岗教师与教研员、骨干教师直接交流，为特岗教师答疑解惑，问诊课堂，把脉问题，在思维碰撞中明晰自己努力的方向。最后，组织特岗教师进行同课异构活动，通过对每节课的深入观察、比较和分析，提出改进建议，再通过反思来提高教育教学水平。

2. 实施蓝青工程，发挥老教师的传帮带作用。为了让特岗教师尽快成为教育教学能手，学校采取"结对子"的形式进行培养。选配质量好、经验丰富的优秀教师与特岗教师结成"青蓝对子"，议措施、带业务、传经验，充分发挥骨干教师的带头示范作用与指导监督作用。先让师傅老师登台引领，执教示范课是事半功倍地提高特岗教师教学能力的有效措施，可以尽快提高特岗教师的课堂教学能力，使其在较短的时间内站稳讲台。规定"师徒对子"每学期都要有活动计划、活动内容、活动安排、活动总结，每学期各开一节汇报课或展示课。还制定了"青蓝工程"奖励方案，奖励业绩突出的"最佳师徒对子"。这样促进年轻教师尽快成才，挑起学校教育教学的大梁。

3. 为特岗教师搭建能够脱颖而出、展示自我的大舞台。给那些敬业爱岗、业务能力强的特岗教师合理加压，让他们挑起教学改革的担子。要求他们不仅要上好课，在教学上冒尖，而且要完成学校教育教学科研任务，立足校本教研，开发课程资源。组织他们外出观摩、听课，回来后让他们上汇报课；鼓励、支持、选拔年轻教师参加市、县、乡镇举办的各种教育教学评比活动，为他们施展才能提供更多机会，让他们在学习与教学实践中得到锻炼。同时充分利用继续教育研修平台，倡导特岗教师在网上教研、备课，鼓励特岗教师在教育论坛上发帖研讨，使不同的教育理念在互动中激荡、生成，同时在网络中寻找展示自己的机会，抓住自身专业发展的新机遇，千方百计为特岗教师提供施展才华的舞台。

三、实施"提拔任用"工程,让特岗教师人尽其才,搭建更广阔的实现人生的舞台

1. 吸纳优秀特岗教师充实到管理岗位上来。特岗教师精力充沛、观念新颖、思路开阔,工作积极性高,不乏具有管理潜质的优秀人才。在工作实践中,通过德、勤、能、绩等综合表现,一些德才兼备的优秀特岗教师脱颖而出,学校领导及时发现培养,选拔任用到少先队、共青团等管理岗位上。把他们放在最重要的岗位上,鼓励他们大胆开展工作,这对特岗教师是很好的磨炼,也是一个很大的提升,能够拓展特岗教师的上升空间。实践证明,这些选拔出来的优秀特岗教师不负众望,工作业绩都很突出。

2. 吸纳优秀特岗教师走进党组织的大家庭来。充分发挥教师党支部在特岗教师培养中的作用,重视从特岗教师中发展党员,以党的优秀组织和先锋模范作用来激励、鞭策、指引特岗教师逐步走向成熟和完善自我。把优秀的特岗教师吸纳入先进的党组织,是稳定特岗教师队伍建设工作新的切入点,有利于特岗教师对党的理想信念不动摇,对党的教育事业不动摇。把党性教育融入特岗教师群体,用党的思想来指导特岗教师树立自己的理想信念,使其在教育岗位上发挥党的先进性和代表性作用,可以让特岗教师更加投入到教育教学的每一个活动中,从而努力提升自身素质和本领,努力对教育教学进行改革与创新,努力提高教学质量和培养艰苦奋斗的良好品格,全面提高思想政治素质和业务能力。

"特岗计划"的实施,弥补了农村教师的数量,解决了师资紧缺的燃眉之急;填补了音体美等专业学科的空白,从此歌声响彻校园,各种体艺活动异彩纷呈,很多农村学校焕发了勃勃生机。为了让这支特岗教师队伍在农村教育深深地扎下根基,快速成长为一棵棵根深叶茂的大树,在教育的讲坛上绽放万紫千红的花朵,我们不断探索着,尝试着,前进着。

辉县市教育体育局:
认真落实"特岗计划",精心管理"特岗群体"

我市自 2009 年开始实施"特岗计划"以来,历届市委、市政府领导高度重视,在计划申报、组织面试、特岗入编、社会保障及福利待遇落实等环节给予大力支持。10 年来

我市共招聘特岗教师1079人，辞职43人，实际在岗1036人，服务期满、自愿留任、服务期内综合考核合格以上的691名特岗教师已全部转入地方编制，成为我市正式教师，服务期内特岗教师还有345人。他们正逐渐成长为各学校的骨干，成为辉县教育的中坚力量。

我们的具体做法包括以下几个方面。

一、精心组织招聘选岗

1. 广泛宣传，释疑解惑。为吸引更多优秀人才到农村学校从教，提高农村义务教育质量，我们积极宣传特岗教师招聘政策。充分利用辉县电视台《辉县教育》栏目、《今日辉县》报纸和教育系统内部刊物《辉县教育》等宣传相关政策，在《辉县教育》"特岗风采"专栏，每期精选1—2篇特岗教师工作心得感悟，传递特岗教师正能量。教育局负责全面解释、回复人民群众对特岗教师招聘相关政策和待遇的咨询。

2. 加强领导，全程监控。每年在特岗教师招聘计划报批中，相关部门结合我市学校的规划和布局，认真调研师资现状，统筹规划编制设置，提出符合辉县市教育实际的岗位需求计划。特岗教师招聘工作程序性强，要求在规定时间节点完成规定程序，县级教育行政部门负责资格复审、面试、体检、岗前培训、安排上岗等环节，面试环节最为重要。每年我们都成立由教育、财政、人事、编办、纪检监察等相关部门组成的面试工作领导小组。每年制定《特岗教师招聘面试工作实施方案和实施细则》，详细规定工作流程、工作纪律、回避制度、注意事项等，专门成立招聘面试监察监督组全程监察监督招聘环节。

为保证招聘工作清正廉明，招聘过程公平公正，招聘结果公开透明，每年重金聘请外地市优秀的工作人员担任面试考官，本地工作人员只提供面试服务保障和保密。我们设定面试成绩满分为100分，规定面试总时间，现场抽签决定面试顺序，采取微型课（70%）+答辩（30%）或技能展示（30%）的面试方式，尽可能全面地发现人才，选好人才。科学分组面试，面试室实行主考官负责制，所有学科同步面试。面试室开启视频全方位监控，面试考点采取封闭式管理措施，并启用国家考试监控、屏蔽系统。

3. 公开选岗，阳光操作。为使分配公平，提高透明度，我们制定了《选岗实施办法》，具体在选岗原则、岗位公示、选岗顺序、选岗办法、选岗纪律等方面做了详细规定。选岗中当场出具《上岗通知书》，并签字确认《服从岗位分配承诺书》，同时要求他们在规定的时间内到选定的乡镇中心校报到。

二、及时跟进业务培训

由于特岗教师毕业院校、所学专业、工作经历等方面比较混杂，我市历来非常重视他们的专业素养和专业成长，将全部特岗教师培训纳入全市教师继续教育培训规划，优先安排特岗教师参加各级各类培训。

1. 岗前培训。每年都在培训点进行为期5天的全员集中封闭式岗前培训，统发生活必需品，安排免费食宿。根据上级安排所需培训学时，设计培训方案，严格管理制度，精选培训内容，强化师德师风和思想政治建设，紧密结合上岗必备知识和技能，注重能力的前瞻性、实践性、可操作性。从教师职业道德、心理健康教育、教师角色定位、教法学法指导、班主任工作、教师（学科）素养、班级管理、团队建设、教育理念、当前教育形式、特岗教师经验交流等内容入手，帮助他们尽快熟悉教师工作性质、职责，掌握一定的教育教学基本技能与方法，快速进入教师角色，建议提出三年特岗职业规划和愿景目标。培训期间组织一场拟聘特岗教师自编自导自演的内容丰富、精彩纷呈的汇报表演，同时举行庄严的新教师面对国旗宣誓和新老特岗教师交流活动。

2. 岗位培训。每学期组织两次以上特岗教师技能（演讲）比赛、名师送教下乡的"同课异构"活动。通过"国培"项目的实施和县级专题培训，对特岗教师实现全覆盖的业务培训。依托"中青年教师教学大奖赛"和"一师一优课"等系列活动平台，帮助特岗教师不断提高教学技能。在县域内经常开展"特岗教师同课异构"活动、片区特岗教师专业成长交流活动等，每次活动折合一定的学时学分，计入特岗教师继续教育学时。截至目前，共开展"特岗教师同课异构"活动7次，参加特岗教师1000多人次，推荐29人进入特岗教师硕士计划，21人在职研究生学习毕业。

3. 校本培训。要求各学校结合工作实际，通过名师引领、送教下乡、特岗专项培训，建立特岗教师成长档案，开展示范课、汇报课、优质课大赛，提高特岗教师的业务素质。采取不同方式对特岗教师进行培训交流，让特岗教师尽快与学校发展同步，以饱满的热情和充分的信心投入到教学工作中。参加学校的集体备课、教学观摩、课堂教学竞赛等活动。参与学校的"帮扶"活动，让年长有教学经验的教师与新教师采取"传帮带"模式，引导特岗教师注重自身素质的提高，虚心向老教师学习，接受他们的指导，坚持在教中学、学中教，不断总结提高，使自己快速成长为一名优秀教师。

三、切实保障福利待遇

为能事业留人、情感留人、待遇留人，我们严格执行特岗教师相关文件，积极争取特岗教师应享有的福利待遇。要求所服务学校提供教师周转房和基本生活用品，尽可能帮助解决特岗教师的后顾之忧，关心关注特岗教师的思想动态、情感生活，努力改善工作和生活的条件，使其生活舒心、工作安心。要求财务部门及时足额按规定工资标准每月发放到位。及时办理服务期满、自愿留任且综合考核合格以上的特岗教师转入地方编制相关手续。

1. 与当地公办教师一样享受农村教师生活补贴。2014年9月起享受农村教师生活补贴，根据服务学校的地理位置，按深山区山区学校、丘陵边远地区学校、平原农村学校三类三标准（平均600元/月、平均300元/月、平均200元/月）按时发放，最高者可领取760元/月，最低也可领取200元/月。

2. 已享受基本医疗、工伤、生育保险。2009年办理了服务期内特岗教师的个人医疗保险，2016年又办理了工伤、生育保险。

3. 正办理基本养老、失业保险及住房公积金手续。

根据豫教师〔2018〕78号文件精神，为进一步落实服务期内特岗教师社会保障及福利待遇，我市人大会议已通过服务期内特岗教师的基本养老保险、失业保险、住房公积金等的2019年度财政预算，我们正在办理相关手续。福利待遇的进一步落实，必将使其更加勤奋工作，安心从教，更好地服务于农村教育。

四、高效实施规范管理

随着特岗教师招聘人数的增多，群体规模变大，管理要求更加精细，市局师训科责成专人负责特岗教师的请销假、工作变动、"五险一金"、个人档案、工资、生活补贴等手续。

1. 建章立制。2015年8月，我们出台了《辉县市特岗教师管理办法（试行）》（辉教字〔2015〕48号）文件，明确特岗教师在岗位培训（岗前培训、职后培训）、录用上岗、聘后管理等方面的具体要求。根据该文件几年来执行的效果和学校反映的实际情况，以及特岗教师"五险一金"等社会保障和福利待遇不断变化，现行管理办法亟待修订，近期将出台《辉县市特岗教师管理办法（修订）》文件，在新修订版本中我们的管理将更加精细。

2. 开展活动。每年开展一次县级"模范特岗教师"评选活动，评定一定数量的模范特岗教师，截至目前，共组织评选八届模范特岗教师，500多人次获得县级"模范特岗教师"荣誉称号。每年市局领导不定期组织慰问特岗教师活动，召开特岗教师专题调研和座谈会，及时了解他们的生活、学习和工作情况。经常督促服务学校关爱、关心他们的成长，优先安排参加各级各类培训，并及时解决他们的实际困难。截至目前，已开展特岗教师集中专项慰问座谈24次，全市特岗教师都参加过此活动。

3. 强化考核。对服务期满、考核合格、自愿留任的特岗教师，我们提前向市政府申请报告，严格按照相关政策文件，办理入编手续，保证顺利入编，成为地方正式教师。对自愿辞职、自主择业的特岗教师，我们积极为他们办理相关再就业手续，尽可能提供帮助。

综上所述，我们在特岗教师管理方面取得了一定的经验，但因特岗群体涉及的方面很多，我们将不断完善，力求做得更好。

卢氏县教育体育局：
关注专业发展，促进"特岗"教师成长

卢氏县自 2009 年启动实施农村义务教育阶段学校教师特设岗位计划以来，共招聘特岗教师 1427 人，留任 1188 人，留任率 83.3%。为了让特岗计划招录的教师留得住、下得去、干得好，县教体局在保证工资待遇的基础上，从优化环境、成长途径、用人机制等方面下功夫。

一、严把特岗教师招聘工作各关卡，确保客观公平公正地选出所需优秀特岗教师

一是严把"资格审查关"。对申报人员所提交的材料，严格审查，合格后录入特岗教师招聘管理系统。二是严把"面试关"。县委县政府成立了领导机构，由分管教育工作的县长和教体局局长亲自挂帅组织面试招聘。历年来都是由县教育、财政、人事、编制等部门通力合作，由县教体局具体实施，实行封闭管理。坚持"公开、平等、竞争、择优"的原则，规范面试程序。整个面试过程全程视频监控录像，分数公示栏处写有举报电话，接受考生监督。三是严把"选岗关"，我们根据考生笔、面试成绩高低排序，通过公开摘牌选岗的形式确定岗位，同时在不违背选岗公平的同时，坚持"乡来乡去"的原则，鼓励部分偏远乡镇考生优先回乡任教，体现人文关怀；同时邀请县纪委、考生家长及设岗学校校长共同参与监督。分配结束后，由校长带回学校，安排住宿及布置教学任务。十年来，卢氏县的特岗招聘面试、选岗等工作做到了无负面杂音的效果。

二、创造舒适的生活环境，让特岗教师感受家的温馨，用人文关怀留人

一是保证特岗教师工资待遇，每年在中央资金未到位前，县财政提前垫付特岗教师工资；实施乡村教师生活补助计划，发放乡村教师工作补贴，工作在乡镇的特岗教师最高补助达 700 元/月，切实提高特岗教师的获得感。二是努力改善特岗教师的生活条件，为远离家乡的教师提供较好的住宿条件，目前全县各乡镇都建有教师周转宿舍，同时拨付专款为特岗教师提供必要的生活设施。学校尽一切力量让特岗教师有敞亮的房子住，

有新鲜的饭菜吃,有洁净的开水饮用,有舒适的热水洗浴。三是建立领导与青年教师谈话制度,及时发现并努力解决他们工作和生活上的困难,最大限度地给这部分教师发挥的空间,让其安心从教。四是丰富教师的业余生活,通过"宽带网络校校通"和教工之家建设,以及丰富的业余娱乐活动,让他们在生活中收获快乐,在精神上有所寄托。五是在团县委的帮助下加强特岗教师与其他事业或行政单位未婚人员的交往,扩大选择范围,为特岗教师找到真爱牵线搭桥。

新招特岗教师岗前培训

三、关心教师成长发展,让特岗教师充满希望,以教师的专业成长留心

一是加强岗前培训。选岗前组织开展3—10天的集中培训,聘请名师、优秀特岗教师、卢氏最美教师、各学科教研员等担任主讲,通过教育理论的讲解、观摩示范课、教育案例分享、逐人上台试讲等形式,帮助他们树立起爱岗敬业的决心,掌握从教的本领,找到专业发展的方向。二是加强服务期间特岗教师的培训。在特岗教师实际工作一段时间后,有针对性地开展了形式多样的新"特岗"教师培训活动,如设立农村班主任素质培训、农村紧缺学科教师培训项目等,半数以上学员为特岗教师。三是大幅提升特岗教师在"国培计划"等项目中参学的比例,提高特岗教师的业务能力。要求学校在校内开办"帮扶"活动,让年长有教学经验的教师与新教师采取"一帮一"的"传帮带"模式,帮助部分年轻教师克服教学中的实际困难。在校外采纳"走出去""请进来"的措施,把新教师带到城区优秀学校听示范课,或者把城区优秀教师请到学校来指导年轻老师。四是建立网络交流学习的平台。通过平台,准确把握教师的思想动态,以及答疑解惑,引导他们更好地成长,同时,在网络上提供丰富的学习课件、资料,帮助他们更快地进步。五是搭建实地交流和到城区学校跟岗平台。推荐优秀特岗教师互调到平级的山区学校,或到

城区优秀学校跟岗培训，深入考察其他学校的教学管理方法与手段。

四、创新用人机制，让优秀特岗教师参与学校管理，让个人特长有用武之地

一是发挥特岗教师的主体作用。通过教职工代表大会，支持和引导他们主动参与学校管理，树立主人翁意识，鼓励他们为学校的管理建言献策，在制度建设上更多地创新。二是让他们的个人特长有用武之地，让其所教为所长，与专业相符。通过开展"卢氏最美教师"评选、国培坊主选拔、侧重特岗年轻教师的跟岗研修等活动，在特岗教师中树典型、立标杆，增强其荣誉感，同时通过他们起到示范带头作用。三是在他们中建立后备干部培养体系，把业务能力强、热心农村教育事业的特岗教师作为后备干部培养对象；并且根据农村教育发展的现状，建立符合教育发展规律的用人机制，完善重师德、重教学、重育人、重贡献的考核评价机制，为教改教研活动中有突出贡献的特岗教师创造破格晋升机会，让其热心从教。四是在每年教师节表彰当中，专门划出名额指标向特岗教师倾斜，已有52名服务期内的特岗教师受到县级以上表彰。通过精神奖励，营造特岗教师安心乡村从教的浓厚氛围，让他们有职业荣誉感。

五、落实特岗教师相关待遇，用待遇留人

认真执行国家和省有关政策，确保特岗教师各项待遇落实到位，使他们不但教得好，而且留得住。一是落实好工资待遇。按照教育部、财政部等中央有关部门确定的国家计划特岗教师工资标准，严格执行国家统一的工资制度和标准，足额发放。在师训股与计财股及各校共同努力下，2018年新招特岗上岗不足一周时间，就已办理好了各上岗教师的工资关系。9月10号左右，上班后的首月工资就陆续发到了老师们手中。二是按照《农村义务教育阶段学校教师特设岗位计划实施方案》的规定，解决了特岗教师的山区补助，享受每年一次公费体检。三是创造良好的工作和生活条件，对大龄特岗教师实施调入县城学校的特殊政策，对外地特岗教师尽可能调到离家近点的学校，方便其生活，在每年教师节表彰时专设指标，这些人性化的管理措施使在卢氏工作的特岗教师备感温暖，安心从教，从而为当地教育事业做出更大贡献。

（四）乡村学校"特岗计划"实施工作优秀案例

固始县泉河铺镇第一初级中学：
构建"三水"平台，助力特岗成长

特岗教师是国家为支援贫困地区的教育事业的一大举措。自从"特岗计划"实施以来，我校特岗教师已达20人，全部充实在教育教学岗位的第一线，有的已经成长为骨干教师，并在各自的岗位上取得了优异的成绩，起到了示范引领的作用。特岗教师的到来，极大改善了我校教师结构比例失调、年龄偏大、知识层次老化的现象，为学校注入了新的教育教学思想与活力，促进了学校教育教学质量的提高。十年来，我校就如何管理好、使用好、服务好特岗教师，让他们进得来，留得住，形成了一套具有校本特色的"三水"管理体系。

一、温暖"一杯水"

我校在各个方面切实保障特岗教师与当地公办学校教师同等待遇，统筹落实资金，解决特岗教师应享受的绩效奖励、生活补助和社会保障待遇。我校建设有特岗教师周转房，解决了上班路途远住宿难的问题，同时也保障了教师的人身安全。特岗教师服务期间食宿免费，学校对特岗教师所需要的参考资料、学习经费等提供必要的保障。切实解决其工作、生活中的实际困难，以爱心感人，用温暖留人，使特岗教师能够定心稳神投身工作。保障特岗教师基本生活的同时实施人文关怀，对他们多加关心和照顾，让他们感受到学校的关怀，对学校产生归属感，增加自身的职业认同感。定期召开特岗教师交流会，了解他们生活中的问题并尽力加以解决，给特岗教师送上温暖的"一杯水"。

二、端好"一碗水"

要端平端好"一碗水"，对待特岗教师做到一视同仁，不歧视区别对待，尽量均衡教师之间的工作量，绝不增加特岗教师课时课量课业负担。充分尊重特岗教师的民主权利，充分调动特岗教师参与学校各项教育活动的主动性和积极性。根据县教委制定的教职工量化考核方案，结合学校实际，研究制定符合学校实际情况的教职工量化考评办法，在充分酝酿讨论的基础上，力争做到客观公正。成立考核小组，并选举特岗教师代表参加对全体教师的考核。充分发挥特岗教师的主观能动性，积极参加管理学习的各项事宜，使特岗教师能够主动查找和纠正自身存在的问题，做到在管理中注重自我约束，在教育中注重自我提高。

三、装上"一桶水"

我校特岗教师都经过专业的培训，有扎实的专业基础，可塑性大，教学热情高，但实际教育教学经验不足。针对这一情况，我校加强特岗队伍建设，全面提高特岗教师整体素质，使特岗教师能够装上"一桶水"，充实专业知识，提高教育教学能力。

1. 坚持以师德促教学，通过学习帮助特岗教师深刻领会新时期教师职业道德的内涵及其基本要求，正确认识教师专业发展的迫切性和现实意义，及时更新教育观念，增强发展的信心和动力，提高特岗教师职业道德素养。适时选准工作结合点，将师德建设融入日常教学工作之中，以全面提高教育教学质量为主线，强化师德师风建设各项措施，提高特岗教师师德水平和业务能力，实现师德与教育教学质量同步提高；树立先进典型，发挥典型引领作用，努力形成学先进、找差距、树形象、扬正气、比奉献的浓厚氛围。

2. 知人善用，大胆任用特岗教师担任班主任。加强特岗教师班主任队伍建设，将责任激励引进班主任队伍建设中，营造积极向上的工作氛围。例如，建立班主任工作量化考核制度；以干带群，以老带新，以老促新，重在培养年轻的特岗教师班主任。

3. 充分发挥领导干部的模范带头作用和责任追究制。强化领导干部既是指挥员又是战斗员的思想意识，各项工作要保质保量地干在老师们的前面，让其他教师心服口服。充分引领特岗教师的工作方向，带领他们逐步向前。

4. 帮助特岗教师了解学科教学改革的热点，解决新课程实施过程中的实际问题，提高特岗教师实施素质教育和新课程的能力与水平。开展"结对帮扶，以老带新"活动。首先，学校组织骨干教师与特岗教师结成帮扶对子，随时对特岗教师的教育教学工作进行指导帮助，使特岗教师迅速掌握实际教学能力，适应我校教学工作的开展。其次，学校对特岗教师所担任的课程教学定期进行听课指导，使其教学效率不断提高。另外，鼓励特岗教师制定适合自己特点的自我实现方案。自我实现方案包括个人业绩回顾、能力自我评价、未来发展目标、近期发展目标、方法措施五部分，促使特岗教师自觉向名师靠拢。

5. 加强特岗教师业务学习与能力培养。（1）由学科带头人、骨干教师和各科推举有经验的教师开课供特岗教师观摩学习,促进教学水平的提高。不论是什么样的听课,都鼓励特岗教师积极参加,课后进行讨论总结,通过听课制度,特岗教师能认真备课、上课,深入钻研教材、教法与学法,教学水平逐年提高。(2)采取"走出去"的办法,学校全力支持特岗教师参加各种形式的外出学习,如"国培计划""特岗计划"等活动。学习归来,一是要递交书面汇报材料,二是要进行组内或全校的经验交流,三是要上一节或两节公开课、观摩课。(3)鼓励特岗教师积极参加优质课评比、课件比赛等。另外,还要以教研组为单位组织特岗教师到兄弟学校听课。在听课中学习领悟,并对照教学实践写出心得体会,加强理论联系实际的能力。一个月进行一次学习心得交流,两个月一次业务考核。

青蓝工程结对仪式

6. 管理与考核。制订特岗教师培养计划,并建立特岗教师业务与考核档案。每学期对特岗教师进行一次全面系统的考查,并对考查情况进行总结和通报。

目前,我校20名特岗教师爱岗敬业,师德高尚,业务能力迅速成长,已经成为学校教育教学的中坚力量,赢得了师生及社会的广泛赞誉。特岗教师的逐步成长是一个磨砺意志的过程,他们身上具有强烈的创造需要和成就需要。相信经过学校不断探索创新总结经验,进一步搭建"三水平台",特岗教师一定能够不断学习,充实自己,不负时代的重托、人民的希望,实现人生理想和社会价值。

兰考县许河乡第一初级中学：
拳拳之心系特岗，一枝一叶总关情

"特岗计划"是中央实施的一项对中西部农村义务教育的特殊政策，而坐落在豫东一个十分偏远乡镇的中学——兰考县许河乡第一初级中学正是这项政策的受益单位。"特岗计划"的顺利实施，有效地缓解了我校教师紧缺和结构性矛盾等问题，促进了我校面貌的变化，对我校教育质量提升发挥了重要作用，2009年以来，该计划已成为我校教师补充的主要途径。多年来，抓住这一良好机遇，我校每年都能迎来一批新特岗教师。我校地处两省（山东、河南）三县（兰考县、民权县、曹县）交界处，条件比较差，从迎来第一批特岗教师以来，就确立了"满腔热情搞服务，全心全意促发展"的管理工作理念，无论在工作上还是在生活中，抱一颗拳拳之心，情系特岗，让每一位来到这里工作的特岗教师留得住，干得好，有奔头。

一、创造舒适的生活环境，让特岗教师感受家的温馨

首先，做好特岗教师的衣、食、住、行等后勤工作。我们申请建造了一座生活楼，共三层27间教师周转房，每间房子设计合理，经济实用，房间内均有厨房、卫生间和卧室等；同时想方设法筹集经费为特岗教师提供必要的生活设施，比如床铺、餐桌、衣柜衣架、写字台、燃气灶以及水桶、锅碗瓢盆等生活工作用品，想特岗之所想，急特岗之所急。学校尽一切力量让他们有新鲜的饭菜吃，有洁净的开水喝。另外，还专门搭建了一座太阳能热水洗浴房，有效解决了日常的洗浴问题。学校为特岗教师创造休闲娱乐的条件和场所，建立了"教师之家"。几年来，我校完善增添了多媒体功能室、棋牌室、音乐舞蹈室、乒乓球室和足球场等锻炼健身场所。在完善办学条件的同时，也让特岗教师平时有地方健身，累了有地方缓解工作带来的疲劳和压力，有地方展示或学习才艺，教师的业余生活因此变得丰富多彩。很多特岗教师表示，既然学校如此热心负责，我们更得努力工作，为许河教育贡献青春力量与智慧。

二、提供展示才能的平台，让特岗教师体现自我价值

首先是让特岗教师人尽其才。学校尊重每一位特岗教师的意见，切实结合教师所学

专业和个人爱好来分配工作，尽量避免专业错位，大材小用。"没想到这么偏僻的一所乡村中学，在工作分配和管理上如此人性化。"几位去年刚入职的年轻特岗老师如是说。

其次是对特岗教师充分信任，大胆委以重任。让特岗教师担任把关教师、班主任、兴趣班、学校社团辅导员等，让他们在不断的挑战中实现自我价值。近些年来，在我校工作的绝大多数特岗教师都承担了诸如语、数、外等所谓的大科目学科的教学任务，大多数特岗老师都有担任或一直担任班主任工作的经历，一方面为学校的教育教学做出突出贡献，同时也很好地锻炼了自己，提高了自己。近些年，已有像郭刚、周红、管利涛、秦春丽、李永辉、顿丽梅等十几位特岗教师由于工作突出，被县级重点中学选拔出去；还有向孙茜、李红刚、孙利杰等优秀教师选调到了市级学校；赵涛、闫晓洁等成了校中层领导，参与学校的管理工作；还有部分同志，比如张胜男老师思想进步快，成为一名光荣的中国共产党党员，顺利融入了我校基层党支部。

特岗教师室内课

三、不断提高特岗教师待遇，让他们有获得感和幸福感

为特岗教师创造良好的生活环境和工作条件，让他们生活舒适，工作顺心。同时，不断提高特岗教师的待遇，报销特岗教师探亲差旅费等。由于大多数特岗教师离家较远，回家不便，有的还有孩子、老人等需要照顾，为此，学校抽出更多的房子，安置老师们的家属，解决了他们在外工作时间久，想念家人的烦恼，又照顾了家庭、孩子，使他们能安心工作，真正做到以校为家。

另外，在教师评先评优等方面，学校对特岗老师和在编老师一视同仁，坚决做到公平、公开、公正。每次绩效考核都会让他们心悦诚服。2014级特岗赵涛老师说："在这里工作，我想到的，学校想到了，我没想到的，学校也为我们想到了，入职以来，我认为我的付出得到了应有的价值体现。"2015级特岗闫晓洁老师说:"我在许河一中工作的日子是快乐的、幸福的。"

四、建立平台展示成果,让特岗教师享受教书育人的快乐

为特岗教师提供展示自己的平台,举办多种形式的特岗教师教学竞赛、才艺大赛,让他们多参加各级各类比赛。近年来,在省县等各种比赛活动中,如县级演讲比赛、歌唱比赛、乒乓球比赛、书法大赛、省级一师一优课等,我校特岗教师获得各种荣誉20多人次。只要是有利于老师专业成长的机会,我们都会鼓励更多的特岗老师参加,为其搭建平台,提供帮助,在不断的历练中打磨自己,令其享受到教书育人的快乐。

另外,大力宣传优秀特岗教师,以提高他们的知名度,增强他们的成就感。让他们每一天都感受到工作能力的提升与进步;让他们感到虽然身处偏远,但在此工作的每一天都充满了活力与激情。

五、促进教师情感交流,让特岗教师找到爱的归宿

一是加强校与校、乡与乡教师之间的交流学习,如开展学科研讨、教学竞赛、集体备课、观摩学习等,让年轻教师们在相互学习交流中多接触、多了解。二是根据本校教师男女结构特点,有针对性地安排年轻教师。三是在团县委的帮助下,加强特岗教师与其他事业或行政单位未婚人员的交往,扩大选择范围,为特岗教师找到真爱牵线搭桥。我校来自杞县的特岗教师谢娟娟就是在学校帮助下,与家是本地的部队士官喜结连理,如今工作出色的她,一直过着快乐幸福的生活。

六、关心教师成长发展,让特岗教师充满希望

我校通过制定中长期发展规划,不断完善各项工作制度,加强学校内部管理,提高教育教学水平,树立良好形象,吸引广大年轻特岗教师来我校从教并愿意终生从教。信任年轻特岗教师,让他们利用自己的年龄优势,发挥聪明才智,在不断取得的成绩面前看到光明,让其知道即使在偏远的乡村也能实现人生价值。

一直以来,许河一中,这所偏远的乡村中学,用属于自己的朴实的情感、求是的精神、真实的行动让来这里工作的特岗教师熟悉这里的风土人情、一草一木,让他们感受这里的父老乡亲对他们的尊重,让他们看到这里的孩子真的很可爱,也很需要他们,让他们用心体会在这里工作是幸福的、愉快的,让他们越来越觉得,自己其实就是这里的主人。每每有同事或当地人问起特岗教师对学校和未来工作的看法时,他们总是微笑地说:"许河一中,我的第二个家。"

新安县磁涧镇第一初级中学：
提携帮扶共助力，最美青春绽芳华

一个学校最大的生产力莫过于教师，而对教师的培训和培养很重要，特别是对于一个个刚参加工作、满怀激情却没有教学经验的特岗教师来说，如何采取一系列行之有效的培训和培养措施，让他们迅速转变角色，快速成长为学校的中坚力量和学生心目中的好教师，则显得更重要。

对学校而言，这两年新入特岗教师17人，在给学校注入新鲜血液和力量的同时，也更给教学管理提出了新的课题和挑战：如何为他们打造一个快速成长的通道，让他们迅速成为学校的中坚力量呢？对此，我们为他们量身打造了一系列科学有效的培养方案，效果非常明显，这两年来，不管是他们的教学成绩，还是在学生心目中的位置，都已成为学校最亮丽的那道风景线，现在他们一个个已成为学校的排头兵，马盼盼老师甚至已成为新安领雁工作室里英语学科的领头雁，释放着青春的激情与能量，更绽放出教师的最美芳华与光芒。

一、"青蓝结对"共提升，完善制度促进步

新学年伊始，学校专门成立"青蓝工程"领导小组，把这项工作当作教学管理最重要的一块，明确职责和分工。根据学科特点，给每一位特岗教师选择本专业最权威最有经验的教师作为他们的师傅进行帮扶——从备课上课到听课，从思想生活到成长，让他们成长更迅速。同时制定相关制度，对结对的相关教师进行捆绑式考核，一起进步，走向优秀。然后举行隆重的师徒结对仪式，让每一位特岗教师上台发言，真诚谈出对新入岗位的畅想和困惑；让每一位结对的师傅也上台发言，真诚谈出对徒弟的相关要求；邀请中心校领导参与和见证，并让他们发表讲话，谈出学校和领导对他们的诚挚希望；会上宣布相应的学校制度要求；最后给每一位师傅颁发证书，让他们有一种义不容辞的使命感。这样的仪式感使每一位特岗教师充分感受到学校对他们的关心和呵护，渐渐感受到在新学校的存在感和归属感，而制定的相关制度则进一步明确和规范师徒行为，职责更分明。

二、三年规划目标明,聆听窗外取真经

"青蓝工程"结对仪式结束后,学校让特岗教师立足本岗位,写出自己的三年职业规划,字数不少于 2000 字,通过学校微信公众号发表,让大家见证。并给他们提要求,让他们树立"第一年站稳讲台,第二年当学校骨干,第三年做学校名师"的争先争优意识,培养他们的理想目标观念,以此激发他们的内驱力和成长心。

与此同时,凡是有外出听课培训的活动,学校总是优先考虑和选择特岗教师前去,让他们接触先进的教育教学理念,聆听窗外大师的声音,领悟其中的教学精髓,从而内化成平时积极工作的动力,用来指导和引领日常具体的教学工作。为了便于管理和促进特岗教师更好成长,学校又专门建立了一个"自我成长微信群",学校会分享一些优秀的教育教学案例,分享一些思想成长的心灵美文,让他们从中接受先进教学理念,同时起到缓解教学压力、抚慰心灵的作用,以更好地适应这一角色的转变。

活跃的英语课堂

三、"徒弟"听课细琢磨,"师傅"听课真帮扶

对于特岗教师,从学生到教师角色的转变,是备课上课最难的一环。学校要求他们所备的导学稿由学科组长把关,并且每天先听"师傅"讲课,然后再上课,这样每节课就会更有针对性;而对"师傅"而言,每周务必要听"徒弟"至少两节课,并且要面对面指出"徒弟"上课中存在的问题,从课堂组织到学生管理,从教学内容设计到时间分配等方面进行手把手的指导和帮扶。这样手把手地学,面对面地教,使他们备课有了方向,上课有了底气,思考有了灵气,有效地推进了他们的教学进程。

四、"徒弟"课后勤反思，及时通报巧督促

对于特岗教师，凡是外出学习、培训和听课之后要写反思，每周结束之后也是，要求他们利用周六周日的时间，人人都要写一篇不少于600字的教学随笔或教学叙事，让他们盘点反思本周以来自己在教学管理方面取得的成效或不足，并发到校方工作群。这样做的目的有三个：一是让他们与心灵的自我对话，寻找自己的进步点与成长点；二是让新入的教师相互之间有个参照和比较，以起到激励作用；三是让全校教师共同监督和见证，以此提醒他们写反思时要认真不敷衍。

他们每周六写完发过之后，每周日晚上，学校专门对他们所写的反思从三个方面（优点、不足、提出希望）进行有针对性的评价和指导，使他们理思路，明得失，知对错，找方向。

同时，对他们每周的听课记录进行专门检查，给他们指出听课、评课的具体方法，告诉他们如何记听课记录。让他们明白，作为教师，不仅要备好课，上好课，认真听课和评课也是很重要的一环。

事实证明，这种做法很有效果，对他们来说更有看得见的成长。因为他们所交总结的篇幅在增加，内容在充实，思考有深度，更重要的是他们从被动接受到开始慢慢享受，并逐步养成了勤于反思的习惯，这对于年轻教师来说真的很重要。

五、定期汇报螺旋进，共读分享共成长

对于他们的成长，除了以上措施之外，学校还给他们召开每月一次的汇报会，会上他们要一一汇报自己在教学上的成长和进步，汇报自己教学和思想中出现的困惑和难点，学校聆听他们的真实心声，以便对他们的帮扶更贴地更暖心。每个学期中间组织两次他们的课堂教学比赛：一次是微型课，一次是完整课。由学校领导和专业教师组成评委会，现场为他们打分评分，现场对他们进行点评，最后给他们颁发奖品和证书，看他们的课堂组织，看他们的教学设计，看他们的教态教学，更看他们的课堂驾驭能力，使他们在纵向与横向的比较中，找差距，寻进步，更快更好地成长。

同时，给他们推荐有关教育教学方面的书籍，让他们共读并分享，从教学理论中寻找更智慧的方法和更科学的手段，从而更有效地扎实推进教学工作。从读书分享里，我们都能感受出他们那种积极向上的青春朝气和勇敢前冲的活力，他们如一汪汪的春水，让学校生发出更多盎然的生机和活力。

六、喜看"稻菽"激层浪，天光云影共徘徊

总之，对于一个个年轻的特岗教师来说，"向榜样看齐，以榜样为烛照"是他们成长中的最好自我镜像，"阅读、实践和反思"是他们成长的不二法门和正确之道，学校就是循着这条科学之路，明晰明确目标，规划规范路径，指引指点方向，坚定坚实脚步。"风乍起，吹皱一池春水"，这 17 位年轻教师犹如一股清新的风，让学校这两年间有了春的生机与活力，更有了夏的热情和张力。回想这两年来，学校共分配特岗教师 17 人，因为他们本身的优秀，加之学校采取的科学措施，更有他们的积极上进和努力，现在他们都已成为学校的骨干力量和中流砥柱，他们成绩优异，深受学生爱戴。其中马盼盼老师已成为新安县领雁工作室成员（全县共 52 人，英语学科仅有 6 人）；侯慧和张雅琳老师已成为九年级和七年级级段长，张晶晶、邓琳花、侯慧、王雪宁、马盼盼五位教师已成为九年级骨干教师；张晶晶、邓琳花、张雅琳、刘宁、钱萌、王帛、何佳倩、郭芳芳八位老师已成为学校最优秀的班主任，班级管理有特色有亮点有成效，深受学生和家长喜欢；而李亚婉、白玉、常兴歌、崔莹、李盈盈、陈云瑞六位教师的教学工作也赢得了学生的信赖，已成为各个学科的中坚力量。

相信他们会在学校有序管理的规则堤岸中，用大步流星、充满激情的奋进姿势，为他们的青春梦想做出最好的证明；更相信在他们的青春枝头，他们定会用心头坚定的信念和路上坚实的脚步，去绽放青春最美的芳华，从而呈现出教育最新最美的姿态！

镇平县张林镇中心小学：
零落成泥碾作尘，只有香如故

一、科学管理，畅通特岗教师安置渠道

一是开展一周的岗前培训，让他们早日进入角色。二是由教育局和特岗教师本人签订聘用协议书，明确双方的权利和义务。三是统一安排车辆护送到校，派遣上岗。四是妥善安置。报到时要求学校准备必要生活用具。服务期间为他们开设绿色通道，按政策保障权益。服务期满后，愿意在当地继续留任的，及时办理入编、工资手续，确保特岗教师有编有岗，并与当地公办教师享受同等待遇；申请流转的，全部同意调入异地入编任教；经考试录入其他部门的，尽可能提供便利，并协助办理相关手续。

二、多管齐下，解决特岗教师后顾之忧

一是加强"特岗计划"中央专项资金管理，确保专款专用，执行国家统一的工资制度和标准，为特岗教师缴纳养老保险、医疗保险和住房公积金。二是与公办教师同等享受乡村教师补贴和生活补助。三是优先保障特岗教师外出学习进修、业务培训、职称评聘、人事安排、评优评先。四是每年与公办教师一样享受一次高质量的免费体检。五是建设乡村学校教师周转房，优先保障特岗教师住房。六是为特岗教师配齐网络、电脑、电视，丰富其业余生活。举办联谊活动，创造特岗教师与本地优秀青年交流机会，搭建解决特岗教师婚姻问题的平台。七是解决特岗教师热点难点问题。定期深入特岗教师中，倾听他们的呼声，关注热点难点问题，并归纳汇总及时解决。

三、拓展空间，促进特岗教师快速成长

一是实施特岗教师培养培训工程。依托"国培计划"、省市县各级培训以及县师训股、进修校、教研室等，对特岗教师进行培训，促进其快速成长。二是加强结对结盟工程。依托优质教育资源及平台，通过资源共享、盟区联动、互帮互学等措施，培养特岗骨干，选树特岗标杆。三是实施结对帮扶"青蓝工程"。开展骨干教师与特岗教师结对子活动，提升特岗教师的教育实践能力。四是强化跟踪培训工程。对特岗教师实行五年跟踪培训计划，重点提高特岗教师的专业水平和教育教学能力，让特岗教师3年过关合格、6年成长成熟、9年创新发展。五是健全特岗教师考核评价体系。按事业单位专业技术人员考核相关规定，对特岗教师进行综合考核，并将考核结果登记存档，作为特岗教师职称晋升和服务期满后入编的重要依据。

特岗教师教研活动

教师承载着一个民族的希望，教师的双手托起的是明天的太阳，作为一名普通的农村小学教师，杨柳老师热爱她的职业，也因为这份职业，她从幼稚走向成熟。十年树木，百年树人，教师神圣的使命和责任，决定了教师必须以乐于奉献的精神，做燃烧的蜡烛，燃烧自己，照亮别人；做春天里的雨露，一生只为滋润祖国的花朵。

杨柳还记得刚来任教的那一年，才从大学走出来的她带着青涩、腼腆走进了教室，第一眼看见教师里坐着的孩子们时，觉得他们是那么的可爱、天真。就这样，在孩子们的欢笑声中，她开始了人生的教育生涯。然而，在执教不到一个月的时间后，她竟然产生了厌倦心理，觉得眼前的孩子们不再可爱、不再天真。记得她开始任教不久的某一天，在她的课堂上，一位同学拿着一本漫画书看了起来，一开始她并没有生气，只是耐心地教育他，但似乎她的教育并没有得到孩子的认同，一节课下来，她逮住他不下5次，当时年轻气盛的她真的很气愤。时间一天天过去，类似这样的事情每天都会发生，她开始厌倦，一度有了不想干的冲动。直到有一天，她的想法、观念发生了改变。那天上午，依旧是一样的教室，依旧是那群孩子，她带着一丝疲倦、一丝无奈走进了教室。不出意外，又有几名同学在看漫画书，此时的她已经没有心情去理会他们了，她继续讲着课。忽然，一位小姑娘站了起来，对她说："老师，请允许我打断一下你上课。"杨柳很好奇，想看看她想干什么，只见她大声地对全班同学说道："同学们，我们来这里是读书的，爸爸妈妈辛辛苦苦挣钱供我们来这里读书，老师有着大城市的工作不要，来我们村里教我们，我们应该懂得珍惜，不要把老师气走了才来后悔！请同学们从现在开始，认真上课，只有读书，我们才有好的出路，将来才有能力报答自己的父母，报答我们的老师！"杨柳蒙了，她完全没有想到，这样的话居然出自一个小学生。她非常感动，放下了手中的课本，停止了讲课，觉得自己又重新爱上了这群孩子。一节课下来，她将她的人生经历，酸甜苦辣的故事，悟出的人生哲理讲给了这些还很天真的小朋友们，虽然有些东西他们不懂，但她还是讲了。没想到的是，这节课没有了看漫画的学生，没有了说话的学生，没有了调皮的学生，全班都认真地听她讲。这一节因为一位小姑娘而讲的教育课，收到了奇效。在日后的课堂中，虽然时不时还会出现类似的问题，但同学们更懂事了，知错能改，学习成绩也一再提升。也就是从那时开始，她重新认识了"教师"这个行业，重新树立了执教理念。

随着社会、经济的快速发展，大量农村劳动力外出打工，导致农村出现了一个特殊群体——留守儿童，为了给留守儿童一个健康的学习环境，让他们健康成长，结合我校开展的"留守儿童帮扶活动"内容，杨柳老师对她所任教的学生作了全面细致的调查，主要了解留守儿童的生活、学习、心理状态，登记留守儿童的家庭地址和家长电话，制作联系卡，定期同他们的家长电话联系，将他们的学习、生活状态等信息反馈给家长，加强老师和家长之间的沟通；同时对一些存在着行为偏差和心理障碍的留守儿童，进行定期的心理辅导和课业辅导，帮助他们树立积极向上的生活态度和作风，建立正确的人生观、价值观和世界观。

现代学生都具有高强的模仿性和可塑性，教师的言行随时有可能对学生产生不可预计的影响，作为老师更应当以高标准、严要求来约束自己，注重提升自己的人格魅力。因此杨柳老师在工作中非常注重自己的行为举止，以一个优秀老师的标准来要求自己，提前备课，做好教学教案设计，课堂上以丰富、有趣的学习方式，让学生成为课堂的主人，对学生多鼓励、多赞美，对学生的不良习惯严厉批评，在学生心中树立做人做事优秀学习榜样。

花朵有了充足的阳光才能开得更加灿烂，种子有了丰富的营养才能结出丰硕的果实，我觉得特岗教师就像那阳光、养分，滋润着农村孩子的童年，她们身肩重任，纵然岁月消逝了青春，她们依然无悔，甘于平凡，甘于清苦，甘于奉献，和孩子们共同成长，为农村教育事业的发展贡献自己的一分力量。

息县八里岔乡中学：
暖风轻拂春光照，赢得春花香满园

近几年来，八里岔乡中学教师队伍年龄结构比例失调，敬业精神有所滑坡。"特岗计划"的大力实施，特岗教师的到来，给学校带来了巨大转机。学校紧紧抓住有利时机，多措并举，想方设法留住特岗教师，提升特岗教师的能力，让特岗教师很快成为业务骨干、管理的中坚力量，打开了教育教学的新局面。

一、"四心工程"留住特岗教师

八里岔乡中学是一所农村中学。虽然离城关比较近，但因为历史原因，学校基础设施差，办学条件有点落后。特岗教师到来后，学校领导考虑的第一关就是想方设法留住他们。学校采取"四心工程"留住特岗教师：一是领导贴心。学校领导经常关心特岗教师的生活和工作情况，嘘寒问暖，做特岗教师的贴心人。二是待遇暖心。严格按政策落实教师待遇，解决特岗教师的住、食、行。学校尽最大努力解决特岗教师的住房问题，给他们配齐炊具。如果他们愿意在学校食堂就餐，学校向食堂给予补贴，让特岗教师免费就餐。户籍在外地的特岗教师，学校还在交通方面给予一定的补助。每逢重大节日，特岗教师享有和在编教师一样的福利待遇，真正实现同当地教师同工同酬。三是工作舒心。充分考虑特岗教师个人实际情况，工作安排人性化，同时在培训进修、评先评优、评聘职称、绩效工资、发展党员等方面与在编教师同等对待。四是感情留心。学校积极营造关心、爱护特岗教师的浓厚氛围，关心特岗教师的物资和精神方面的需求，让他们充分感受到领导的呵护、同事的关爱，体会到职业的幸福感、成就感。

二、多措并举打造特岗教师

特岗教师初上教育岗位，有的是知识和工作热情，缺乏的是工作经验和综合素质。如何让新来的特岗教师能很快胜任工作，把他们打造成有能力、有担当的教师，学校采取了以下措施：一是举办新教师培训会。特岗教师不仅要参加教体局组织的岗前培训会，还要参加学校举办的新教师培训会。在学校举办的培训会上，校领导不仅介绍学校的相关情况，让特岗教师很快熟悉和适应新的工作和生活环境，同时还对特岗教师进行教学、班主任管理等方面的培训，让特岗教师很快掌握教育教学的基本要领，尽快入门。校领导还详细介绍已参加工作的特岗教师的感人事迹，让新来的特岗教师认识到，八里岔乡中学的特岗教师有着敬业、爱生、奉献、勤学的优良传统，希望他们能将这种优良传统发扬光大，永远传承下去。二是提供多渠道、多层次的学习机会。学校尽管财力困难，但还是尽最大努力为特岗教师提供不同类型的学习机会，满足他们的需要。不论是校际教研、县市级培训，还是省内、省外培训，学校都是大力支持特岗教师参加培训学习，按政策落实出差补助和培训费用。在2017年秋季招聘的七名特岗教师中，张华老师参加了"国培计划"培训、郑州高效课堂培训、郑州中招语文复习研讨会、郑州班级管理培训会、信阳中招语文复习培训会、息县暑期班主任培训会、息县暑期信息技术培训会等近十次培训学习。其他六名教师也都参加了专业发展、学科教学、班主任管理、信息技术等多方面的培训学习。多渠道、多层次的培训学习，让特岗教师不论是在理论水平，还是在业务能力方面都有了极大的提升，为他们日后挑起重任奠定了坚实的基础。三是大力推行"青蓝工程"。学校积极推行"青蓝工程"，以老带新，充分发挥老教师的带领作用，提携新教师快速成长，成效显著。以2017年招聘的特岗教师为例。七名特岗教师全部参加了"青蓝工程"活动，分别拜教学、班级管理经验丰富的学科教师和班主任为师，向他们学习经验，提升自己。张华老师拜蔡怀信副校长为语文学科导师，拜李梅老师为班主任导师；刘梅老师拜李梅为数学学科导师；王柳拜周丽为语文学科导师、拜胡锐为班主任导师；黄小雪、任巧艳拜蔡怀信副校长为语文学科导师；李梦凡拜蔡怀信副校长为历史学科导师；徐小梅拜姜艳老师为英语学科导师、拜丁义红为班主任导师。

学科导师要给学徒上示范课,要经常听学徒的课,传授教学经验;学徒要上汇报课,经常虚心请教,探讨学科教学。班主任导师要结合学校实际,向学徒传授班级管理经验,经常深入学徒管理的班级,为学徒的班级把诊号脉,提供良方。"青蓝工程"的实施,让七名教师收获满满,综合素质大大提升。他们很快成为学科骨干,班级管理的中坚力量。他们在学科讲课大赛中崭露头角:张华在2017年12月份南片优质课大赛中取得语文组总分第二名的好成绩,李梦凡取得历史学科讲课成绩第二名的好成绩,王柳取得了物理组总分第一名的好成绩;刘梅老师在2017、2018校际教研执教的公开课深受好评,黄小雪、刘梅在2019年4月份的张传周局长、彭明春站长毕业班随堂课听课中得到领导的好评和肯定。在李梅老师的帮助和带领下,刘梅老师数学教学水平提升很快。师徒二人的团结协作让2018年的中招数学成绩由人均三十多分提高到近六十分,人均增加了三十多分。"青蓝工程"造就了一对对师徒佳话。

三、搭建平台锻炼特岗教师

在特岗教师的任用和管理方面,学校要扮演好"伯乐"角色,不仅仅是发现"千里马",更重要的是培育"千里马"。首先要相信他们、信任他们,相信他们有能力出色完成学校交给的教育教学和管理任务。其次要做到人尽其才,"委以重任",积极搭建锻炼平台,让他们有更多的锻炼机会,让他们在工作的熔炉中炼成纯钢。2015年招聘的特岗教师李连鹏老师,敬业,热情,脑子活,刚上班,学校就让他教数学、代班主任。经过一学期的考验,发现他班级管理能力和计算机水平突出,立即将其充实到政教处锻炼。经过一学期的淬炼,李连鹏老师在政教管理方面的才能得以彰显,学校将其提升为政教副主任。经过两学年的锻炼,李连鹏老师能独当一面,学校卫生、纪律较以前有了显著变化,学校将其提升为政教主任,主抓学校的卫生、纪律、班主任管理等工作。现在,李连鹏老师所实行的学生自主管理措施使校风大转变:学生打架、逃课、迟到现象没有了,教学楼走道、楼梯的纸屑消失了,教室、寝室卫生变干净了,纪律变好了,社会评价变高了……李连鹏主任还将学生自主管理的体制上升到理论高度,不断完善、归纳、整理,申报了省级课题,目前该课题正在研究和实践阶段。2017年招聘的七位特岗教师,上班的第一学期学校都委以重任:张华、刘梅、李梦凡分别代毕业班语文、数学、历史课并承担起语文、数学、政史地教研组长的责任;六位教师教语、数、外主科,四位教师担任班主任。学校还根据特岗教师的特长,安排相应工作,使其人尽其才。张华老师中文专业毕业,学校还把信息编写、校园版面制作等工作都交给他,使其写作才华得以施展和锻炼;李梦凡老师音乐专业毕业,虽然教历史,学校还让其组建音乐队,参加县赛;任巧艳老师心理专业毕业,虽然教语文,学校还让其担任心理咨询室教师一职,定期给学生进行心理辅导；2018年招聘的特岗教师胡海，不仅教数学、代班主任，学校还充分发挥他信息技术方面的才能，承担起信息技术方面的活儿……学校要善于培育"千里马"，为"千里马"成长提供条件，搭建平台，为学校的全面发展储备人才。

暖风轻拂春光照，赢得春花香满园。学校采取多项措施，让特岗教师留得住、安下心、敬其业、尽其才。特岗教师的到来，给学校带来一股清风，增添无限活力。学校的不懈努力，就像春天的暖风轻拂、阳光普照，赢得了春花香满园！

西平县出山中心学校：
营造温馨环境，促进特岗教师发展

近年来，西平县出山中心学校注重营造温馨环境，认真落实各项特岗待遇，促进特岗教师发展，努力培养造就一支"下得去、留得住、教得好"的特岗教师队伍。

一、营造舒适的生活环境，让特岗教师感受家的温馨

一是千方百计做好特岗教师的衣、食、住、行等后勤工作。安排教师周转房，未建周转房的学校也确保了每所学校的特岗教师都有房住，配备炊具、寝具，较偏远的学校安排车辆接送，让年轻教师招得来，留得住，坚持用待遇留人、用情感留人，对特岗教师给予更多的关心。二是为特岗教师创造休闲娱乐的条件和场所，大多数学校都建立了"教师之家"，教师的业余生活因此变得丰富多彩。

二、提供展示才能的平台，让特岗教师体现自我价值

一是让特岗教师人尽其才。学校结合教师的所学专业和个人爱好安排工作，尽量避免专业错位，大材小用。二是对特岗教师充分信任，予以重任。让特岗教师担任把关教师、班主任以及兴趣班、综合实践活动辅导员，让教师们在不断挑战中实现自我价值。

三、不断提高教师待遇，让特岗教师感到无比荣耀

一是为特岗教师创造良好的生活环境和工作条件，让教师们生活舒心、工作顺心。二是不断提高特岗教师的待遇。学校每学年都对在岗的特岗教师进行考核，三年服务期满进行入编考核，及时为他们办理入编手续。特岗教师评先评优、晋升职称、业务考评等都与在编教师享受同等待遇。服务期间，户口、档案和党团关系均按照正式在编教师

进行管理。给特岗教师办理医保,为特岗教师解决后顾之忧,使其更加勤奋地工作,安心从教。为特岗教师办理了养老保险、生育保险、工伤保险、失业保险和住房公积金,至今特岗教师的"五险一金"已全部办理。

四、建立平台展示成果,让特岗教师享受育人的快乐

一是为特岗教师提供展示自己的平台,举办多种形式的特岗教师教学竞赛、才艺大赛,让教师多参加各级各类比赛。二是大力宣传优秀特岗教师,以提高他们的知名度,增强他们的成就感。

周一例会

五、促进教师情感交流,让特岗教师找到爱的归宿

一是加强校与校教师之间的交流学习,如开展学科研讨、教学竞赛、集体备课、观摩学习等,让年轻教师们在相互学习交流中多接触,多了解。二是根据各校教师男女结构特点,有针对性地分配年轻教师。三是在团委和妇联等部门的帮助下,加强特岗教师与其他事业或行政单位未婚人员的交往,扩大选择范围,为特岗教师找到真爱牵线搭桥,让他们安心扎根农村从教。

六、关心教师成长发展,让特岗教师充满希望

一是制定中期发展规划,完善各项工作制度,加强学校内部管理,提高教育教学水平,树立良好形象,吸引广大年轻教师来校从教并愿意终生从教。二是非常重视特岗教师的培训,上岗前组织进行岗前培训,培训包括县情、教情和教学技能、新课程、新教法等。国培、省培、市培等培训项目优先安排特岗教师参训,促进特岗教师转型提高,帮助特

岗教师尽快成长为工作骨干。三是大胆使用年轻特岗教师，让年轻教师们发挥出自己的聪明才智，实现自己的人生价值。四是给予优秀特岗教师发展机会和平台，让他们勇于挑教育教学重担，并适当给予荣誉和物质奖励，让他们觉得自己的汗水不会白流，自己的才能不会埋没，觉得自己就是学校的主人。

经过近些年的努力，我中心学校已初步打造了一支充满活力、积极向上的特岗教师队伍，很好地补充了义务教育阶段农村薄弱学校的师资，为进一步实现乡村振兴，推动农村教育事业健康发展做出了积极贡献。

淅川县仓房镇小：丹江西岸可爱的人

仓房，因南水北调而逐渐走进人们的视野。仓房，又因国学教育而声名鹊起。仓房，还会因为特岗教师而走向振兴之路。

我们的决定：不走了！

每年秋期开学，学校都把安顿好新特岗教师当作重中之重。吴艳艳说，刚开始学校是保证他们住室有"六个一"。一人一间住室，一套厨具，一床崭新的铺盖，一套办公桌椅，一个新电磁炉，一套洗漱用品。学校照顾她有身孕，住得比靳校长的办公室都大。"可本地几个老师还是自费在街上租房子，学校对我们那真是……"

学校对他们很贴心，人情味特别重。杨素芬说，现在每人一室一厅一卫一厨，学校新买了洗衣机，修缮了洗澡间，楼顶有晾衣架。镇上停水了，学校租车给拉水吃。"今年秋期将交付使用的教师周转房，每人一套。给扎根在仓房的男女特岗教师提供方便，可以两套并用。"闫果说这话时很振奋。

龚长喜微笑着说，他负责微机室。这几年教室里也用上了电子白板，豫广网、移动、联通学校都有，教师一人一台电脑，有少年宫，去年还安装了录播室。他乐意为师生义务培训、维修。"最好的是学校新建了大型的操场，学生们体育活动有了标准场地。我们几个特岗教师可以大显身手了！"韩鹏飞用普通话腼腆地说。刘培军概括性较强，说："课内可以带孩子们参加体育社团活动，课外也有了我们几个运动锻炼的地方。"

这里有流动的黄金海丹江水库，有千年古刹香严寺，有丹江明珠坐禅谷。学校对他们及亲朋好友也很照顾："开学第一星期，每家几乎都吃住在酒店，学校全包了。""我们的朋友来过，爸爸妈妈中途来过几次……""吕校长给他们提供游玩方便，贾书记亲自做导游，每位特岗教师都受到过学校的多次接待，就跟家人一样。""你们来仓房了，就是回来了！"节假日，老教师会带上他们钓鱼、摸田螺、摘枇杷、拉槐花等，感受山野的自然美好，体会乡村生活的快乐惬意，排解羁旅思绪。陈霞、吉晓平、李花平、刘丽等老师直接把他们叫来"搭锅儿"："叫哥，叫姐，咱是姊妹伙儿，吃顿饭算啥……"

仓房盛产柑橘，远销京津，名贵的金柑脆甜爽口。仓房水美鱼肥，来旅游的人都能吃到丰盛的鱼宴……学生和家长都很大方、朴实。"孩子们冷不丁地，就掏出一个或者装了一兜新鲜的水果塞给你。老师，请您吃——""家长们把地里的青菜、红薯，家里的玉米糁、柴鸡蛋，甚至鲤鱼、红尾巴鱼等都给送来。你推辞，他们会生气，说是自家的，别嫌弃……"这里马上要通高速，环库公路要通过。他们几个慢慢都有了积蓄，已经有人买了汽车，以后会很方便的。

"我们都决定了，不走了。"

到过仓房的人都喜欢用舟车劳顿来形容，但他们却住在这里四五年。可能就是因为这里的人好，生活环境好，工作环境好吧！

超越梦想，一起飞翔！

"啥不会，有人教，啥不懂，慢慢学。只要用心，没有教不好的课。"周文海副校长总是鼓励他们，"老教师创造过去的神话，未来的神话要你们创造！"学校教导处开展了"师带徒"活动，每学期最少组织一轮"新上岗教师优质课竞赛"；让他们"走出去"参加省市县镇交流、培训，请周录恒等名家、一线教学能手到校指导。他们当中多数不是师范专业毕业，但近几年他们坚持参加常规教研、网络研修、新教材培训、信息技术提升培训、业务素养提升集训、骨干班主任培训……他们听的课比一般教师多10节以上，校长、教导主任、业务骨干、教研组就是他们背后的"靠山"。由听观摩课到敢上引路课，刘培军、龚长喜等能行；由上公开课到敢讲示范课，杨素芬、吴艳艳、周颖从没怯场过；新授课、复习课、习题课、讲评课，四种课型的研磨，韩鹏飞和闫果等在不断地摸索前进……

特岗教师集体教研

"教学是个良心活！"他们都这样说，"仓房的学生可爱、乖巧、真诚、和善。几年下来，每天在他们的包围中和他们一起成长，经历多少晨曦与静夜，很多记忆难以抹去……"杨素芬说，刚开学，校长就让她担任五年级语文课兼班主任，让她多少有些手足无措。但学校的领导和老教师处处帮着她。在管理学生及教学方法上，都给了她很好的指导。这些她都看在眼里，记在心里。她把全校老师指导的作文搜集起来，印发给学生。她仔细琢磨今日头条上的阅读训练指导方法。她自费在班里挂上钟表提醒师生时间观念……龚长喜等在班中开展"自己与自己比"，"只要努力，就有进步。进步和成功的喜悦感，经常在他们心中荡漾"。吴艳艳老师接手了六年级的科学、品社两科统考科目后，上网查阅试题，从考点中找重点，以练代讲。坚持每课制作课件，激发学生兴趣，拓展学生视野。学生们都很喜欢上她的课。上学年她教一年级语文，不断向张雪华等老师请教。听说拼音有声挂图对孩子们学习有帮助，她便买了一幅挂在班里，孩子们遇到不会或不确定的音节，便可以点击挂图相应按钮……闫果老师颇有感触地说，从一名新上岗教师到现在能轻松地站在讲台，只有努力提高自身素养，丰富文化底蕴，倾情于教育教学工作，在实践中历练，才能促进自己快速成长。今后他们一定要欣赏孩子，信任孩子，鼓励孩子，让孩子感到学习是一种荣誉……韩鹏飞说身边的好多老师都值得我们学习，李花平老师低年级数学教学经验非常丰富，刘丽老师踏实肯干默默无闻，李娜老师讲课激情奔放，吉晓平老师的班级学生自我管理很有一手，孙海丹老师沉稳干练……不管是老教师还是同龄人，都是他们的标尺，都是他们的镜子。他们的努力也不断有了回报。龚老师在全县中小学教师优质课竞赛活动中主讲的《图片的插入》一课，获小学信息技术学科二等奖。杨老师被镇政府评为优秀教师、优秀班主任，被县教体局评为"教学工作先进个人"。周老师、韩老师、刘老师的优质课在县里也都获了几次二等奖……刘培军说话思路很清晰："老教师善于做学生的思想工作，管理经验丰富，值得我们尊重。教学相长，我们要接过他们手中的接力棒，敢于开拓，有所创新。为山里的孩子点亮明灯，超越梦想，一起飞翔！"

平凡中的感动，令人泪目！

那是个冬天的黄昏，杨老师去街上买菜。那天天很冷，因为急着复习备考，她几天都没买青菜了。她缩着脖子朝街头走。呼啸的寒风中夹杂着有人喊她的声音，回头一看，人家挥舞着手中的东西，喊了她好几遍。走近了才发现是她班的一名学生家长。"杨老师，这是我今儿晚上蒸的红薯，很甜。刚想给你送去，远远地看见是你，就站在这儿等你。你先尝尝！"杨老师的心头一热，泪水不争气地就出来了。她说她一个外乡人，接受这位学生家长真心的馈赠，已经有几次了。她只是帮她活泼聪明的儿子矫正了好动的习惯，锻炼了口语表达能力，督促他把字写好了些，就让人家在寒风里等这么长时间。直到这孩子上了初中，星期天还会找她聊天……说着说着，她赶紧用手捂住嘴巴，热泪滚烫。

"我最大的愿望，就是让我们班的每一个孩子都有进步，都能快乐成长。"吴老师聊起学生如数家珍。班里有个孩子，她从一年级带到二年级，觉得这孩子脑子还行，就是学习习惯不好，主要是家庭条件差，缺乏管理督促。她就严格要求孩子的坐姿、写姿，使他养成读书、写作业等习惯；一见他开小差，就提问他；有意让他帮自己做些小事情，给他鼓励，奖给他作业本、小玩具、小零食；让他当自己的跟班，增强孩子的自信心。那天，吴老师留他在住室里背国学课文，见他对自己摊的煎饼感兴趣，就毫不犹豫地给了他一张……一个学生容易紧张，一上台就结巴。她让孩子们不要嘲笑他，鼓励他给大家讲国学故事，一次次一天天锻炼下来，现在好多了……"个别同学背书迟慢，但是能尽自己最大努力完成任务。家长打工不在身边，回去也没人教。但我觉得他们已经尽力了，经常在班里表扬他们。把一次作业分几次布置给他们，分时间段指导验收。虽然考不到及格分，但是他们能稳在50分以上……"

闫老师说，记得那年他教五年级语文兼班主任，班里一个捣蛋鬼是"无恶不作"，家长老师都拿他没办法。上课捣乱，开小差，说话，睡觉，下课疯狂打闹，大事儿不断，小事儿常犯。有一段时间，可能是这位学生吃坏了肚子，上课经常呕吐。他就和家长沟通，让家长回来照顾孩子。有一次上课，任课老师给闫老师打电话，说这位学生"又晕倒了"。当即，闫老师就飞快地跑进教室，背起他便跑到了镇医院……当这个学生醒过来的时候，看到闫老师时竟然哭了。"一个这么顽皮的孩子，平时和别人打架、被家长打骂都不会哭，还只是一个小孩子，需要关心和引导。"等他出院来到学校，上课也不捣乱了，很少吃那些零食了，在街上见了闫老师老远就问好……每想到这件事情，闫老师就有一股想哭的冲动!

丹江西岸可爱的人!

育人是教育的根本,国学经典是育人的沃土。2018年4月28日,县首次德育工作现场观摩会在仓房镇小召开。局主要领导听取仓房镇小六年级杨素芬老师的《朱子家训》并给予高度评价。四年级闫果老师指导的《笠翁对韵》,以国学经典为主线,既体现了国学传统之美,又融入现代时尚元素,声韵协调,朗朗上口。2018年5月4日上午,仓房镇小与南阳师院联袂举办"大手牵小手,环保伴成长"活动,五年级周颖老师指导的《游子吟》,情景交融,感人至深,寓教于乐。河南日报、南阳日报、南阳晚报等多家媒体争相报道。2018年7月8日,根据我校2014级、2015级特岗教师群体生活原型创作的《特岗青春绽放山村》剧本,选取师生交流和社团生活的一些场景,体现了他们在家庭、学校、社会中的角色定位和积极向上的价值观念,展现了他们融入仓房、投身教育的群体形象。全体特岗教师参加排练。

2018年9月27日下午,仓房镇小龚长喜、刘培军老师指导的中年级的"树上有几只鸟""鸡兔同笼"问题,高年级的巧数线段、自然数连加速算趣味设计,让社员们精神抖擞,活跃异常。2018年11月23日上午,"仓房镇德育成果展演暨师生书写比赛"在仓房镇小新操场成功举行。吴艳艳、龚长喜等新上岗教师用硬笔正楷书写《雨霖铃》,让学生和家长赞叹不已;粉笔板书《早发白帝城》、英语句子等,均展示了他们的硬功夫。2018年12月6日,仓房镇小开展了"国学经典诵读指导优质课竞赛"活动,孙海丹和杨素芬两位教师胜出并将代表该镇参加县级比赛。2018年12月18日下午,仓房镇小在校实验室成功举行师生"国学小讲坛"活动。杨素芬老师指导六年级陈妍讲解的《过犹不及》、陈竹婷主讲的《论语治交友之道》,闫果老师指导王泽鸿的《五十步笑百步》获奖;杨素芬老师的《其身正,不令则行》教会我们管理之道,吴艳艳老师从多方面讲授了学习《笠翁对韵》的意义,闫果老师用《孟母三迁》教会我们要接近好人、事、物,才能学习到好习惯。2019年1月8日,仓房镇小低年级经典讲述社团辅导教师吴艳艳接受采访,说:"经典讲述社团引导学生小组讲故事、评故事,激发了学生的兴趣,增强了学生自我表现的信心,提高了学生与人交流的能力,帮助学生形成积极向上的人生观。"

丝丝管弦,演不尽古风的流光溢彩;悠悠书声,诵不完古韵的悠扬铿锵。风霜高洁赞品质,花落叶红现丹心。2019年3月11日下午,吴艳艳、杨素芬等老师针对"读、讲、演、写、悟"五个环节,分别受到一定数量的物质奖励,吴艳艳、杨素芬、闫果等教师在"五味诵读法"国学指导课上喜摘桂冠。2019年3月28日下午,仓房镇小成功举办了"2019年春期国学节目表演比赛",杨素芬、吴艳艳等教师指导的《论语》《孝经》等节目获奖。国学的芬芳伴着春光弥漫校园，纯真的笑脸映着红领巾格外醉人。四年级刘怡然说，他从《笠翁对韵》中知道了不少古代历史、神话、典故和俗语，特别是读"名对故事"，真是像嚼橄榄一样越嚼越有味。六年级陈妍同学讲道："'贤哉，回也！一箪食，一瓢饮，在陋巷。人不堪其忧，回也不改其乐。贤哉，回也。'只有真正的贤者，才能不被物质生活所累，才能始终保持那份恬静和安宁的心境。""'人有恒言，皆曰，天下国家。天下之本在国，国之本在家，家之本在深。'每个家庭都幸福美满的话，这个国家必定繁荣昌盛。"五年级孙红艳讲道。每一句童年背诵的诗句，都会在记忆深处重新绽放。经典国学特色教育，他们见证过，参与过，奉献着，快乐着。杨老师荣获县里国学指导课竞赛奖，闫老师和吴老师指导的节目在镇上荣获一等奖……

他们的名字不时出现在省市县媒体里，有时被称为"校园里的太阳花"，有时被叫作"丹江西岸的蔡芸芝"。他们说，要无愧于"丹江西岸可爱的人"的称号。

洛宁县长水镇中心小学：
情暖特岗教师，心系乡村教育

2009年9月，河南省首届特岗教师走进农村学校。从此，教师队伍活跃了，学生群体沸腾了，家长朋友欢喜了……"春蚕到死丝方尽，蜡炬成灰泪始干"，这些特岗教师是一汪泉水，滋润着农村的每一片土地。我校自2009年9月以来，陆续接收特岗教师15人，每一个到我校工作的特岗教师，我们都视若珍宝。生活上无微不至地照顾，倾力解决他们的后顾之忧，耐心包容他们；工作上重用，积极安排他们参加各种培训，悉心指导他们。

一、生活照顾具体化

每一个特岗教师到我校，我们都严格按政策落实待遇，除此之外，她们提出的其他问题，我们尽力圆满解决。我校已经退休的张校长，和这些特岗教师的关系就像无话不谈的母女。在校园里，在街上，经常看到这些小姑娘和张校长手挽手、胳膊挽胳膊并肩走着、聊着。对他们生活、工作上遇到的难题耐心解决，让这些特岗教师心里暖暖的。特岗教师王笑迪，第一天来我校，学校为她购买生活必需品后，笑迪老师对学校的木床不太满意，张校长让她稍等，自己一个人悄悄出去了。十几分钟后，我们看到张校长满脸汗珠，汗水浸湿了她的衣衫，用力抱着一张崭新的竹板钢丝床，进了笑迪的住室。9月的太阳还是那么火辣辣，可想而知，张校长汗流浃背地抱着那张床在街上行走是什么滋味。我和在场的同事都被感动了，笑迪也赶紧接过床，略显害羞地说："咱们校长真好……"

特岗教师宿舍

特岗教师马萌萌，从小失去父亲，母亲一人扛起了生活的重担。上大学时，她经济拮据，借了不少外债。在我校上班的第一年，由于需要还账，马萌萌省吃俭用，张校长每次改善生活，总让她到家里吃饭。那年冬天，我们都穿着厚厚的羽绒服，萌萌穿着单薄的衣服，脸冻得通红，手上起了冻疮。我们看着心疼，几次把自己的羽绒服拿来让她穿，都被她拒绝了。萌萌自尊心太强，我们心里干着急也没办法。张校长不知用了什么办法，说服了萌萌，和她一块儿到了县城。元旦过后，萌萌穿上了羽绒服，我们那颗心终于放下了。

学校有这样关心同志的张校长，也有默默付出的刘校长。每一个特岗教师的到来，最辛苦的是刘校长。他跑前跑后，牺牲中午休息时间为特岗教师购买生活用品，接电线，买窗帘、门帘，确保她们生活舒心。

不仅如此，学校还有一个个热心的教师。人无完人，特岗教师毕竟太年轻，说话、办事难免会不尽如人意，老教师都默默地包容着他们。有些特岗教师性格孤僻，说话出口伤人，工作拈轻怕重，任务难以分配，其他老师只能多承担些，为学校默默地奉献着。经过这些年的沉淀、积累，这些特岗教师均有不同程度的成长，比以前成熟多了。为了使这些特岗教师能够安心留在农村，我校教师热心为未婚特岗教师牵线搭桥，解决他们的婚姻问题，使他们安居乐业。2012年元旦，特岗教师马萌萌与长水镇长水村优秀退伍青年孟龙龙喜结良缘。2014年国庆节，特岗教师逯小芳与长水镇孟峪村优秀青年王冬冬喜结连理。从此，二位教师的生活更舒心了，思想更成熟了，我们为他们的幸福而高兴。

二、工作安排人性化

为使特岗教师工作舒心，我校充分考虑特岗教师的个人实际情况，工作安排人性化。在分配工作任务时，尽量发挥其特长，让他们心满意足。特岗教师胡阿慧，音乐专业本科，我们安排她教学校音乐，组建合唱团，学生唱得开心，教师教得有劲儿，达到了师生其乐融融的效果。特岗教师刘珊，美术专业，每次活动时的书法、美术作品展，都由她布置，全权负责。特岗教师张静波，地地道道的洛阳老城人，喜欢播音主持，学校每次的大型文艺节目，我们都安排她主持。我校还有一批甘于奉献、默默无闻的老师，他们不计个人得失，淡泊名利，随时服从领导安排。分配工作时，先征求特岗教师意愿，特岗想干就让特岗干，特岗不想干，他们再干，义不容辞。

三、积极安排培训，提升业务能力

上级部门组织的每次培训，我校都积极参加。通过名师引领、送教下乡、特岗专项培训三大工程，提升特岗教师队伍的整体素质。特岗教师逯小芳、吴萌、胡阿慧、罗倩倩、张静波、马萌萌、刘珊、韦小阳、宋永丽，多次到郑州、洛阳参加各种培训，增长了见识，丰富了思想，提高了教学质量，提升了业务能力。如今，她们中留在我校的，已成为我校的教学骨干，在学生、家长心目中颇有威望。

四、工作耐心指导，促进专业成长

每学期的优质课赛讲，我们组织全校教师听课，每人都要评课，对特岗教师进行全方位的指导，提升了他们的业务能力和事业成就感，提升了他们在县里的知名度。

特岗教师田楠楠，经我校英语教师精心指导，参加县优质课赛讲，荣获洛宁县小学英语优质课一等奖。特岗教师逯小芳，经我校语文教师的精心指导，荣获洛阳市电教优质课二等奖。特岗教师刘珊，荣获洛宁县美术学科优质课一等奖。我校教师不仅在教学上耐心指导特岗教师，而且在班级管理上毫无保留地教给她们方法，确保其所带班级班风纯正、学风浓厚。特岗教师马萌萌，工作认真，对人和蔼，无论是教学还是班级管理能力，均有很大提升。2018年刚到评中级职称时间，她就顺利晋升中级职称。对选择留在我校的特岗教师，我们热情拥抱，为其搭建优质的平台，充分发挥其才能，振兴乡村教育。

遂平县和兴镇初级中学：
优秀特岗教师的摇篮

    遂平县和兴镇初级中学是一所寄宿制农村中学，学校食宿条件较差，教职工人数少，教师流动频繁，教师缺编现象较为严重，我校的特岗教师占全体教师的三分之一。多年来，我校积极开展特岗教师教育教学能力的培训工作，有效提高了特岗教师的教育教学实际能力，回顾我们的工作，主要有下面几点做法和体会。

    一、高度重视，形成共识

    随着我校教育形势的改变，学校领导班子成员深刻体会到：教师的不断优化是一所学校提高教学质量的保证，必须全面提升教师队伍的素质，才能保证我校教学目标的顺利实现。我们认为，加强教师队伍的建设是教育事业永久的根本课题，也是学校工作的重要内容之一，从一定意义上讲，教师素质的高低决定了学校的生存、发展与否。这不仅是我校领导班子成员的共识，同时我们也把这种思想灌输给教师们。大家都认为只有学习和掌握先进的教育教学思想和方法才能为当今社会所接纳，因此，"爱校善教，广博进取"成了教师的座右铭。

    二、周详计划，常抓不懈

    我校特岗教师多，他们都经过专业的培训，有较扎实的专业基础，可塑性大，教学热情高，但实际教育教学经验不足。针对这一情况，我校采取了以下措施。

    1.以老带新，促其成长。

    每一位特岗教师到我校后，学校都会启动青蓝工程，指派一位有经验的老教师来带，目的是通过一对一的言传身教，使特岗教师迅速地掌握实际教学能力，适应我校教学工作的开展。通过这样的安排，不论是刚分配的教师还是从别校调入的教师，通常一个学期就基本适应了我校的教学工作要求。

    2.常听课，促进钻研。

    每学期开学伊始，我校教导处就编制听课安排表，安排时，校长、主任都做了慎重的考虑，本着督促、帮助、提高的原则，周详考虑，合理安排，通常在开学初首先对新入校教师进行摸查听课,了解其实际教学水平,再据此制定相应的帮教措施;其次是例行听课,对象是全体特岗教师,全面听课,了解老师们对教材的理解和施教情况;再次是全校性的观摩课和探索课,由学科带头人、骨干教师和各科推举有经验的教师开课供特岗教师们观摩学习,促进教师教学水平的提高;最后是教研组开展的实验性的探索课。不论是什么样的听课,教师们都踊跃参与,课后进行讨论与小结,并认真记录。通过认真地执行听课制度,全体特岗教师能认真备课、上课,深入钻研教材、教法与学法,教学水平逐年提高,迅速成长为学校教育教学的中坚力量。

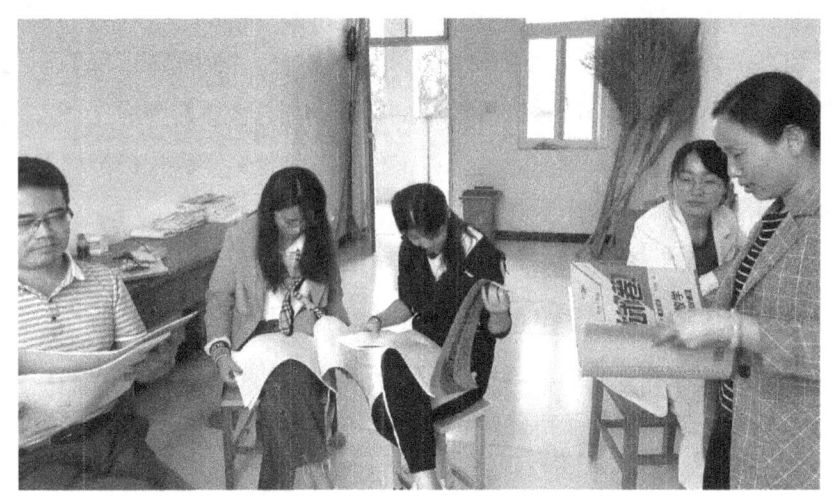

教师集体出卷

3. 有的放矢,促其提高。

任何事物的发展总是有一定的过程的。我们要求各科教研组每学期都要对特岗教师有一个基本功训练的项目,例如,为了适应现代教学的需要,我校举办了特岗教师课件制作比赛、教学基本功比赛,先由信息教师指导特岗教师学习用 PowerPoint 制作课件,在此基础上进行特岗教师课件制作比赛。虽说有的教师制作的课件还比较简易,但有了第一次,教师对制作课件也有了兴趣,大多数教师都能独立制作简单的教学课件。通过这样有目标的培训,特岗教师们的教学基本技能逐步提高。

4. 知人善任,促其成材。

特岗教师的逐步成长是一个磨砺意志的过程,他们身上具有强烈的创造需要和成就需要,"发现—信任—增压—激励"成了我校特岗教师在基本功比赛中获胜的法宝。由于我校领导经常深入听课,对全校教师的教学情况了如指掌,每次开课后,听课的领导都及时对他们上课的情况给予仔细的讲评,指出优点、缺点,提出改进的地方,使教师们每开一次课就会有新的进步、新的感触。根据听课的情况,选拔培养骨干教师,并利用特岗教师基本功比赛的时机把他们"推"上去锻炼，促其成材，被选中的教师大都会因自己的年轻和经验不足而感到惶恐，对此，校长、教导主任都会给予深切的关怀和鼓励，并从人力和物力上给予最大的帮助，俗话说"台上一分钟，台下三年功"，这里边不仅包含了其本人的努力，也凝聚了许多人的心血。对将要参赛的特岗教师的选课、听课、试教及编写教案等准备工作，学校领导无不一一评点，有经验的教师都会主动帮助，准备教具，安抚情绪等。正因为有着集体的力量，特岗教师参赛时才有取胜的信心，赛中才有良好的表现。

三、明确方向，仍须努力

虽然我们已取得了一定的成绩，但随着科技的发展，人的素质内容也不断地更新，作为肩负培养新世纪接班人重担的人民教师，应该不断学习，充实自己，这样才能不负时代的重托、人民的希望，才能为培养建设社会主义的人才做出贡献。

虞城县木兰镇孟楼小学：
爱洒满校园

虞城县木兰镇孟楼小学位于虞城县木兰镇孟楼村，历年来以制度化的管理、良好的师资队伍、注重实效的教学特色，在社会上赢得了一致好评，教学成绩连续多年排在本镇前列。然而，随着老教师的逐渐退休，新旧更替，学校第一次面临发展中的最大困难——师资严重缺乏，好在恰逢近些年国家实行特岗计划，解决了学校的燃眉之急。从2012年特岗到2017年特岗再到2019年分配的实习生，我们感谢在孟楼这片土地上默默奉献的所有一线教师。

对于这些刚毕业走上工作岗位的新手教师们，最初肯定会有各种不适应。比如，第一次离开繁华的都市，来到这偏僻的小村庄；第一次走向讲台，面对一张张求知若渴的面孔；第一次完成从学生向老师的角色转变，试着去承担这个年龄不该有的担当……因此，作为学校，作为领导，作为同事，看着这些年轻的面孔，他们既然抛弃这么多，来到我们家门口，我们就应该把他们当成自己的孩子对待，从工作到思想再到生活，学校都会尽力给予全方位的帮助。

一、工作中关心

全面了解情况，让他们的能力得以充分的发挥。特岗教师们来自不同的领域，面对工作环境陌生、条件艰苦等实际问题，有一部分特岗教师最初很难适应。这时，学校的管理者就应该多和他们促膝长谈。特岗教师年龄结构较轻，他们敢说、敢做，工作积极性也很高。作为校长，应该多听听他们的意见，尊重他们的建议，采纳他们的正确意见推动学校工作。他们知识丰富，学历较高，动手能力强，应该相信他们，放手让他们去做。

另一方面，特岗教师们第一次走上工作岗位，第一次站上讲台，难免会有点不知所措。因此，在学校开展一些帮扶工作显得尤为重要。让年长有教学经验的教师与新教师采取"一帮一"的"传帮带"模式，帮助部分年轻教师克服教学中的实际困难。在校外采纳"走出去""请进来"的措施，把新教师带到城区优秀学校听示范课，或者把城区优秀教师请到学校来指导年轻教师。或者搭建一些网络学习交流平台，通过平台准确把握教师的思想动态，以及答疑解惑，引导他们更好地成长、更快地进步，逐步提高特岗教师的业务能力。

二、思想上关注

积极开展与特岗教师的交心和谈心活动。召开特岗教师座谈会，倾听特岗教师的意见和建议，及时了解他们的学习、生活情况，掌握他们的思想动态，并有针对性地进行疏导，最大限度地激发他们从教的热情。为了充分发挥特岗教师的主体作用，我们通过教职工代表大会，支持和引导他们主动参与学校管理，树立主人翁意识，让他们把自己的满腔热情全身心地投入到自己最热爱的教育行业。

特岗教师都有着对教育的满腔热情和美好理想，但缺乏对现实的清醒认识，以及对学生的了解和把握。因此，学校领导以及年长教师们应当多关心和开导，帮助他们走出困境。他们从大学毕业离开学校，再重新回到学校，由学生变成老师，个人身份发生了彻底的变化，必然会面临着诸多的不适应。作为学生，只需要自己学懂学会就好了，而现在是想方设法地让学生学懂学好。角色转变了，他们的一言一行都会直接或者间接地影响着学生的发展，因此我们会耐心地引导每一位新走上工作岗位的年轻教师，学高为师，身正为范。我校2017年两位特岗教师孟春连和孟筱菲，通过学校帮助他们成长，如今在各自的学科领域取得了一定的成绩。

教师研讨

三、生活上关怀

学校努力改善特岗教师的生活条件，为远离家乡的教师提供较好的住宿条件。在生活上给予无微不至的关心和照顾，及时帮助解决工作生活中遇到的困难。特岗教师大都来自外地，远离亲人，远离家乡。比如本校 2012 届特岗教师张贝，家是民权县的，只身一人来到我们虞城县木兰镇的一个小村庄。为尽地主之谊，校长以及学校的老师们坚持每周车接车送，把她送到车站；担心她一个人住在学校害怕，校长还亲自陪护，让她每天按时做饭。身为"60 后"的杨校长说："人家既然来到咱这儿了，不辞辛苦地给咱的孩子上课，我理应把她当成自己的亲闺女来对待。"吃住都不用担心了，宿舍里还给她配备了电视和电脑，这样衣食住行各方面的困难都得到了解决，解除了她工作之余的负担，让她能安心地工作。

2019 年新分配的两位实习生，校长更是亲自把他们带到自己家，吃住全包。每天早早地起来做好饭，然后再一个一个地叫他们起来吃饭。为了他们的身体健康着想，又坚持每天晚饭后领着他们在环村公路上散步健身。

特岗计划切实有效地解决了农村学校师资短缺、教师结构不合理、素质教育进课堂等难题，进一步缩小了城乡学校的师资差距，为农村教育带来了无限生机。特岗教师付出了这么多，作为学校，我们理应给予他们全方位的关怀，帮助他们成长就是在帮助农村教育，关心他们就是在关心每一位在农村受教育的孩子们。

特岗教师是一个特殊的群体，学校有了他们的加入变得更加精彩，同时这也给学校带来新的挑战，特别是给学校的管理者带来一个全新的课题，比如说，如何让这个新群体自然融入整个教师群体；如何进行有效管理，让这个新群体发挥更大的作用。这些都需要我们做进一步的探索和研究。他们正青春，有活力、有特长，只要我们用心待人，用心与他们沟通交流，想他们所想，切实为他们解决实际困难，为他们搭建健康成长的平台，真正让他们留得住、教得好、成长快，他们的正能量就能得到有效释放，使学校的教学绽放更加绚烂的色彩。

（五）高校"特岗计划"实施工作优秀案例

河南师范大学：
弘扬基层就业主旋律，培养担当有为新青年

习近平总书记指出："发展乡村教育是功在当代、利在千秋的大事，要把乡村教师队伍建设摆在优先发展的战略位置。"实施特岗教师计划，是创新教师补充机制，吸引高学历人才从事农村义务教育的重要改革；是扩大高校毕业生就业渠道，促进青年人才健康成长的有效途径；是提高农村教育质量，实现贫困地区精准脱贫的有效措施。高校作为人才培养的主阵地，宣传"特岗计划"政策，鼓励和引导更多青年大学生加入特岗教师队伍，助力脱贫攻坚是我们义不容辞的责任。肩负着时代赋予的光荣使命，河南师范大学责无旁贷地扛起了培养基础教育领军人物的大旗。自2009年河南省启动"特岗计划"工作以来，河南师范大学高度重视，积极探索，勇于实践，强化大学生思想教育，加强政策宣传引导，着力职业素质提升，逐渐形成了具有师大特色的"特岗计划"工作经验，现将我校主要做法汇报如下。

一、以思想教育为切入点，服务河南发展大战略

1. 注重思想引领，激发投身基础教育热情。充分发挥课堂育人主渠道作用，积极利用思想政治理论课堂和就业创业指导课堂，宣讲"特岗计划"政策措施，播放"特岗教师"计划教育片等，对师大学子进行人生观、价值观和就业观的教育和引导，鼓励广大毕业

生积极响应国家号召，扎根基层、服务农村、奉献自我。学校准确把握新生入学教育契机，讲好大学第一课，用优秀特岗教师毕业生的典型事迹号召广大青年讲奉献、勇担责，以实际行动诠释当代青年的理想信念和责任担当，系好学生的第一粒扣子。

2. 发挥榜样效应，树立特岗教师先进典型。充分利用校友资源，树立先进典型，注重榜样引领，广泛邀请战斗在特岗教师一线的优秀校友来校做报告，组织青年学生现场聆听特岗教师扎根基层、热血奉献、牵手孩子的感人故事，用学生身边人讲述身边事，用身边事影响身边人，通过榜样的力量引导和带动更多的毕业生加入特岗教师队伍，到祖国最需要的地方书写别样精彩的人生。认真组织"播种希望与未来"乡村特岗教师巡回报告活动，激励更多的毕业生以特岗教师为榜样，到基层和人民中去建功立业，为推动教育事业新的发展做出应有的贡献。

3. 创新教育形式，开展教育扶贫志愿活动。为使青年大学生对"特岗计划"有更直观的认知和更直接的了解，学校以每年一度的暑期社会实践为契机，彰显师范大学的办学特色，认真开展教育扶贫志愿活动，组建"守望乡村教育"公益支教、"解析成长，积分梦想"教育关爱、"帮扶留守儿童"等多支社会实践志愿服务团队，深入广大农村开展课业辅导、素质拓展、益智游戏、亲情陪伴等教育精准扶贫关爱活动，了解当地农村留守儿童生存现状，寻求留守儿童问题对策，为农村留守儿童群体提供基础教育支持，同时引导实践队员在实践中感悟、在历练中提升，不断激发其投身基础教育事业的雄心壮志。

二、以宣传指导为支撑点，构筑立体育人新模式

1. 在方式方法上求创新，做到线上教育与线下教育的联通。不断完善指导服务体系，加强对学生的教育引导，就业创业指导服务中心定期编印《就业创业指导报》面向全校学生发放，每学期编印1—2期，宣传对象涵盖全体博士生、硕士生、本科生近4万人，实现了就业创业政策的全面覆盖。《就业创业指导服务手册》作为毕业生指南性读物，每年面向全体毕业生发放，其中包含解读特岗教师政策的模块。在开展线下教育的同时，积极开展线上教育，充分利用学校就业创业信息网、就业创业指导报官方微博及就业创业指导服务中心微信公众号等形式集中宣传特岗教师典型人物，开设政策专栏宣传毕业生就业创业政策，尤其是精准解读大学生普遍关注的基层就业问题。

2. 在时间安排上巧设计，做到日常教育与集中教育的联动。学校在日常的教育管理服务中十分注重对学生开展普及性的教育引导工作，就业创业指导服务中心设置就业政策咨询室，及时解答学生对特岗计划等就业政策的疑惑。充分发挥学生宿舍在大学生日常教育中的重要作用，在全校宿舍楼大厅多媒体终端显示屏上连续滚动发布各类就业创

业政策文件，使广大学生可以随时随地了解特岗教师有关文件精神。在做好日常教育的同时，积极开展就业政策宣传周、就业创业指导服务月等活动，在校园主干道宣传栏、学生餐厅、就业服务大厅、图书馆等学生流量较大的公共场所张贴政策海报，集中宣传"特岗计划"等服务基层的政策和措施，吸引众多学生驻足阅读，使之洒遍校园每一个角落，走进每一个学生心中。

3. 在力量整合上凝合力，做到校内专职与校外兼职的联合。定期面向全校公开遴选就业指导教师，积极组织就业指导教师外出研修，举办"特岗教师计划政策解读"专题学习讲座，集中学习特岗教师计划的政策，开展就业指导教师"特岗教师"教案评选活动，不断提高就业指导教师的理论水平和教学能力。同时，注重整合育人力量，凝聚育人合力，广泛邀请教育主管部门领导、中小学教育管理者、优秀特岗教师代表等到校开展讲座报告，积极鼓励积极响应国家号召，到基层去，到乡村学校第一线去，以实际行动体现新时代青年大学生的理想信念和责任担当。

三、以素质提升为主攻点，唱响基层就业主旋律

1. 重能力提升，深入开展师范技能训练。广泛搭建各类大学生基本技能竞赛平台，开展三笔字大赛、讲课说课比赛、课件制作大赛、双语演讲赛等活动，突出对师范生技能的培养，突出师范大学教师教育特色，积极构建以师范生为核心的各项师范生教师专业能力训练活动，丰富创新教育实践，促进学校师范生教学能力的提升，积极培养综合能力过硬、专业知识扎实、师范技能突出的优秀教师，为今后同学们走上特岗教师岗位奠定坚实的基础。

2. 重考前指导，深入开展备考培训活动。每年5—6月，为了提高复习效率和考试通过率，就业创业指导服务中心为有意愿参加特岗教师招聘的学生提供指导服务，面向全体毕业生开展特岗教师考试公益培训，免费发放复习资料，助其科学备考。主讲老师一般会围绕河南省特岗教师招聘的考情考务，结合特岗教师招聘考试的历年真题以及实际案例对考查重点进行深入解析，并对教育学、心理学等知识点进行梳理串讲。每年参与学生人数达千人，反响强烈，效果良好。

3. 重品牌创建，深入开展就业指导服务月。多年来，就业指导服务月活动不断创新形式、丰富内涵，逐渐形成了独具师大特色的工作品牌。通过大学生职业生涯规划测评，帮助同学们全面认识职业，深入了解自我，树立科学的人生目标；设立"就业创业咨询日"，根据同学们的疑问，有针对性地安排老师进行答疑解惑，帮助学生全面了解国家就业政策；开设就业创业大讲堂，邀请优秀校友进校园开展讲座，帮助大学生及早树立就业主体意识，增强职业规划能力；举办简历制作比赛，开展求职实用技巧讲座，举

办简历制作比赛，提高学生的教师应聘能力和水平。学校通过就业指导服务月的各项活动帮助广大学生树立职业发展意识，掌握生涯规划方法；帮助大学生了解就业创业形势与政策，提升就业创业竞争力。同时，鼓励各学院结合专业特点、年级特点，自行设计、有序开展一系列大学生喜闻乐见的就业创业指导服务活动，形成各学院在就业创业指导方面的活动品牌。

在校领导的高度重视、职能部门的分工协作、学院的大力配合下，我校毕业生不断提高对特岗教师的认同感和使命感，每年报考特岗教师的人数超过2200人，且呈逐年上升趋势，许多学生选择在特岗教师的岗位上为基础教育事业贡献自己的青春智慧，涌现了以张杰为代表的一批特岗教师典型人物。我们在悉数来时路上点滴经验的同时，也在不断思考总结，借鉴学习，开拓创新，引导同学们打好"勤学、修德、明辨、笃实"的精神底色，积极理解和热爱教师职业，坚定教师信念，弘扬师德精神，努力做教育改革的奋进者、教育扶贫的先行者、学生成长的引导者。

商丘师范学院：
联合联动，做好特岗教师培养组织工作

自2009年至2018年，商丘师范学院校共有35948人次报名参加特岗教师考试，5762人被录用为河南省特岗教师，为特岗教师培养做出了自己的贡献。商丘师范学院充分发挥师范类高校在培养教师方面的优势，教务部门和招生就业部门与地方相关部门联合联动，积极做好河南省农村义务教育阶段学校特岗教师培养和宣传发动等组织工作。现将相关的工作举措总结如下。

一、强化教师专业技能，校地联合联动，打造"教师教育精品工程"

学校始终将打造"教师教育精品工程"确定为师范专业建设的核心工作。围绕"面向3—12岁儿童，聚焦学前、小学教师培养，适度开展初、高中学科教师培养"的总体定位，组建教师教育学院，协调教师教育规划、建设和发展，提升教师教育整体水平和研究、服务、引领地方基础教育的能力；与商丘市、永城市、鹿邑县等市县联合组建教师教育共同体，成立领导小组，建立工作协同机制，整合区域内教师教育政策、智力、制度等资源优势，推动教师教育创新发展。

二、创建"互联网+"工作坊，用一线名师培养未来教师

发挥"互联网+"优势，依托网络研修平台，分学科建立"师范生教学技能培养工作坊"。与商丘市教体局密切配合，以商丘市名师工作室成员为主，分学科遴选62名中小学、幼儿园一线名师，与高校教师一起，作为工作坊主持人。采取"师带徒""1带8"等方式，创新性构建了"集中培训+网络研修+跟岗学习+现场实践"线上线下相结合的混合式师范生教学技能培养新模式。通过集中培训，学生明确学习任务，师傅进行示范教学。通过网络研修，师生共同进行课程标准、教学设计、说课技巧、课堂教学、班级管理等理论学习。借助CCtalk直播软件和网络平台直播功能，进行课堂直播，实现远程教学、评课议课、教学指导和互动交流，解决了师傅指导徒弟的时空困境，缓解了一线名师对师范生指导与本职工作之间的矛盾。学生通过跟岗观摩，习得师傅经验；通过现场实践，提升教学技能。最后以赛代训，组织各类活动和比赛40余场，既检验了培养成果，也调动了参与主体的积极性。

三、借用"顶岗实习"模式，对特岗教师实现有效引流

学校高度重视"国培计划""省培计划"，尤其是在"顶岗教师"方面，积极探索在职教师培训模式改革，按照"整体设计，分段实施，协同推进，育用结合"原则，设计了"教师培训团队研修项目"新模式。该模式以教师培训团队研修项目为主体，将培训团队研修、送教下乡和工作坊研修项目一体化设计。学校与濮阳、虞城、柘城和民权等市县合作，由项目县教体局统筹相关责任主体，分工协作，共同实施，既解决了团队研修项目参训学员的工学矛盾，提升了参训学员选派质量，增强了培训实效；也为项目县送教下乡和工作坊研修项目提供了实施团队和指导专家，有效提升了培训质量。

探索"县培计划"模式。与民权县人民政府签订《教育合作战略协议》，在共同实施中小学幼儿园师资系统培训基础上，学校选派118名大四师范生到民权县城乡中小学顶岗实习，共建公办民助幼儿园，提供师资和教学设计，带动全县学前教育发展。

四、高效落实政策，把组织实施基层就业项目作为促进就业的重要途径，积极引导学生到基层就业

招生与就业处每年都组织学生参加特岗教师的报名、审核及录取的相关工作；积极开展就业创业服务周活动，通过活动宣传了毕业生就业的相关政策和具体措施，强化特岗生就业培训，每年为毕业生开展政策解读讲座、面试技巧培训、形象礼仪培训、就业心理咨询培训等，增强就业指导效果，提升特岗教师的录取比例。建立和完善集网站、短信、微博、微信、QQ工作群等新媒体于一体的便捷、有效、开放的信息服务体系，通

过就业工作微信公众号实现毕业生生源信息完善、就业信息填报功能；成立大学生就业与创业协会，协助就业指导中心完成招聘模拟大赛、双选会等就业服务活动，提升就业能力；出版《招生与就业指导报》，打造线上与线下相结合，多维度、多层次覆盖的就业服务体系，为毕业生提供高效、快捷、优质、便利的信息通道。

2019年，我们将继续贯彻特岗教师工作精神，狠抓内涵建设，提高教学质量，加大宣传与引导力度，持续推进特岗教师计划蓬勃开展。

洛阳理工学院：
广阔天地大有作为

洛阳理工学院以党的十八大、十九大和全国教育大会精神为指导，深入推进国家基层项目的落实工作。针对"特岗计划"，开展积极有效的思想政治教育，引导大学生树立正确的世界观、人生观和价值观，自觉地把个人理想同国家与社会的需要紧密结合起来；在制度保障、宣传动员、培养指导、组织帮扶等方面不断加大力度，保证了"特岗计划"的顺利实施，取得一定成效。近年来，我们主要从以下几个方面开展工作。

一、面对问题——抓认识、建机制

基层特别是中西部地区，经济社会发展相对落后，工资待遇低，生活条件相对差，对大学生缺乏足够的吸引力，所以很多人情愿在大城市打"零工"，也不愿到基层。部分领导和老师中也存在这样那样的认识问题。

1.加强政策宣传。面对存在的问题，我们首先做好教师的培训，在各种会议以及辅导员培训工作中，基层就业政策的宣传是重中之重，解读党和政府有关高校毕业生到基层就业的政策，让大家充分了解积极引导和鼓励高校毕业生面向基层就业，有利于青年人才的健康成长和改善基层人才队伍的结构，有利于促进城乡和区域经济的协调发展，有利于构建社会主义和谐社会和巩固党的执政地位。通过多种方式大力宣传高校毕业生在基层创业成才的先进典型，唱响到基层、到西部、到祖国最需要的地方建功立业的主旋律，在全校形成良好的舆论导向。在提高认识的基础上，各级领导和老师重视基层就业推进工作，把"特岗计划"的实施列入重点工作内容；就业指导中心也在每年的毕业生就业质量报告里把"特岗计划"实施情况列为单项模块，在报告解读会上详细解析，以提高全校上下对此项工作的关注度和重视度。

2.将特岗计划作为重要指标纳入就业工作考评体系。学校2019年修订就业工作考核奖励办法，把特岗计划的实施过程和结果明确列为二级学院考核指标。

3.推动特岗计划校级目标管理考核体系。2019年学校实行目标管理，为进一步促进特岗计划的开展，大学生就业指导中心已经在提升性指标中把特岗计划开展情况列为学校目标管理考核加分项目。

4.提供经费保障。学校每年划拨9万元作为"基层就业和特殊群体就业帮扶保障费"，其中特岗计划是重点保障项目。

二、面向学生——抓宣传、造氛围

特岗计划是国家面向基层就业政策的重要组成部分，参与这个计划会给学生个人带来良好的成长空间和发展机遇，以往学生对此认识不足。同时，学生就业观念受社会和家庭影响，也会对特岗计划抱有一定的疑虑。针对这些问题，我校加大宣传引导力度，从广度和深度上促进学生"知其然、知其所以然"，从而自觉地投身这项宏伟工程。

1.充分利用微信、微博、QQ企鹅号、校园网等新媒体的即时快速传播优势，大范围、多视角、常态化推送特岗计划的政策内容、优惠条件、实施进展和特岗教师成长的典型事迹，对各年级学生造成强烈的正面影响。2018年全校各类媒体共发布宣传文案32则。

2.开展多种形式的培训、讲座和日常咨询活动，深入宣传特岗计划。每年学校都会举办一次毕业班辅导员业务培训和一期覆盖全体新生的职业规划讲座，把特岗计划列入重点培训和讲解内容；学校就业指导部门和各二级学院通过就业指导课、各类就业指导讲座、求职工作坊等形式，广泛宣传推介特岗计划。

我校2012年文秘专业专科毕业生陈玮云，在校期间系就业指导中心学生助理，参与了特岗计划的宣传工作，对特岗计划深入了解并产生了浓厚的兴趣。毕业当年，因为该生不是师范生，不具备报考特岗计划的资格，在老师鼓励下她树立信心，参加了专升本考试，并在专升本毕业后参加特岗招考，顺利录取到河南省延津县。

3.学校每年向毕业生印发就业指导手册一万多份，其中也有专门介绍特岗计划的内容。

三、面临抉择——抓帮扶、促发展

在实施特岗计划时，不少学生因为对相关政策、条件和工作流程了解不够，申办遇到麻烦会有畏难情绪，有的同学因办理周期较长，思想也会发生变化。针对这些问题，我校加强组织领导、精准指导和跟踪回访工作，帮助有意愿的同学坚定信心，顺利完成申办工作。

1. 学校成立特岗计划领导小组。由大学生就业指导中心主任担任组长，另外抽调2名教师和6名学生助理，专门负责特岗计划的报名组织、申报指导、初审、统计上报和后续跟踪等工作。

2. 提供个性化服务。每年7月开始实施计划前，领导小组成员全体就位，随时为报名学生提供咨询、指导和帮助。在报名阶段，有部分学生因对政策了解不彻底，报名资料准备不完善，造成初审未通过，而学生本人又不注意登录查询实时详情，很容易错过报名时间。为了使这部分学生能够顺利完成报名工作，我校一方面通过微信公众平台宣传特岗计划相关政策，另一方面组织专人负责与这部分学生进行逐一沟通。在此期间，很多学生已经到基层学校代课锻炼，电话经常无人接听。我们就利用工作休息时段与学生沟通，并通过微信、QQ等网络交流方式与学生本人取得联系，2017、2018两年，我校采用这种方式与284名学生取得了有效沟通，保障了学生报名工作的顺利完成。

3. 加强后期跟踪回访。在报名结束后，领导小组继续做好学生的回访工作，及时了解选拔结果，对通过选拔的同学加强思想教育和鼓励动员，同时积极帮助办理好就业手续，保证他们顺利走上工作岗位；对未通过的同学做好安抚工作，并主动帮助其走出选拔失利的阴影，正确认识自己，重新定位和规划，寻找新的就业机会。

通过扎实工作，我校特岗计划实施取得较好成绩。近三年特岗教师报名人数都在600人以上，2018年更是突破700人，创历史新高；近三年来录用率也逐步上升，2016年为16人，2017年为31人，2018年为94人。

周口师范学院：
坚持"双对接"，构建特岗教师人才培养体系

周口师范学院坚持"地方性、综合性、应用型"的办学定位，以做精师范教育为目标，不断深化教育教学改革，学校人才培养质量和服务基础教育的能力稳步提升。全省"特岗计划"实施10年来，我校学生考取特岗教师人数7853人，录用率高于全省平均值10个百分点，位居全省同类高校前列，为推进乡村教师补充长效机制建设做出了应有贡献。

学校连续三年实现了毕业生就业创业人数"双增长",据2016年第三方调查统计,在全省公办本科高校中,我校毕业生的创新能力水平排名第2位;毕业生就业竞争力位居全省8所本科师范院校首位;学校师范类专业人才培养的做法,在全省教师教育工作专项推进会上作了题为《整合资源,建立平台,努力提升教师教育专业人才创新教育能力》的典型发言;学校荣获2018年度全国创新创业典型经验50强高校。

如何走出一条有地方师范院校特色的师范教育之路,是学校近年来重点思考、探索的改革课题。为此,学校确立了以建设应用型高水平本科高校为目标,形成了"对接基础教育嵌入专业教学,强化职业技能培养;对接就业政策融入就业指导,助力生涯发展"的特岗师资"双对接"人才培养体系。

一、对接基础教育嵌入专业教学,强化职业技能培养

一是构建"全覆盖、深融入"的师范类专业的教育体系。以覆盖师范类专业教育教学各个环节和全体学生为目标,分层分类推进师范类专业教育与教育教学技能的深度融合,探索实施了"(4-X)+X"、项目化教学、模块化教学等多样化的人才培养模式改革,全面开展"学程分流、方向分流"师范类专业人才培养。

二是构建"全方位、立体化"的师范类专业课程体系。修订人才培养方案,加大教育学科课程的整合,增加教育类公共选修课。优化师范类专业课程结构,创新教学内容,完善教育理论课程体系;增设多媒体课件制作、网络教育与应用、微格教学等现代教育技术课程,增加书法、教师口语等基础训练课程,将教育心理学、心理咨询、心理健康教育等内容整合到普通心理学课程中,将与基础教育课程改革相关的内容整合到普通教育学课程;在调整公共教育必修课的基础上,进一步加强公共教育类选修课,在教育学类课程、心理学类课程、艺术类课程平台上,要求师范生每人每类至少选择一门,修满2学分。三是构建"开放式、多元化"的师范类专业实践体系。依托"周口师范学院教师教育训练中心",以师范类学生教师职业技能训练为基础,强化师范类学生教学、实践及科研训练,现已成为省级实验教学示范中心。中心拥有学术报告厅、学术讨论室、微格教室、精品课程制作室、多媒体课件制作室、基础心理实验室、应用心理实验室、教师形象训练室、普通话训练室、摄影实验室等11类38个分实验室,构建起了"开放式、多元化"的师范类专业实践体系,充分发挥了满足基础教育改革发展对中小学教师培养的需求,提高师范类专业学生的教学技能,加强实践应用环节的训练,完善个人形象的功能,为师范类专业学生毕业后成为高素质教师搭建了实践平台。每学期推出"音乐聆听·美术感悟"系列讲座,培育师范类专业学生人文精神和艺术鉴赏能力。四是构建"日常性、多样化"的教育教学技能训练指导服务体系。采取多样化的方式方法,强化师范

生教育教学技能训练日常训练，在师范类专业课堂教学活动中，最大限度地发挥课堂教学的训练功能；在师范类专业学生课外活动中，鼓励师范类专业学生成立教学技能训练类社团，调动学生自发组织、自动参与、自主开展实践训练活动的积极性；在师范类专业教学技能竞赛活动中，经常性举办教学技能大赛、说课大赛、三笔字大赛、演讲大赛等。五是构建"全过程、精准化"的顶岗实习支教体系。学校有力推进师范生顶岗实习支教工作，在周口的县（市、区）中小学建立稳定的教育实习基地36个，实习时间调整为一个学期，学生在顶岗实习支教过程中，需要完成课堂教学、课后辅导、班主任工作及教育调查等。自2009年开始，学校在偏远、缺乏师资的农村中小学建立顶岗实习支教基地，顶岗实习支教基地分布在周口7个乡（镇）的23所中小学。学生经过一个学期的全方位、全过程、精准化的课堂教学和班主任工作实践，既有效地增长了实践性知识和教师专业技能，又培养了吃苦耐劳、艰苦奋斗、团结协作的精神，强化了学生的强烈社会责任感和使命感，改变了学生的就业观念，激发了学生考取特岗教师的信念。

二、对接就业政策融入就业指导，助力学生生涯发展

一是树立"招生、人才培养、就业"三位一体的大就业理念。立足师范类毕业生学生成长成才和发展需要，探索出了既能对师范类毕业生学生群体就业教育指导又能对个体生涯规划咨询服务的分层教育、分类指导、多维度推进的学生就业工作模式。通过分层教育，将课堂教学与就业创业讲堂有机结合，引导师范类毕业生树立参加特岗教师招聘等基层就业的信念；通过分类指导，将学业规划与职业规划紧密联系，提升师范类毕业生参加特岗教师招聘的针对性；通过多维度推进，将就业政策融入就业指导教育环节，确保学生考得上、留得住特岗岗位。

二是面向全校师范类专业学生推出了"生源发展面对面"咨询服务平台。以面对面、一对一的方式，开展师范类专业学生个性化职业、学业规划咨询。通过组建生涯发展面对面指导专家团队、开通网络预约平台、设立专家咨询场所、规范咨询服务流程等，为师范类专业学生提供包括特岗教师等项目化就业咨询辅导。学生可通过网络自主预约、自主选择职业规划指导专家方式进行，已连续举办188期，为师范类专业学生选择特岗教师岗位提供了有效的支持。

三是面向全校师范类专业学生分层分类就业指导。注重一年级学生适应大学生活教育、专业思想教育、学业生涯规划指导等，树立师范类专业学生为基础教育服务的理想；注重二年级学生专业发展教育，加强职业生涯规划、个人能力发展及个人专业兴趣的引导，培养师范类专业学生的教育教学技能；注重三年级学生向特岗教师岗位的引导，根据每个学生自身状况，量身打造适合学生发展的培养方向和模式，对有意愿考取特岗教

师的学生开展就业观念、择业技巧和能力的辅导；注重四年级学生考取特岗教师知识、技能的免费培养和训练，指导考取特岗教师学生的区域、岗位选择。四是充分宣传动员，举办免费考前培训，严肃资格审查，为毕业生顺利报考提供全方位服务。通过学校就业信息网站、QQ群等宣传渠道，及时发布"特岗计划"招聘对象、资格、报名考试流程、工资待遇及服务期满的政策等信息；组织学校有关专家、教师，针对报考特岗教师的学生免费开展考前培训20余期，累计培训学生15640余人次，培训内容包括教育学、心理学、教材教法、教育法规、新课改等教育理论知识、笔试和面试技巧，有效提高了毕业生的录取率；及时进行网上报名资格审核、反馈，耐心回答参加考试学生的所有问题。

三、"双对接"的"特岗教师"人才培养体系成效显著

学校坚守"师范底色"，以教师教育实验教学示范中心、教师教育改革创新实验区、教师教育联动发展共同体建设单位、中小学学科教育教学研究基地等四大省级平台为载体，努力办好"接地气、卓越化"的师范教育。通过对师范类专业学生进行"时段性"的特岗教师岗位培养培训，不但形成了特岗教师教育的体系化，而且提高了师范类专业学生考取特岗教师的针对性。10年来，累计有35380人报考"特岗计划"，实际录用特岗教师7853人。师范类毕业生在全省第14届教师教育专业教学技能大赛中获一等奖12项，连续10年稳居全省教师教育专业毕业生教学技能大赛团体总分第一阵营。学校先后被授予"河南省高校就业创业工作先进单位""全国大学生社会实践活动先进单位""全国创新创业典型经验50强高校"等荣誉。中央电视台、光明日报、中国教育报等新闻媒体对学校师范类专业人才培养、就业指导服务等进行了多次宣传报道。

二、河南省特岗教师工作案例

他用青春为特岗教师代言

濮阳县徐镇镇昆吾社区小学　杨　承

"好想这样一直陪着他，让他开心……"这是教育时报记者最近在微信朋友圈里看到的杨承的一条动态，文字下面配的是一张孩子开心的笑脸。习惯了杨承工作时的状态，看到这条饱含父爱的文字，教育时报记者心里一阵感动。

集体备课

从甘肃小伙到地道濮阳人，从黄河滩区到平原社区，从教师到校长，从孤身一人身在异乡到为夫为父安居乐业，杨承经历了很多。但他说，不管身份怎么变、环境怎么变，特岗的使命不敢忘。他要用实际行动为特岗教师代言。

岗位、身份的变化带给 2016 河南最美教师杨承的又是怎样的挑战？作为特岗教师群体的优秀代表，杨承又会有什么新的动态和消息呢？带着这些疑问，教育时报记者 11 月 30 日走进濮阳县徐镇镇昆吾社区小学，再次走近杨承。

教育时报记者到达学校时，已临近中午，在校门口，看到了正在送学生放学的杨承。

1年，学生从70到700

"2015年你来时，刚招生，只有70余名学生；现在，700多名学生，又是一个新的挑战。"虽说是挑战，但从杨承为教育时报记者的介绍中，能体会到他心里的兴奋。

将回家的学生送出校门，杨承和几位老师就赶紧回到学校——还有一批在学校吃饭的学生等着他。"有一部分学生家离学校远，中午家长接送不方便，我们就建了一个食堂，给不回家的孩子们做饭。"杨承说。

说起学校食堂，又是杨承的一个创新之处。因为不是寄宿制学校，没有餐厅食堂相关设施，杨承就将学校3间闲置的教室腾出，一间做食堂操作间，另外两间做餐厅。

"说是学校食堂，其实和学校没什么关系。"该校教师陈亚南说，为了解决孩子们的吃饭问题，杨承组织家长成立了家长委员会，由家长委员会全权负责学生中午吃饭问题。从设备购买到厨师聘请，从食品采购到菜谱制订，从收费标准到财务监督，全部都由家长委员会负责，学校不参与。而且学校老师每天都要义务进行监督检查，维持学生就餐秩序，让每个学生都吃饱吃好。

"学校年轻老师多，为了减轻老师负担，杨承还与家长委员会协商，让老师每月缴纳相应费用，中午和孩子们一起用餐。"陈亚南说。

"乡村留守儿童比例较大，我们通过问卷调查，发现超过3/4的学生处于课外阅读的盲区，所以我们决定将课外阅读指导课及国学经典课纳入课程表，同其他课程一样参加校内随堂课、公开课听评活动。"杨承说，为了让老师和学生们重视国学教育，2016年，他带头担任国学课老师。为了让孩子们喜欢阅读，杨承想办法为每个班级建起了图书角。

就在教育时报记者采访的当天，学校为每个班定制的个性书架送到了学校。看着新书架，孩子们高兴地又蹦又跳，杨承和老师们也是满脸激动，商量着如何摆放。

家长委员会是杨承推行家校沟通的一个有效途径。为增进与家长的互动，让家长第一时间了解学校动向，杨承还开通了昆吾社区小学的微信公众号，定期发布招生政策、教学动态、校园活动、家教知识等丰富多彩的内容，深受家长们喜爱。

正是因为杨承的用心，仅仅一年时间，学校学生人数就从刚建校时的70余人增加到现在的705人，而且这一数字还在不断增加。"这远远超过了当初我们3年生源突破500人的计划。"杨承说，老百姓的认可也给了他带好学校、做好事业的信心。

一腔热血，使他成为教师的榜样

在昆吾社区小学的第二天，杨承早早起来，要赶往几公里外黄河滩区的六市小学了解情况。那是杨承教育梦开始的地方。

一路颠簸到达六市村，所遇到的每一个村民都热情地和杨承打招呼，嘘寒问暖，让从进村到学校原本几分钟的路程硬是走了快半小时。

早就听说滩区学校条件不好，可六市小学狭小的校园、简陋的教室、巴掌大的操场还是出乎了教育时报记者的意料。可就是这样的条件，杨承在这里一干便是两年。

"杨承没来之前一共4个老师，都是50多岁。"临近退休的林爱忠老师回忆说，杨承到六市小学后，不怕苦累，包班教学，开齐体音美课程，想尽各种办法调动学生积极性，还在校园后面开辟出一块操场上体育课。"他一来，六市小学重新活了。"

"当时最主要是没有住的地方，我晚上都睡在教室的课桌上。"杨承说，学校离集市将近5千米，出去一次要买一个星期的菜，一遇到雨雪天就断菜。第一年冬天，一场大雪让他仅靠4个土豆、2棵葱过了5天。

可是这些都没有难倒杨承，有家长和学生的支持，他坚持了下来，而且将爱心从学校延伸到了村里。村里面的困难户和孤寡老人，他都帮助过，在村里的口碑非常好。

"现在虽然离开了六市小学，但我还是要时常回来看看。"杨承说，六市小学师资力量薄弱，教育教学条件差，所以他时常组织老师来这里支教，也经常支援一些教学设备，今年杨承还将昆吾小学一套暂时不用的电子白板送到了六市小学。

离开六市小学，教育时报记者又跟随杨承到了与六市小学一堤之隔的前范寨小学。2011年9月，杨承来到这里任教并担任校长职务。

"第一天来到新学校，虽然校园环境较原来学校有了很大变化，但是生源却少得可怜，家长对学校很有看法。"杨承说，作为校长，他深知自己的责任重大。在前范寨小学5年时间里，他不断地摸索与前进，一步一步让学校发生了翻天覆地的变化，学生人数由最初的79人增加到了现在的300多人。

"小六，妈妈身体咋样了？""三儿，笔握好再写字。"……不管是在六市小学还是在前范寨小学，虽然已经离开几年，但杨承对许多孩子还是很了解。"杨校长当时非常注意和家长沟通，和我们一起去家访，了解每个孩子的思想动态，对每个学生的情况都了如指掌。"前范寨小学特岗教师郭晓丽说。如今，前范寨小学的新教学楼正在建设之中，杨承说，他多年前的心愿马上就要成为现实了。

一生，愿为特岗教师代言

"理想推动信念，你挺直腰杆，坚定地立于黄河之畔。青春的热血沸腾，教育的情怀激荡，无悔路上，你为河南特岗教师代言。"这是今年教师节，2016河南最美教师评委会授予杨承的颁奖词。杨承把他抄在自己的笔记上，常看常思。

"不管到哪儿、什么岗位，我都是特岗教师，我是特岗教师的代言人，我应该处处以榜样的标准要求自己。"杨承这样为自己定位。

"今年县里招的特岗教师，好多是慕杨承之名而来，点名要求分到杨承的学校，有些学校老师调整岗位，也想到杨承的学校。杨承现在已经是我们濮阳县教育系统的一面旗帜。"采访中，濮阳县教育局局长胡长征谈到，榜样的力量是无穷的，为了培养更多的"杨承"，濮阳县高度重视师德师风建设，每年都要通过一系列活动，选树典型，一大批优秀教师脱颖而出，示范带动效应明显。"杨承已经两次当选濮阳县最美教师，下一步将继续委以重任。对杨承这样的老师，我们要让他有更大的发挥空间。"胡长征说。

在杨承的办公桌上，教育时报记者看到了一本他在北京培训期间做的笔记，案头放着一本关于学校管理的书。杨承说："从教师到校长，从滩区小学校到社区大学校，需要学习的还有很多。越是学习，越能感觉做得远远不够，感觉肩上的担子非常重。"

"教职工只有22人，缺少教师，学校的管理、教育教学工作面临巨大挑战。学校至今未能联通网络，老师们工作不方便。校园排水系统不完善，排水成了大问题。学校操场还未开工建设……"谈起摆在眼前的问题，杨承列了一条又一条。

"为解决学校发展出现的诸多问题，杨校长经常跑里跑外忙，虽然家离学校不算远，但他一周只回去一次，和家人尤其是孩子在一起的时间很少，反倒是经常关心老师和学生。"2016年刚入职的特岗教师颜艳说。

好在，有家人的理解支持。"曾经的甘肃小伙已经变成地地道道的濮阳人啦！"杨承说，现如今，他已经结了婚，有了孩子，在濮阳定了居，把父母也接了过来。家人全力支持自己工作，让杨承备感欣慰。

"是特岗老师让农村中小学重新焕发了生机。我们学校年轻老师多，我现在需要调动每个人的积极性，最大限度发挥特岗教师的群体效应，让我们学校越来越好，让他们都能成为特岗教师的代言人，为农村教育贡献力量。"杨承说。

用爱照亮学生的成长之路
——一对特岗教师夫妇的幸福

河南师范大学毕业生　张　杰　王秀秀

　　我叫张杰,我妻子叫王秀秀,2009年7月我们一起毕业于河南师范大学,同年9月我们双双考取山西省首批特岗教师,分别被分配到临县曲峪镇中学和招贤镇中学任教。

　　当一名光荣的人民教师是我们夫妻二人共同的志趣。出身于教师世家,成长于贫困山区,我对知识改变命运的理解比一般人更深刻,从小就立志当一名好老师。大学期间,我结识了东北女孩王秀秀,我们同时入党,同时通过英语专业八级考试,王秀秀也有一个教师梦。

最美教师

　　2009年大学毕业后,我们放弃了可以留在城市工作的机会,毅然决然选择回到老家临县当特岗教师。9月份,王秀秀被分配到临县最南边的招贤初中,我则是在最西边的曲峪初中。"当时教师宿舍都是窑洞,因为潮湿,蜈蚣、蟑螂等各种小虫子都有,墙壁上、角落里则是成片成片发霉的痕迹……"对报到那天送王秀秀时看到的场景,我至今记忆犹新。送了王秀秀，我又掉头，绕行去80公里外的曲峪初中报到。那时起，我们每天备完课、改完题，不管多晚，都会通一个电话，互道思念，分享心得。毕业当年，我们便结婚组建了特岗之家，携手并肩扎根基层。

2012年，我们一起到了林家坪中学当老师。当年，我们夫妻组合共同带班，接手了一个初一班，我当班主任，教政治课，王秀秀教英语。开学那天，她兴高采烈地来到教室，推开门后，发现近一半座位都是空的！当时全班本该有58名学生，却只有30多个学生报到。"有的家长想让孩子外出打工挣钱，有的则还在观望。无论如何，不能让这些农村娃娃们不上学，要不他们的将来可怎么办？"当时，我俩急了，一合计，决定去寻找学生。没交通工具，找同事借辆摩托车；找不到路，让熟悉地形的老师画了张路线图。我们骑着摩托车，带足干粮和水，开始一个村子一个村子、一户一户地上门做家长的工作，一次不行两次，两次不行三次。"花了将近两周时间，成功劝回了所有孩子。"我们很满意、很高兴。从那次开始，我们每年都要风里来、雨里去，坚持走访全班每个学生家庭，改变了无数孩子的命运。

在班上，我往往不苟言笑，学生们比较敬重，在班级活动中主唱"黑脸"。王秀秀性格开朗，和孩子们无话不谈，打成一片，是唱"红脸"的。我们两个互相配合，每次我批评了一个学生后，王秀秀就去耐心地安抚，给孩子讲老师的良苦用心。经过我们的努力，班级取得了骄人的成绩，经常拿第一。我们班里有一个叫小棋的孩子，他的父母常年在外地打工，他被寄养在一个远房婶婶家。我们通过家访了解到情况后，就经常带小棋一起吃住。周末的时候，王秀秀给小棋洗衣服，我给他补习，不断激发他的学习兴趣。小棋不负众望，2015年中考以优异的成绩考上了吕梁市英杰中学。2018年，小棋考上了天津师范大学。最让我们欣慰的是，小棋说，之所以选择师范院校，就是希望以后和我们一样，当一名心中有爱的老师。看着自己的学生一步步成长，我们深深地体会到爱和教育的重要意义。因为爱，因为教育，一个个孩子的成长之路变得更加光明。

当然，我们也有无法弥补的遗憾与愧疚。我的岳父去世时，我们急忙安排好课程，匆匆出发，却没能赶上老人出殡；我在父亲病重时回家探望，已不能说话的父亲却伸着手指直冲学校方向，我明白父亲的意思，赶紧赶回学校，没想到这竟是与父亲的最后一面；女儿从小到大，与父母合影中最常见的画面，是自己在一旁独自看书、父母亲在忙着改作业判卷子……

我们辛苦的付出，也获得了社会各界更多的认可。王秀秀老师先后荣获"县模范教师"、县"三八红旗手"称号，获得"吕梁市中小学英语教师教学技能大赛临县赛区特等奖""吕梁市中小学英语教师教学技能大赛一等奖、二等功""山西省年中小学教师教学基本技能大赛优秀奖"等荣誉,2015年发表论文《探讨解决初中英语语音教学难题的策略》,2018年发表论文《浅析新高考改革下高中英语教学改善策略》。我先后荣获"临县最美青年""优秀共产党员""吕梁市优秀特岗教师""山西省优秀特岗教师""晋绥儿女支持老区教育奖""全国优秀特岗教师"等荣誉称号,2016年8月被教育部遴选为"播种未来与希望——第二届乡村特岗教师全国巡回报告"报告团成员,9月初先后在湖北省经济学院、华中师范大学、河南师范大学、北京师范大学等部分高等师范院校和教育部国际合作与交流司做了个人事迹巡回报告,并作为山西省唯一教师代表参加了"2016年湖北省新教师岗前培训";2019年9月,我再次被教育部遴选为全国优秀特岗教师代表,参加了教育部组织的"青春在讲台上闪光——2019年优秀特岗教师巡回报告"活动,先后在河北师范大学、郑州师范学院、甘肃师范大学、青海师范大学、北京师范大学等省市的高等师范院校进行巡回报告;2019年9月10日,我作为优秀特岗教师代表参加了2019年全国教育系统先进集体和先进个人表彰大会,并受到习近平总书记等国家领导人的亲切接见;2020年9月,我和爱人王秀秀老师一起被中共中央宣传部和教育部评选为2020年"最美教师";2020年12月,我和王秀秀老师一同被评选为"2020中国全面小康十大杰出贡献人物";2021年3月,我和爱人一起入选了2020"感动山西"十大人物候选人名单。

我们带着学生,走出大山,来到北京,站在五星红旗下,走近天安门,带着我们的学生,站在央视的舞台,眺望他们未来最美的风景,让他们真切地感受到教育带来的温暖和力量。

教好一个学生,就能幸福一个家庭。无论在哪里,我们都会努力让自己发光,点亮孩子们心中的梦,照亮他们的前行之路。

让每个孩子都闪光

范县第三小学　巴世阳

巴世阳,女,1990年生,中共党员,范县第三小学教师。从城市独身一人来到陌生的乡村任教,巴世阳用书信打开学生心扉,用无微不至的关怀温暖留守儿童,用丰富活动引领学生校园生活。调入城乡接合处的新建学校后,她在教学方面不停钻研、虚心学习、不断创新;成立校园广播站、电视台,用丰富的阅读活动打开孩子的视野,用诵读、演讲让孩子找到自信……

巴世阳和学生们

巴世阳先后获得濮阳市最美教师、师德先进个人、学生最喜爱的教师等荣誉,并在2015年、2019年两次作为河南省特岗教师唯一代表参加教育部组织的优秀特岗教师巡回报告团,赴全国多所高校宣讲,传递教育正能量。2019年教师节期间,在人民大会堂举行的全国教育系统先进集体暨先进个人表彰大会上,她受到了习近平总书记的亲切接见。

让每个孩子都闪光

2019年教师节,在人民大会堂举行的全国教育系统优秀集体暨优秀个人表彰大会上,一位来自河南范县的特岗教师受到了习近平总书记的亲切接见。作为河南省特岗教师的唯一代表,她倍感荣光。当听到总书记说"辛苦了,节日快乐"时,她感动得热泪盈眶,真切体会到了党和国家对教师的厚望,也更坚定了为教育事业奋斗终生的信念。她就是范县第三小学教师巴世阳。

守望麦田,让孩子做最闪亮的星

她本是一个城市姑娘,7年前通过特岗招聘考试来到了离家80多千米外的偏僻的乡村,那时乡村的硬件设施还不够完善,还在建设中的校园显得杂乱不堪,宿舍里一盏昏暗不定的白炽灯、摇摇欲坠的架子床是她的全部家当。厕所在离宿舍很远的操场,生活用水需要一桶一桶地从一楼提到三楼。尤其到了冬天,桶里的水冻成一个大冰坨,想用水就必须拿起菜刀一下一下地把冰块凿开,虽然从未在乡村生活过,有很多不适应,但她没有叫苦叫累，而是在与朴实可爱的农村孩子朝夕相处的日子里，萌发了做幸福快乐的教育人的初心。

学校是她和孩子们共同的家，每天清晨，当第一缕阳光穿过树林，她就来到操场和孩子们晨练；每天深夜，当整个校园都归于沉静时，她走进学生宿舍看孩子们是否进入甜蜜的梦乡。

班里80%都是留守儿童，她用一封封书信打开孩子们的心扉，她把宿舍变成了开放的小餐厅，和同学们一起蒸野菜、蒸馒头、包饺子，他们把饺子包成月亮，包成星星，把远在他乡打工的爸爸妈妈的爱包进饺子里。每年她都会和孩子们过两次生日，一次在元旦，一次在六一。每个孩子都会得到一份礼物——一封长长的"家书"或者一根小小的棒棒糖，她和孩子们一起分享成长的甜蜜，她们一起许下灿烂的愿望。

她利用乡村优势在学校开垦了一片试验田，带着孩子们在地里种菜、种花，为了让乡村的孩子养成良好的卫生习惯，每周她都带着孩子们扫卫生搞绿化，每个冬天的早晨，都给孩子们烧热水洗脸刷牙。

乡村的生活看似单调，但她在班里开设了读书社，夜色下她和孩子们一起吟诵经典；她还组建了合唱队，蛙叫虫鸣中她和孩子们一起歌唱；春风里，她和孩子们在麦地间排话剧；酷暑时，她们在树林里搞辩论；飘雪时，她们在校园里砌雪雕；月光下，她们在操场上开诗会；她还在学校成立了"清泉之声"广播站，动员班里同学参加，虽然只是简陋的乡村大喇叭，但当听到同学们的声音在校园回荡，她满脸骄傲。她组织同学们参加比赛，为了给孩子们满满的仪式感，她特意从县城拉来赞助，让孩子们第一次穿上漂亮的演出服装，化了美美的妆，同学们第一次收获了做主角的喜悦，孩子们的笑容多了，学习起来劲头也足了。这所乡村校园，是孩子们最温暖的家，她是离孩子们心灵最近的守护者，他们是这乡间最闪亮的星。

昂首奋进，和孩子们成为耀眼的星

2015年她参加河南省师德演讲比赛并荣获特岗组第一名，也因此被推选到教育部参加全国优秀特岗教师巡讲团成员遴选，她阳光的教育心态、幸福的教育故事和诗一般的教育情怀感染了教育部的专家评委，最终从百万特岗教师中脱颖而出，成为10名全国优秀特岗教师巡讲团成员之一，她也是河南省特岗教师的唯一代表。

巡讲归来，很多单位都向她抛来橄榄枝，为她提供了更好的发展平台，甚至有很多到市区工作的机会，她都毅然决然地拒绝了，家人对她的选择很不解，朋友也都说她傻，都断定终有一天她会后悔，可她却说："能当老师是我这辈子做得最正确的事。"

难忘的经历并没有成为她骄傲的资本，她反而更加努力，谦虚好学的她不断提升专业知识，提高专业技能，学习先进理念，她的踏实向上、阳光进取感染着身边的教师，也再次得到了教育部领导的关注。2019 年她再次作为特岗教师的唯一代表参加教育部组织的巡讲团，这一次她展现了新时代青年教师更多幸福的模样。同年教师节，她作为全国优秀特岗教师代表受到了习近平、李克强等国家领导人的亲切接见。载誉归来后，更是有很多单位想要挖她跳槽，但她依然没有丝毫犹豫，没有半点心动，她依然选择坚守在挚爱的讲台，这是她的初心，也是她不变的信念。

坚守初心，让孩子成为独特的星

因工作需要，她来到县城的新建学校，虽是英语老师，但她仍不断关注学生的全面发展。疫情期间，为了丰富学生的学习形式，增强文化自信，她带着学生们学习经典，录制了很多诗词鉴赏和课文泛读视频，这些资料通过公益平台播放，播放量累计达到 30 多万；她还在班里发起了"我是大主播"活动，让孩子秀才艺展风采，那个假期很长但很难忘、很充实，这个活动还得到学校的认可在全校推广。她组织同学们一起参加"你的样子就是中国的样子——为武汉加油，大声讲出来"活动，每天同学们都隔着手机屏幕分享感人故事，她时常被孩子们动情的分享感动得热泪盈眶；她还和孩子们共读一首诗，虽然是隔空朗诵，但孩子们感受到他们的心紧紧地联系在一起。

她还为孩子们录制朗读作品，这些精心录制的节目后来传到了湖南、云南、湖北等更远的地方。她辅导班里孩子积极参加各种比赛，河南省演讲大赛他们荣获一等奖，少儿朗诵大赛他们荣获二等奖、一等奖、特等奖……她带着学生们去革命纪念馆当解说员，组织学生开展"党史·少年说"等活动，树立学生爱党爱国的坚定信念。

她时刻把立德树人作为教育初心，时刻牢记为党育人、为国育才使命。她本是一个平常的人，因为做了老师，走上了三尺讲台，担负起"守正生命，激活生命，灵动生命"的神圣职责，她的人生才有了不寻常的意义。她愿在三尺讲台上释放光芒，愿让每一个孩子都能更闪亮。

回归平静，继续保持特岗的向上姿态

封丘县潘店镇大辛庄小学　任明杰

2018年9月18日，雨，一直下个不停。

在封丘县潘店镇大辛庄小学不大的校园内，记者见到了任明杰。他高高瘦瘦的身影，在小学校园里格外醒目。

传说中的任明杰，能教书，会生活，种菜、做饭、手工无所不能，一度在网络上爆红，让人看到了一个不一样的乡村特岗教师，让人关注到原来还有这么一群默默无闻的年轻人正在努力改变着乡村教育的未来。

任明杰的出现，仿佛一团火，点燃了更多乡村教育人的心火。甚至有网友不吝赞美地评价说："嫁人当嫁任明杰。"

于是，任明杰很忙，忙着应对媒体的采访，忙着应邀到各地做讲座……待一切尘埃落定，任明杰的生活近来回归了平静。

能和学生打成一片，但不宠学生

采访当天，因为下雨，校园里氤氲着浓重的水汽，为初秋增添了许多寒意。

任明杰下午有两节课：一节语文，一节数学。他的课堂没有太多的花样，简单而实用。老师教得细心，学生听得认真。然而，他的课堂又与众不同，充满着生机与活力，老师的身上散发着魅力，学生的眼睛里充满着希望。

正如网络上大家认识的任明杰一样，他在学校特别受学生喜爱。

那天课后，任明杰批改完学生的作业，看外面的雨稍小了些，就蹲在教室外一棵树下的石阶上休息。一个女生走到他面前，揪了揪他的耳朵。任明杰好像已经习惯了学生的这般胡闹，一脸平静。更多的学生围过来，有的为他撑伞，有的拿过他的手机拍照，有的围着他奔跑……树下，一会儿便满是红的绿的花的雨伞，层层叠叠，几乎看不见人了。

能融入学生中间固然可贵，但还不能解释任明杰为什么那么受学生欢迎。在闲聊中，他的一句话解答了疑问。他说："在与小学生的相处中，你要用自身的魅力去感染他们，让他们崇拜你,才能与他们更好地相处。"

任明杰在课余时间是慈祥的大哥哥,在这些时间段内,学生们可以尽情玩耍,可以在任老师面前毫无顾忌。但是在课堂上,任明杰是严师,他布置的作业任务,学生在规定的时间内必须完成,完不成的学生要受到班里制订的措施惩罚。如遇学生犯错,任明杰也会毫不留情,往往是当堂指出。就是这样的宽严相济,让他既能成为学生的朋友,又保持了老师的威严。

亦师亦友

任明杰的班纪律严明,课堂上很少有乱走乱动、交头接耳者。然而,记者也发现了一个特立独行的身影,不管是老师讲课、领读或安排做作业,他连课本都不掏,自顾在那儿摆弄着手里的笔,一会儿双手便沾满了墨汁。

任明杰走到这个学生身边,几次提醒,他终于从书包中掏出了课本,却仍旧兀自沉浸在自己的世界里无法自拔。任明杰对其却鲜有责备,每次发现只是轻声嘱咐。

课后,记者了解到,这个孩子是2018年秋季开学时,刚从私立学校转到班上来的。他在之前学校的课堂上经常乱跑乱叫,让家长和老师头疼不已。学生家长听闻任明杰教得好,找到学校专门把孩子转到了任老师的班上。任明杰说:"现在你看到的情形已经是他最好的状态了,最起码他现在知道不能影响别人。不过想让他和其他学生一样融入班集体,还需要一些时间,还需要慢慢感化。"

任明杰说,对于乡村孩子,他是有担忧的。由于很多学生都是留守儿童,他关注的不只是他们学习如何,更关注他们的品行如何。

他的宿舍不只是住处，更是学生课后学习的地方

"丁零零……"伴随着轻快的电子铃声，大辛庄小学放学了。雨又开始下起来，并且下得更急了。

任明杰为学生布置了作业，并交代了雨天路上需注意的安全事项，便站在教室门口看着学生一个个被家长接走。

然而，有几个孩子却拒绝了家长来接，径直往任明杰的宿舍跑去。

"全校就我自己住在学校，其他老师的家都是周边的。每次放学，都有许多学生留下来，给我背书，让我辅导功课。"任明杰说。

但这天情况有些特殊，雨越下越大，村里几处路段正在修，积水比较深，太晚回去路上不安全。任明杰走进宿舍，学生们正安静地下着五子棋，就像平时下课进行的短暂休息。几位家长也跟着进屋。

这是一个小组的学生，里面除了两个课堂上没有完成学习任务的需留下完成外，其他人都是自发留下的。家长看说不动孩子便先行离去，等会儿再来接。

"这个班是我从一年级带到三年级的，所以已经养成放学后学习一会儿再走的习惯。以前人数更多，我这屋都坐不下。没办法，我只好给他们规定，一天只能有一个小组的同学可以留在我这儿复习。"

任明杰说话时声音很小，此时学生们已经各自进入了学习状态，有的写作业，有的在门外背书。任明杰也拿出自己的日记本，记录下这一天的工作和生活。

记者也终于有时间仔细观察任明杰的这间宿舍，其实看过他那篇《特岗教师生活记录》网文的人对这间宿舍都不陌生。但因为在现场，所以有机会更细致地观察：进门处悬挂着两盆绿萝，然后里面摆放着五六张书桌、若干凳子、两个原先学校放文件的柜子、一张床，墙上贴着"修行要先修德"等文字。

绿萝是记者到的前一天，家长来学校接孩子时，帮忙挂上去的；桌凳是师生学习专用的；两个柜子里摆的有女生喜爱的布娃娃、男生喜欢的小汽车。整个宿舍还贴满了各种童话人物，被布置得极富童真。

下午7点多，天色已黑，学生陆续被家长接走。当最后一个学生离开校园，任明杰才得以走进位于教学楼楼梯一边的狭小厨房里做饭。

那天的雨，也让厨房的地上成了一片汪洋。任明杰拿两块砖头垫着脚，用电磁炉炒了一个卷心菜，热了馒头，煮了粥。这样一菜、一粥、一馍，便是任明杰的日常生活。

能得到当地群众的尊敬，不只因为他的课教得好

任明杰边吃边说，晚上还要去家访。他白天接到了班里张怡诺家长的一条短信，就

孩子最近早上迟到的问题说了很多，很苦恼，却无计可施。

吃完饭，任明杰撑着伞、打着灯，深一脚浅一脚地走到学生家门口，正巧碰见孩子的父母刚从外面回来。他们看到任老师来，赶紧往屋里让。

于是，家长、师生一起坐下来，细细分析孩子迟到的原因。

家长说：早上做饭很早，吃饭也很早，孩子梳洗时太磨蹭，耽误不少时间。

孩子说：主要是头天晚上不想写作业，都放到早上写，这才是迟到的原因。

于是，任明杰让怡诺把下午布置的作业拿出来，当场监督她把作业完成。作业并不多，孩子不大一会儿就完成了。

在做作业的间隙，孩子的父母一直在向记者讲述关于任老师的事儿：说他操心，只要有任老师在就不用担心孩子的学习；说他认真，对学生不管是学习上还是品行上都不放松；说他负责，曾不止一次碰见任老师到别的学生家进行家访；等等。

孩子的父亲感慨地说：" 我小时候就是在我们村的这个学校读书的。这些年，看到学校的学生越来越少，真是让人寒心。任老师来了，这个学校的学生也多了。我把孩子当时从私立学校转回来就是因为听说任老师教得好、责任心强。"

回来的路上，任明杰说，听完家长的话他也特别感慨，虽说与家长见面不多，但没想到他们竟然对学校的事情了解这么深，对教育的关切比自己想象得还要多。他说，现在做教育真的是需要人心换人心的。

他代表了千千万万个乡村特岗教师

第二天早上5点多，天还未亮，外面的雨还在下，任明杰已经起床。

他洗漱完，备课到6点半，再去做早饭。早饭依旧是一菜、一粥、一馍。吃毕，已有学生陆续到校。

记者仔细观察，这些到校的学生大都是任明杰班上的。

"我们8点上课，我给学生规定的是7点半到校。他们到了学校后，要复习前面学过的内容，要预习将学的内容，还要补齐前面没有完成的学习任务。"

任明杰搬了一个凳子坐在走廊上，学生有把前天晚上做好的作业拿给他批改的，有给他背书的，有在走廊的水泥地上用粉笔默写古诗文的。

头天晚上任老师去家访过的怡诺这天没迟到，她把作业交上后，还很快完成了背诵任务，得到了任老师的夸赞，小姑娘特别高兴。

"你看任老师班上的学生，真让人放心。唉！如果不是学校不能住宿，我哪能让孩子转学啊！真想让孩子也跟着任老师学。" 这是两位一早到校为孩子办理转学，马上要去外地工作的家长看到任明杰班上学生的表现时说的话。

"因为有像任老师这样的青年教师在,我们学校才能发展到现在的样子。因为教学质量的提升,我们的学生逐年增多,我们的学校也越来越有影响力。今年,我们还是全县3所即将迎接省里均衡验收的学校之一。这些变化,都是他们这群高学历、有能力、有活力的特岗教师带来的。"这是校长刘阳的肺腑之言。

在与任明杰的一番交谈中,曾提到了他的工资问题。他说自己一个月现在拿到手的是2300块钱,一个月自己做饭吃也就花费200块钱,平时开车油费一个月大概300块钱。他说,他喜欢乡村学校,喜欢乡村教育。

说到工资待遇问题,任明杰没有怨言,因为他有着对乡村教育深沉的爱。在乡村教育战线上,还有很多很多像任明杰一样高学历、有能力、有活力的青年教师正在默默奉献着。近年来,从国家到省里在提高乡村教师待遇问题上都出台了许多优惠政策,让从教多年的广大乡村教师得了实惠。而任老师一个月2300块钱的工资亦引发我们的思考,提高乡村青年教师的待遇问题也亟待提上日程。

采访结束,雨仍在下,任明杰高高瘦瘦的身影站在讲台上,很坚定。离开大辛庄小学的校园,耳畔仍有琅琅的读书声传来。

抖出来的师生情

太康县大许寨镇一中 刘洪威

本人刘洪威,男,中共党员,河南教育学院2009届艺术系音乐教育专业毕业,现就职于周口市太康县大许寨镇第一初级中学。2019年11月,由于在抖音上分享校园生活、课堂教学、师生趣事走红网络,目前抖音粉丝16万,累计获赞340万,视频总浏览量超过一亿,先后被各大主流媒体电话采访,转载视频,被网友称作"网红刘老师"。

最初抖音爆红纯属偶然,源于2019年11月份的一条视频,拍摄初衷是为了记录我在一所农村小学敲上课铃的情景:破旧的校园里站着一棵挺拔的松树,松树的半腰处挂着一个锈迹斑斑的铜铃,铜铃系着一根长绳就像它的尾巴。热闹的校园里充满着孩子们的欢声笑语,从办公室里走出一个年轻而帅气的男教师,就是我,伸手敲响上课铃。这条11秒的视频被我随手发到了抖音，没想到一天之间竟有了350万浏览量，勾起了"60后""70后""80后"几代人的童年回忆。有网友评论此铃声具有灵魂，百听不厌。很多人表示稀罕："哪里居然还有这么落后、破烂的学校？"

虽然这所乡村小学比较破旧，但在这里工作、生活的我特别快乐、充实，因为这里有一群活泼、可爱的孩子。

课间我与学生们做游戏，如扔沙包、跳皮筋、打乒乓等。有一次课间，我无意中看到几个男生搞笑的瞬间，就用手机记录了下来，分享到了抖音，结果这条视频有1100万浏览量，48万人点赞，网友们纷纷夸我的学生聪明可爱。学生们看到后也非常开心，特别有成就感，越来越自信！家长们看到视频和孩子们的变化后也非常欣慰。

后来我又分享了几个正能量视频。例如，我的学生向我请教问题："人不为己，天诛地灭"这句话很多人认为是：人要是不为了自己，就会被天地所灭亡。形容人的天性就是自私，如果不自私，就会被淘汰。这样理解对吗？其实不然，我给我的学生讲了这句话的本意。"为"在这里是"修为"的意思，全句解释为：作为人，如果不修为自己，提高自己的修养，天地所不容，就会被淘汰。视频分享以后，很快爆红网络，很多网友恍然大悟，有的评论说："被大家误解了几千年的贬义词，被一个小学老师洗白了。"还有的说："白活了几十年。"更有搞笑的网友说："我的语文是体育老师教的。"最使我忍不住大笑的评论是："原来我以前的老师教错了，我要回去退学费。"

在课堂教学中，我也运用合适的教学方法，化解过学生之间的矛盾，后来我据此改编成短剧《六尺》，利用午间让学生们参演。剧情是这样的。男生说："你过线了。"打了同桌女生一巴掌。女生生气地告诉老师说："老师，他打我。"老师严厉地说："又是你们两个，怎么回事？"男生说："她超过三八线了。"老师对男生说："男子汉大丈夫，你要大度一点，让着女生，有一首诗这样说，千里修书只为墙，让他三尺又何妨。万里长城今犹在，不见当年秦始皇。"男生说："老师，你别说了，我让她六尺。"老师说："男子汉大丈夫，说话算话。"男生说："中。"（其实他不知道六尺有多长，所以才很爽快地答应要让出六尺座位给她。）老师说："一米是三尺，两米是六尺。六尺的距离在窗外，你去吧，坐窗外去。"男生瞬间愣了，很不情愿地站在窗外了。由于冬天很冷，男生站在窗外一会儿可就受不了了，向老师哭诉："老师，窗外冷。"老师借此机会教育男生："这下你知道六尺是多长了吧，以后还争三八线吗？"男生说："知道六尺多长了，六尺是两米，我以后再也不争三八线了。"于是老师就让学生进了教室。此短剧《六尺》又一次爆火抖音，很多网友称赞教育方法非常好，既风趣幽默，又起到了非常好的教育作用。经过这次演短剧的经历，学生们尝到了表演的乐趣，激发了表演

给学生颁发进步奖

欲望,别的学生也想体验表演的乐趣,争先恐后地要求下一次出演。借此机会,我向学生们提出要求:上课认真听讲,家庭作业认真完成,教室卫生保持干净,如果做不到,以后就不演短剧了。学生们纷纷答应我的要求。

后来我们利用午间又创作了爆笑短剧《含笑九泉》《放我一马》,还有《我碗里有肉》系列短剧,是关于防诈骗内容的,使学生掌握了一些防诈骗的知识,提高了学生防诈骗的意识,明白了天上没有掉馅饼的好事。经过几个短剧的表演,学生们都表现出精湛的演技,锻炼了胆量,丰富了课间生活,培养了学生之间、师生之间的感情。

后来我被调往一所中学担任九年级历史老师。离开时有些依依不舍,在这所小学两年时间,因为工作开心,和同事们相处融洽,感觉时间过得飞快。来到中学,我继续采用以前的教学方式,给九年级的学生一个轻松、快乐的课堂气氛,用风趣幽默的方式给他们讲世界历史,课堂上笑声不断,学生们听得认真。

本着记录学生学习生活、留住师生之间的美好瞬间的初心,有一天我用抖音记录了一段视频,是我给学生们讲一个生僻字"搊",内容是我根据几个男生爬学校墙头的真实事件改编而成的,用的是河南方言。我说:"前几天我看见几个男生爬墙头的时候,他们嘴里就反复用到这个字。"爬墙头的其中一个男生说:"快点,快点,搊我一家伙。"另一个男生问:"搊你哪儿?"爬墙头的男生说:"搊我的屁股。"我声情并茂地给学生们讲了这个字,并伴着滑稽的肢体语言,惹得学生哄堂大笑。学生们很快记住了这个字。我还利用课前几分钟与学生们聊天互动,其中许多精彩的时刻被我记录下来,分享到抖音上,引来了数千万人的浏览。比如,我在课间向学生们炫耀我老婆李老师给我买的新鞋、新毛衣、手表,用凡尔赛文学的方式表现了出来,逗得学生哈哈大笑。课前的这些互动交流,使学生们非常开心,课堂上再也没有瞌睡的学生了,注意力也集中了,课堂效果特别好。所以每次与外校联赛考试,我教的三个班的历史都取得了非常好的成绩。

为了鼓励后进生学习进步,考试后,我采用类似于奥运会颁奖的方式,给进步的学生颁发进步奖,奖品是十几个连在一起的棒棒糖,挂在学生的脖子上,并与他们握手。为了奖励优秀生,我自费采购一批红色围巾,并印上了八个字"只争朝夕,不负韶华",

也像颁发奥运奖牌一样,用这种具有仪式感的方式,使学生们拥有了自豪感、荣誉感,激发了他们学习的动力、乐趣,培养了他们的竞争意识。

我深深地感觉到和学生们之间的这份浓浓的师生情,其中似乎也夹杂着兄弟之情、兄妹之情。因为课间交流时我更像他们的兄长,上课时我又扮演着老师的角色,为他们传道授业解惑。虽然只能陪伴他们一年的时间,但我与每个学生之间的这份师生情,会珍藏在彼此的记忆深处。

扎根山村,扶智助贫

安阳市林州市采桑镇一中　元建周

元建周,共产党员,安阳市林州市采桑镇一中教师,河南省首批特岗教师,体育教育专业硕士研究生。十余年来,他坚守山乡教育一线,长期担任班主任工作,现任采桑一中九年级(1)班班主任,兼任团委书记。2020年9月被评为安阳市"最美教师"。"让每一个山村孩子学有所成,不让一个贫困学生失学",是他从教的初心,也是他执着的追求。

给原任教的小学捐赠体育用品

一、扎根山村，潜心育人，扶智助贫

2009年9月，元建周顺利考取特岗教师，被分配到采桑镇二中小学部（现秦家坡福生小学）任教。这是一所寄宿制小学，远离镇区，条件艰苦，留守儿童共性问题始终是这类农村学校的教育短板，解决留守儿童的教育问题，便成了他初入教坛的第一命题。他深入家庭走访，与学生谈心，与学生共餐，了解家庭背景，掌握学生思想动向，用身心寻找留守儿童的教育捷径。

秦酉文，一个从小就失去父爱的孩子，极度自卑，性格孤僻，黑瘦的脸上时刻诠释着家庭的不幸。爷爷体弱，奶奶耳聋，祖孙相依为命。两位老人常常习惯性地仰望二楼的半截砖房，长吁短叹，那是酉文父亲离世前留下的最后念想。尽管在国家政策的扶持下，生活日益好转，但孩子的教育问题使得年迈老人揪心异常。面对元建周老师的突然造访，老人老泪纵横："老师，酉文，可咋办？"憨实的元建周强忍心酸，安慰老人："没事。"自此，酉文的教育便成了元建周实践初心的具体模板。自此，酉文家中便多了一位常客，星期天、节假日，宿舍里、庭院中，补语文、补数学，聊生活、聊未来，孩子成绩大幅度提升，奖状开始在墙上有了位置，沉寂许久的院落，终于有了笑声。"元老师，真是个好人呀！"记者采访时，老人泪流满面，"看，这是酉文得的奖！""看，这是元老师最近来时提的东西，每次来都不空手。"老人拉着记者的手嘟囔着。"上学真好，我要好好学习，长大后，做个像元老师这样的人。"酉文笑着告诉记者。

宋依霏、李林榕、刘柯艺等，更多的孩子找到了快乐，充满了自信。

2015年，元建周取得硕士研究生学位，市区多所学校诚心邀请，但他毅然决然留了下来，他说："这里的孩子更需要我。"

扎根农村需要一种精神，更需要一种情怀、担当和行动。潜心扶智助贫，倾情乡村教育，他用一腔真情，催开穷乡僻壤一株株奇花异蕊。

二、以德治教，立德树人，扶志助贫

习近平总书记说：德才兼备，以德为先。元建周老师在教育教学工作中，将德育教育贯穿始终，"志智双扶"是他追求的助贫方案。他说：一个好老师，就是要引导学生文明向善，做个好人。

他常常邀请那些贫困学生到自己宿舍，给他们做饭，边吃边聊，聊生活，聊未来；还自掏腰包，购置了党史、励志、百科等各类图书，与他们同读共勉，从思想到生活，从爱好到志向，悉心铺垫着孩子们对未来生活的愿景。日积月累，他的小小宿舍，俨然成了微型图书室，成了孩子们追求梦想的精神家园。

刘柯艺，他从教后教的第一届学生，上大学后还给元老师写信说："我现在都记得您给我们上的第一课,您给我们讲'人'和'人'的区别,您说同样都是一撇一捺,'人'字是站着的,要顶天立地,所以我们永远要顶天立地地做人。这句话我终生难忘。"

三、勇于担当,坚守初心,躬身践行

十余年扶智助贫,真情催开桃李艳;十余年教书育人,丹心温暖山区春。元建周老师,为人憨实,处事沉稳,一个红旗渠精神家园的追梦人,他勇于担当,坚守初心,躬身践行。学生寝室,他是那个长期的值班人;三更半夜,病床前,他是对孩子嘘寒问暖的第一人;他的办公室常备着预防感冒、发烧、腹泻等的非处方药,村上的卫生所也常常出现他背负学生看病的身影。

如今,因山村学校布局调整,元建周已调至镇一中,但他依然初心不改,躬身践行着一个教师、一名党员的担当使命。他对事业一如既往地执着,他对孩子依然爱得深沉。孩子的成长令他欣慰,学生的困境让他挂心。事业是他的支点,在个人与学生的天平上,他的心始终向学生倾斜。岁月流转,当年的帅小伙,如今两鬓也染上了风霜,但孩子们依然喊他"元大哥",他依然是家长心中的"大好人",他永远是孩子人生路上的陪伴者。

无私终会得到认可,付出终会赢得喝彩。2020年教师节,元建周老师当选安阳市"最美教师",安阳电视台、安阳日报、林州电视台等媒体纷纷对他的事迹进行了报道,新华社记者写了专访《太行深处最情牵》。因此传播,清华学子李晓亮、上海创业成功人士张丽军等与他联系,希望也能用实际行动助力山乡教育,他们都想做一个像元建周这样的人,但元建周却说:"我就是个平凡的老师,就是个普通的党员,这没啥呀!"

平凡源于普通,人格至伟的人往往把自己归于平凡。拿到"最美教师"鼓励奖的第一时间,他便一文不剩地资助、捐赠给了孩子们;面对质疑,他憨厚一笑,朴实地释义了一个教育人的责任和担当。其实,他并不富裕,但他说:生活,简单点好。

辞尊居卑,功成不居,爱,没有休止符,奉献,没有止境,在教育教学路上,他坚守自己的担当,坚守自己的初心,扶智扶志,躬身践行。

扎根山区，耿耿丹心育桃李

栾川县叫河镇初级中学　代月霞

辅导学生学习

在栾川县偏远的农村学校，有这样一个年轻教师群体：他们从农村走出，到高等学校深造，再怀揣年轻时的梦想，成为一个特殊的群体——特岗教师，带着懵懂无知的热情，再一次走回山区，20多岁的年龄，远离都市的喧嚣，在一片宁静得有点后怕的家乡学校，游离于三尺讲台之间，一干就是几年，短时间的工作磨砺，他们从热情到怀疑，从迷茫到失望，再从希望到成长，他们用爱心作径，以勤奋为犁，完成了飞速成长的人生蜕变，代月霞就是这类群体中普普通通的一员。

代月霞，女，本科学历，汉语言文学专业，2016年怀揣着对教育的无限热爱，她通过栾川县特岗教师招聘回到家乡——叫河镇初级中学任教。工作以来，她始终铭记大学校训"学高为师，德高为范"，一贯忠诚党的教育事业，爱岗敬业，胸怀理想，充满激情，锐意进取，努力奉献，始终以高标准、严要求约束自己。她深知只有爱，才能赢得爱，对学生充满爱心并且深受学生尊敬；在教学中她追求卓越，富有创新精神，不断充实自我，多次受到学校及上级表彰。

一、春风化雨用爱筑巢——班主任工作方面

工作以来，代老师总是担任班主任工作，她总说管理学生就像种地一样，只有精耕细作，才会拥有累累硕果。在班级管理中，她除了毫不松懈地完成日常工作，还潜心钻研，不断提高自身的班主任管理水平，用爱心、恒心、耐心、仁心投入到班级管理工作中。

1. 民主集中，学生自定班规；以身作则，示范引领。俗话说：无规矩不成方圆。所以新学期，每接到一个新的班级，代老师就积极组织学生自行商量制定班规，然后举行仪式——请全班学生在班规上按下手印，俗称"班级契约"，这样更有仪式感，也更容易使学生在后期遵守。

2. 建立生日档案，为每个学生过生日。作为老师，爱学生是一切幸福的源泉。倘若以爱的名义用心呵护，你就会发现每一个孩子都是上帝派来的天使，活泼可爱，聪明伶俐，阐释着世间最动人的音符。为此，作为班主任，刚开学，代老师就制作了包含全班学生生日的"生日卡"，当学生生日时为他们送上写满诚挚祝福的生日贺卡，带领学生为其送上《生日快乐歌》，甜美的歌曲、悠扬的韵律，浸润了每一颗心灵。爱往往以爱的名义馈赠给这个世界以芬芳，这不，懂事的孩子们也学会了感恩，他们会主动帮助老师接杯热茶、帮同学打扫卫生、帮父母做家务、感恩父母等。

3. 组建班级图书角，用爱拓宽学生的梦想。叫河镇地处豫西山区，交通不太方便，很多家长为了谋生到外地打工，所以班上的很多孩子成了留守儿童、问题学生，思想极不稳定，有部分学生还产生了厌学情绪。为了改变这一现状，代老师把自己收藏的书籍带到班上，如果有学生想看却手中没有的图书，她就自掏腰包在网上购买，组建图书角，供孩子们阅读。她说她的想法很简单，只是想通过阅读拓宽学生的视野，让学生的思想变得丰盈、变得高贵，懂得农村的孩子只有努力学习才能改变自己的命运、家庭的命运。

4. 坚持家访，用爱浇灌学生心田。任教以来，她走遍了叫河的山山水水，踏进了一个又一个学生的家门，摸清了班上学生的问题和困难，获得了难能可贵的第一手资料。针对这些学生，她对症下药、用爱温暖，获得了班上学生的爱戴和敬重。一路艰辛一路歌，她所带的班集体多次被评为校优秀班集体，所带班级的学习成绩均名列前茅，所辅导学生参加各级各类竞赛均获良好的成绩，她也因业务突出，被评为全镇"优秀教师"、县级"优秀班主任"等。

二、锐意进取扬帆起航——语文教学方面

"积学以储宝，酌理以富才。"为了更好地完成教学任务，她遨游在教育名著的海洋中，如饥似渴，认真雕琢自己。诸如她在《语文学习报》、王君"青春语文"系列丛书、肖培东的《我就想浅浅地教语文》等报刊书籍中，吸收先进的语文教育教学理念和实践。

1.组织多种语文活动，改变语文课堂形式。学习先进的教育理念之后，她就把这些理念运用到语文课堂当中，组织形式多样的语文课堂活动，如课前三分钟演讲、语文实践活动、读书会、班级诗词大会等，改变了课堂形式，使学生爱上了她的课堂，爱上了语文学习；再加上她语言幽默、教态灵动，孩子们乐意上她的语文课，所以一年后学校就决定让她担任初三毕业班的教学工作。在2018年的中考中，她所任教的语文课获得全县第四名的好成绩；在2018—2019学年第一学期，她所任教的语文课获得了全县第一名的优异成绩。她本人也在2019年成为栾川县语文中心教研组成员。

2.坚持提升自我，提高教研教改能力。以名师为榜样，向名师学习是她一直不变的追求。在工作中她通过不同的形式自我"充电"，不断提高自己的业务素养。比如，自费听取"网络名师"课堂。叫河比较偏远，学习机会难得，她就通过网络购买《教师寒假写作训练营》《看名师怎样讲语文课》等课程，听王君、肖培东、夏昆、连中国的语文优质课，并在自己的课堂上积极探索，努力实践。俗话说一分耕耘，一分收获。2017年11月，她在栾川县举办的第13届优质课大赛中，凭借《变色龙》一课荣获栾川县一等奖；2018年4月，她上传的"一师一优课"——《使至塞上》荣获河南省三等奖；2018年11月，她在栾川县举办的"新进三年教师优质课大赛"中，凭借《邹忌讽齐王纳谏》一课荣获栾川县一等奖。她还坚持阅读名家名作，写教育随笔，发表文章。她曾经引用某位著名教育家的话说：一个教师，如果写三年教案，不一定成名师；但是如果能坚持写三年教育随笔，一定会成为名师。所以，她坚持写教育随笔，她写的《群文阅读之我之初体验》等文章发表在《栾川教研》杂志上。另外，自担任语文教研组组长一年来，她积极改变语文组墨守成规的习气，开展多种形式的语文活动，如"叫河中学诗词大会""叫河中学读书节""叫河中学作文大赛"等，积极组办《犁水涛声》校刊，组织语文教师"同课异构"、公开课大赛等。现在的语文教研组听课、评课时不再说空话、套话、恭维话，所有同志都积极提缺点、提意见，全组上下形成一种共同探讨、共同切磋、共同进步的良好氛围。

三、默默耕耘不问收获——师德师风方面

1.克服一切困难，爱岗敬业。成长的道路上有一个又一个的考验，但是她用自己的实际行动谱写了一曲曲感人的爱的篇章。2018年秋季的一个周五，她在校门口组织学生离校时，被一辆摩托车撞到左腿，造成软组织损伤，医生建议卧床休息半个月，但是她放心不下学生，毅然在第三天就到学校上课，教室在二楼，学生就主动扶着她到教室，主动为她端饭到教室。也因此,学校推荐她到栾川县参加"师德师风演讲比赛",她认真准备,获得全县第三名。

2. 主动为学校建言献策,助力学校发展。除了完成自己的本职工作,她还努力做好领导布置的各项工作,不推三阻四,不拈轻怕重,不挑肥拣瘦。比如:负责评选学校一年一度的"阳光少年"活动,为"阳光少年"写颁奖词;在元旦文艺会演前,积极策划、积极配合,并在活动结束以后,制作美篇;帮助其他同事撰写材料、整理档案等。

3. 负责学校团务工作,做好德育教育。自2017年以来,她负责学校的团建工作,担任学校的团支部书记,她不忘领导语重心长的嘱托,积极配合学生处对学生进行思想教育。如在"十九大"会议期间,她组织学生观看"十九大"会议,手绘"十九大"手抄报;在重阳节之际,她带领团员学生到叫河镇敬老院看望孤寡老人,帮助他们打扫卫生、聊天谈心;她还组织开展了"德育12个品格月教育"活动,月月有主题,每月一活动,主要对学生进行励志教育、感恩教育、理想教育等;还组织每周一升国旗和国旗下演讲等活动。在她的带领下,在2019年栾川县组织的"团务知识竞赛"中,叫河中学这个偏远的学校获得了季军的好成绩。

代老师说:选择奉献家乡教育,是她无悔的选择!不管未来是平坦还是泥泞,既然选择了一生奉献教育,她便只顾风雨兼程,因为她深爱教师这个平凡而又神圣的职业。她早已知道,那间教室里放飞的是希望,守巢的是自己。

情系大山,青春无悔

修武县七贤镇方庄中心小学　刘小庆

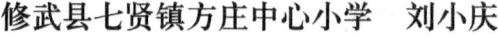

刘小庆,女,中小学二级教师,2013年毕业于河南科技学院,现为焦作市修武县七贤镇一名普通的特岗教师。参加工作六年来,她一直坚守在教育教学工作第一线,年年担任班主任工作,"让每一位学生在我的课堂上都有所收获"是她追求的目标。在她的努力和校领导的帮助下,她所带的班级班风正、学风浓,多次受到学校表彰、家长肯定,她也多次被评为"教学质量先进工作者"以及"优秀班主任""学科带头人"等。

刘小庆的英语课堂

一名普通的特岗教师，却在平凡的岗位上留下了不平凡的事迹。2013年的夏天，刘小庆毅然选择成为一名光荣的人民教师。两个多月的时间里，她参加了大大小小的招教、特岗考试，但是都没有好消息传来，就在她心灰意冷，决定明年再战的时候，一个喜讯传来，她考上了一个山村地区的特岗教师。

2013年9月13日，怀着满满的憧憬，背着行囊，刘小庆踏上了特岗教师生涯的征程。她已做好心理准备，清楚大山里的教师，尤其是特岗教师，生活应该会比较艰辛、闭塞。汽车行驶在曲折不平的道路上，看着连绵不绝的太行山，她倒有一种亲切感。不知过了多久，车子终于在一个站牌停了下来。她一个人拖着沉重的行李，慢悠悠地走在这个小村镇上。不一会儿，几个不起眼的小字映入了她的眼帘——方庄中心小学，这是一个隐藏在街道后面的古老学校，大门上挂的还是以前的手动锁，十分的破旧。进入校园，看到的是一幅让人大跌眼镜的景象，墙上斑斑点点、坑坑洼洼，透露着年代的久远；操场上也都是沙土和碎石，一个锈迹斑斑的篮球架子孤零零地立着，真可谓满目荒凉。她的心顿时跌落谷底，真想一走了之，怀疑自己的选择真的对吗？可是她转念一想，既然选择了做一名教师，一名特岗教师，一名那么多人都争着抢着要做的特岗教师，不就是要扎根农村，锻炼自己嘛，既来之则安之。

校长很快给刘小庆分配了课程，让她立马上任，可见学校教师紧缺得很。她一句话没说，立即进入了自己的角色。她被分配为三年级的数学老师。听到这个安排，当时她的脑袋瓜一蒙，对于一个英语专业毕业的学生，让她去教数学，虽然是小学三年级，可能否把学生教好，她没有把握。刘小庆深知，如果没有扎实的教学技能，空有一腔热情是没法完成工作的。接下来的时间里，她每天和自己的搭班老师换课，先去听老教师的课，向他们学习，虚心请教，尤其是在一些重点难点的突破上；课下做足功课，多做笔记，吃透教材，熟悉教参，再去给学生们上课。平时她努力学习教学理论和文化知识，不断提升文化水平，潜心研究先进的教学方法，学习优秀教师驾驭课堂的法宝；晚上休息的时候，她还在网上看一些优秀教师的视频直播，学习他们的课堂掌控能力。上课再忙，刘小庆也会进行教学反思，总结不足，做出相应的教学策略调整，并且抽空对附近学生进行家访，不出两个月时间，她对这个班每名同学的学习情况以及他们的家庭情况都有了深入了解。三年级学生比较小，对于刘老师这位年轻教师也比较喜欢，很快，她就融入了这个积极向上的大集体。

转眼到了期末考试的时候，一位老师说："我们今年三年级是县抽考。"当时听到这个消息，刘小庆既紧张又兴奋，既害怕孩子们考不好，又想看一看这学期自己的劳动成果，仿佛自己要进行高考一样的心情。结果出来了，令她意想不到的是，同学们考得很好，在全县名列前茅。她十分开心，仿佛自己精心培育的花木终于开花了一样。在接下来的四年级、五年级，刘小庆从未懈怠，还是像以前一样努力着，每天认真备课，钻研教材，争取在课堂上以最幽默、最轻松、最明了的方法传达给学生最直接的信息。就这样，两年多过去了，每次的县抽考，她的成绩都名列前茅，由此获得了校长和老师们的一致好评。

五年级下学期，刘老师怀孕回家休产假，校长在放假之前就问她："年后能不能来？"学校教师紧缺，两个老师包班上课，一个老师如果有什么事情，那么另外一个老师就得连续上课。想到这里，她毅然决然地说："能来！"年后开始上课时，她的宝宝才三个月，如何既不耽误上课，又能按时给孩子哺乳成为一个大问题。刘老师的爱人多次劝说："孩子这么小，就不能找校长再请请假？"他们发生了争执，她说："别的老师条件比我们困难得多，婆家娘家都不在这里，我们还是相对较近的，这个时候，让我撤下来，我说不出口。"最后她决定，每次大课间的时候，婆婆带孩子来校吃奶。看着自己的孩子，她觉得愧疚；但看着班里一群孩子，她又是幸福的。那一届毕业生，刘小庆以全乡数学、英语双第一的好成绩，圆满地把他们送走了。

六年时光转眼即逝，在这六年的教学生涯里，有汗水，有泪水，有失落，也有成功。刘老师已经在这片土地上有了自己喜欢的事业，有了自己的家庭，她会继续扎根农村，奉献农村，在教师的道路上一步一个脚印，踏踏实实地继续走下去。

相信热爱的力量

卢氏县育才中学　许卓哲

前段时间我和同学聊天，与她分享我在人民教师这一工作岗位上的点滴成长与进步，自豪之情溢于言表。她打趣地说道："还记得某人曾经信誓旦旦地说这辈子绝不当老师，结果现在当得这么开心！"我愣了一下，脑子里浮现出大学毕业前夕室友们坚定不移地说出同一句话的场景，我当时的原话是："毕业以后做什么都行，就是绝对不当老师！"对于当老师的抗拒源于我家里都是老师。我从家人身上目睹了从事教师这一职业所需要承受的艰辛、承担的责任。我不是怕苦，而是害怕自己稚嫩的肩膀无法扛起教书育人的重任。和很多年轻人一样，我曾多么希望能快意恩仇，远走高飞，仗剑天涯，追逐梦想，干一番惊天动地的大事业。但我还是在父母的威逼利诱、连哄带骗下回到家乡参加了特岗考试。我与父母争吵，和父母撒娇，甚至大谈我的人生理想，最终妥协是因为父亲说的这句话："现在的社会，干什么行业都是要通过考试的，你如果连特岗都考不上，我怎么能相信你在外面会有好的发展？"一语惊醒梦中人，为了向父亲证明自己，也为了为自己正名，我想我要参加考试，考上后再帅气地离开。最终，我进入了人民教师的队伍，却再也没想要离开过。

转眼间，我站在三尺讲台上已将近五年了。五年的教育生涯对于很多人来讲，也许并不算长，可对于我来说，却着实是人生旅途上最浓墨重彩的一笔。

特岗随笔一：蹲下身子，你会看到学生真诚的目光

第一次对这个学生产生好奇是在上学期期中考试后，他的名次排第十，历史学科成绩一栏却赫然显示着 54 分。挫败感让我想了解这个我教不会的英雄，我要拿出老师的姿态好好教育他一番。犹记得当时他不忿的表情，不屑地飘出一句话："中考历史不就占 50 分嘛！"

不过毕竟还是个孩子，情感是单纯的，换种方式也许能收到意想不到的效果。晚上，面对他的挑衅，我选择微笑着聆听他的话，并且放下姿态，蹲下身子，和坐在凳子上的

他水平一线。我和他讲了自己初中时同样的遭遇,让他知道我能感同身受,可以理解他;平等地分享了我的经验及意见,而不是以命令的姿态。最终,我走进了他的内心,获得了他的信任。作为教师,能得到学生的喜欢和信任是多么宝贵的财富啊!

我希望给学生的不仅限于课本上的知识,而且帮助他们更早地树立远大的理想,珍惜在校的时光,打开他们的眼界,让他们接触更多没听过没见过不敢想的东西。"怎样才能够增强学生学习的主观能动性呢?"这是我一直思考的问题,也是最需要解决、最难解决的问题,让学生知道自己想要的,并由内在的强烈愿望推动他们主动学习,的确很难。但如果能够解决这个问题,那么对下一代的教育将意义非凡。

我的学生个个都很棒

特岗随笔二:教学相长,教育既塑造了学生,也成就了教师本身

又要熬夜了,但是很有必要。晚自习时,课代表到办公室给我汇报工作,没想到平时不怎么说话的女生今天竟和我聊了很久,而且无话不说,我认为这是件值得熬夜记录的事。由检查背诵的情况,谈到了学习问题,话匣子就这么打开了。她说到上课趣味性的问题,对我启发很大。虽然学生曾经给我提过建议,但过去了就又忽视了。今天杨冰冰再次提及,让我必须重视这个问题。她激动地说起物理老师如何做到提起全班同学的兴趣,让大家都喜欢上她的课。要知道他们班最大的特点就是死气沉沉,上课提问得不到回应,但是她说物理课完全不是如此,这让我心里一震。她详细地描述了物理老师讲课多么有趣,能让大家轻松开心,并且在学生产生倦怠时,能够适时地通过趣味故事把大家拉回课堂,还能很快回到本节课主题。这真的是需要教学能力的,听她讲完,我不由得开始佩服关老师。她平时就是个幽默聪颖的人,但是并不是有趣的人就能把课上活,

这是需要很高的课堂艺术的。杨冰冰说我上课一延伸就回不到正题上，的确如此，我是一打开话匣子就关不住，讲了一堆才发现跑题了。对于教学我要学的还有很多，比如如何把课上得生动有趣，让学生喜欢，还能提高课堂效率。布鲁纳说："学习的最好刺激，乃是对所学材料的兴趣。"我想在平时教学中，可以给学生播放一些与教学内容相关的纪录片，形象直观地让学生全方位感知历史，从而提高学生的认知内驱力，促进其积极思维，有效增强课堂活力，也能加深学生对所学历史知识的印象，提高学习效率。另外，纪录片内容丰富广泛，集声、乐、行于一体，应用于历史教学中，可以改变历史课堂的沉闷、枯燥，提高学生学习的兴趣，丰富学生的视野，提升学生在历史、文学、艺术各方面的修养。有些东西比教课本更重要，通过启发学生的心性，诱发其能动性，可以让他们知道自己想要什么，该做什么，从而实现由被动学到主动学的转变，这才是学习的最好状态。这一夜，收获颇丰！

特岗随笔三：教育需要技术更需要艺术

刚处理完一名上课不做习题的学生，心情特别好！不是我变态，而是我觉得我的处理方法很机智。

下晚自习后，一名后进生走进了我的办公室，我声音平静地问他："你是开学到现在第一个公然不完成作业的，有你一个例子，以后会有更多人效仿，所以，我是不是应该对你有相应的惩罚，以警示其他同学？""应该。""可是我如果处理不公平，你会不会不服气，所以你自己说一个惩罚措施吧。""……"这时我灵机一动："要不你帮我批改今晚同学做的题吧？"他很诧异，忍住笑，说："好的。"等我处理完另一个学生的问题，他已经改完了三份。我借着纠正他批改的错误问题，把题给他讲了一遍，他听得很认真，并且明显有在思考；又看着他在不看答案的情况下改了一份后，我给了他一份空白题目让他做，他大部分都做对了。我说："你看，你只改了四份题就都记住了，这就是我们这节课讲的全部知识，你现在觉得难吗？"他摇头，脸上带有丝成就感。"你很聪明啊，记忆力也很好呢，其实不用有压力，一开始就抵触历史，我也不是强求你一节课45分钟都认真听讲，你看，你刚才记这些知识才用了十几分钟，只要我讲到重点时你集中精神跟着我走就好。"他答应明天好好听课，我说我期待看他明天的表现。学生缺失的不是聪明的头脑，而是公平公正的对待，真心实意的鼓励与赞许。我也深刻地体会到在面对后进生时，要有足够的耐心、恒心与爱心。

时间如指间流沙，转瞬即逝，转眼间我已经在教育一线奋战了五个春秋，从一个不敢直视学生眼睛甚至被学生气哭的教学新手，逐渐历练成备受学生喜爱的老师。我国教育家夏丏尊曾说："教育没有情感，没有爱，如同池塘没有水一样。没有水，就不能称其为池塘,没有爱也就没有教育。"我要用自己的仁爱之心去关心学生的思想动向,帮助他们积极地面对人生,使他们拥有健全的人格,乘着理想的翅膀,自由驰骋于辽阔的大千世界,飞得更高,过得更好!

捧着一颗心,付出所有爱

淅川县西簧乡初级中学　张刘成　景其彦

我和张刘成是南阳市淅川县西簧乡初级中学的一对教师夫妻,他是初中毕业班的数学老师兼班主任,我担任八年级数学课的教学工作。这里是张刘成的家乡,他是山里娃,2010年他走出大山,到河南教育学院读书,2013年秋又回到大山,成为家乡的一名特岗教师。他说要用实际行动告诉和他一样的山里孩子,通过自己的努力,能够走出家庭的贫穷带来的困境,搏得一份美丽的人生。而我在初三时遇到了我人生的贵人——马玲玲老师,她激励我不断努力,我的刻苦也换来了很好的成绩,那一年成为我人生的转折点。十几年过去了,每当想起她,我就觉得亲切、感激。大学时我就立志,也要当一名教师,以我的恩师为榜样,做学生生命里的贵人。

我们走到一起,源于他吃苦耐劳的精神

张刘成出身贫苦,在离家近5公里的学校上小学,每天步行往返在泥泞的山路上,有时候走累了,坐下来歇歇,就睡着了,醒来天已经快要黑了。早上带点咸菜、干面条作为午饭,有时候炉子生不好,饿一顿;有时候面条被老鼠啃了,又要饿一顿。七八岁的年龄,已尝到了生活的艰辛不易。大学时,他利用寒暑假打工挣生活费,周末又早出晚归做兼职;他是班委,平时还要积极组织、参加班级活动,但他没有因为忙碌而落下课程,相反每一堂课都非常认真刻苦。他因为吃苦耐劳人又实在,被同学们送了一个善意的外号——领导。这个大男孩的吃苦精神让我敬佩和欣赏,当我们伸手向父母要生活费时,他早已走向独立。我被他的善良和吃苦精神打动,我们互相欣赏,互相鼓励,不断进步。同是农村出来的孩子,我们志同道合,都想回到家乡,为家乡的教育事业奉献自己的一份力量。

夫妻双双是"特岗"

2013年9月,张刘成顺利走上三尺讲台,成为一名光荣的乡村人民教师。我做通父母的工作,也于2014年9月,以优异的成绩顺利考上淅川的特岗教师,来到西簧,成了张刘成的同事。从方城县来到大山深处的淅川县,150公里的距离,虽然生活艰辛,但我不曾后悔。从一开始,我就是看中了他的吃苦耐劳和善良,所以为了这份爱,毅然远离家乡,留在这大山。而现在,张刘成的这些品质在工作中更加闪亮,我以他为骄傲。

三尺讲台,我们各放异彩,用激情和汗水书写青春之歌

2015年秋,张刘成带九年级一班的数学课兼班主任。2016年5月25日,张刘成在早自习督班的时候不慎从台阶摔下,右腿踝关节骨折。他瞒着我,在其他老师的帮助下去荆关骨科医院打石膏,回来的路上才打电话告诉我,并坚持说,在最后一个月的冲刺阶段,他不能请假,要拄着拐杖坚持上课。我担心可又拗不过他,只好照顾好他的一日三餐和不到百日的幼子。就这样,他只请了半天假,坚持和学生一起早起,晚上等学生关灯休息了才回家。他忍着疼痛坚持站着上课、板书,不停地出汗,短袖湿了又干,干了又湿。他每天在校园里穿梭,没有耽误一节课,没有落下一本作业。他的拐杖底部磨破了容易滑倒,我拿到维修摩托的小铺子,用皮子包住,没到一个星期,又磨破了……张刘成坚守在讲台上,就是为了在最关键的时候陪在学生身边,鼓励他们,并以实际行动告诉他们什么是坚持。学生看到老师情况都这样了还在陪伴他们,都自觉地奋发、努力、坚持,那一年,张刘成任教的班级中考成绩特别理想。学生家长得知他腿骨折了仍坚持

上课，特别感动，就拿一些营养品到家里看望，有了第一次，张老师就防备起来，再有家长来就装作没在家。后来家长不来了，学生来，从猫眼里看到是学生，张老师很高兴，赶忙开门，几个学生挤进来，把原本藏在身后的礼品往地上一放，风一样地跑走了。礼品收下了，张老师却睡不着了，他说我不能花家长的钱，后来我说，这些礼品大概300元，咱们拿出400元，给班里全体师生定做一个钥匙扣留念吧，他这才释怀。这一年，不管是我孕晚期，还是坐月子，不管家里多忙，他总是克服困难坚持早起督班，等学生熄灯休息了再回家。他的付出，学生看在眼里，记在心里。

2018年，理科出身的张老师又主动担任起学校的网络宣传工作。教学之余，他刻苦钻研新闻业务知识，学习、掌握摄影的技巧和宣传链接的制作方法，经过不断学习，一年多的时间，他发稿400余篇，共计30余万字，被国家级、省级官方网站采用140余篇，300余篇被市级网站采用，为推介淅川的德育工作、宣传教育正能量做出了积极贡献。学校的活动在白天进行，他忙着组织和摄影；忙完一天的工作，回到家熬夜写活动通讯稿，写到夜里两三点的情况也不少见，月亮和星星懂他的付出。

我教的是八年级数学，八年级属于承上启下的重要阶段。课前，我认真备课，多角度分析教材，找到学生易于接受的切入点，同时注重学生思维方法的培养。根据习题的需要，我喜欢制作一些小教具来演示，帮助学生直观地理解题意。有时在课堂上，遇到学生不太理解时，我就随手演示以加深学生的理解。比如拿起教室里一把铁锹靠在墙上，当作梯子，解决勾股定理部分的梯子滑动的问题；或者拿起桌子上的抹布，放在粉笔盒上，演示桌布铺在桌子上四周下垂的问题。这样可以增加学习的趣味性，让学生理解数学与生活的密切关系。讲课时，我尽量用幽默风趣的语言活跃课堂气氛，同时充分发挥专业优势，把记忆规律、认知特点及注意的规律等心理学知识运用在课堂教学中。

星光不问赶路人，时光不负有心人，如今我们都成了学校的教学骨干，我所任教的班级数学成绩稳居前列，我也被评为乡优秀教师；张刘成作为教研组长，带领全校数学教师不懈努力，使我校的中招数学排名从全县十几名提高到第六名，他也被评为德育工作先进个人、优秀班主任、乡最美教师。虽然背后有很多不为人知的辛苦，但为了农村的教育，为了孩子们，我们无怨无悔，对得住自己的初心，对得住父老乡亲。

捧着一颗心对学生，付出所有爱做教育

"爱是教育的基础，没有爱就没有有效的教育。只有用心地去爱学生，学生才能听进去你的话，不然就只是居高临下的训导。"我们是这样说的，也确确实实这样做了。作为班主任，张刘成不论成绩如何，对班里每一个孩子一视同仁，把他们都放在心上，关心着，爱护着。周末家长有事不能接学生，张老师不放心学生自己坐车回去，就用摩托车送；一个孩子打扫卫生鞋子湿了，张老师问过鞋码，就回家把自己的鞋子带去给学生穿；学校组织包饺子活动、养盆栽活动，他很少收班费，不得已收，也一定是最少的，总是自己垫钱出来。他说，我花一点钱心里美，这饺子我也吃啊，这花我也天天看啊！陪伴是最长情的告白，每一天的早操和课间操，他从不缺席，陪着学生跑步、练习跳远，他说这就是在给学生打气，学生想放弃的时候，看到我还在坚持，就会再坚持一下的。中考前，学生压力很大，他把学生带到操场，让学生对着山大声喊释放压力，学生放不开，张老师第一个带头呐喊。张老师真正做到了严爱结合，学生怕他、敬他，更爱他！

2019年5月21日，张刘成外出培训一周，培训期间他心系学生，嘱托我午休时间督促学生及时休息，结束时督促学生及时起床洗脸，并在班级教师群里嘱托，哪些学生爱瞌睡，哪些学生敏感，哪些需要鼓励。5月25日是培训的最后一天，下午的采风活动他也无心参加，驱车回校，车一停稳就直奔教室，不顾开车三个小时的疲惫，连上两节课。他早上的闹钟是5：00，冬季晚上到家的时间不早于21：45，夏季不早于22：45。

我们相互激励，不断努力。我平时密切关注学生的学习状态，对于学习松懈或者积极性不高的学生，利用课余时间耐心地与他们谈话，了解他们的具体情况，多肯定多鼓励，帮助他们进步。另外，针对中学生的心理特点和青春期的困惑，我认真准备课件，用轻松有趣的形式给学生上心理课，帮助他们健康顺利地度过青春期。我任教的西簧乡处于山区，交通不便，贫穷落后，"吓跑"了不少人。比如，我今年的班里，就有十几位学生是"缺妈户"，他们的妈妈，大多在他们小的时候就离家出走，跑了！也有父母离婚或母亲去世的。我们几个任课老师在一起交流时，常感到心情沉重又特别心疼，孩子是无辜的，这些孩子懂事沉默敏感自卑，正处于青春期的他们急需要帮助。对这些孩子，我们要多去关爱，但又不能大张旗鼓地去关爱，因为他们自尊心很强，我们要创造机会"自然地"去接近，去帮助，去关爱，使他们顺利地度过青春期。

一个家庭里，如果有一个人能安心扑在工作上，那一定是有一个人默默地挑起了家里的担子。张刘成老师是毕业班班主任、教研大组长、德育专干，学校的大小活动他都要参加，摄像做记录。我呢，协调好工作和孩子，白天上好课，没课的时候需要看孩子、做饭，趁晚上孩子睡后，认真钻研教学，备好第二天的课，中午孩子睡后，又抓紧改作业、出卷子，没有因为照看孩子而使教学质量打折扣，成绩反而稳居前列，得到了领导的肯定和表扬。所以，我在为他的成绩感到骄傲的同时，也为自己骄傲。虽然这两年，除了假期，我没有睡过午觉，晚上也常忙到很晚，但是我对得住我的孩子，也对得住我的学生，这就够了。

特岗教师是服务农村的教师，也许我们来自城市或平原地区，对当地的环境不太适应。但我认为我们要有一种责任感和使命感,这里需要我们,孩子们需要我们。当我们觉得艰苦时,可以设身处地想一想,我们成年人尚且觉得不易忍受,那么孩子们呢?他们一出生就待在这样的环境里,家庭条件比我们还要差一些,他们的吃苦精神、乐观努力的精神,难道不令我们动容吗?越是条件艰苦的地方,越是能彰显出我们的价值。作为年轻人,我们在基层工作几年,能磨练我们的性子,使我们心态平和,不浮躁不骄傲。当你真正静下心来,会发现生活没有那么难,还有别样的美好。干一行,爱一行,专一行,我们要有这样的决心和抱负,在平凡普通的岗位上发光发热,为农村教育事业添砖加瓦!

作为特岗教师、乡村教师,我们不后悔当初的选择,也为自己能成为学生的引路人感到自豪、骄傲,我们很享受现在清贫平淡又充实幸福的生活。虽然我们取得了一些进步,但仍有很多地方可以提升和改进,我们会继续严格要求自己,向着自己的人生目标——成为学生生命里的贵人而不懈努力!

第三编

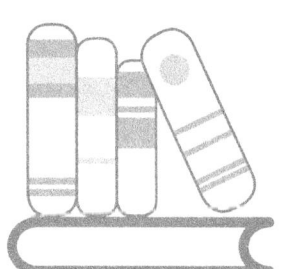

研究编

河南省"特岗计划"实施成效研究报告

内容摘要

党的十八大以来，以习近平同志为核心的党中央高度重视乡村教育工作，并将建设乡村教师队伍摆在更加重要的发展位置，做出一系列重大决策部署，推进乡村教师退休建设。相关中央职能部门高度重视，中宣部、中央编办、发改委、财政部、人社部等部门大力支持，2006年5月，教育部、财政部、人事部、中央编办联合印发《关于实施农村义务教育阶段学校特设岗位计划的通知》，引导和鼓励高校毕业生从事农村教育教学相关工作，逐步解决乡村教师队伍中师资质量不高、总量不足和结构欠佳等问题，从而有效提升乡村教师队伍的质量。"特岗计划"的实施采取先行试点、逐步扩大的办法，首先在贵州等12个省（区、市）和新疆生产建设兵团开始实施，2009年，国家进一步扩大了特岗计划的实施范围。截至2020年，中央财政累计投入资金700多亿元，累计招聘特岗教师90多万人，涵盖中西部1000多个县、3万多所农村学校，为偏僻的乡村学校补充了新鲜血液，在特岗教师三年服务期满后，继续留任的比例超过85%。有关统计显示，约有95%的特岗教师是在乡镇及以下的学校任教，其中30%是在村小和教学点，这是中国最基层的教学点，直接服务于我国边远贫困地区义务教育阶段最薄弱的区域和人群。特岗教师中，本科学历的达到80%以上，平均年龄25岁左右，显著改变了边远乡村学校教师老龄化的状况，有效缓解了新时代乡村学校教师的短缺问题，而且"特岗计划"还集中补充了大量英语、信息技术、音体美等乡村短缺学科教师。这个计划成为改变中国乡村教育的一项政策。

河南省从2009年开始实施农村特岗教师计划，成为国家特岗计划实施大省，特岗教师招录人数连续多年在全国排名第一。该计划实施以来，累计为河南省乡村补充中小学教师15万余名，使乡村中小学教师短缺问题初步得到解决，吸引了大量高学历人才到河南省乡村从事义务教育，补充了乡村教师的数量，改善了农村教师队伍学科结构、学历结构和年龄结构，使乡村教师队伍结构逐步趋于科学合理，来源渠道更有保障，对加强农村学校师资力量、提高农村教育质量、巩固"两基"攻坚成果、推动城乡教育均衡发展发挥了积极的作用。

自 2009 年实施"特岗计划"以来，中央财政已累计下达支持资金 64.1 亿元，为贫困地区招聘特岗教师 89350 人；我省财政安排配套资金 45.4 亿元，为乡村学校补充特岗教师 64000 人，实施范围覆盖全省 109 个县（市、区）、7000 所农村学校。招聘的特岗教师队伍中，本科及以上学历占比 78.9%，师范类专业毕业生占比 51.7%，应届毕业生占比 23.8%，体音美学科教师人数占比 18.7%，特岗教师在村小、教学点任教的占比超过 30%。我省"特岗计划"实施工作被教育部评为全国 11 个乡村教师队伍建设优秀工作案例之一，信阳市"特岗计划"作为督查实践案例获得国务院办公厅通报表彰。濮阳市范县特岗教师巴世阳作为河南省特岗教师代表，两次参加教育部组织的优秀特岗教师巡回报告团，赴全国多所高校宣讲，传递教育正能量，并在 2019 年教师节在人民大会堂受到了习近平总书记的亲切接见。

河南省委省政府多次将"特岗计划"纳入年度重点民生实事，给予重点支持、全力推进。"特岗计划"的深入持续实施，在优化农村教师队伍资源配置、提高农村教师队伍整体素质、创新农村教师补充长效机制建设以及引导促进高校毕业生到基层就业等方面均发挥了重要促进作用。大量优秀的高校毕业生，毕业后到农村从事中小学的教育教学工作，成为我省广大农村学校的新生力量，既加强了我省农村教师队伍建设，也有效促进了我省农村教育事业的发展，得到了社会各界的充分肯定和高度评价。

下一步，教育部将为"十四五"期间精准实施"特岗计划"做好准备工作，会同有关部门研制"十四五"期间特岗计划新的文件，结合国家战略需要，科学合理优化调整"十四五"期间的实施范围，进一步扩大"特岗计划"的政策效应，不断健全"特岗计划"实施的监控体系，加强对各地工作进行监管和督导，持续提升"特岗计划"的实施效果。

第一章　绪论

一、项目来源

此项目来源于2019年度河南省教师教育课程改革研究项目《河南省“特岗计划”实施成效研究》（2019–JSJYZB–003）。

河南省教育厅关于下达2019年度河南省教师教育课程改革研究项目立项计划的通知

2019-04-08 10:24:37.0 【浏览字号：大 中 小】 来源：教育厅办公室

各有关高等学校：

根据《河南省教育厅关于申报2019年度教师教育课程改革研究项目的通知》（教师〔2018〕1041号）要求，在学校开展校级立项的基上，经过学校遴选申报、省教育厅组织网络评审和会议评审，2019年度对河南大学刘志军教授《新时代卓越教师培养体系建设研究》等20报项目予以立项建设。其中，重大招标项目4项、重点项目66项、一般项目136项。

各高校要以《教师教育振兴行动计划（2018—2022年）》为引领，不断创新教师教育模式，注重教学基本功训练和实践教学，注重课不断更新，注重信息技术应用能力，培养未来卓越教师。各课题团队要立足实际，突出实践研究、行动研究的价值取向，突出解决教师教育与教学改革所面临的重点、难点和实际问题，积极发挥团队成员尤其是一线中小学幼儿园教师的作用，实现高等师范教育与基础教育的协新、共同发展。

根据《河南省教师教育课程改革研究项目管理办法（试行）》（教师〔2013〕840号），对于省财政直供高等学校，省教育厅按照重项目8万元/项、重点项目3万元/项、一般项目2万元/项的标准给予经费补助，学校要按照不低于1:1的比例配套项目资金；对于非省财政直学校，立项的课题研究经费由承担单位或同级财政主管部门配套安排。各校要加强项目的过程管理、经费管理和绩效评价，保证相关配套入，确保专款专用。

附件：河南省教育厅2019年度教师教育课程改革研究项目立项名单.doc

河南省

图1　文件截图

序号	项目名称	申报单位	主持人	参与人	项目类别	经费资助	项目编号
1	新时代卓越教师培养体系建设研究	河南大学	刘志军	李桂荣，王洪席，王　萍，娄和彦 赵建鹏	重大招标项目	8	2019-JSJYZB-001
2	新时代师德师风建设长效机制建设研究	河南师范大学	宋　晔	崔振成，李社亮，张英丽，张晓阳申宇帆，刘清东，董江汎	重大招标项目	8	2019-JSJYZB-002
3	河南省"特岗计划"实施成效研究	河南财政金融学院	刘　筠	田　蕾，冯　静，常晓鹏，梁　煜 张刘成，景其彦	重大招标项目	8	2019-JSJYZB-003
4	河南省"国培计划"成效研究与实践	平顶山学院	程永华	赵东群，闫汪涛，赵红利，任　玮 韩晓德，徐晓慧，王建敏	重大招标项目	8	2019-JSJYZB-004
5	嵌入执行控制功能训练的小学英语教学模式探讨与实践	郑州大学	李　莹	王　悦，刘希瑞，张　艳，曹　颖 秦　婷	重点项目	3	2019-JSJYZD-001
6	双一流建设背景下河南省体育教育专业学生内涵式发展的培养研究	郑州大学	吴　健	牛涛涛，翟星辰，王居东，高明阳赵金巍，盛鹏杰，剧冰纯	重点项目	3	2019-JSJYZD-002
7	综合素质评价背景下中小学教师评价素养研究	河南大学	张红霞	李明哲，刘志军，黄俊丽，黄　静 杨会萍，连　红，靳　珂	重点项目	3	2019-JSJYZD-003

图2　河南省教育厅2019年度教师教育课程改革研究项目立项名单

二、项目开展情况与研究成果

(一)项目研究背景综述

2006年,教育部联合财政部、原人事部以及中央编办,下发了《关于实施农村义务教育阶段学校教师特设岗位计划的通知》,教师"特岗计划"开始实施,以公开招聘的方式选拔高校毕业生到农村学校进行任教。我国关于特岗计划和特岗教师的研究伴随特岗计划的持续实施已经延续了17年,从2006年该计划实施开始,经历了特岗计划研究的起步阶段、发展阶段、繁荣阶段和深化阶段。通过文献检索课题组发现,目前专家学者们关注最多的是特岗教师的生存状态,包括生活和工作条件、专业成长问题、职业认同问题。调研发现,河南省实施特岗计划后存在特岗教师队伍结构不均衡、政策落实中存在一定问题和特岗教师专业发展相对缓慢等问题,也有一些学者关注特岗计划政策本身,还有学者从政策的制定、实施、执行、评估方面探讨该政策,执行过程中存在落实不到位的现象,缺乏对特岗教师的有效监督和管理。

特岗计划作为一项备受关注的政策,研究者众多,从中国知网上查阅到有关特岗计划主题的学术期刊和硕博论文948篇。但在研读了其他相关的文献后,我们也发现,现有的研究大多局限于特岗计划的某一个方面或者计划实施的某一个县域,很少有学者大规模地对某个省份特岗计划的实施状况进行大范围的全方位研究。

(二)确定研究目标综述

2009年至今,"特岗计划"在河南省已经实施12年,招聘人数和覆盖范围日益扩大,在提升乡村教育质量方面取得了明显的成效,不仅创新了河南省乡村中小学教师的补充机制,同时对我省乡村教师的队伍结构进行优化,极大改善了河南省乡村学校的教育教学效果,在此基础上也为大学生就业提供了众多岗位。然而,该计划在实施的过程中,随着形势的发展出现了诸多问题,主要集中在人才引进和配置、培养管理、管理能力培训、薪资待遇和评价考核机制等相关政策的制定,政策执行与监督管理等方面。本研究力图从政策制定、政策落实和监督管理三个层面剖析原因,并从完善政策顶层设计、提升政策执行效力、加强政策宣传和完善人才培养机制等方面着手,提升相应的政策优化方案和相关建议,以期全面实现政策目标,更好地发挥该项政策的作用。

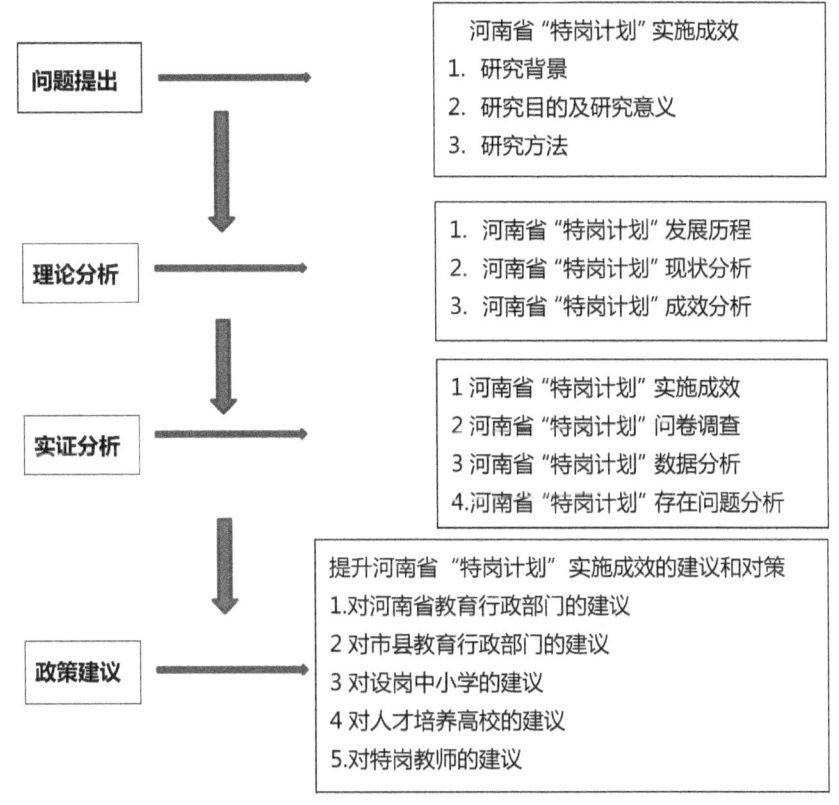

图3 本研究结构框架

  本课题旨在通过对河南省"特岗计划"的实施效果全方位、多渠道、广泛地进行调查研究,力求客观呈现河南省"特岗计划"政策十余年实施效果的真实现状,同时分析"特岗计划"实施过程中,对该计划实施存在一定影响的问题,最后向河南省教育行政部门提出改进河南省"特岗计划"的具体对策与建议。

  (三)研究的主要思路和研究方法综述

  本研究重点对"特岗计划"的实施对象——河南省特岗教师进行全方位、多渠道、广泛的调查研究,探究"特岗计划"在实施过程中面临的突出问题,诸如来自省市县教育行政部门的、设岗的乡村中小学的、人才培养师范院校的问题和特岗教师面临的职业困惑、对工作的认可度、存在的困难及职业发展等情况,在此基础上分析讨论和梳理河南省"特岗计划"的实施成效及存在的问题,力求客观呈现河南省"特岗计划"政策十余年实施效果的真实现状,同时分析"特岗计划"实施过程中存在的问题及原因,提出推动补充乡村教师长效机制的政策和实施建议,有利于提高河南省教育行政部门的管理效率和决策合理性,有利于农村地区教师补充的新机制,有利于特岗教师的长期稳定发展。

（四）课题研究计划开展情况

课题立项后，课题组成员通过调研和查阅相关资料，设计了针对特岗教师的调研问卷，通过网络平台（问卷星）发布调查问卷，组织河南省在职特岗教师进行网上填写，回收到有效问卷2776份。2019年4月，在省教育厅、商丘市教育局的支持下，课题组成员实地走访调研了商丘市民权县、睢县的农村中学的特岗计划实施情况，2021年5月，课题组成员又二次深入睢县进行调研；同时，还通过电话、网络和安阳、焦作、南阳、濮阳等地的中学校长、特岗教师进行了访谈，详细了解了特岗计划的执行情况。

（五）项目预期的研究成果

在该研究项目的设计申请阶段拟定了两项研究成果，在课题研究中课题组又拓展了研究视野，对国家和河南省的特岗计划政策和工作案例进行了收集、整理，力图呈现河南省特岗计划实施的全貌，预计达成以下研究成果：

1. 课题研究报告；
2. 编辑出版著作；
3. 收集国家和河南省的特岗计划政策；
4. 收集国家和河南省诸多层面的特岗计划案例。

三、项目的研究意义

《国家中长期教育改革和发展纲要》中强调，"社会公平的基础是教育公平"，这也是国家的一项基本教育政策。党和政府高度关注教育公平问题，强调义务教育发展的均衡性，缩小乡村地区和城市教育水平的差距。2006年5月，教育部、财政部、人事部、中央编办联合印发《关于实施农村义务教育阶段学校特设岗位计划的通知》。"特岗计划"的实施采取先行试点、逐步扩大的办法，首先在贵州等12个省（区、市）和新疆生产建设兵团开始实施，2009年，国家进一步扩大了特岗计划的实施范围。河南省从2009年开始实施"特岗计划"，迄今为止已十余年，计划实施过程中取得的成效成为社会广泛关注的热点问题，本课题研究河南省"特岗计划"的实施成效，有着重要的理论和实践意义。

（一）课题研究的理论意义

1. "特岗计划"作为创新农村教师补充的政策，对提高乡村教育质量、缓解城乡教育发展不均衡具有重要意义。研究河南省"特岗计划"的实施成效，可以为国家更快地实现教育公平提供借鉴。通过调研特岗计划的实施状况，全面、深入地了解河南省乡村教育政策近十年的发展历程，总结成功的经验，探索可推广的模式，可以更好地促进河南省乃至全国的教育均衡发展和教育公平。

2. 有利于及时发现政策实施十余年来出现的新问题，全方位地分析出现问题的原因，反思"特岗计划"政策在运行过程中的局限性，从而为河南省教育行政部门对政策的修改、完善提供合理的意见和建议，有利于特岗计划的长期、顺利实施。

（二）课题研究的实践意义

1.河南省是"特岗计划"实施大省，招录特岗教师人数连续十年在全国排名第一，研究"特岗计划"在河南的实施情况，有利于促进河南省乡村师资队伍结构的优化，切实增强农村教师师资实力，提升教师队伍的能力素质水平，提高乡村基础教育教学质量，逐步缩小城市和乡村、西部和东部的教育差距。

2.针对河南省"特岗计划"实施以来出现的问题提出切实可行的建议，有利于提高教育行政部门的管理效率和决策合理性，有利于乡村地区教师补充的新机制持续，有利于特岗教师的长期稳定发展，有利于河南省乡村教育教学质量的提升和可持续发展。

3.从高校毕业生就业的角度来调查研究河南省"特岗计划"的实施成效，特岗计划是中央基层就业的主要项目，扩大"特岗计划"实施规模，有利于拓宽高校毕业生的就业渠道，引导高校毕业生抢抓乡村发展重大机遇，源源不断地为乡村学校补充合格师资，将高校毕业生输送到合适的基层岗位建功立业，在为国家乡村基础教育奉献的同时实现自己的人生价值。

四、研究目标

本课题的研究目标为：

1.分析河南省"特岗计划"十余年招聘总体状况；

2.对河南省"特岗计划"实施状况进行实证分析、研究；

3.梳理河南省"特岗计划"取得的成效；

4.找准河南省"特岗计划"实施过程中存在的问题；

5.提出提升河南省"特岗计划"实施成效的建议和对策。

五、研究方法

（一）定性与定量研究方法（调查法）

通过文献研究和对特岗计划实施情况进行实地调研，编制对研究有支撑作用的调查问卷，问卷面向全省特岗计划的设岗学校，有一定的代表性，采取多种途径发放问卷，并对收集到的问卷进行筛选、整理和分析。定性与定向结合的方法将会使整个研究更具有科学性。

（二）实证与文献分析的方法（文献法）

以"特岗计划""乡村教师"等关键词，在知网、万方数据资源系统和国家图书馆数据库进行检索，筛选权威期刊和文章进行重点阅读和文献追踪，梳理出关于"特岗计划"

的研究现状和尚需解决的问题。

同时通过互联网方式收集国家和河南省关于"特岗计划"的相关政策和政策实施的相关新闻报道，与文献分析相结合，从文献到实证全方位了解"特岗计划"。

（三）访谈法

本课题研究过程中，还会对河南省的教育行政管理部门、工作人员，以及乡村学校管理层、特岗教师进行一定程度的深入访谈。期望通过对特岗计划实施的相关群体的调查，更加深入地了解特岗计划实施之后给他们带来的影响。

第二章 国家和河南省"特岗计划"实施研究综述

一、国家"特岗计划"实施研究综述

（一）国家"特岗计划"实施状况的研究综述

"特岗计划"2006年在我国正式开始实行，其目的主要是招募优秀的大学毕业生到偏远落后的农村地区任教，解决农村学校教师资源短缺及师资力量薄弱的问题，创新农村教师队伍补充机制。"特岗计划"实施15年来，共招聘特岗教师85万余名，政策惠及中西部地区1000多个县、2.7万所小学。当前，对"特岗计划"的研究越来越受到学术界的关注。

著作方面，方晓东在《中国教育十大热点问题》（2011）中提到了特岗教师的现状、解决农村教师问题的对策和我国政府所做的努力。郑金洲在《中国基础教育舆情蓝皮书（2009）》中对"特岗计划"的意义和作用、具体要求及具体实施情况进行了介绍。教育部、中国联合国教科文组织全国委员会编写的《中国中小学教师发展报告——聚焦农村教师（2008）》对特岗教师的培养新途径、培训新实践、补充与交流新机制进行了探索。教育部师范教育司、中央教育科学院所联合编写的《中国中小学教师发展报告（2010）》第七章对"特岗计划"的政策要点、实施概况、主要工作和主要成效做了详尽的概括和总结。郑新蓉的《中国特岗教师蓝皮书》（2012）对特岗教师的招聘方式、工作与生活进行了深入的调查和分析，并对"特岗计划"面临的问题与挑战提出了有益的建议。陈跃辉的《因为希望——特岗教师培训模式创新的理论与实践》（2013），通过问卷、访谈等方式深入调研，以促进特岗教师的专业化发展、提升职业幸福度为导向，体现了对我国基础教育改革的精准把握和深化改革的创新意识。

以关键词"特岗"为检索条件，对中国知网（CNKI）检索平台上的学术期刊数据库进行主题检索，共检索到文献3202篇（截止到2021年2月），从发文量的可视化分析图（图

4)来看,1993年到2006年,已经有学者开始了相关研究;2006年到2016年,文献研究逐步增加,说明学术界一直关注对"特岗计划"的研究,特别是2016年值"特岗计划"实施10年之际,这一年关于"特岗计划"的发表论文数量达到一个新高峰,研究文献达到了400篇;2017年到2020年,文献研究数量虽有回落,但年平均文献量依然为230篇。

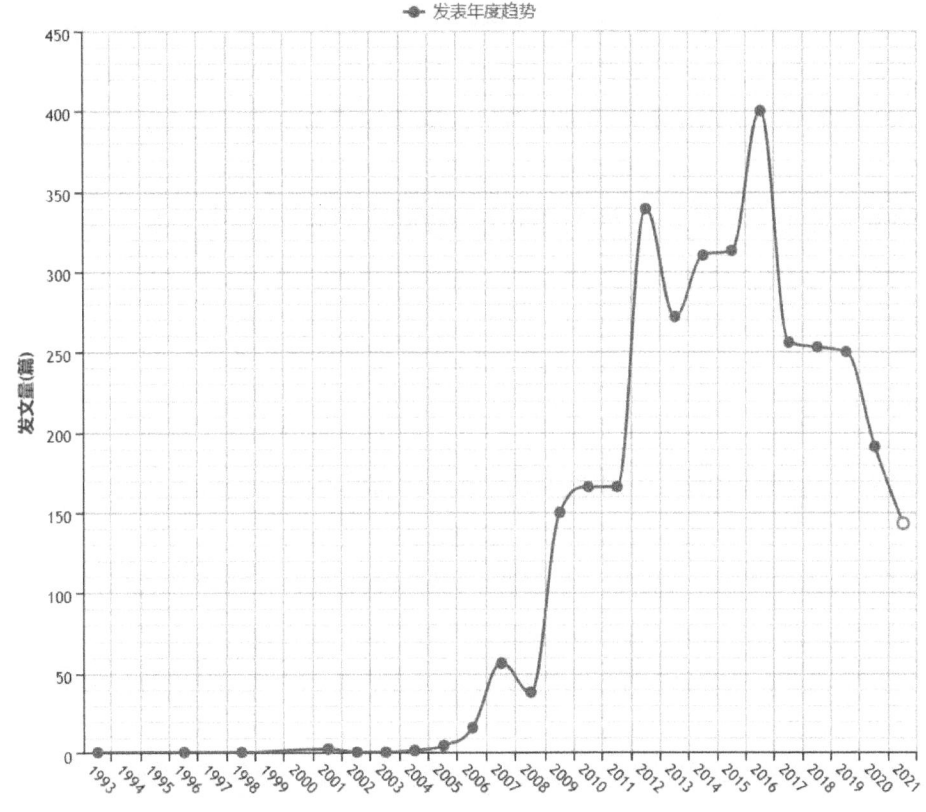

图4 "特岗"研究文献总量的可视化分析

为全面评价与衡量实施效果,学者们对"特岗计划"的实施效果进行了县级至全国层面的评估,为政策的调整与优化提供了依据。相关研究表明政策推行取得了一定的成效。首先,"特岗计划"为乡村学校注入了新鲜血液与能量,为任教学校带来了生机与活力,有效缓解了乡村教师师资结构失衡的问题。如卢江(2013)认为,特岗教师基本上都是年轻的大学毕业生,学历高,知识面广,一定程度上优化了农村教师队伍的专业结构、年龄结构以及师生比等指标,提高了农村教师队伍的整体素质。

但也有学者认为,仅凭增加农村教师数量并不能完全有效地解决师资结构失衡、缩小城乡差距等问题。由由、杨晋、张羽(2017)为验证特岗教师政策的实施效果,通过对乡村教师队伍数量和结构进行数据分析,发现"特岗计划"的实施对解决教师结构失衡等问题并未达到预期效果,该研究建议为了更好地促进教育公平,应调整配套政策方案,建立可持续发展乡村教师师资力量补充机制。

其次，工资方面，中央财政给予特岗教师工资性补助。为提升教师素质能力，财政部2013—2019年累计安排相关资金135亿元补助金，这种方式打破了传统的县级教育财政与编制等限制，为特岗教师安心工作提供了保障。如宋婷娜、郑新蓉（2017）认为，"特岗计划"从"补工资"到"补机制"，实现了"特岗计划"政策"以显性补工资为手段，隐形补机制为目的"，为乡村教师建立长效补充机制起到了正向激励的作用。

再次，"国标、省考、县聘、校用"四级联动与"先进后出"的招聘模式将阶段性政策和长效性教师队伍建设有机融合，创新了农村教师补充机制，不但保证了特岗教师的招聘数量和质量，而且为大学生就业提供了新渠道。方卉、唐智松通过问卷与调研，发现特岗教师的留任比例已经达到了平均87%的水平，说明"特岗计划"已经开始有效缓解农村学校教师"进不来、下不去，留不住、流动大"的问题。

最后，有学者从大学毕业生的角度进行分析，提出"特岗计划"一定程度上缓解了大学毕业生的就业压力。如张申华（2013）认为，特岗计划拓宽了就业渠道，为应届毕业生提供了更多的就业机会，为大学生就业提供了新模式。

（二）国家"特岗计划"实施成效的研究综述

"特岗计划"实施12年间，主要取得了以下显著成绩：

第一，初步缓解了农村教师短缺问题。许芳、李化树（2012）认为，"特岗计划"通过公开招聘的形式，吸收有志于改变乡村教育水平的优秀毕业生到农村从事教育工作，对缓解农村教师短缺问题具有重大意义。

第二，"特岗计划"优化了乡村学校的师资结构，提升了教育质量水平。"特岗计划"的招聘对象是本科毕业生或高等师范类专科毕业生，相较于以往农村学校以代课教师为主要来源，特岗教师的学历层次有了显著提升。同时，学科机构和年龄结构也有了较大的改善。

第三，创新了乡村教师补充机制。李世奇（2020）通过研究得出，"特岗计划"补充了一大批合格师资，探索出"国家标准、省级招考、县级聘用、学校任用"以及编制上"先进后出，鼓励留任"的新机制。

第四，"特岗计划"为稳定高校毕业生就业创设了新渠道。石华富（2006）认为，近年来，因受高校扩招、毕业生人数增加等因素影响，高校毕业生就业显得愈发困难。"特岗计划"的实施，使得农村学校有了一定数量的空缺岗位，为大学生就业创设了新渠道。

（三）国家"特岗计划"实施问题的研究综述

"特岗计划"的实施为提升农村教育带来新发展，取得了一定的成效，但在具体的实施过程中还存在着诸多问题与困难，突出表现在以下四个方面：

第一，一些地区仍然存在拖欠特岗教师工资或未足额发放等情况。如有网友在人民网地方领导留言板向河南省台前县委书记反映，自己是特岗教师，已经连续三个月没有按时发放工资了。

第二，特岗教师在进入工作单位前3年是以合同制替代编制，但3年聘用期满后，一些地区却存在教师总量超编，一方面特岗教师无法入编，另一方面存在"超编再补"的现象。如范晓东、冯晓丽（2014）以山西省某县进行个案分析，发现该县乡村学校早已超编，造成超编的原因不但有现实需求矛盾，也有上下级政府联手应付政策的情况，导致"特岗计划"偏离了最初的导向。

第三，数据显示，特岗教师在3年聘用期结束后的留任率逐年提升，但后续很多人因受到政策落实不到位、保障制度不完善等因素的影响，离职意愿度也越来越高。刘佳（2017）通过对"特岗计划"实施10年的总结、反思与展望，得出特岗教师累积流失率逐年上升，教师队伍稳定性不强等结论。

第四，"特岗计划"在招聘过程中更多关注学历，要求必须是本科毕业生或高等师范院校专科毕业生，但却缺少对应聘者适应农村艰苦条件、对教育事业的热爱程度和个人意志力的考查，因此不时出现一些特岗教师因不能适应艰苦的条件而中途离职的情况。

除了以上四个突出问题外，一些学者还发现特岗教师在专业发展上也存在着困难与障碍。如杨廷树、杨颖秀（2010）研究发现，特岗教师存在着职称评定难、工作成就感低、再就业政策不清晰、考核制度不健全及深造学习机会少等一系列专业发展问题。

（四）提升国家"特岗计划"实施质量和水平对策的研究综述

张旭（2014）以公共权利与责任、公共政策合法性等方面为切入点对"特岗计划"进行研究，提出"特岗计划"应当从明确责任机制、转变政府职能等方面进行完善。

范晓东（2017）从权威治理机制的视角探讨了"特岗计划"政策中存在的问题和解决方案，他认为当前特岗教师"省考县用"的模式，解决了"以县为主"农村教师招聘制度中权力寻租、权力界限不清与错位、越位等问题，所以应划分好权责，完善相关制度。

易海华、刘济远（2010）针对"特岗计划"实施中的"对应聘教师的农村从教素质考察不够、政策承诺与实际兑现存在落差、特岗教师聘期结束后入编尚存悬念"等问题，提出了三条改进措施：首先，严把招聘质量关，加强对应聘者的个性心理等方面的考查；其次，加强特岗教师的入职引导，使他们能够快速熟悉、融入工作，适应工作环境；最后，完善相关政策，加强跟踪管理与服务，为特岗教师提供保障和发展服务。

孙颖、陶玉婷（2012）针对"特岗计划"实施中的具体问题，结合"特岗计划"发展中各种有利条件提出：第一，在特岗教师招聘过程中，要重点考查应聘者服务农村的意愿；第二，在3年服务期间，要为特岗教师提供更多专业发展以及专业培训的机会；第三，在特岗教师期满后的留任机制等相关保障制度中，适当放宽对他们转正时的考核。

二、河南省"特岗计划"实施研究综述

（一）河南省"特岗计划"实施状况的研究综述

自2009年开始，河南省启动实施"特岗计划"，11年间全省累计招聘12.9万名高校毕业生为特岗教师到农村学校任教，受益范围覆盖全省107个县、5000多所农村学校。

2012年，有9289名特岗教师在首届服务期满后继续留在当地任教，留任率达92.9%，相对于全国平均水平90%，高出2.9%。2015年至2018年数据见表1。由表1数据可见，河南省"特岗计划"教师的留任率逐年提升。

表1 2015—2018年河南省特岗教师留任数据

年份	继续任教人数	留任率
2015	6377名	86.2%
2017	7879名	92.2%
2018	8919名	96.2%

河南省之所以取得以上优秀成绩，主要是采取了一系列措施精心组织实施：一是，省政府高度重视，按照中央计划与地方计划1∶1的比例配套实施；二是，深入调研，周密论证，精心制定实施意见、招聘办法和招聘简章；三是，搞好动员，加强宣传，省政府专门召开会议进行安排部署；四是，按照"三公四严"要求，扎实做好招聘工作；五是，严格聘后管理，特岗教师上岗后，严格要求，严格考核，严格管理，严格教育；六是，积极落实工资待遇，各级财政、教育部门严格按照财政部、教育部等中央有关部门规定，按规定标准将特岗教师工资、待遇落实到位。

（二）河南省"特岗计划"实施成效的研究综述

首先，扩充了河南省农村教师师资队伍。从2009—2020年"特岗计划"实施以来，吸引了大批优秀高校毕业生报名，报名人数远超招生计划，部分岗位的报考比例达到50∶1。数据显示，本科毕业的特岗教师占绝大多数，而且师范类毕业生多，这些学生理论基础更扎实、专业性更强，他们的加入，为农村学校带来新的教学方法和手段，使教学质量得到了较大的提升。

其次，提高了农村教师队伍水平和教学质量。冯静、闫轲（2018）通过对河南省24个县区多名中小学特岗教师的研究，提出河南省"特岗计划"实施取得的成效：一是加强师德师风教育，通过理论学习和组织相关主题教育活动，加强教师队伍建设，提高教师职业道德和职业素质修养，激励教师热爱教育事业，关爱学生，爱岗敬业，为人师表，无私奉献；二是加强教学指导和培训，将特岗教师培训纳入中小学继续教育进行管理，为特岗教师不断充电，有效提升其教学水平和教学质量。

再次，在职称评定上向特岗教师倾斜。河南省将农村和城镇学校的职称结构标准进行统一，在教师专业技术职务评聘方面向农村学校倾斜。针对在农村学校一线教学岗位上从教30年以上且距离法定退休年龄不满5年、能够完成教学工作任务且仍在教学岗位工作的，不受单位结构比例和岗位职数限制，考核认定为一级教师。这样的政策，无疑增加了特岗教师的工作热情和积极性，使他们更愿意坚守在自己的岗位上。

第四，河南省发布多项制度和政策，保障和提高特岗教师的生活水平。如2019年河南省教育厅联合河南省发改委以及河南省财政厅共同编制了《河南省农村教师周转宿舍建设规划（2020—2022年）》，规划提出，到2022年，"基本完成农村教师包括特岗教师在内的周转宿舍建设任务，实现保障对象一人一套目标，为稳定农村教师队伍，吸引优秀人才在农村长期、终身从教创造良好条件"。

（三）河南省"特岗计划"实施问题的研究综述

第一，特岗教师工资待遇低，待遇未能完全及时落实到位。陈俊珂、易静雅（2020）通过对河南省573名特岗教师的月收入、收入在当地的水平、与当地教师的工资对比三个方面进行对比分析，首先发现5.34%的特岗教师月工资收入在1999元及以下，65.51%的特岗教师月工资收入在2000—2499元之间，29.47%的特岗教师月工资收入在2500—2999元之间，从数据分析结果看，当前绝大部分特岗教师的工资不高。其次，从特岗教师工资在当地水平看，26.34%的人处在下等水平，45.3%的人处在中下等水平，也就是71%以上的特岗教师薪酬在当地偏低；最后，从特岗教师与当地教师的工资对比来看，48.8%的人低于当地教师的工资收入。从这3组数据的分析结果能够看出，特岗教师的付出和收入并不成正比，这对他们的工作热情、积极性和稳定性造成了极大的影响。

第二，编制统一标准不公平，期满留任入编不及时，导致特岗教师流失。一些地市县因为各种原因，在3年服务期满后，没有为特岗教师办理正式的入编手续，只让特岗教师填写了农村义务教育阶段学校特设岗位教师转为正式教师审批表，这就导致相关福利待遇没办法落实，工资也处于停发状态。在编制和工资福利都没办法保证的情况下，特岗教师的工作积极性一定会受到严重伤害，从而导致优秀教师人员流失。

第三，特岗教师普遍认为职业压力大，职业幸福感弱。王亚娟（2016）通过访谈发现，大多数特别是刚入职的特岗教师都反映教学任务重，每周课时是12—20节，教学效果差强人意、学生纪律管理困难等问题，造成职业压力大。同时，由于精神文化需求得不到应有的满足、缺少职业成就感、尊重和自我实现的需要得不到满足等因素，一些特岗教师从职业中感受不到幸福和满足，职业幸福感弱。

一些学者还指出了"特岗计划"在实施中存在的其他问题，如陈凯（2012）指出，部分设岗县财力有限，住房、保险等相关配套政策落实存在困难；部分特岗教师所学专业与工作方向不对口，难以发挥专长。赵双兰、张国强（2013）指出河南省"特岗计划"呈现出诸多发展特色，取得了明显的成绩，但也存在着教师队伍结构不均衡、特岗教师专业发展相对缓慢等问题。

（四）提升河南省"特岗计划"实施质量和水平的对策研究综述

很多学者提出了关于发展河南省特岗教师职业发展的长效机制的思考与建议，主要包括：

首先，完善相关政策，保证"特岗计划"有效推行。冯静、闫轲（2018）提出增加招聘政策的倾斜性，在报名资格上限定为当地户籍或当地生源的大学生，或是对招聘地的大学毕业政策生倾斜，争取把特岗教师安置在他们的家乡或家乡附近的学校，这样可以更好地照顾到特岗教师的家庭和生活，保证师资的稳定性。

其次，落实提高特岗教师薪酬待遇，保障特岗教师的物质生活质量。张筱茜（2019）提出，一方面，政府可以参照国外偏远地区教师的特殊津贴制度，对在条件恶劣地区工作的教师补贴额外的工资，以提高特岗教师的工作积极性；另一方面要对特岗教师进行有效的绩效评价，进行量化管理，教学工作量和考评制度相结合，对工作积极的教师加大奖励力度，也能对工作成绩较差的教师起到一定的激励作用。

最后，关注特岗教师专业成长，提升职业认同感。武晓伟（2013）提出，完善特岗教师培训制度，制订切实可行且高效的培训计划，增加更多在岗培训机会，构建"县—乡—校"三级教师培训管理网络，提升特岗教师的专业水平，让特岗教师学到最新的教学方法和教学理念，快速提升他们的业务水平。刘润秋、宋海峰、卢洋（2013）提出政府应完善特岗教师的相关政策，学校要改变管理方式，对特岗教师进行有效的管理和服务；特岗教师也应加强自身学习和职业道德修养，积极投身到教育事业中去，为改变乡村教育做出贡献。

综上可见，国内专家和学者近年来对"特岗计划"和特岗教师群体的关注度愈发提升，研究内容由少变多，研究方向由点到面，研究视角由浅至深。通过对文献资料阅读、整理和梳理后发现，尽管学者们的研究视角各不相同，但是每个视角都有一定的交叉点。只是现有的研究成果，对河南省特岗教师的关注度不高，且对河南省特岗教师群体的专业发展和生存状态的研究缺乏深层次挖掘，应透过现象更好地看到本质，深入且生动地展现研究主题。

条件符合《河南省申请教师资格人员体检标准及办法(试行)》规定要求。三是招聘流程。"特岗计划"的招聘是在需求调研的基础上开展的,避免了工作的盲目性,提高了项目的效率,促进人才利用效能最大化。采取十三步招聘法进行招聘,分别是:岗位设置→公布需求→自愿报名→报名资格审查→打印准考证→笔试→面试→体检→拟定招聘人选→岗前培训→教师资格认定→签订合同→上岗任教。四是优惠政策。每一项政策都不是孤立存在的,而是服务于某一个目标实现的基石。有效的政策执行是多元行动者复杂的互动结果,而非单一机构贯彻政策目标的行动结果。"特岗计划""西部计划""三支一扶计划"都是引导高校毕业生到基层就业的有效举措,"特岗计划"在招聘时,将参加过"西部计划""三支一扶"计划且服务期满的志愿者、参加过半年以上实习支教的师范院校毕业生,以及生源地考生在同等条件下优先招聘,有利于打出政策"组合拳",最大限度发挥政策集群效应,吸引更多优秀高校毕业生到农村学校任教。

(三)保障管理机制

1. 项目正常运转有资金保障。项目资金主要用于教师工资性支出、教师地方性津贴等相关支出和招录相关费用支出三部分。资金由中央财政和地方财政共同承担,以中央和省级财政为主。其中,国家"特岗计划"所需资金由中央财政和设岗县(市)财政负责,中央财政负责国家"特岗计划"教师的工资性支出;省级"特岗计划"所需资金由省级财政和设岗县(市)财政负责,省级财政负责我省地方计划教师的工资性支出。设岗县(市)财政负责落实资金,用于解决特设岗位教师的地方性津补贴、必要的交通补助、体检费和按规定纳入当地社会保障体系,享受相应的社会保障待遇(政府不安排商业保险)应缴纳的相关费用。省辖市和设岗县(市)财政负责落实资金,用于特设岗位教师招聘的笔试具体考务、判卷、面试组织、岗前培训等相关工作,确保"特岗计划"的顺利实施。

2. 基本待遇与保障同当地在编教师同等对待。教育部非常关注中小学教师待遇和地位的提高。2008年底教育部发布《关于做好义务教育学校教师绩效考核工作的指导意见》,对于依法保障教师收入水平,激发广大教师积极投身教书育人事业,吸引和鼓励优秀人才长期从教、终身从教具有重大意义。2020年12月《关于政协十三届全国委员会第三次会议第0984号(教育类053号)提案答复的函》(教师提案〔2020〕474号)中提出:在工资收入方面,将"义务教育教师平均工资收入水平不低于当地公务员平均工资收入水平"落实情况纳入对省级政府履行教育职责督导的重要内容和义务教育优质均衡县评估的重要指标。"特岗计划"服务期为3年,在岗期间的工资与补贴发放、职称评聘等与当地公办学校教师同等对待。同时,安排周转宿舍,切实解决其工作、生活中的实际困难,种种温暖人心的举措,对于促进高校毕业生"下得去、留得住、干得好"有较大助益。

从 2009 年我省"特岗教师计划"实施以来，其薪酬待遇历经了 4 次提升，2009 年到 2011 年，为 2.054 万元；2012 年到 2014 年，为 2.4 万元；2015 年到 2016 年 6 月，为 2.8 万元；2016 年 7 月 1 日到 2018 年 6 月，为 3.16 万元；2018 年 7 月 1 日至今，为 3.52 万元。

3. 职业前景有可持续发展保障。"特岗计划"从招聘的聘前、聘期、期满三个方面对高校毕业生成长成才做了全方位规划，促进高校毕业生职业发展的可持续性成长。聘前开展培训，并给未取得教师资格的毕业生颁发教师资格证书，保证其顺利到岗，胜任岗位职责。聘中以评促改，在特岗教师在岗服务的 3 年期间，设岗学校和设岗县教育行政部门对其进行日常管理与考核。省、市教育行政部门对其进行跟踪管理，对成绩突出、表现优秀的，给予表彰，并推广典型；对工作不扎实、不按合同要求履行义务的，及时进行批评教育，督促改正；对不按合同要求履行义务，经教育仍无转变，不适合在教师岗位继续工作的，解除协议。期满可自由选择职业。"特岗计划"项目的价值导向是鼓励高校毕业生扎根基层，从事农村教育事业。在其管理上进行了创新：一是留岗入编。"特岗计划"项目要求纳入"计划"的县（市）原则上不得再以其他方式补充新教师，这就意味着不管是学校基于发展需要，还是教师自然退出补给需要，都要从招录的特岗教师中进行补充，这就给特岗教师入编提供了强有力的保障。因此，文件要求各设岗县（市）在核定的编制总额内，对聘期已满、考核合格、愿意继续留在当地任教的特设岗位教师，要负责落实工作岗位，将其工资发放纳入当地财政统发范围，保证其享受当地教师同等待遇。二是继续深造有渠道。"特岗计划"的实施可与"农村学校教育硕士师资培养计划"相结合。符合相应条件要求的特设岗位教师，可按规定推荐免试攻读教育硕士。特设岗位教师 3 年聘期视同"农村学校教育硕士师资培养计划"要求的 3 年基层教学实践。三是自主择业有优惠政策。特设岗位教师享受《中共中央办公厅国务院办公厅印发〈关于引导和鼓励高校毕业生面向基层就业的意见〉的通知》（中办发〔2005〕18 号）和人事部等部门《关于组织开展高校毕业生到农村基层从事支教、支农、支医和扶贫工作的通知》（国人部发〔2006〕16 号）规定的各项优惠政策。

三、河南省"特岗计划"实施状况研究

河南省自 2009 年启动实施"特岗计划"以来，12 年间全省累计招聘 15.34 万名高校毕业生为特岗教师到农村学校任教，受益范围覆盖全省百余个县、5000 多所农村学校，涉及思政、语文、数学等 16 个学科，覆盖中小学所有学科门类。同时，随着社会发展和教育实际需求，"特岗计划"还动态调整招录计划，从 2019 年开始招录心理健康教育教师。这些举措有效缓解了农村地区师资力量薄弱和结构不合理等问题，提高了农村教师队伍的整体素质，促进了城乡教育均衡的发展。

（一）从整体计划分布上看

2009—2020年，我省累计招聘153350名高校毕业生到农村学校任教，其中中央招聘计划数为89350人，河南省招聘计划数为64000人。招聘规模连续11年全国第一，2020年居全国第二。

表2　历年招录计划情况一览表

年份		2009	2010	2011	2012	2013	2014	2015	2016	2017	2018	2019	2020
计划数	全部	10000	10000	10000	10800	11000	12000	12400	13550	15300	15500	15800	17000
计划数	中央计划	5000	5000	5000	5800	6000	7000	7400	8550	9300	9500	9800	11000
	地方计划	5000	5000	5000	5000	5000	5000	5000	5000	6000	6000	6000	6000
学段	初中	7035	5573	4897	5063	4548	4491	4202	4909	5438	6111	6017	6590
	小学	2965	4427	5103	5737	6452	7509	8198	8641	9862	9389	9783	10410

从招募计划历年变化趋势来看，中央计划河南分配名额从2012年以来逐年提升，地方计划名额增长较为平缓。

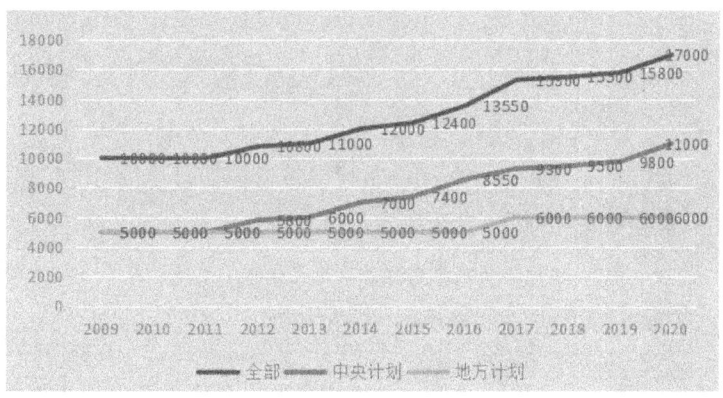

图5　历年招募计划变化趋势图

（二）从实际录取情况看

实际录取率较高，每年均在98%以上。本科及以上学历毕业生录取人数远高于专科毕业生。小学每年录取人数均高于初中，并呈现出逐年较大幅度增加的态势；而初中录取人数从2015年以来，也呈现出逐年较小幅度增加态势。

表3　历年录取率一览表

年份	2009	2010	2011	2012	2015	2016	2017	2018	2019	2020
计划数	10000	10000	10000	10800	12400	13550	15300	15500	15800	17000
录取数	10000	9980	9889	10639	12391	13548	15259	15440	15790	16938
录取率	100.00%	99.80%	98.89%	98.51%	99.93%	99.99%	99.73%	99.61%	99.94%	99.64%

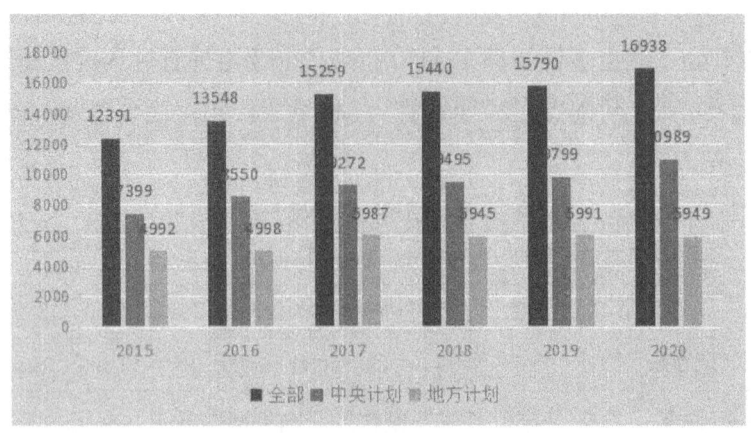

图6 不同年份实际录取情况分布（单位：人）

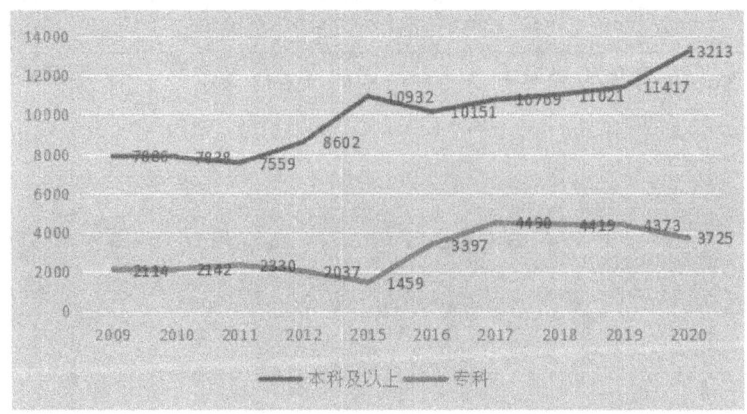

图7 不同学历层次实际录取情况分布（单位：人）

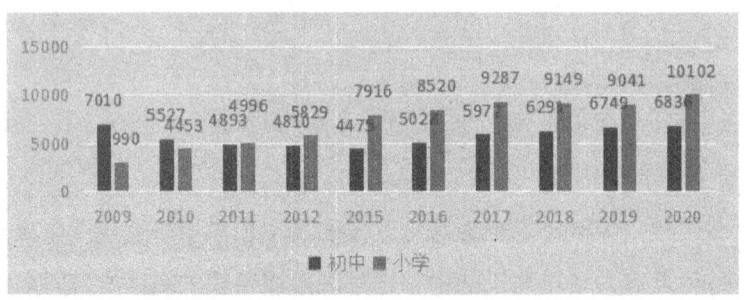

图8 实际录取学段分布情况（单位：人）

（三）从期满留任率来看

由于基础数据所限，本研究仅分析了2012年、2015年、2016年、2017年四年的数据。2009年是我省"特岗计划"实施的第一年，服务期为3年，2012年拥有第一批服务期满特岗教师。其中2015年特岗教师留任率最高，其他均是一半比例流失、一半比例留岗。小学阶段、专科学历特岗教师期满留任率稍高。

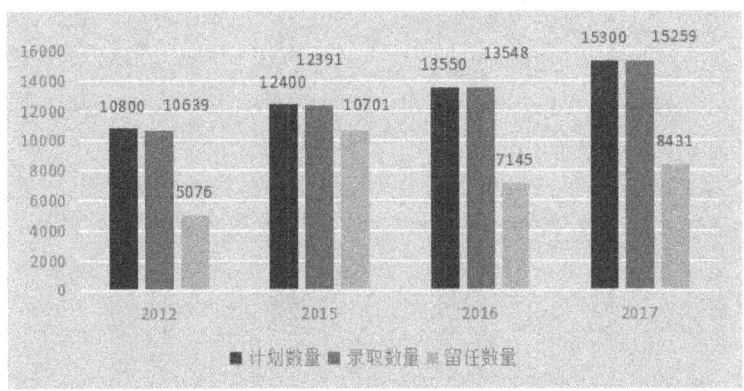

图9 计划数、实际录取数、期满留任数对比情况（单位：人）

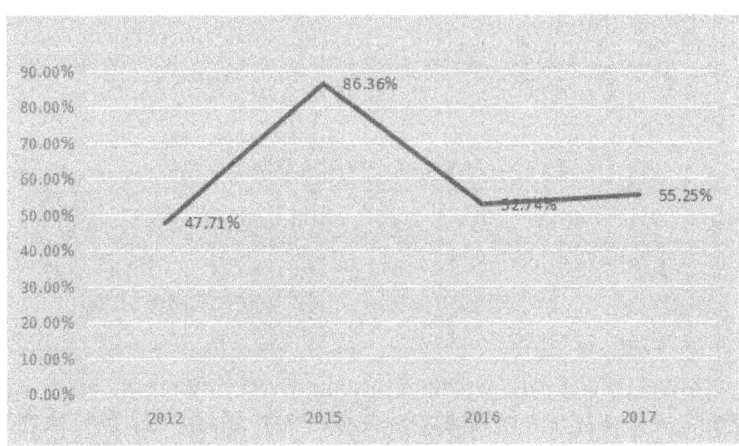

图10 留任率

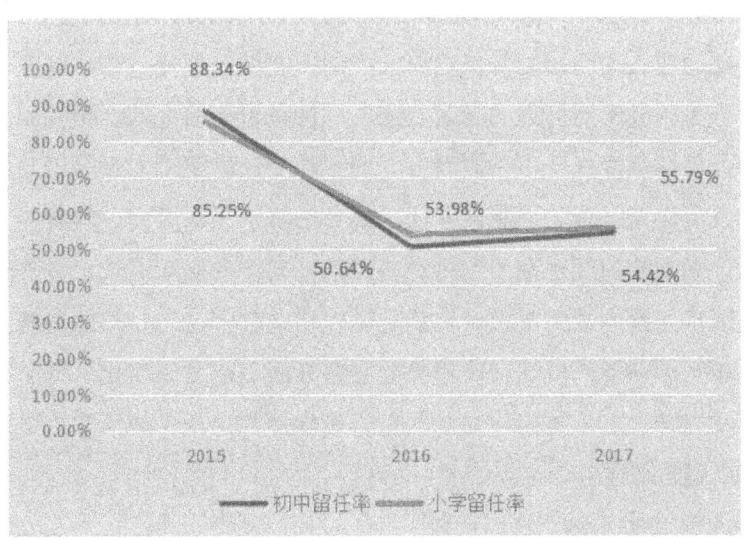

图11 不同学段留任率情况

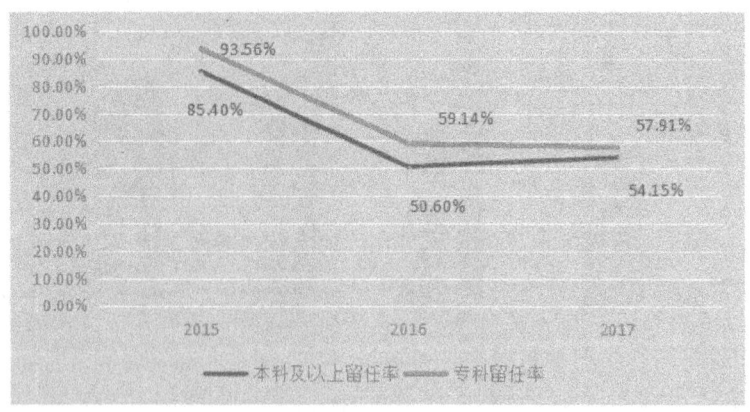

图12 不同学历层次留任率情况

(四)农硕计划录用情况

2010年以来,我省合计招募农村教育硕士人数为2208人,主要集中在初中学制,个别在小学学校里。

表4 不同年份农村教育硕士计划招录情况(单位:人)

年份(年)	2010	2011	2012	2013	2014	2015	2016	2017	2018	2019	2020
初中	208	193	228	206	187	179	228	203	177	200	193
小学										2	4

第四章 河南省"特岗计划"实施的发展进程分析

从新制度经济学的角度来看,所谓制度变迁,是指制度的更替、转换与交易的过程。换言之,是用更为高效的新制度替代之前抵消的旧制度的过程。若从制度变迁的主体角度来划分,可分为两种不同类型的制度变迁,一种是自下而上的诱致性制度变迁,一种是自上而下的强制性制度变迁。一般而言,诱致性变迁的驱动力来源于基层需求,是由下到上渐进式发展变革过程。强制性变迁驱动力来源于国家层面,具有一定的强制性。农村特岗教师计划的实施既是基于农村对美好教育向往的实际需求,也是国家为了解决农村教师队伍诸多问题的现实要求。也就是说,特岗教师这一政策的出现,是在上下需求高度一致、相互推动下产生的。伴随着社会各方面不断发展变化,特岗教师政策历经12年,其内涵更加丰富,实施程序更加规范,影响更加广泛,政策效果更加优质。下面主要从四个节点展开阐述。

一、2009年河南省启动"特岗计划"

中国是人口大国,历来重视教育。但是受城乡二元结构体制等因素影响,城乡教育差距较大，形成了农村中小学生总量规模大而中小学教师数量少的矛盾。这一矛盾在河南这一教育大省更加凸显。主要表现在两个方面：一是农村中小学人数明显回升。2006年进入义务教育全面实施阶段，免除学生学杂费，农村学生入学人数明显回升。2005年、2006年国家发布的数据显示：2006年，全国小学招生1729.36万人，比2005年增加57.61万人，增量主要在农村。农村小学招生人数达到1081.44万人，较2005年增加13.59万人，占比达到62.5%；河南省2006年小学招生176.86万人，比上一年增加7.42万人。全国初中招生1923.62万人，农村初中招生人数809.6万人，占比达到42.09%；河南省招生166.19万人，比上一年减少23.49万人。二是中小学教职工和专任教师略有减少。2000年以来，师范院校毕业生不再统包统分，毕业生可以自主择业，原来的教师补充方式被打破，农村学校没有了固定教师来源。而地方受财政收入因素制约，没有能力招聘更多的教师，农村地区中小学教师呈现下降趋势。2006年我国普通中小学教师1043.8万人，农村中小学老师却只有352万人。《2006年全国教育事业发展统计公报》数据显示：2006年全国小学教职工612万人，比上一年减少1.22万人；其中专任教师558.76万人，比上一年减少0.49万人。小学生师比19.17∶1，比上一年的19.43∶1有所降低。全国初中专任教师347.5万人，比上一年减少1.71万人。生师比17.15∶1，比上一年的17.80∶1有所降低。河南省2006年全省小学专任教师47.82万人，比上一年增加0.26万人，生师比20.85∶1，高于上一年的20.75∶1，但远远低于全国平均水平。初中阶段专任教师28.47万人，比上一年减少0.45万人。从专任教师的科类结构来看，大部分科类的专任教师学历合格率都在92%以上，但音乐、美术、劳动技术课的专任教师学历合格率仍然偏低，分别为90.55%、91.38%和82.31%。生师比19∶1，低于上一年的19.72∶1。

学生越来越多，老师却越来越少，这对于农村教育是不利的。为解决全国农村地区中小学教师队伍数量短缺、质量不高、结构失衡等现实问题，为广大农村中小学建立较为完善的优质师资队伍补充机制，2006年中共中央、国务院印发了《关于推进社会主义新农村建设的若干意见》（中发〔2006〕1号），中共中央办公厅、国务院办公厅印发《关于引导和鼓励高校毕业生面向基层就业的意见的通知》（中办发〔2005〕18号），教育部、财政部、人事部、中央编办印发《关于实施农村义务教育阶段学校教师特设岗位计划的通知》（教师〔2006〕2号），积极稳妥地实施农村义务教育阶段学校教师特设岗位计划。2010年，教育部印发《关于做好2010年农村学校教育硕士师资培养计划实施工作的通知》（教师〔2009〕5号），决定从2010年开始，将"农村硕师计划"与"特岗计划"相结合，录取为"农村硕师计划"的研究生可同时应聘为"特岗教师"，毕业后直接到农村义务教育阶段学校任教。

河南省根据实际情况于2009年启动实施农村义务教育阶段学校教师特设岗位计划，采用国家计划与省级计划相结合的方式实施。设立组织机构，明确责任分工，并制定招聘办法、招聘简章、岗位设置等管理、实施办法，确保农村义务教育阶段学校教师特设岗位计划顺利实施。

二、2012年建立全省乡村教师补充长效机制

乡村教师发展问题是乡村教育振兴的根本问题，而乡村教师政策的制定与实施在乡村教育发展中的决定性作用得到实践检验。

1978年改革开放以来，我国乡村教师的管理逐步规范，尤其是随着我国经济、社会制度双改革的推进，民办乡村教师的治理和公办教师的补充成为当时社会迫切需要解决的问题。1978年教育部印发了《关于加强中小学教师队伍管理工作的意见》，提出规范乡村教师补充，消除以前学校、队、公社均可聘任民办教师的乱象。1980年中共中央、国务院印发《关于普及小学教育若干问题的决定》，强调中小学教师应主要由国家派遣，针对民办教师比例过大的现象，采取适当措施逐步提高公办教师的比例。但是，由于长期以来乡村教师政治上没有地位、经济待遇较差，吸引高质量教师的能力有限。1985年5月，中共中央发布《关于教育体制改革的决定》，强调要建立一支有足够数量的、合格稳定的师资队伍以提高基础教育质量，支撑义务教育可持续发展。1994年7月，国务院颁发《关于〈中国教育改革与发展纲要〉的实施意见》，规定今后不再增加新的民办教师，现有合格民办教师经考核认定资格后逐步转为公办教师，不合格的予以调整。国家通过一系列强有力的措施，保证每年转正的民办教师人数在30万人左右，至2000年我国民办教师基本转为公办教师，部分被转岗或辞退，到2000年底我国乡村民办教师问题基本解决。由于民办教师补充机制停止，乡村教师的主要来源是师范类毕业生。但是1993年党中央和国务院正式提出，改革高等学校毕业生统包统分和"包当干部"的就业制度，实行少数毕业生由国家安排就业，多数由毕业生"自主择业"的就业制度。这也意味着国家不再强制统一安排师范类毕业生到乡村任教，师范类毕业生可根据国家需求和自身意愿进行自主择业。

诸多因素叠加影响，导致当前我国乡村教师总量不足与进入困难问题并存的现状，具体表现在：一方面，由于城乡发展不均衡，乡村教师缺乏吸引力，使得乡村教师补充困难，"城多乡少"的结构性问题突出，且优质教师稳定性差，流失率较高；另一方面，区域编制总量控制导致乡村教师进入困难。

为解决这一问题，在河南省各级政府特别是教育、财政、人力资源和编制等部门

的共同努力下，2009—2012年"特岗计划"在我省顺利实施，为乡村中小学补充了40508名优秀教师，其中初中教师22240名，占比为54.9%；小学教师18268名，占比为45.1%。本科及以上学历教师为31885名，占比为78.71；专科学历教师为8623名，占比为21.29%，进一步增加了乡村中小学教师的数量，优化了农村教师的学历层次，有效提高了农村中小学教育的质量，取得了显著成效。其中2009年我省首批录取的10000名"特岗教师"，按照教育部、财政部、人事部、中央编办印发的《关于实施农村义务教育阶段学校教师特设岗位计划的通知》（教师〔2006〕2号）、《关于继续组织实施"农村义务教育阶段学校教师特设岗位计划"的通知》（教师〔2009〕1号）和河南省教育厅、财政厅、人力资源和社会保障厅、编办印发的《关于河南省2009年农村义务教育阶段学校教师特设岗位计划实施方案的通知》（豫教师〔2011〕82号）规定，三年服务期满，面临继续服务或二次择业的现实问题。

为继续引导和鼓励更多的大学毕业生到农村中小学任教，进一步完善农村教师补充机制，2012年5月10日河南省教育厅又联合相关部门印发了《关于做好服务期满特岗教师落实工作岗位的通知》，规定：各设岗县（市）在核定的编制总额内，对聘期已满、考核合格、愿意继续留在当地任教的特岗教师，要负责落实工作岗位，将其工资发放纳入当地财政统发范围，保证其享受当地教师同等待遇。对重新择业的特岗教师，各设岗县（市）要为其重新选择工作岗位提供方便条件和必要的帮助。自此，河南省形成了一套集岗位需求征集、公开招募、过程监督和服务期满管理为一体的、完整的"特岗计划"政策体系。各个环节紧密相连、环环相扣，创新形成了农村中小学教师补充长效机制。

三、2016年以教师资格改革促特岗教师质量提升

2016年是全面建成小康社会决胜阶段的开局之年，在"十三五"规划中重点提出教育现代化取得重要进展的发展目标，并强调要加强教师队伍建设，尤其是乡村教师队伍，推进城乡教师交流。

实现教育现代化、发展乡村教育，教师是关键。正如习近平总书记所说："国家繁荣、民族振兴、教育发展，需要我们大力培养造就一支师德高尚、业务精湛、结构合理、充满活力的高素质专业化教师队伍，需要涌现一大批好老师。"党和国家历来高度重视乡村教师队伍建设，并实施一系列支持措施。但受城乡发展差距、地理位置、交通条件、办学条件等因素影响，当前乡村教师队伍仍面临一系列突出问题，制约了乡村教育持续健康发展。2015年6月1日，国务院办公厅印发了《关于乡村教师支持计划（2015—2020年）的通知》，旨在解决乡村教师队伍建设领域存在的突出问题，通过引进广大优秀人才到乡村学校任教，带动和促进教师队伍整体水平的提高，促进教育公平，推动城

乡一体化建设，推进社会主义新农村建设，实现中华民族伟大复兴的中国梦。

事实上，为了建设高素质的中小学教师队伍，引导广大中小学教师朝着专业化方向发展，2015年6月28日，河南省教育厅印发了《河南省中小学教师资格考试和定期注册制度改革实施方案（试行）》的通知，提高中小学教师资格准入标准，严把教师职业入口关，增强教师教书育人的本领，逐步形成和建立"国标、省考、县聘、校用"的教师职业准入和管理制度。

特岗教师作为农村广大中小学教师的成员，也是中小学教师资格考试和定期注册制度改革的对象范畴。这就意味着从2016年开始，"特岗计划"在招募过程中"符合相应教师资格条件"的遴选标准含金量更高，要求申报者的素质更高，最终遴选出来的特岗教师素质也更高。政策实施是一个持续的过程，为了进一步提高农村中小学补给教师质量，河南省教育厅、河南省财政厅、河南省人力资源和社会保障厅、河南省机构编制委员会办公室印发了《关于做好河南省2017年农村义务教育阶段学校教师特设岗位计划实施工作的通知》，其中明确要求："根据教育部、财政部特岗计划有关要求和我省中小学教师资格考试改革实施情况，从2018年起，报考河南省特岗教师的应往届毕业生均需要具备相应的教师资格条件。"从此，特岗教师申报者的质量标准取得质的提升。

四、2020年以"特岗计划"促大学生就业、保民生

就业是经济的"晴雨表"，是社会的"稳定器"，也是民生的"压舱石"，承载着千百万个家庭的希望，更关系到年轻人的未来。尤其是对于低收入家庭来讲，通过孩子就业改变家庭命运，更是巩固脱贫攻坚成果和实施乡村振兴战略的现实需求。党中央、国务院高度重视就业工作，将稳定和扩大就业工作放在民生发展的重要位置给予推进。

2020年新冠肺炎疫情突然爆发，对我国经济影响较为显著，尤其第一季度经济增速下滑明显。从需求端看，短期内消费、投资和出口的下降幅度均在20%以上。从产业上看，对第二、第三产业冲击较大，尤其是第三产业中交通运输行业、住宿、餐饮和旅游行业等短期内遭遇重挫。而经济是拉动就业的根本动力，第二、第三产业是容纳劳动力最多的产业。高校毕业生是社会劳动力的高素质群体，河南省大中专学生就业服务中心和河南省教育评估中心联合编制的《2020届河南省高校毕业生就业质量报告》显示：2020届毕业生总体在教育行业就业的比例最高，为14.31%；其次是批发和零售业，占比为11.41%；第三是信息传输、软件和信息技术服务业，占比为10.97%；第四是制造业，占比为9.91%；第五是建筑业，占比为9.35%。新冠疫情给高校毕业生就业带来了巨大的冲击和挑战。党中央、国务院和省委、省政府对此高度重视，把就业放在"六稳""六保"的首位。当前，新冠肺炎疫情仍在全球蔓延，国际形势中不稳定不确定因素增多，世界

经济形势复杂严峻。国内疫情防控仍有薄弱环节，经济恢复基础尚不牢固，居民消费仍受制约，投资增长后劲不足，中小微企业和个体工商户困难较多。李克强总理2021年5月12日主持召开国务院常务会议时强调："今年就业压力依然较大，对于我们这样一个14亿人口的大国来说，要始终坚持就业优先，继续把就业放在实现'六稳''六保'宏观政策的首要位置。"《2021年政府工作报告》中37次提到就业，并明确提出实施就业优先战略，扩大就业容量。"特岗计划"是吸纳高校毕业生就业的重要渠道之一，持续实施"特岗计划"是践行国家就业优先战略的重要举措。

同时，近年来，国家更加重视农村各方面建设。党的十九大报告做出重大决策部署，提出实施乡村振兴战略，加快推进农业、农村现代化建设。乡村教育事业蓬勃发展是乡村振兴的重要内容和核心要义。2019年中共中央、国务院印发了《中国教育现代化2035》，聚焦教育发展的突出问题和薄弱环节，提出加大教职工统筹配置和跨区域调整力度，切实解决教师结构性、阶段性、区域性短缺问题。2020年10月26日至29日，中国共产党第十九届中央委员会第五次全体会议在北京召开，开启了全面建设社会主义现代化国家新征程，吹响了进军第二个百年奋斗目标的号角。全会擘画了"十四五"时期乃至2035年我国经济社会发展的宏伟蓝图，提出了"全面推进乡村振兴""加快农业农村现代化"的目标任务，需要一大批高素质优秀人才到基层、到祖国最需要的地方去砥砺奋进，需要千千万万高校毕业生与党和国家同心同向同行。"十三五"以来，我省深入推进实施"特岗计划"，为贫困地区招聘特岗教师4.8万人，为乡村学校补充特岗教师2.9万人。中央和地方"特岗计划"实施范围包括全省98个县（市、区）、7000余所农村学校，在优化农村教师队伍资源配置、提高农村教师队伍整体素质、创新乡村教师补充长效机制建设以及引导促进高校毕业生到基层就业等方面发挥了重要促进作用。

第五章 河南省"特岗计划"实施的实证研究

一、河南省特岗计划实施的问卷调查

（一）项目调查内容

本次问卷调查，共设计3套问卷，使用问卷星平台向特岗教师累计发放和回收有效问卷2776份。

《河南省"特岗计划"实施状况调查问卷》共设计48道题目，分别从特岗教师的入职动机、家庭情况（婚姻状况、子女状况、配偶工作居住情况、住房问题）、工作情况（职称、户口、生源地、工资收入、福利待遇、任教学科与周课时、工作压力、培训提升、提拔升职）、

和个人发展（发展规划、职业满意度）四个方面进行调查了解，具体详见本研究报告后的附录。

（二）项目调查方法

1. 文献研究法

本课题组通过中国知网数据库进行文献检索时，发现目前国内各省市学者对于特岗教师、乡村教师这些群体的岗位流失都有一定的研究成果，但是对于特岗教师服务过程视角的流失防范研究目前还没有，从这层意义上说，国内学者对于特岗教师队伍在服务期过程中的流失原因和解决措施的关注度比较低。鉴于我国特岗教师这一岗位的独特性，以及其在整个"特岗计划"中举足轻重的地位，社会应给予更多的关注，使越来越多的人能够了解特岗教师群体，这也将对今后大学毕业生的职业选择与规划有着很好的参考价值。

2. 问卷调查法

问卷调查的主要目的是对河南省特岗教师的现状进行调查，分别对特岗教师的基本信息、入职动机、工资、培训、生活、规划、离职原因等几个方面进行了解。本次调查通过微信问卷星进行，共涉及开封市、洛阳市、平顶山市、安阳市、鹤壁市、新乡市、焦作市、濮阳市、许昌市、漯河市、三门峡市、南阳市、商丘市、信阳市、周口市、驻马店市、济源市等17个省辖市及多个县级市的2776名特岗教师。

其中男性教师245人，占比8.83%，女性教师2531人，占比91.17%，研究生学历占比1.04%，本科生学历占比85.3%，大专学历占比13.26%，特岗教师队伍的学历层次以本科毕业生为主。从年龄结构可以看出，越来越多的年轻血液进入了基层教育的事业之中，为我国的农村教育事业的发展和未来带去了很大的希望。

您的年龄：【单选题】

选项	小计	比例
A.20—25岁	677	24.39%
B.26—30岁	1831	65.69%
C.31—35岁	262	9.44%
D.36岁以上	6	0.22%
本题有效填写人次	2276	

3. 实地考察法

课题组成员深入调研，分别到商丘市的民权县、睢县等地区的县教育局及设岗学校，考察河南省"特岗计划"实施的相关情况，了解该政策实施的整体现状及采取的相关措施。通过发放调查问卷、回收问卷并对问卷进行数据分析，对教育局、学区、设岗学校领导及特岗教师代表进行深度访谈，并对访谈记录进行整理和总结，由此对"特岗计划"的实施情况形成印象。

4. 访谈法

本课题组成员通过个别访谈，了解了部分特岗教师的工作生活现状，对问卷法的不足进行了有效的补充。此次访谈对象有南阳淅川县两位教师（夫妻）、南阳方城县一位教师、信阳罗山县一位教师、许昌禹州市一位教师，这 5 位特岗教师中，有 3 位是初级中学教师，2 位是小学教师，通过和她们的交流，本课题组收集到了第一手的宝贵资料。

二、河南省"特岗计划"实施调查分析

（一）特岗教师问卷调查分析

1. 特岗教师的入职动机分析

在入岗动机这一项，调查问卷共设计了 10 个选项。

您选择做特岗教师的最主要原因是：（最多选 2 项）【多选题】

选项	小计	比例
A.找一份稳定工作	1731	62.36%
B.为了支援农村教育	587	21.15%
C.通过这种方式转为正式教师	702	25.29%
D.工作地点离家近	624	22.48%
E.离男（女）朋友更近	44	1.59%
F.没有找到其他满意工作	118	4.25%
G.先工作，再寻找其他机会	288	10.37%
H.家里人的要求	387	13.94%
I.锻炼提高自己	360	12.97%
J.其他（请注明）	39	1.4%
本题有效填写人次	2776	

有 21.15% 的被调查者是为了支援农村教育，12.97% 的被调查者是为了锻炼提高自己。而且在 2020 年河南省特岗教师招聘中，有一位博士毕业生也参加了考试，现在大学生就业压力大，不可否认有人报考"特岗计划"是为了一份稳定的工作，但大多数人都怀揣了一份朴素的教育热情。

入职特岗教师的大多为女性，她们家人的传统观念认为，女孩子的好工作就是离家近、听起来体面，所以都认定教师这一职业非常适合女孩子做。多数特岗教师还是希望通过

三年的农村特岗的历练,能够取得较好的成绩并能解决编制问题。

本次在访谈中也发现一些现象,就是有些特岗教师其实并不喜欢教师这一岗位,只不过因为当时毕业时就业压力比较大,好点的工作不好找,一看特岗教师服务期满后考核合格就能直接解决编制,而且觉得当一名老师也挺不错的,收入稳定还有寒暑假,家里人也觉得教师这一职业好,报考之前并没有对特岗教师的具体工作内容和工作环境做过调查了解,对未来发展也没有过多的思考。

比如在信阳市区长大的小连老师,当年在郑州大专毕业后参加了专升本考试,已经考上了洛阳师院的本科,放假期间,她尝试性地报考了当地的特岗教师,想着先看看考试的情况,过两年本科毕业再参加考试就有经验了。由于她的学习成绩较好,很轻松地就通过了考试,考虑到考上也不容易,而且是一份有编制的工作,两年本科毕业后可能还要考特岗,又想着服务期满就转到市区学校工作,所以她就放弃了本科的学习,选择了当一名特岗教师。因为她是在市区长大的,家里生活条件比较优越,尽管在上岗之前已经做好了各方面的心理准备,但是当她真正走上岗位的时候,还是因为学校环境和生活条件等方面的原因,一直不能适应特岗生活。现在她已参加特岗工作五年,老公和三岁的孩子都住在信阳市,她每周回一次家,每次回去要开车将近三个小时。所以,这两年她一直尝试着参加公务员考试,因为成绩不理想,也没有其他合适的工作,就暂时在原单位特岗教师岗位上教学。

特岗教师的职业意愿表现为对于农村教育教学工作的事业心、责任感和从一而终的职业态度,这是能使特岗教师长期留守农村教育岗位的必备精神。

假如有让您重新选择工作的机会,您是否还会选择特岗教师?【单选题】

选项	小计	比例
A.会	584	21.04%
B.不会	1219	43.91%
C.不确定	973	35.05%
本题有效填写人次	2776	

从调查结果中我们可以发现,有43.91%的特岗教师不会再重新选择这一岗位,35.05%的教师不确定,只有21.04%的教师依然会选择特岗教师这份职业,这一比例较低。

2.特岗教师的家庭情况分析

您所在地区,在特岗分配时是否按照就近原则分配?【单选题】

选项	小计	比例
A.是	1138	40.99%
B.否	1638	59.01%
本题有效填写人次	2776	

特岗教师的工作岗位都设立在较为偏远的农村,有59.01%的特岗教师在分配时都未按就近原则,因交通不便,尤其是在初中,学校安排的都有早晚自习,所以绝大部分的老师都需要住校,食宿环境一般。

目前您的住房问题是如何解决的?【单选题】

选项	小计	比例
A.完全自费,在校外租房	137	4.94%
B.学校补贴部分租金,在校外租房	6	0.22%
C.校内优惠提供住房	123	4.43%
D.校内免费提供住房	1329	47.87%
E.住在家里(包括亲戚家)	1092	39.34%
F.其他(请填写)	89	3.21%
本题有效填写人次	2776	

您是否把孩子带在身边?【单选题】

选项	小计	比例
A.是	564	51.41%
B.否	533	48.59%
本题有效填写人次	1097	

由于住房问题不好解决,所以特岗教师的子女陪伴也是很大的问题。在被调查的特岗教师中,有1097位(39.52%)老师都已婚并有孩子,但是他们的孩子大部分也都成了留守儿童,因为工作问题无法跟在自己身边,1097位老师中有533位老师的孩子只能由老人看管,夫妻二人也多为异地夫妻,对家庭关系、亲子教育都有着很大的影响。

如果孩子没有带在身边，孩子平时主要由谁照顾？【单选题】

选项	小计	比例
A.配偶	38	7.13%
B.孩子爷爷奶奶	405	75.98%
C.孩子外公外婆	66	12.38%
D.其他（请注明）	24	4.5%
本题有效填写人次	533	

调查结果显示，特岗教师家庭的孩子，仅有7.13%是由自己带，绝大部分是由家中老人看管。留守儿童已经成为社会关注的焦点，但是特岗教师为了遵守岗位职责、关爱学生，自己的孩子却成了留守儿童，这是一件让人心酸的事情。

3.特岗教师的工作情况分析

由于农村基础教育发展的薄弱和不均衡，常常是缺什么科目的老师就让特岗教师教什么科目，导致专业匹配度降低。特岗教师在招聘时应特别注重专业匹配，避免出现"所教非所学"，否则，不但会加重他们的备课任务，还会带来沉重的心理负担，更会严重制约他们的专业成长与发展。

您每周的课时量是：【单选题】

选项	小计	比例
A.1—5节	18	0.65%
B.6—10节	54	1.95%
C.11—15节	548	19.74%
D.16—20节	1091	39.3%
E.21—25节	702	25.29%
F.25节以上	363	13.08%
本题有效填写人次	2776	

特岗教师的工作任务压力主要来源于教学压力、学生管理压力。有19.74%的教师每周教学课时量为11—15节，39.3%的教师每周教学课时量为16—20节，每天平均有3—4节课，不少教师还担任两门课程的教学工作，教学任务相当繁重。

特岗教师大多还担任班主任工作，不仅负责学生的学习，还要处理很多班级事务，尤其是农村的留守儿童多，行为习惯较差，很多学生住校，班主任在课后还要管理好他们的起居生活，管理上有不小的难度，可以算得上是学生们的"代理父母"。即使有的家长没有外出打工，但是他们也不理解老师的工作，不能很好地做到家校配合。有时，特岗教师还要接受上级布置的非教学工作,有的连产假和暑假都不能好好休息,产生较大的工作压力。这样日复一日年复一年地超负荷工作,导致一些特岗教师因为工作精力消耗殆尽而流失。

不过,有些老师具有相当强的奉献精神。本次访谈采访到了河南省"网红特岗教师"任明杰。任老师在2014年考上了新乡市沈丘县的特岗教师,入职近6年来,他将村里的留守儿童视为自己的孩子,每天放学后免费辅导。虽然每天他有7节课,但他还是在晚上抽空去家访到八九点。为了改变学生经常迟到的不良习惯,他坚持早上去家访,"逼迫"学生早起。年轻的任老师之所以能"红",源于他对工作和生活的积极态度。除此之外,他还要修葺透风渗雨的教室和宿舍,美化师生的学习和生活环境。

您目前最主要的压力来自于:(最多选2项)【多选题】

选项	小计	比例
A.经济负担	2293	82.6%
B.教学任务	949	34.19%
C.职称晋升	767	27.63%
D.个人婚恋	340	12.25%
E.能否入编	363	13.08%
F.家人的支持	40	1.44%
G.对本地的适应	172	6.2%
H.领导、同事认可	75	2.7%
I.学生及家长的认可	189	6.81%
本题有效填写人次	2776	

您工作中最苦恼的是:(最多选3项)【多选题】

选项	小计	比例
A.对教材不熟悉	141	5.08%
B.学校教学条件差	1077	38.8%
C.教学经验不足	850	30.62%
D.学生难教难管	1164	41.93%
E.有语言交流障碍	28	1.01%
F.和同事交流研讨不畅通	48	1.73%
G.与学生家长交流不畅通	276	9.94%
H.信息技术应用不熟练	114	4.11%

续表

选项	小计	比例
I.工作很努力，但成绩提不上去	702	25.29%
J.工资低，收入少	2015	72.59%
K.很难得到学生、同事和领导的认可	109	3.93%
本题有效填写人次	2776	

问卷中统计特岗教师目前最主要的压力来自哪里，其中的选项为经济负担、教学任务、职称晋升、个人婚恋、能否入编、对当地的适应、家人的支持、领导同事的认可、学生及家长的认可，其中有2293位老师选择的是经济负担，占到了82.6%的比例。老师们在工作中最为苦恼的是工资低、收入少，学生难教难管、教学条件差，教学经验不足，教学成绩提不上来。

您的工资收入与本地居民收入相比：【单选题】

选项	小计	比例
A.明显高于当地居民	2	0.07%
B.稍微高于当地居民	56	2.02%
C.基本持平	573	20.64%
D.稍微低于当地居民	1122	40.42%
E.明显低于当地居民	1023	36.85%
本题有效填写人次	2776	

特岗教师因为有服务期三年的要求，所以很多教师都是刚入职或者是入职时间不久，而且很多教师工作的地方并不是自己的家乡，他们进入的是一个全新的环境、全新的角色，都需要有适应的过程。而且在这个过程当中，存在收入较低的现实问题，调查显示，特岗教师的收入有40.42%稍微低于当地居民收入，36.85%明显低于当地居民收入，实际环境也不如想象的那么美好，这对于农村的特岗教育工作是不利的因素。

您认为特岗教师在当地的社会地位：【单选题】

选项	小计	比例
A.非常高	4	0.14%
B.较高	58	2.09%
C.一般	1168	42.07%
D.较低	973	35.05%
E.非常低	573	20.64%

续表

选项	小计	比例
本题有效填写人次	2776	

教师这一职业给社会带来的是无形的回报，这方面很容易被人们忽视，所以使得教师的社会地位陷入窘境，尤其是特岗教师，在农村这样的环境下，得不到很好的尊重。通过调查我们可以看到，只有2.23%的教师认为自己的社会地位较高或是非常高，42.07%的教师都觉得一般，这两项的总和还不到50%。

您参加县级以上（包括县级）的培训的次数：【单选题】

选项	小计	比例
A.1次	1397	50.32%
B.2次	578	20.82%
C.3次	332	11.96%
D.4次	148	5.33%
E.5次	124	4.47%
F.6次	65	2.34%
G.7次	17	0.61%
H.8次	20	0.72%
I.9次	6	0.22%
J.10次及以上	89	3.21%
本题有效填写人次	2776	

您希望通过以下哪些方式来实现业务能力的提升（最多选三项）：【多选题】

选项	小计	比例
A.参加国培和省培计划学习交流	1864	67.15%
B.到城市中小学调研听课	1765	63.58%
C.城乡交流换岗学习	1375	49.53%
D.乡村教师专业成长共同体	772	27.81%
E.互联网+名师定向指导	1025	36.92%
F.其他（请注明）	30	1.08%
本题有效填写人次	2776	

调查问卷显示，特岗教师几乎都接受过培训，但是大多是唯一的入职培训，培训时间短，跟学科教学工作内容相关的不多。许昌禹州的一位教龄有3年的小学老师说，学

校还是比较照顾特岗教师的，一旦有学习或培训的机会，基本上先考虑的都是年轻的刚入职的特岗老师，以便让她们增长见识、学习经验，尽快更好地进入工作状态。但是，有些学校的管理者对特岗教师的继续教育工作没有足够的重视，所以老师们的培训和学习的机会少之又少，再加上学校的教师资源极度匮乏，即使有培训机会，学校考虑到教师缺岗无人代课，所以几乎不会支持。

4. 特岗教师的个人发展分析

河南省规定：各地要采取切实措施，确保服务期满、考核合格且愿意留任的特岗教师，在核定的教职工编制总额内办理入编手续，落实工作岗位，做好人事、工资关系等接转工作。同时，要按照国家有关规定落实服务期满特岗教师报考党政机关公务员、硕士研究生等优惠政策。

您最关心服务期满后的哪些问题？（最多选2项）【多选题】

选项	小计	比例
A.教师落编	1387	49.96%
B.工资待遇	2338	84.22%
C.职业发展机会	1155	41.61%
D.国家政策的落实	1090	39.27%
E.婚恋问题	196	7.06%
本题有效填写人次	2776	

调查显示，特岗教师服务期满后最关心的三个问题是工资待遇、教师落编、职业发展机会。

您对自己的职业发展有何想法？【单选题】

选项	小计	比例
A.愿意在乡村教育奉献一生	124	4.47%
B.计划读研继续深造	128	4.61%
C.计划参加公务员考试	83	2.99%
D.希望享有更高的福利待遇及社会地位	1476	53.17%
E.希望有机会考进县城或城市任教	965	34.76%
本题有效填写人次	2776	

在被调查的特岗教师中，绝大部分教师留任在原来的学校，但是依然有些教师，为了家庭的考虑，想尽可能地调到离家较近的学校工作，有少部分的教师想通过公务员考试调离教学岗位，也有教师想报考教育硕士，继续深造。大部分特岗教师表示，如果以后特岗教师在工资待遇、福利、住房上都有所改观的话，也愿意继续留任，如果改善不

大的话，为了自己和家庭的未来考虑，选择离岗的可能性大一些。

您身边的特岗教师有在服务期内离职的吗？【单选题】

选项	小计	比例
A.有	2503	90.17%
B.没有	273	9.83%
本题有效填写人次	2776	

由于各地情况不同，特岗教师的待遇也存在着较大的差异。一位特岗教师对研究者说："这个要看所在的学校了，学校领导好，问题就给解决了，不好就只能自掏腰包了。""没有车补费、津贴补和社保，只有不按时发放的基本工资，不知道合同上承诺的编制靠不靠谱。"另一位老师说道。在工资发放方面，特岗教师最不满意的是不及时发放的问题。特岗教师的工资性收入由中央财政专项资金拨付，需要层层申报：县教育局将详细名单上报市教育局，市教育局再上报省教育厅，省教育厅再上报中央，中央审核后按照人均标准把钱拨付给省财政厅，省财政再拨付给市财政，然后再按县发给教师，发放环节复杂，手续烦琐，这一过程需要时间比较长，有时长达半年。这是造成特岗教师工资不能及时兑现的主要原因。当初的承诺在招聘后难以兑现，不仅使特岗教师在经济上面临窘境，还严重影响了他们心理的稳定性与积极性，直接影响了教育教学效果。

许多高校毕业生报考特岗教师的初衷就是期满留任入编，但调查结果显示，他们成功留任后的职业体验与预期之间有着一定的差距。调查结果表明，生计问题是特岗教师是否留下的首要考虑因素。选择留下的毕业生，有些是因为在本地组建家庭，有些则是因为父母的需要。但即使在选择留下来的群体当中，有相当一部分人对工作现状感到失落，对个人前途感觉渺茫，对未来发展缺乏良好预期，这样的职业体验使得近三分之一的特岗教师缺乏对自身职业的认同，并进而降低社会对特岗教师岗位的整体认同，影响特岗教师岗位的社会美誉度和个人的专业成长。

第六章　河南省"特岗计划"取得的成效

自2009年河南省深入实施"特岗计划"以来，在教育部的大力支持下，中央和河南省财政累计分别投入54.1亿、39.2亿元（截至2019年11月），招聘15.34万名特岗教师到全省农村义务教育阶段中小学校任教，受益范围覆盖全省109个县（市、区）、7000多所农村学校。众多优秀的高校毕业生充实到农村从事中小学教育工作，给我省广大农村中小学校注入了新的生机和活力，在缓解农村教师队伍短缺、优化师资队伍结构以及创新农村中小学教师补充机制等方面取得了显著的成效,促进了农村教师队伍建设和农村教育事业发展,得到了社会各界的充分肯定和高度评价,积累了兰考县等一大批特岗工作典型案例,涌现出任明杰等一大批扎根农村教育的优秀特岗教师。

总体而言,主要成效有以下七个方面。

一、有效缓解了全省农村义务教育阶段师资总量不足的难题

河南省是全国人口大省,也是农业大省、教育大省,学校数量和师生数量均接近全国总数的十分之一,举办着我国最大规模的农村义务阶段教育。全省中小学教师队伍的一个最为显著的特点是农村教师队伍规模大,截至2012年,全省87.2万中小学专任教师中,农村中小学专任教师51.4万人,占总数的58.9%,义务教育阶段师资总量不足,特别是农村教师队伍建设中存在的总体编制紧张、待遇低压力大、交流困难、年龄老化、教师整体素质偏低、学科结构不合理等诸多问题长期影响着全省义务教育事业的发展。

以生师比为例。按照国际通行评价方法,生师比是用以考察一个国家或区域教师配置和使用效益的重要指标。一般而言,越是发达的区域,生师比越低;越是欠发达的地区,生师比越高。在同等经济发展水平下,过高的生师比反映了教育资源的短缺,过低的生师比则反映了效益的低下。2001年10月,《国务院办公厅转发中央编办、教育部、财政部关于制定中小学教职工编制标准意见的通知》(国办发〔2001〕74号)规定了中小学教职工编制标准(详见表5)。2009年3月,中央编办、教育部、财政部下发《关于进一步落实〈国务院办公厅转发中央编办、教育部、财政部关于制定中小学教职工编制标准意见的通知〉有关问题的通知》(中央编办发〔2009〕6号),在核定中小学教职工编制原则和有关工作要求的基础上,将乡镇、农村中小学教职工编制标准统一到城市标准,即高中教职工与学生比为1∶12.5、初中为1∶13.5、小学为1∶19。

表5　全国中小学教职工编制标准

学校类别		生师比
初中	城市	13.5∶1
	县镇	16∶1
	农村	18∶1
小学	城市	19∶1
	县镇	21∶1
	农村	23∶1

2006年,全国小学和初中生师比分别为19.2∶1、17.7∶1,河南省小学和初中生师比分别为20.8∶1、19.0∶1(详见表6),两项数据(特别是农村)与国家规定生师比标准

相比较，还存在相当大的差距。尤其是河南省农村中小学生师比的比例明显高于全国水平，表明河南省农村中小学师资力量较为薄弱、师资少、任务重。

表6 2006年全国与河南省中小学生师比情况表

	小学	农村小学	初中	农村初中
全国	19.2∶1	19.0∶1	17.7∶1	20.2∶1
河南	20.8∶1	20.8∶1	19.0∶1	19.2∶1

自2009年启动实施"特岗计划"以来，12年间全省累计招聘15.34万名高校毕业生为特岗教师到农村学校任教，受益范围覆盖全省百余个县、7000多所农村学校，涉及思政、语文、数学等16个学科，覆盖中小学所有学科门类。根据教育部发布的数据，2019—2020学年初，全国普通小学和初中生师比分别为16.85∶1、12.88∶1，而河南省这两项指标分别为17.91∶1、14.32∶1。十年时间，河南省小学和初中生师比分别从2009年的21.5∶1、17.17∶1降至17.91∶1、14.32∶1，专任教师的总数量由2008年的76.14万人增长到2019年的86.78万人，增幅达13.97%，有效缓解了全省农村义务教育阶段师资总量不足的难题。

表7 2016—2019年河南省中小学三项指标情况

	小学						初中					
年份	2008	2009	2016	2017	2018	2019	2008	2009	2016	2017	2018	2019
生师比	21.36	21.5	19.08	18.63	18.18	17.91	17.53	17.17	14.52	13.51	13.33	14.32
专任教师数量（万人）	48.52	48.91	47.42	48.86	50.02	51.04	27.62	27.8	30.08	31.76	33.9	35.74
学历比例（小学为专科以上、初中为本科以上）	66.87%	71.88%	92.70%	94.55%	95.91%	96.69%	38.88%	45.74%	74.49%	77.43%	79.69%	81.14%

二、创新落实了河南省农村教师补充机制

我国中小学实行编制管理，而编制紧张是农村义务教育教师补充工作的最大障碍。有研究显示，2004年至2006年间，全国约10%的县（市、区）连续3年未补充正式公办教师，不少农村学校教师长期超负荷工作，仍然无法按照国家基本要求开齐、开足全部课程。作为全国农业大省、人口大省、教育大省的河南，农村中小学教师缺编现象更为普遍。特别是一些贫困地区，教师缺编问题成为影响义务教育质量的关键性难题。2002年7月，河南省编制委员会办公室、河南省教育厅、河南省财政厅联合下发了《河南省中小学教职工标准》和《河南省中小学教职工编制核定实施办法》，明确规定河南省城市小学编制标准为1∶20、农村小学为1∶25，城市初中编制标准为1∶13.5、农村

初中为 1∶18.5。不难看出，全省中小学的编制标准农村显然远低于城区。而从省内实际情况而言，2009 年全省农村人口占比达 65%，这样的编制比例，已经无法满足农村义务教育教师的需要，再加上农村学校（特别是偏远乡村学校）教学点分散、成班率低等特殊现象，使得农村学校教师数量更少，缺额较大，城乡差距更加明显。如新乡市辉县，2007 年该县 201 所小学中，120 人以下的有 55 所，占学校总数的 27.4%。这些学校即使按照省里规定 1∶25 的比例配备教师，一所学校尚不能配置 6 名教职工，即使将标准提高到 1∶20 的话，一个班也不足一个教职工。再如 2006 年至 2011 年，五年间整个偃师市的初中和小学仅补充 53 名教师，而每年教师的自然减员已达 200 人以上。部分地区为了避免中小学因缺乏教师而停课或出现超大班额现象，采用聘请大量廉价的"代课教师"的方法，不仅影响教学质量，而且形成新的"民办教师"问题，造成新的教师隐患。特别是农村中小学教师的学科结构不合理、职称结构不平衡、城乡差距较大等问题，在农村小学甚至是初中英语、计算机、体育、音乐、美术等学科教师紧缺方面尤为突出。

自 2009 年实施"特岗计划"以来，河南省通过创新建立"国标、省考、县聘、校用"的乡村教师管理新机制，有力地调动地方补充教师的积极性，为建立起公开、平等、竞争、择优的乡村教师补充机制起到了很大的推动作用。12 年来，15.34 万名特岗教师，主要被安排在省扶贫开发工作重点县、深山区县，以及经济条件相对较差、教师总体缺编、结构性矛盾突出但工作基础较好、积极性较高的县（市）。招聘的特岗教师中，师范类毕业生的比例在 70% 以上，在村小、教学点任教的比例在 30% 以上，体音美、信息技术等薄弱学科教师占比为 18.9%。比如，焦作市某个乡，地处山区，两所小学多年未能引进教师，截至 2012 年，通过"特岗计划"共吸引了 21 名特岗教师；其中一所学校现有 33 名教师中 11 名是特岗教师，占比三分之一；另一所学校现有 28 名教师中 10 名是特岗教师，占比 35.7%。可以说，河南省"特岗计划""中央＋地方"模式的深入实施，有效地破解了农村教师编制的困局，创新落实了农村中小学教师补充新机制，连续多次纳入省委、省政府年度"十件实事"重点民生工程，得到社会各界的充分肯定和高度评价。

三、有效改善了全省农村义务教育阶段师资结构不合理的状况

高学历高职称及专任教师比率是评价教师队伍素质和师资结构的重要指标之一。根据《2009 年河南省教育事业发展统计公报》数据，如下图所示：

表8 2009年河南省农村义务教育阶段高学历高职称及专任教师比率

小学专任教师	人数（万人）	比上年增长人数（万人）	专科及以上学历人数占比	学历占比提升比例	中高级职称比例	31-45岁年龄段专任教师数占比	46-60岁年龄段专任教师数占比
	48.91	0.39	71.88%	5.01%	0.72%	39.05%	33.63%
普通初中专任教师	人数（万人）	比上年增长人数（万人）	本科及以上学历人数占比	学历占比提升比例	中高级职称比例	30岁以下年龄段专任教师数占比	31-45岁年龄段专任教师数占比
	27.8	0.18万	45.74%	6.86%	11%	29.04%	54.75%

全省总体师资结构不合理现象较为明显，几项指标反映出的不合理现象在全省农村中小学教师中尤其明显。以郑州市为例，2008年郑州市共有中小学专任教师68488人（含幼儿园、初中、高中、职业学校的所有教师），其中农村中小学专任教师为22517人，占总数的32.9%；农村小学教师专科率达57.5%，中学教师本科率达21.4%，而全市小学教师专科率平均为74.6%，普通初中教师本科率平均为40.6%。2010年，河南省小学教师具有专科以上学历、初中教师具有本科及以上学历的比例分别为75.91%、50.74%，而农村小学、初中专任教师的比例仅为60.44%、30.57%，两项指标均低于全省均值15个百分点以上，与城市相比，则分别低29.37%和35.77%。再如焦作市，2011年该市小学专任教师中具有专科以上学历的比例为89.27%，其中城区为91.15%、乡村为85.06%；初中专任教师中具有本科以上学历的占比为59.57%，城区为69.84%、乡村为51.27%。可以看出，虽然河南省农村中小学教师队伍结构与城区平均水平还有着不小的差距，但是经过连续12年来特岗教师的充实，差距正在加快缩小，农村义务教育阶段师资结构不合理状况也得到了有效的改善。正如2011年洛阳市洛宁县城郊乡第二初级中学吴松武校长说的那样："以前学校的音乐和体育课都不能保证正常开设，今年学校来了体育专业毕业的老师，帮学校组建了篮球队。学音乐专业的王微丽老师来到学校以后，让每个班级每天都能传出歌声，五线谱、音乐乐理知识第一次真正走进学生生活。"从学历上看，特岗教师中本科学历占比85%，成为河南省农村中小学学校学历最高的教师。在2020年河南省报考"特岗计划"人员中，有1438人具有硕士学历，占总人数的1%，本科学历达95202人，占总人数的70.2%，专科学历达38923人，占总人数的28.7%。具有高学历的青年人来到乡村任教，大幅度提升了乡村教师的整体专业素质，有效改善了乡村教师队伍学历结构。

四、有效促进了全省农村义务教育质量的提升

百年大计，教育为本；教育大计，教师为本。高质量的教育成果需要有高素质的教

师队伍作支撑，15.34万名特岗教师的到来，不仅从各项指标上有效改善了河南全省农村义务教育阶段师资结构，更从根本上带动了农村义务教育质量的总体提升。

（一）农村义务教育办学活力得到有效激发

根据特岗计划招募条件，选报对象须为年龄在30岁以下、专科以上的全日制普通高校毕业生。招募到岗的特岗教师普遍年轻，年龄在20—30岁之间，他们不仅年轻，更有扎实的知识结构、专业基础、素质能力，兼具思维活跃、精力充沛等特点。正如时任河南省教育厅师范教育处处长朱自锋表示："特岗教师上岗后，呈现出工作积极性高、综合素质好、创新意识强的特点，对提高农村教师队伍整体素质、解决农村师资总量不足和结构不合理的问题发挥了重要作用。"特岗教师"三高一低"（学历高、素质高、工作热情高、年龄低），确实给农村学校带来了新理念、新方法、新气象。由于他们的到来，学校又恢复了"三画"，即粉笔画、铅笔画、蜡笔画，听到了"三声"，即歌声、琴声和孩子们的笑声。特岗教师在农村校园组织了篮球队、创业英语角，为师生建立QQ群……这些行为激发了学生的学习兴趣，拉近了师生距离。

（二）农村义务教育教学改革得到务实推动

2005年，河南省开始全面实施新课程改革，但是在一些农村学校，由于受原有师资思想观念、能力水平、现有条件等多种因素的制约，新课改推动并不理想。特岗教师不仅具有较为扎实的专业学科知识（且不说大多数有师范专业背景的特岗教师），经过岗前培训，他们对教育教学改革倡导的新思想、新理念、新模式、新方法也都有相当程度的理解和把握，都能较为熟练地掌握现代信息技术知识并能较快形成相应的技能和技巧，转化并投入使用在日常的教育教学活动中。他们在日常教育教学和教改实践中，勇于创新，积极引入翻转课堂、PBL等教学法，有效推动了教学观念的更新和教学方式的转变，为农村中小学课程改革带来了全新的气象。有学者表示，在对比河南某农村学校"特岗教师"与普通教师的课堂视频后发现，"特岗教师"课堂导入和各环节衔接比较自然，富有激情，喜欢课堂互动，课堂气氛较为活跃，教育教学效果显著，深受学生好评。

（三）农村中小学教学效果得到较大提升

特岗教师经过农村中小学2—3年的实践锻炼，很快成为各乡镇中心学校校长争抢的对象。据驻马店市泌阳县教育局某工作人员表示，特岗教师不论是业务水平、个人素质还是工作积极性，都得到普遍肯定，现在已渐渐成为学校的骨干教师，"很多学校都抢着要"。以南阳市镇平县侯集镇为例，2014年以来，先后有7批共150名特岗教师分配到该镇工作，现有141人留任，占全镇教师总数的35%。侯集镇中心学校校长王金涛表示，特岗教师朝气蓬勃，接受能力强，"一批批优秀特岗教师的到来，给我镇教师队伍注入了新鲜血液",他们入职 2 至 3 年便能成为乡村教师中的佼佼者。2014 年特岗教师李杰被聘为侯集镇易营小学校长,张响、王玉娜等 91 人被聘为学校中层、骨干教师。偃师市浮阳中学特岗教师孙自悦 2009 年入岗后,一直担任七年级和八年级的英语课,在 4 个学期期末考试中,荣获大口乡七年级英语平均第一名的好成绩;伊川县吕店三中特岗教师杜菲丽,在 2009 年期末考试中,她所教的一个班的数学课和三个班的生物课平均成绩均获全乡第一名。

五、有效拓宽了全省高校毕业生的就业渠道

就业是民生之本,是发展之源。高校毕业生是宝贵的人才资源。正如时任教育部部长陈宝生所言,"高校毕业生就业是'教育优先发展'和'就业优先战略'的重要交汇点"。河南省作为全国第一人口大省,高校毕业生数量连续多年位居全国前列,促进毕业生就业的任务艰巨而繁重。2009 年全国高校毕业生人数为 568 万,其中河南省高校毕业生达 36.5 万人,较上年增加 4.5 万人,在国际金融危机影响逐步加深、经济增速放缓对就业拉动能力减弱、高校毕业生人数增多等多重压力下,就业形势异常严峻,本来就已经压力重重的高校毕业生们,更是遭遇了雪上加霜般的就业"寒冬",甚至有媒体第一次用"冰河期"来形容毕业生就业季,之后每年似乎都被不断刷新称为"最难就业季"。特别是 2020 年全国毕业生总数达 874 万人,河南毕业生人数达 65.96 万人,连续两年位居全国首位,就业工作压力可想而知。如何破解高校毕业生就业难问题成为河南省委、省政府最为关切的民生、民心工程之一。

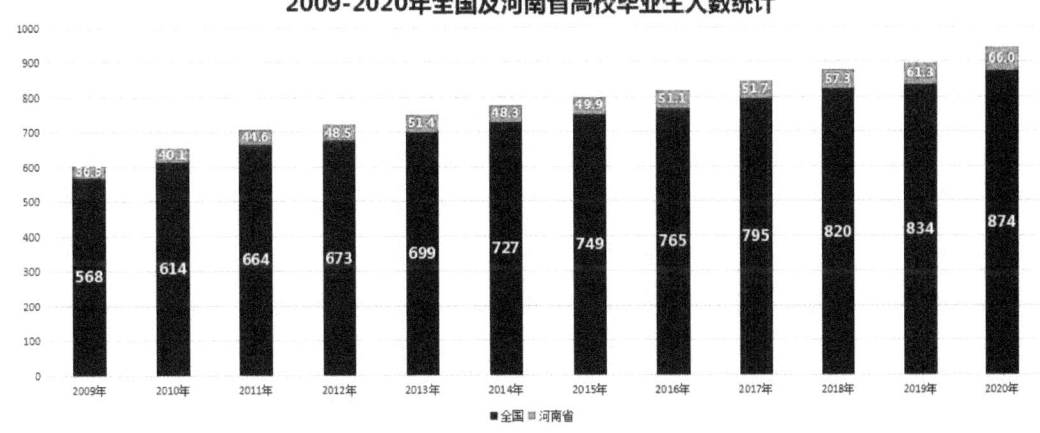

图 13　2009—2020 年全国及河南省高校毕业生人数对比图表

2005 年,中共中央办公厅、国务院办公厅下发《关于引导和鼓励高校毕业生面向基层就业的意见》(中办发〔2005〕18 号),明确指出:"一方面高校毕业生就业面临着一些困难和问题,另一方面广大基层特别是西部地区、艰苦边远地区和艰苦行业以及广

大农村还存在人才匮乏的状况。积极引导和鼓励高校毕业生面向基层就业,有利于青年人才的健康成长和改善基层人才队伍的结构,有利于促进城乡和区域经济的协调发展,有利于构建社会主义和谐社会和巩固党的执政地位。"

2009年,河南省先后下发《中共河南省委办公厅河南省政府办公厅关于做好2009年高校毕业生就业工作十件实事的意见》(豫办〔2009〕11号,2009年3月20日)、《河南省就业促进条例》(河南省第十一届人民代表大会常务委员会第八次会议审议通过,2009年3月26日)、《河南省人民政府办公厅关于认真贯彻落实全国普通高校毕业生就业工作电视电话会议精神的通知》(豫政办〔2009〕45号,2009年4月17日)、《河南省人民政府办公厅关于促进普通高等学校毕业生就业工作的实施意见》(豫政办〔2009〕48号,2009年4月23日)、《河南省人民政府办公厅转发关于实施高校毕业生就业攻坚行动计划意见的通知》(豫政办〔2009〕133号,2009年8月7日)等5个省级专项文件,如此密集性完善省级层面毕业生就业宏观政策,详细部署高校毕业生就业工作,自新世纪以来实属首次。再加上省教育厅、省人力资源和社会保障厅等各部门结合职能下发一系列文件,细化落实促进毕业生就业的政策举措,毕业生就业形势可想而知,毕业生就业工作压力可见一斑。

一方面是高校毕业生就业遇到困难;另一方面,农村中小学教师队伍出现严重缺口,特岗计划的加倍版在河南应运而生、因时而生。

从实施的第一年开始,从每年的报考人数、学历层次和录取情况看,"特岗计划"倍受高校毕业生欢迎。从报考人数看,2009年全省首次实施特岗教师计划招募1万名,共有6.7万名高校毕业生报名,4.9万名通过资格审查符合报名条件,个别岗位报考比例达50:1,受到全省高校毕业生极大关注;2010年全省计划招募1万名,符合报考条件的5.4万名,个别岗位报考比例达55:1,热度进一步增加;2011年,面对1万个招募计划,近7万高校毕业生报考,符合报考条件的超过5.6万名。从报考人员学历层次看,2009年报考人员中,具有全日制硕士研究生学历的516名,普通全日制本科学历的7851名;2010年这两项数据分别达到915名、41622名;2011年则提高到1087名、42406名,之后每年逐步增加。从最终录取的情况看,2009年录取人员中具有研究生学历的26名,本科7689名,两者合计占录取总人数的77.15%;2010年则达到56名、7782名,合计占比78.38%;2011达到114名、8488名,占比达86.02%。"特岗计划"的深入实施,为引导和鼓励高校毕业生面向基层就业起到了较好的引领作用,成为国家和地方吸引和吸纳高校毕业生就业人数最多的基层就业项目,不仅缓解了高校毕业生的就业压力,而且为广大有志于基层就业的高校毕业生搭建了桥梁,使无数梦想从事教育事业的高校毕业生顺利实现自己的职业理想，在农村基层特别是农村中小学的广阔天地里施展才华、学有所用、尽情驰骋、大有作为，在服务农村义务教育事业发展的同时，实现着自己的人生价值。

六、有效打造了河南"特岗计划"亮点工程

（一）建立了地方"特岗计划"实施工作机制

2006年5月，教育部等四部委在西部地区试点实施"特岗计划"，引导和鼓励高校毕业生从事农村教育工作，开创教师补充新机制。2009年5月，河南省政府常务会议研究确定，实施中央和地方"农村义务教育阶段学校教师特设岗位计划"。河南省自2009年实施以来，省委、省政府高度重视，省教育厅与省财政厅、人社厅、省编办等有关部门密切配合，各地将之纳入重要专项议事日程，采取一系列措施精心组织推进。2009年，在省政府领导下，成立了以分管教育工作的副省长为组长，省政府分管副秘书长以及省教育厅、财政厅、人力资源和社会保障厅、省编办等负责同志参加的领导小组，统筹组织，统一安排。领导小组下设办公室（设在省教育厅），负责制定实施"特岗计划"的相关政策措施，协调办理具体实施中的有关问题；明确省直各有关部门以及各省辖市和设岗县的详细职责及分工，确保目标责任落实到位。根据省委、省政府确定的"笔试按照高考机制进行、面试参照公务员考试机制"总体要求，整个招聘工作严格按照"公开、公正、公平"和"严格执行政策，严格招聘计划，严格招聘程序，严格招聘纪律"的标准精心组织实施；严格按照程序"公布岗位、网上报名、资格审查、打印准考证、笔试、面试、体检、拟定人选、岗前培训、教师资格认证、签订合同、上岗"来不折不扣地执行。省教育行政部门每年均专门召开视频会议，对特岗教师招聘考试工作进行专门部署安排。

（二）健全了特岗教师政策保障体系

一是加强省级顶层设计，严格落实各项政策。2009年11月，河南省教育厅会同省财政、人社、编办等部门共同出台《关于做好特岗教师有关管理工作的通知》（豫教师〔2009〕203号），要求确保特岗教师在工资、待遇、福利、评优评先等方面，享受当地公办教师同等待遇的基本原则，明确设岗县的主体责任，提出特岗教师的工资发放"四不准"原则，规范特岗教师工资发放行为，强调社会保险办理特别是养老保险办理，在职称评定、工龄认定等方面确保特岗教师权益，并将管理理念融入"特岗计划"实施全过程，确保政策落实到位。二是定期进行督查抽查，严肃查处各类问题。河南省教育行政部门在全省范围内每年均开展不少于2次的专项督查，针对特岗教师的工资发放、社会保险办理及入编等民生敏感问题，在关键时间节点、薄弱地区进行重点督查，发现情况及时处理。通过督查等手段对特岗教师工资发放不及时的县进行全省通报，对特岗教师社会保险办理不到位的市、县等进行重点约谈并核减招聘计划，对教师队伍总量已超编的县限制招聘等。三是强化服务保障，关注教师专业成长。河南省教育行政部门出台文件对服务期内解除协议、服务期满转正入编等手续进行明确，在职称评定、工龄认定等方面确保特岗教师与当地正式在编教师享受同等待遇。同时，做好特岗教师的信息管理工作。同步推广使用全国教师管理系统和河南特岗教师管理系统，实现在岗特岗教师的工作岗位跟踪、年度考核、入编管理等功能，实现在岗特岗教师的动态管理。加强对"特岗计划"的宣传，积极创造条件激励特岗教师安心从教、长期从教。

（三）打造河南"特岗计划"亮点工程

2009年至2019年，中央财政、省财政累计分别投入经费54.1亿元、39.2亿元，招聘13.6万名（其中地方计划为6.4万名）高校毕业生为特岗教师到我省农村义务教育阶段学校任教，受益范围覆盖全省109个县（市、区）、7000所农村学校。通过实施"特岗计划"，取得了较好成效，被各界称为加强河南省农村教师队伍建设的示范工程，引导高校毕业生树立正确就业观、吸引优秀人才从事农村教育的导向工程，造就德才兼备教师队伍的人才工程，办好让人民群众满意教育的民心工程等。

（四）探索引领地方"特岗计划"的深入实施

"特岗计划"于2006年在全国开始实施，取得了较好的效果。2009年在河南省实施以来，河南省结合农业大省、人口大省、教育大省的实际，参照国家实施的总体模式，按照国家与地方1∶1的比例招聘地方特岗教师，国家"特岗计划"指标安排在31个国家扶贫开发工作重点县，地方"特岗计划"指标安排在省扶贫开发工作重点县、深山县，配套增加部分特岗教师的工资全由省财政负责安排。自2009年以来，河南共设地方计划64000名，招聘规模连续11年稳居全国第一，2020年居全国第二（详见表9）。福建省自2009年起对到农村中小学校任教的紧缺教师进行学费代偿，按每人每年5000元的标准逐年退还高校毕业生在大学就读期间的学费。贵州省通过县级"特岗计划"将部分有能力担任教学任务的代课教师转到正式教师编制，一方面解决了历史遗留的代课教师问题，另一方面补充了师资，缓解了社会矛盾。

表9 河南省历年招录计划情况一览表

年份	2009	2010	2011	2012	2013	2014	2015	2016	2017	2018	2019	2020
全部	10000	10000	10000	10800	11000	12000	12400	13550	15300	15500	15800	17000
中央计划	5000	5000	5000	5800	6000	7000	7400	8550	9300	9500	9800	11000
地方计划	5000	5000	5000	5000	5000	5000	5000	5000	6000	6000	6000	6000

表10 2016—2021年中央特岗计划各省份设岗名额分配表

省份	2016年	2017年	2018年	2019年	2020年	2021年
河北省	5200	6000	7000	7500	8200	8500
山西省	1600	2000	2200	2500	2700	2800
内蒙古自治区	400	600	800	1200	1561	1300
吉林省	1400	1400	1500	1400	2400	1700
黑龙江省	1100	1100	1400	2000	2400	1900
安徽省	3800	3800	3800	2950	3000	3700
江西省	4900	6200	7200	6800	6100	5800
河南省	8550	9300	9500	9800	11000	12500
湖北省	2000	2700	3000	3000	4600	3000
湖南省	5000	5000	5000	4800	5218	4000
广西壮族自治区	6800	7500	8300	8000	8350	7400
海南省	400	400	420	500	700	700
重庆市	1400	1400	1400	700	280	230
四川省	4000	4000	4200	3300	2333	1700
贵州省	7050	7050	7500	6800	5527	6000
云南省	7200	5000	4900	6500	8711	1800
陕西省	3000	4150	5800	6500	5700	5400
甘肃省	3400	4650	5000	5000	5400	5500
青海省	300	150	200	300	300	100
宁夏回族自治区	1500	1100	980	550	500	500
新疆维吾尔自治区	——	5500	8500	18000	18000	8500
新疆生产建设兵团	1000	1000	1400	1900	2020	1300
总计	70000	80000	90000	100000	105000	84330

注：2017年新疆维吾尔自治区计划只为南疆四地州招聘双语特岗教师

七、积累涌现出一大批工作扎实、成效显著的先进典型

我省"特岗计划"实施12年的历程中，涌现出了一批工作扎实、成绩优秀的先进典型。尤其是兰考县通过做好特岗教师职前培训、在职管理、入编工作和落实待遇、加强人文关怀等方式保障特岗教师待遇，推进全县教育的健康发展，成效显著，入选教育部"特岗计划"实施工作典型案例。2020年9月4日，教育部下发《关于公布农村义务教育阶段学校教师特设岗位计划实施工作典型案例的通知》（教师司〔2020〕30号），河南省兰考县《保障特岗教师待遇，推进教育健康发展》入选教育部农村义务教育阶段学校教师特设岗位计划实施工作十大典型案例。

为推广各地经验做法，借鉴和宣传先进典型，推动"特岗计划"项目实施进一步锐意进取、开拓创新，教育部文件下发后不久，河南省教育厅印发了《关于公布教育部和河南省教育厅"特岗计划"实施工作典型案例的通知》，公布了我省兰考县《保障特岗教师待遇，推进教育健康发展》等10个教育部"特岗计划"实施工作典型案例，同时总结推广洛阳师范学院《全员参与，全程发力，扎实做好特岗教师工作》等5个河南省"特岗计划"实施工作典型案例。

河南省本次公布的5个典型案例各有特点，各有侧重。洛阳师范学院作为全省教师的摇篮，从师范学校的层面吸引学生"愿意去"基层，力求学生"能胜任"岗位，尽量保证学生"考得上"特岗，让扎根基层的学生"留得住"，发挥自身高校优势，在育人过程中为"特岗计划"助力；信阳市面对"穷市办大教育"、农村教师数量不足、学科结构不合理的现状，通过"盘活"编制、"阳光"招聘等工作方式创新确保教师招得来，通过待遇留人、"感情"留人、政策留人等举措健全保障机制确保教师留得住，通过强化专业发展、绩效考核、事业激励等精准施策确保教师教得好；济源示范区则为了保证特岗教师进得来、留得住，严格落实省教育厅相关政策，强化特岗教师工资、补贴、保险等待遇保障，注重特岗教师的管理与服务，助力其快速成长；鹿邑县除了通过政府支持、各级部门配合，"管爱齐行"为特岗教师解决后顾之忧，专业培训促进其专业成长之外，还发挥优秀特岗教师的示范引领作用，使优秀的特岗教师遍地开花；镇平县侯集镇则致力于促进特岗教师的专业成长，通过校本培训、联片教研、个性指导、平台建设四个渠道有针对性地促进教师的专业成长，让特岗教师成为全镇教育的中流砥柱，让他们教得好、有获得感，更愿意扎根留下来。

在12年的工作中，形成了"特岗计划"河南模式，涌现出杨承、巴世阳、任明杰等一大批典型经验和先进特岗教师，为推动农村地区基础教育改革与发展、提高农村义务教育质量、巩固"两基"攻坚成果和义务教育均衡发展发挥了积极的作用。

第七章　河南省"特岗计划"实施过程中存在的问题

作为国家为乡村教育补充教师力量的创新机制，"特岗计划"政策2006年开始实施，河南省自2009年实施"特岗计划"以来,有效提升了河南省乡村基础教育师资质量,取得了显著成效。但在实施过程中因受多种因素影响,同时也存在诸多问题。本课题在研究过程中发现"特岗计划"在河南省实施过程中存在如下问题。

一、省级教育行政部门层面存在的问题

(一)保障政策跟进不力,使计划成效受到一定影响

"特岗计划"顺利实施需要省级教育行政部门出台保障性政策来有力支撑,但在一些地方还存在保障政策不力导致计划成效受到影响的情况。一是在特岗教师招录方面,招录有乡村教育情怀的人去乡村执教是"特岗计划"实施成功的关键,也是特岗教师能够留任的关键所在。省级教育行政部门每年都出台特岗教师招聘办法,2021年规定"面试主要考察应聘者学科知识、教师基本素养、语言表达能力、仪表举止等",忽略了招聘对象能否适应乡村生活、是否有乡村教育情结和为乡村教育奉献的意愿,导致一些对乡村教育缺乏热情仅为解决就业困难的高校毕业生被选聘进入特岗教师队伍。二是在特岗教师的日常管理方面,省级教育行政部门在实施方案中未明确规定特岗教师日常考核的具体程序和过程性考核标准,造成各设岗县在具体执行中缺乏明确、具体、统一的岗位考核标准,缺乏具体的管理措施和手段激励特岗教师,致使有的特岗教师误认为干多干少拿的工资一样,三年后表现好坏都能够留在学校正常任教,对特岗教师的成长不利。

(二)政策实施监督欠佳,使计划成效受到一定影响

河南省在实施"特岗计划"政策的过程中存在着评估和督察力度不够的问题。如河南省教育行政部门规定"其他津贴补贴由设岗县(市)根据当地同等条件公办教师年收入水平和特岗教师年工资性补助水平综合确定",但在政策实施过程中,由于省里没有制定明确的津贴发放标准,实施县(市)大多为经济欠发达地区,地方财政本就紧张,无暇顾及特岗教师,致使部分特岗教师除基本工资外没有任何补助和津贴;河南省政府一直在推进乡村教师周转房建设,力图解除特岗教师的后顾之忧,但仍存在有的乡村学校提供的住房条件较差等情况。这些问题的有效解决需要省级教育行政部门通过建立过错追究、问责机制保障,采取硬核手段解决。

二、地方教育行政部门层面存在的问题

(一)资金运用不合理,导致工资津贴发放不合理

按政策要求,特岗教师的基本工资由国家或省财政支付,其他津贴由地方财政解决。在调研和访谈中,有部分特岗教师抱怨只能领到中央和省里发放的基本工资,未享受到其他津贴补助。因财力有限,一些地方并未按规定将特岗教师的社保纳入当地社会保障体系中,对特岗教师的相关待遇支持意愿较低,说明在执行河南省特岗政策时理解有偏差,

使特岗教师没有真正地享受到当地教师的同等待遇,严重挫伤了特岗教师的工作积极性。

(二)执行标准不一致,导致"特岗计划"缺乏公正性

有的地方未能严格执行"特岗计划"的实施政策,导致出现以下问题:一是未严格执行文件规定,把招聘的特岗教师全部安排在县以下的中小学任教,又把素质高、有关系的安排到县城学校或借调到县教育行政部门工作,但人事关系依然在乡村学校;二是有特岗教师三年服务期满选择继续留任所在乡村学校时,入编手续办理迟缓,致使他们只能领取实习工资,各方面的福利待遇也不落实,甚至连政策中要求的三年服务期计入工龄也未能兑现。三是忽视特岗教师的职业发展。有的地方在县城教师招聘工作中,报名条件一栏直接写出服务期满的特岗教师不得报名。有特岗教师说道:"应该明确指出,在乡村工作满 n 年可以参加县城的招教考试,这样让我们看到希望,现在一刀切不允许报名,在基层乡村干一辈子,对年轻人来说是一件很难的事。"

(三)培训制度不完善,导致特岗教师发展不明确

针对特岗教师的培训制度不健全。河南省曾出台明确政策,要求市、县地方教育行政部门要做好特岗教师的岗前培训工作。但各地方以县为单位集中开展的岗前新教师培训内容主要以通识为主,形式内容枯燥且大部分为线上进行,没有对培训设置统一的要求和考核,培训效果欠佳,特岗教师感觉收获甚微;入职后特岗教师缺乏系统、规范的专业培训,有非师范专业的教师入校后甚至不知道该怎么备课、上课,既耽误教学进度,又不利于学生学习与教师自身成长。

三、设岗的乡村中小学层面存在的问题

(一)忽视特岗教师的师德和思想政治教育

河南省设岗的乡村中小学对教育教学工作很重视,但在管理中却忽视对特岗教师的思想政治教育和师德教育,导致有特岗教师受多元价值观的影响,在调研群里频频吐槽他们的收入低、待遇差。若设岗中小学不从正面加以引导,旗帜鲜明地进行师德和思想政治教育,帮助他们凝聚共识,确立爱岗敬业的职业道德,则极易导致部分特岗教师价值观混乱,对特岗教师队伍稳定造成一定消极影响。

(二)学科结构和教学负荷问题有待解决

河南省自 2009 年开始实施"特岗计划"时,招录的大多为语文、数学等主干学科教师,音体美等辅助学科教师招录不多。一方面是乡村的学校和学生家长均重视主科学习,认为音体美是副科不重要,在岗位分配时,岗位分配不合理,还有就是所教非所学,学校当下哪一学科老师紧张就安排特岗教师教哪门课,忽略其所学专业和学科基础,造成教与学学科不一致的现象。此外,不少乡村学校特岗教师存在超负荷工作的现象。因学

校老教师接连退休导致教师队伍缺编严重，校领导和教务管理部门就给他们压担子，致使有特岗教师除每周上20节课外，还要批改作业、管理班级，根本没有自己的个人学习空间，超负荷的教学工作使他们不堪重负，缺乏精力进行自我提升。

（三）忽视人文关怀导致出现心理负担

现在的特岗教师多数家在本县、本乡，但也存在部分特岗教师来自外地，到乡村工作后，面对陌生的乡村生活以及工作环境不太适应，再加上偏僻的乡村出行不便，住宿条件又不理想，基础生活设施不完备，心中难免会有落差。在课题组调研的一所学校，卫生间离特岗教师宿舍尚有一段距离，给特岗教师生活带来极大的不便。尤其是年轻女教师，家在外地不能经常回家，家和孩子都不能照顾，参与调研的特岗教师曾经感慨：种了别人的田，荒了自己的地。有些设岗乡村学校未能对特岗教师开展人文关怀和精神上的抚慰，极易导致他们工作幸福感降低，缺乏归属感，从而造成一定的心理负担。

四、实施人才培养的高校层面存在的问题

（一）模糊的基层政策宣传误导学生的服务基层意识

省内部分高校在就业宣传活动中一般会介绍"特岗计划"，但未作为重点就业项目进行宣传，宣传力度远远低于"三支一扶"政策，导致部分高校毕业生片面地将"特岗计划"误认为等同于西部支教，对选聘为特岗教师三年后可自动入编等政策不知晓而错失争取机会。有个别高校教师缺乏基层服务的经历和奉献精神，在引导学生就业时只是一味鼓励学生去参加公务员、事业编制考试，挤破头去争取大家口中所谓的朝九晚五、体面的"铁饭碗"。

（二）匮乏的生涯实践探索制约学生的个性化发展

一是我省多数高校按照要求均开设大学生职业发展和就业指导课，但因为授课教师多为兼职，教学水平参差不齐，有教师在实际教学中讲授理论化，缺少有效案例，授课内容缺乏实用性，尚未引导学生有意识进行职业探索实践活动，部分学生毕业报考特岗教师时，对该计划了解不多、理解片面，对特岗教师的工作环境、工作任务和工作方法缺乏深入探索。二是高校未能组织对"特岗计划"感兴趣的学生利用假期到乡村学校支教，通过体验乡村学校的工作和生活，思考未来自己是否适合在乡村中小学工作，导致毕业生在报考特岗教师时，只认可三年任教期满后有编制，未能进行充分的心理和专业技能准备，对乡村学校环境不适因而出现各种心理问题，影响在乡村学校的教学工作。

（三）功利的择业观影响学生的基层就业发展

河南省很多大学毕业生在求职中更关注国家和地方发展需求，牢固树立基层服务意识，注重面向基层就业，在毕业时选择在国家重点领域、河南重点产业和基层就业。但在多元化价值观的影响下,也有部分毕业生在择业时只关注自我发展,考虑是否有良好的工作环境和工作氛围,只愿意去党政机关、大公司、科研单位、大型企业就业,不愿意去艰苦的基层奉献。

五、特岗教师本人层面存在的问题

(一)特岗教师的职业发展前景不明

新入职的特岗教师在大学毕业后,满怀一腔热血来到偏僻的乡村中小学任教,对未来的职业问题高度关注。但是他们接受培训不多,教学任务繁重,前景不明。还有特岗教师对于自身的身份不自信,总觉得自己是"临时工",虽然政策中明确说明特岗教师服务期满三年后直接入编,服务期间享受当地在编教师同等待遇,入职一年后正常参加职称评审,但是现实工作、生活中的差别化待遇以及社会对这个职位的不理解、不认同,导致特岗教师群体对自己所从事的职业缺乏自信心、自豪感,造成他们的职业认同感较低。

(二)特岗教师的工作生活待遇欠佳

虽然省级教育行政部门明文规定,市、县要为特岗教师办理社保,但地方财政紧张,导致有的特岗教师拿不到补贴。任教乡镇和村庄大多数经济发展比较落后,交通也相对不便,教学设备也比较陈旧,地方文化生活贫乏,这些极易使特岗教师思想产生动摇,无法专心进行教学。另外学生大多是留守儿童,很多学生都吃住在校,特岗教师还承担学生管理工作。从调研中我们发现,特岗老师在任期三年和有正式编制的在岗教师相比,由于河南省的社会保障体系主要依靠不同地区、不同学校的财政收入状况来维持,比如中西部连片特困地区乡村教师生活补助、目标考核奖和十三个月奖励工资均与他们无缘,造成同工不同酬的现象,这种差异也会引起特岗教师心理不平衡。

(三)特岗教师的专业素质有待提升

河南省特岗教师大多来自省属普通高校,以本科学历居多,还有部分师范专业的专科生,重点师范院校毕业生应聘特岗计划的人数相对偏少,相当一部分特岗教师来自非师范院校,虽然取得了教师资格证书,但没有学过专业的教师教育相关课程以及专业的教学技能训练,不清楚教师必备的职业道德和教师专业素养,即使在上岗前接受了一定的教师教育的专业训练,但由于教学技能掌握不扎实,教学实战经验不足,专业素质有待提升。

第八章　提升河南省"特岗计划"实施成效的建议和对策

一、对省教育行政部门的建议

（一）营造浓厚氛围，促进安心从教

省教育行政部门应扎实做好河南省农村义务教育阶段学校教师特设岗位计划组织实施工作，强化舆论引导，重视优先发展乡村教育，在"最美教师"等先进典型评选中考虑优秀特岗教师入选，通过多种形式尤其是新媒体宣传特岗教师的先进事迹，提高特岗教师的地位和社会声望，让全社会广泛理解、尊重特岗教师，营造优秀人才到乡村执教的氛围，加强乡村教师队伍建设，改善特岗教师工作环境和生活条件，根据经济社会发展情况适度提高特岗教师工资待遇，使特岗教师的工资待遇年均增幅和公办教育行业平均工资增幅一致，推动形成"越到基层，条件越艰苦，待遇就越高"的收入激励机制。切实保障特岗教师工作条件和生活待遇，吸引特岗教师在乡村长期从教，让特岗教师真正受到学生爱戴，持续提升特岗教师的政治地位、社会地位、职业地位，为提升河南省乡村教育质量做好政策支撑，推进河南省乡村教育事业高质量发展。

（二）制定政策细则，规范约束行为

在调研时发现，市、县地方教育行政部门作为政策的重要执行机构，是"特岗计划"政策执行问题频发的区域。因此省教育行政部门应制定政策实施细则，有效地规范和约束地方教育行政部门在政策执行时的行为。省教育行政部门应会同省财政、人社、编办等部门共同出台特岗教师管理意见，明确设岗县的主体责任，规范特岗教师工资发放行为，强调社会保险办理特别是养老保险办理，在职称评定、工龄认定等方面确保特岗教师权益，并将管理理念融入"特岗计划"实施全过程，确保特岗教师政策落实，履约管理。对服务期内解除协议、服务期满转正入编等手续进行明确，在"特岗计划"的具体实施中，对提供虚假的数据，采取套取、挪用、冒领财政资金的教学行政部门、乡村中小学和个人，经过查实，严格按照相关的法律法规处理。

（三）加强评估督察，完善监控体系

省级教育行政部门要加强评估督察，定期深入乡村中小学实地调研特岗教师学习、工作和生活情况，采取切实的手段监督地方教育行政部门对"特岗计划"政策的落实情况以及设岗学校对特岗教师政策的落实情况。建立完善的监控体系，推广使用全国教师管理系统和河南特岗教师管理系统，对特岗教师进行专项管理，实时监控各地特岗教师工资、社保和各项津贴等一系列待遇，实现在岗特岗教师的工作岗位跟踪、年度考核、

入编管理等功能,实现在岗特岗教师的动态管理,通过多方数据对接,力求精准到人;同时强化督导与督察,向社会公开特岗教师招聘情况以及工资发放、考核评价、流动等状况,在关键时间节点、薄弱地区针对以上敏感问题进行督查抽查,在全省范围每年开展不少于2次的专项督查,发现情况及时处理,力保特岗教师享受到相关政策优惠和福利待遇;自觉接受媒体舆论和广大民众的监督,力保每年特岗教师招聘均做到公开、公平、公正。采取硬核手段,严肃查处各类问题,对特岗教师工资发放不及时的进行全省通报,对特岗教师社会保险办理不到位的进行重点约谈并核减招聘计划,对教师队伍总量超编的学校限制招聘。

二、对市、县教育行政部门的建议

(一)完善相关制度,落实保障政策

地方教育行政部门是"特岗计划"政策实施的最后一公里,在促进河南省基础教育公平均衡中应持续创新思路,完善相关制度,做好"特岗计划"的政策落地工作。完善特岗教师保障制度,切实保障特岗教师的待遇,按时足额发放工资,杜绝出现拖欠工资的问题;落实"一补两贴"政策,保证原国家集中连片特困地区重点县的乡镇、村、教学点教师生活补助、班主任津贴和地方教龄津贴发放到位;解决特岗教师按规定纳入社会保障体系享受相应的社会保障待遇应缴纳的相关费用,确保特岗教师在待遇、福利、评优评先等方面,享受与入编教师同等待遇;推进农村教师周转房建设工作,注重满足特岗教师的基本教学、生活需求,地方教育行政部门对特岗教师的医疗、生育、工伤等社会保险、住房、津贴以及配偶问题,都应根据实际需要制订相关工作计划,按照政策规定逐个落实解决。

(二)规范招聘环节,确保合适人才入围

在招聘具体工作中应认真贯彻公开、公平、公正原则,对考生信息、外聘评委、内部服务人员严格执行保密制度,面试招聘全程安排纪委监委部门人员参与监督,确保招聘过程、结果的合规、公正、透明。招聘结束后,根据特岗教师在整个招聘过程中的笔试面试总成绩和各乡镇学科设岗需求,统一进行公开选岗,选岗后和各乡镇对接上岗。在招聘过程中还要转变用人选人观念,要注重考察应聘毕业生教育教学能力、应聘特岗教师的动机、应聘态度以及职业生涯规划,要把心甘情愿为河南省乡村基础教育事业奉献的人才选拔出来,到急需人才的乡村学校任教,保证适合乡村教育的教师"选进来、留下来、干得好",让适合、愿意在乡村从教的教师在乡村立足扎根,确保乡村高质量师资队伍的稳定。

(三)搭建培训平台,助力专业成长

市、县教育行政部门要把特岗教师纳入当地中小学教师继续教育规划,组织特岗教师积极参与国家、省、市、县、校五级教师培训，积极组织特岗教师参与"国培计划""省培计划"中安排的专项培训，并针对不同阶段开展形式内容不同的专项培训，助力特岗教师专业成长。一是开展入职前的基本业务培训，引导和帮助特岗教师尽快适应教学工作，主要包括师德教育、教师心理素质、课堂教育常规、教育教学方法、班级管理、安全工作、班主任工作、教育政策法规和课程教学观摩等，制定统一的培训标准和要求，通过多种形式让特岗教师尽快熟悉和了解自己的工作任务、教学目标和具体要求，清楚入职以后要干什么、怎么干；二是入职后的教育教学能力提升培训，通过参与"国培""省培"项目，着力解决专业提升和发展问题，引导和帮助特岗教师掌握中小学教学的基本功，夯实执教基础，提升教育教学技能。面对新时代的新课程教学改革，引导和帮助特岗教师掌握先进的教学理念，积极带领中小学生在课堂实践自主学习、合作学习、探究学习的新教学模式，学会使用适应新时代基础教育发展的教学方法。三是引导特岗教师建立发展档案，把特岗教师在执教期间接受各类培训的原始材料、个人的学习计划和总结、课堂教学实践视频、课程教学设计以及获得的各项荣誉都收录到档案里，作为个人的过程性成长资料，积极推动他们经过历练成长成才，提升特岗教师的职业归属感和荣誉感。

三、对设岗乡村中小学的建议

（一）开展师德教育，增强责任意识

设岗的乡村中小学要对本校的特岗教师定期开展思想政治教育工作，注重特岗教师的师德师风教育，利用每周例会集中开展师德师风的教育培训，组织他们学习教育法、教师法、学校规章制度，使他们明白什么该做，什么不该做，依法依规做好教育教学工作；通过开展形式多样的思想政治教育活动，培养他们热爱乡村教育事业的情感，增强为河南省乡村教育做贡献的责任意识，清楚乡村教育事业迫切需要他们，扎根乡村从事教育教学也是体现自己人生价值的平台。

（二）发挥专业优势，助力专业发展

要注重特岗教师的专业方向，发挥特岗教师的专业优势，避免"所教非所学"的现象，原则上所学专业与教授科目专业一致或相近，避免出现授课教师与授课科目"文理颠倒"的现象，真正发挥特岗教师的专业知识和专业水平，做到学以致用、学用一致。同时还应考虑当地学校教师队伍学科结构分布情况，加强偏远农村学校教师和音体美等紧缺学科教师的补充，初中与小学教师队伍补充协调发展。重视特岗教师专业发展，制定详细的培养计划和帮扶方案，一是对新入职的特岗教师进行教育教学的精准帮扶，教导处组织制定职责明确的帮扶工作方案，安排学校的老教师对其进行一对一精准帮扶，从任教课程的教学设计到教学活动的各个环节，使特岗教师了解课堂教学的基本模式，尽快适应课堂教学工作,尽快进入教师角色,深入课堂听课,及时发现特岗教师在教学中存在的问题并进行有针对性的指导。二是采取切实措施,对特岗教师的基本功、基本技能("一话三字"、简笔画、音乐赏识、朗诵、才艺展示、课件制作等)进行定期检查比赛,提升其自身基本功,激发其工作热情;定期对特岗教师进行考核,考核分校评、互评和自评,并针对考核结果及时对特岗教师做出奖惩;鼓励上公开课,用丰富的知识探索新的课堂教学方法及理念,将丰富的知识最大限度地转化到教学当中,带给乡村学生全新的课堂;定期组织新老教师集中评课、集体备课,积极开展"优质课比赛""现场说课比赛"等活动,调动特岗教师的工作积极性,助力其专业发展。

(三)加强人文关怀,关心工作生活

设岗学校领导应定期和特岗教师交流,建立谈话制度,关心关注特岗教师的思想动态、情感生活,定期召开座谈会,与特岗教师谈心谈话,关心他们在教学工作和现实生活中遇到的困难与突出问题并尽力帮助解决,如因学校客观原因一时不能解决也要耐心疏导,引导他们克服困难,渡过难关。适当减少特岗教师的工作量,给予他们更多的时间去听课及钻研教材,以更快地提升教学能力和适应当地的工作学习。努力改善特岗教师生活条件,为远离家乡的教师提供更好的住宿条件;丰富特岗教师的业余生活,解决热水、网络等基础设施问题;为特岗教师组织开展形式多样的文体娱乐活动,建立"教师之家",让特岗教师在繁忙的工作之余放松自己,在生活中收获快乐,在精神上有所寄托;对于教师的个人问题,学校领导要多关心,鼓励热心的老教师帮助他们搭桥引线,解除其后顾之忧,让特岗教师充分感受到学校的关爱。

四、对人才培养高校的建议

(一)开展成才观教育,引导学生积极服务基层

高校应坚持立德树人,在党团活动和就业指导课程中注重价值引领,坚持课程思政和就业育人,将学生思想政治教育与就业工作相结合,引导和帮助学生树立脚踏实地、不畏艰辛、勇挑重担的就业观念,鼓励学生在职业发展中志存高远,勇担中华民族伟大复兴的时代使命,积极选择到党和国家需要的基层就业。还要广泛宣传"特岗计划",为广大学生讲好特岗教师的榜样故事,树立正确的价值导向,加强舆论引导,发挥先进典型的示范作用,营造勇赴基层担使命、青春奋斗报祖国的校园氛围。

(二)加大政策宣传,使学生理性选择发展路径

充分发挥就业育人作用,积极利用思想政治理论课堂和就业创业指导课堂,宣讲"特岗计划"政策措施,通过教育引导学生确立正确的就业观和发展观,积极引导毕业生服务农村、奉献自我;充分利用校友资源,树立先进典型,注重榜样引领,邀请特岗教师

优秀校友来校做报告，组织青年学生现场聆听他们扎根基层、无私奉献的感人故事，通过榜样的力量引导和带动更多的毕业生加入特岗教师队伍，到祖国最需要的地方书写别样精彩的人生。充分利用广播电视、报刊、互联网等各类媒体，广泛宣传"特岗计划"的方针政策和优惠政策，让毕业生详细了解特岗教师的报考条件以及该政策的具体规定，引导和鼓励高校毕业生面向基层就业。学校就业指导部门加强对学生日常就业创业引导，通过学校就业微信公众号及时宣传国家和河南省最新就业政策，定期推出特岗教师和其他基层就业人员的先进事迹介绍，进行朋辈教育，引导学生确立基层就业观。

（三）开展多种形式的实践教学，助推学生职业发展

对就业指导课程进行教学改革。在教学形式上，采用线上线下混合式教学的形式，开展多形式的实践教学，使就业指导课程更具体验性；组织学生参加职业体验活动，让有志于到乡村工作的学生以支教的形式进行职业体验活动，通过对乡村学校进行调研、在乡村一定时间的支教体验和对在乡村工作的特岗教师进行职业生涯人物访谈，帮助他们澄清职业目标，体验职业具体生活，展望职业发展前景，确立在乡村奉献的职业理想，在"了解乡村学校、热爱乡村学校、献身乡村学校"的氛围中确立发展目标，使对"特岗计划"感兴趣的学生回到学校后，积极在教育教学专业知识的学习上下功夫，着力提升教育教学技能，为以后到乡村执教做好充分准备，毕业时选择"特岗计划"，投身到广阔的农村奉献青春报效祖国，助力乡村振兴。

五、对特岗教师的建议

（一）厚植在乡村奉献的教育情怀

教育情怀是广大特岗教师对自己从事的乡村教育事业的发自内心的爱，2020年全国最美特岗教师张杰、王秀秀夫妇驻足小山村11年，把一个个辍学在家的孩子带回了本该属于他们的课堂；任明杰老师将不改的初心用在教育学生上面，把为乡村学生提升知识、培养能力作为自己坚守的使命，用平凡任教生活中的点滴，传递师道力量，传达党的教诲。所以特岗教师作为河南省乡村教师中的中坚力量，应厚植在乡村奉献的教育情怀，用自己的扎实学识，教书用心，育人有爱，用自己的实际行动践行教育者的担当，勇做河南省乡村学子人生发展的引路者，点亮乡村中万千孩子的人生梦想，展现出高尚师德和责任担当。

（二）践行为乡村奉献的教育理想

特岗教师要把扎根基层中小学之志融入党和国家事业之中，在基层中小学任教不放弃、不动摇、不懈怠，不做求易者、避难者。特岗教师要不忘为党育人的初心，牢记为国育才的使命，"听党话、感党恩、跟党走"，履行好提升乡村教育质量的责任，把对

乡村孩子爱的教育进行到底，使乡村的教育发展更有温度，使每个乡村的普通孩子也能和城市的孩子一样享有高质量的教育，拥有个人的发展和人生出彩的机会。因此特岗老师要明确意识到肩负的国家使命和社会责任，把青春梦融入中国梦，增强在乡村教书育人的责任感和使命感，不惧风雨，成就个人梦想。

（三）提升为乡村奉献的专业水平

特岗教师要把立足乡村的艰苦条件任教作为磨炼自己意志的一个成长平台，主动对标"四有"好老师要求，坚定理想信念，珍视教师荣誉，增强学养学识，提升思想道德素质，静下心来教书，潜下心来育人，尽职尽责，时刻关注乡村孩子们的身心和成长，注重提升自己的职业道德水平，逐渐培养对党的教育事业的深厚感情，以培养和教育好乡村的农家子弟为己任，用心钻研教学业务，在教育教学工作中主动学习新知识、新技能，掌握新时代乡村教育所需的新知识、新职能、新方法，不断提升育人本领，用自己的学识、阅历、经验点燃学生对真善美的向往，掌握好知识，用心用情培育乡村的农家子弟成长成才，做乡村学生的良师益友，为国家和河南省乡村振兴培养更多合格人才。

参考文献

[1] 柳海民，邹红军. 高质量：中国基础教育发展路向的时代转换 [J]. 教育研究，2021，42（04）：11—24.

[2] 冯建军. 从同一性到差异性：重构乡村教育的正义之维 [J]. 探索与争鸣，2021，（04）：22—24.

[3] 席梅红. 新中国成立 70 年乡村教师发展回顾与启示 [J]. 广东第二师范学院学报，2021，41（02）：23—33.

[4] 王丙双，梁柱. 镇平县侯集镇：为特岗教师专业成长提气增力 [J]. 河南教育（教师教育），2021，（02）：34—35.

[5] 郎婕. 大学生就业指导发展的对策思考 [J]. 大众标准化，2021，（02）：116—117.

[6] 欧阳修俊. 中国乡村教师研究回顾与新时代发展取向 [J]. 教师教育学报，2021，8

（01）：46—57.

[7] 毛杰.坚持新发展理念，服务新发展格局，推动新时代教师教育实现高质量发展[J].河南教育（教师教育），2021，（01）：4—8.

[8] 林锦鸿.免费义务教育政策与城乡教育差距[J].中国农村观察，2021，（03）：128—144.

[9] 李世奇.国家"特岗计划"：成效、困境与政策改进[J].教育探索，2020，（11）：71—75.

[10] 陈俊珂，易静雅.特岗教师的流动意愿、影响因素与对策研究——基于河南省农村小学的调查[J].青少年学刊，2020，（04）：59—64.

[11] 吴婷婷，朱昂昂.新冠肺炎疫情对中国经济的影响及应对策略[J].南方金融，2020，（05）：3—11.

[12] 徐文娜，李潮海."特岗计划"实施的现实困境与优化建议——基于辽宁省三个县区"特岗计划"实施情况的实地调研[J].现代教育管理，2020，（05）：87—92.

[13] 秦宇，李钢.新冠肺炎疫情对中国经济挑战与影响的调查综述[J].区域经济评论，2020，（03）：146—156.

[14] 焦蕾蕾.特岗教师专业发展中的问题与对策研究[D].郑州大学，2020.

[15] 徐万山.河南乡村义务教育发展趋势及政策因素分析[J].河南教育学院学报（哲学社会科学版），2020，39（01）：47—55.

[16] 热孜万古丽·阿巴斯.我国特岗教师研究现状与展望——基于2006—2018年中国知网相关论文的可视化分析[J].教师教育学报，2019，（05）：1—10.

[17] 万孝凯.特岗计划政策执行中存在的问题与对策研究[D].湖南师范大学，2019.

[18] 曹娇楠，刘军，李雪，马晶晶.浅谈如何解决农村教师问题[J].青年与社会，2019，（14）：103—104.

[19] 蹇世琼，彭寿清，夏敏."特岗教师计划"研究：回顾与展望[J].教师发展研究，2019，（01）：23—31.

[20] 张筱茜.特岗教师职业发展中存在的问题及对策[J].决策探索（下），2019，（01）：69—71.

[21] 王溢清.张家口坝上地区农村小规模学校办学困境及对策研究[D].河北大学，2019.

[22] 刘娜.农村特岗教师工作状态的调查与思考[J].才智，2018，（25）：149.

[23] 柏大鹏."特岗计划"实施方案研究——基于22个省（区、市）政策文本的内

容分析[J].现代教育论丛,2018,(03):75—84.

[24]冯静,闫轲.河南省特岗教师工作生活现状调查与研究[J].中国大学生就业,2018,(11):48—53.

[25]黄健美."特岗计划"实施存在的问题及对策研究[D].湖南理工学院,2018.

[26]高清晨,田若飞.辽宁省"特岗计划"实施问题及对策研究[A].中共沈阳市委、沈阳市人民政府、亚太材料科学院.第十五届沈阳科学学术年会论文集(经管社科)[C].中共沈阳市委、沈阳市人民政府、亚太材料科学院:沈阳市科学技术协会,2018:300—305.

[27]周悦洁.威宁县特岗教师计划实施效果调查研究[D].贵州大学,2018.

[28]周敏敏,马多秀.特岗教师专业成长的长效发展机制研究[J].教师教育论坛,2018,31(03):64—68.

[29]周琬馨.近十年"特岗教师计划"研究的回顾与展望[J].大理大学学报,2017,(11):79—85.

[30]由由,杨晋,张羽."特岗"教师政策效果分析——教师队伍与教育公平的视角[J].复旦教育论坛,2017,(05):83—90.

[31]蹇世琼.坚守还是离开?——特岗教师职业认同现状的调查研究[J].中小学教师培训,2017,(09):18—21.

[32]张雯闻."特岗计划"政策执行问题分析及发展展望[J].遵义师范学院学报,2017,19(04):90—93.

[33]刘家秀.我国"特岗教师计划"政策执行中存在的问题及对策研究[D].湘潭大学,2017.

[34]王红蕾,吕武.改革开放以来我国农村教师政策的演进与改革路径[J].现代教育管理,2017,(05):81—87.

[35]魏国.中部贫困县"特岗计划"执行问题研究[D].西南大学,2017.

[36]宋婷娜,郑新蓉.从"补工资"到"补机制":"特岗教师"工资性补助政策的实施效果[J].北京大学教育评论,2017,15(02):39—52,187—188.

[37]刘佳.我国"特岗教师计划"实施十年后的回顾、反思与展望[J].现代教育管理,2017,(02):79—84.

[38]田印红,王中华.十年来我国特岗教师研究的回顾与展望[J].教学与管理,2017,(03):61—63.

[39]范晓东.博弈与遵从:"特岗计划"政策执行中府际间的权威治理[J].教师教

育研究，2017（04）.

[40] 刘家秀. 特岗教师计划政策执行中存在的问题及对策 [J]. 现代经济信息，2016，（23）：445.

[41] 王亚娟. 特岗教师职业发展困境及其原因——以河南T县为例 [J]. 科技创业月刊，2016，（18）：85—87.

[42] 新华社评论员. 办好基础教育事业，弘扬尊师重教风尚——学习贯彻习近平总书记在北京市八一学校考察时重要讲话精神 [J]. 上海教育，2016，（27）：1.

[43] 王自荣. 扎实开展教研活动，助推特岗教师专业成长 [J]. 宁夏教育，2016，（Z1）：56—57.

[44] 姜学艳. 特岗教师面临的困境及对策研究 [J]. 美与时代（城市版），2016，（06）：123—124.

[45] 王孜，王现彬. "特岗计划"实施过程中存在的问题及对策——以广西地区为例 [J]. 北京教育学院学报，2016，30（02）：19—25.

[46] 陈晨. 特岗教师政策实施成效分析 [D]. 浙江师范大学，2016.

[47] 孟倬帆. 教师"特岗计划"实施的现状、问题及对策研究 [D]. 河南大学，2016.

[48] 王孜. 高校毕业生应聘广西特岗教师的现状、问题及对策研究 [D]. 广西师范大学，2016.

[49] 刘要悟，张莹，何金花. 重视特岗教师继续教育，促进特岗教师专业发展 [J]. 当代教师教育，2016，9（01）：84—89.

[50] 罗闯. 对特岗教师进行思想政治教育的几点思考 [J]. 传承，2016，（02）：70—71.

[51] 王帅. 农村义务教育普及中的学校布局调整研究 [D]. 北京理工大学，2016.

[52] 闫宁宁. "特岗计划"运行的案例研究 [D]. 南京师范大学，2015.

[53] 李见新. 河南7年共培养特岗教师7.62万人，九成以上老师留任 [N]. 中国教育报，2015-9-28.

[54] 魏露瑶. 河南省农村特岗教师队伍建设研究综述 [J]. 新课程研究（下旬刊），2014，（07）：16—17.

[55] 范晓东，冯晓丽. "特岗计划"政策执行的理想化目标与模糊性现实——以山西X县为例 [J]. 山西师大学报（社会科学版），2014，（04）：149—153.

[56] 张健龙. S县"特岗计划"实施现状、问题及对策研究 [D]. 河北师范大学，2014.

[57] 方卉，唐智松. 特岗教师专业发展的边缘化现象分析 [J]. 教育科学研究，2014，

（04）：50—53.

[58]陈怡静.农村小学特岗教师专业发展现状及其影响因素的调查研究[D].重庆师范大学，2014.

[59]张德利，赵准胜.农村教师特岗计划实施成效探析——以吉林省为例[J].教育理论与实践，2014，（08）：13—15.

[60]李旭林.特岗教师的幸福路径——读《因为希望——特岗教师培训模式创新的理论与实践》[J].湖南教育（中），2014，（03）：56.

[61]张旭.由公共政策视角评析"特岗教师计划"[J].现代中小学教育，2014（09）.

[62]赵双兰，张国强.农村特岗教师队伍建设发展研究——以河南省为例[J].河南教育学院学报（哲学社会科学版），2013，（06）：28—32.

[63]武晓伟.我国西部农村学校"特岗计划"的思考——以贵州省威宁县为例[J].湖南师范大学教育科学学报，2013，（06）：48—53.

[64]刘润秋，宋海峰，卢洋.农村特岗教师工作满意度探究——基于河南省南阳市的调研分析[J].探索，2013，（04）：147—150.

[65]卢江."特岗计划"实施的成效、存在的问题与对策[J].重庆第二师范学院学报，2013，（04）：23—24.

[66]高闰青."特岗计划"对农村师资队伍的优化——以河南省为例[J].新乡学院学报（社会科学版），2013，27（02）：99—101.

[67]曹家文.河南省"农村义务教育阶段学校教师特设岗位计划"政策实施效果评估与对策研究[D].重庆师范大学，2013.

[68]张申华.从特岗教师工作生活质量的调查看特岗计划[D].四川师范大学，2013.

[69]高闰青.教育公平视下"特岗计划"实施成效研究——以河南省为例[M].北京：中国社会科学出版社，2013：68—71.

[70]陈凯."特岗教师"政策审视——以河南省为例[J].河南教育学院学报（哲学社会科学版），2012，（05）：53—54.

[71]高闰青."特岗计划"的现实成效——以河南省为例[J].天津市教科院学报，2012，（02）：15—17.

[72]徐敬建.河南省农村学校特岗教师现状调查与思考[J].湖南第一师范学院学报，2012，（02）：18—20.

[73]郑新蓉，杜亮，周序，王学男."农村义务教育阶段学校特设岗位计划"政策调研报告[J].中国教师，2012，（07）：9—13.

[74] 许芳，李化树. 农村义务教育教师特岗计划实施回顾展望[J]. 长江大学学报（社会科学版），2012，（02）：132—133.

[75] 罗丹. "特岗计划"：我国农村义务教育质量提升的新思路[J]. 内蒙古教育，2012，（02）：21—23.

[76] 孙颖，陶玉婷. 特岗计划的现实困境与破解思路[J]. 中国教育学刊，2012（07）.

[77] 高闰青. 河南省农村教育热点问题研究[M]. 徐州：中国矿业大学出版社，2012：147—151.

[78] 高闰青. "特岗计划"：促进教育公平的新支点[J]. 教育研究与实验，2011（06）：12—16.

[79] 刘可可. 讲台装饰了他们的生活，他们装饰了孩子的梦[N]. 洛阳商报，2011-11-29（7）.

[80] 程慧娟. 洛阳特岗教师流失率全国最低，他们为何选择留下[N]. 东方今报，2011-11-25.

[81] 闫卫利. 挺进农村的特岗教师[N]. 洛阳日报，2011-11-29（9）.

[82] 教育部新新闻办公室，中央教育科学研究所. 对话教育热点2010[M]. 北京：教育科学出版社，2011：137.

[83] 河南省精心组织实施"特岗计划"[J]. 中国教师，2010，（20）：18—19.

[84] 杨廷树，杨颖秀. 西部农村学校特岗教师现状调查与思考——基于贵州省Z中学的个案研究[J]. 教育理论与实践，2010，（23）：6—7，18.

[85] 邬跃. 教育政策分析——以农村学校教师"特岗计划"为例[J]. 教育理论与实践，2010，30（01）：28—30.

[86] 易海华，刘济远. "特岗教师"如何更好地落地生根？——关于农村教师"特岗计划"工作的思考[J]. 湖南第一师范学院学报，2010(03).

[87] 潘志贤. 中央财政支付的工资能全额拨付，地方配套的各项待遇却因地而异[N]. 中国青年报，2010-10-8（6）.

[88] 陈凯. 河南农村中小学教师结构性问题分析及对策[J]. 河南职业技术师范学院学报（职业教育版），2009，（01）：24—29.

[89] 袁海军. 特岗计划：农村中小学教师补充新思路[J]. 小学教师，2009（3）.

[90] 陈凯. 教育政策视野下的河南农村教师队伍建设研究[D]. 河南大学，2008.

[91] 李军. 如何度过就业"寒冬"[J]. 成才之路，2008，（34）：120.

[92] 徐宏升. 河南省农村义务教育阶段教师队伍现状分析[J]. 河南教育学院学报（哲

学社会科学版），2008，（05）：18—22.

[93] 王海云. 加强教师队伍的建设，要重点提高农村教师的素质 [J]. 河南教育学院学报（哲学社会科学版），2008，（01）：6—7.

[94] 周凯. 就业冰河期大学生如何进外企 [N]. 中国青年报，2008-12-9.

[95] 石华富. 提高认识，加强"特岗计划"的实施 [J]. 中国大学生就业，2006，（16）：99—100.

[96] 卢现祥. 新制度经济学 [M]. 武汉：武汉大学出版社，2004.

[97] 田慧生. 关于农村教师队伍建设问题的思考 [J]. 教育研究，2003，24（08）：5—8.

[98] 袁振国. 教育政策学 [M]. 南京：江苏教育出版社，2000：109.

[99] 蔡昉. 中国人口问题报告 [M]. 北京：社会科学文献出版社，2001：139-158.

附录：

河南省"特岗计划"实施状况调查问卷

尊敬的老师：

您好！

为了解"特岗计划"实施情况，为改进相关政策提供依据，特开展本次调查。

本问卷采用无记名方式，文中相关内容仅作学术上的探讨，因此并不涉及个人隐私，对您的工作没有任何影响。问卷中的题目并无标准答案，希望您如实填写。非常感谢您的合作与支持！

请您在合适的选项前的"□"上划"√"。题目如无特殊说明均为单选题。再次感谢您的支持！

1. 您的性别：□A. 男　　　　□B. 女
2. 您的民族：□A. 汉族　　　　□B. 少数民族
3. 政治面貌：□A. 中共党员（含预备党员）　□B. 民主党派成员
　　　　　　□C. 共青团员　　　　□D. 群众
4. 您的年龄：□A.20—25 岁　　　　□B.26—30 岁
　　　　　　□C.31—35 岁　　　　□D.36 岁及以上
5. 婚姻状况：□A. 未婚，单身　　　　□B. 未婚，有男（女）朋友
　　　　　　□C. 已婚，没孩子　　　　□D. 已婚，有孩子
　　　　　　□E. 离异
　　a. 如果已婚，您的配偶是否为中小学教师：□A. 是　　□B. 否

b. 如果已婚，您的配偶与您是否两地分居：☐ A. 是　　　　☐ B. 否

c. 如果有孩子，您是否带在身边：☐ A. 是　　　　☐ B. 否

d. 如果孩子没有带在身边，孩子平时主要由谁照顾？
　☐ A. 配偶　　☐ B. 孩子爷爷奶奶　　☐ C. 孩子外公外婆　　☐ D. 其他

e. 如果孩子没带在身边，您平均多久见孩子一次（寒暑假除外）？
　☐ A. 1—2 天　　☐ B. 3—5 天　　☐ C. 一周　　☐ D. 一月　　☐ E. 一月以上

6. 现在学历：☐ A. 研究生　　　　　　　　☐ B. 本科
　　　　　　☐ C. 大专　　　　　　　　　☐ D. 其他（请填写）

7. 毕业院校：☐ A. "985" 高校　　　　　　☐ B. "211" 或部属高校
　　　　　　☐ C. 省属重点本科高校　　　☐ D. 省属普通本科高校
　　　　　　☐ E. 独立学院或民办本科院校　☐ F. 大专院校

8. 所学专业：☐ A. 中文　　☐ B. 数学　　☐ C. 外语　　☐ D. 物理
　　　　　　☐ E. 化学　　☐ F. 生物　　☐ G. 教育学　☐ H. 心理学
　　　　　　☐ I. 历史　　☐ J. 地理　　☐ K. 政治　　☐ L. 音乐
　　　　　　☐ M. 体育　　☐ N. 美术　　☐ O. 科学教育　☐ P. 其他

9. 专业类型：☐ A. 师范类　　　　　　　　☐ B. 非师范类

10. 您的职称：
　☐ A. 未定等　　☐ B. 小教三级　　☐ C. 小教二级　　☐ D. 小教一级
　☐ E. 小教高级　　☐ F. 中教二级　　☐ G. 中教一级　　☐ H. 中教高级

11. 您工作前的户口类型是：☐ A. 农业　　　　☐ B. 非农业

12. 您的生源地（读大学前户口所在地）在：
　☐ A. 村（屯）　　　☐ B. 乡（镇）　　　☐ C. 县（区）
　☐ D. 地级城市　　　☐ E. 省会城市（直辖市）

13. 您父母家与您任教学校属于：
　☐ A. 同一个镇（乡）　　☐ B. 同一个县（县级市/区）　　☐ C. 同一个地级市
　☐ D. 在同一个省（自治区/直辖市）　　☐ E. 不在一个省（自治区/直辖市）

14. 您是哪一年任特岗教师的：_____ 年。

15. 您现在所在学校类型：
　☐ A. 完全中学　　　☐ B. 初级中学　　　☐ C. 九年一贯制学校
　☐ D. 中心小学　　　☐ E. 村小　　　　　☐ F. 教学点

16. 您成为特岗教师第一年的任教学校是：☐ A. 本校　　　　☐ B. 其他学校

17. 您所教学科是：（如任教多个学科，可多选）
☐ A. 语文　　　☐ B. 数学　　　☐ C. 外语　　　☐ D. 物理　　　☐ E. 化学
☐ F. 生物　　　☐ G. 社会　　　☐ H. 心理健康　☐ I. 历史　　　☐ J. 地理
☐ K. 思想品德/政治　　　　☐ L. 音乐　　　☐ M. 体育　　　☐ N. 美术
☐ O. 科学　　　☐ P. 通用技术　☐ Q. 信息技术　☐ R. 综合实践
☐ S. 其他（请填写）_____

18. 目前您在学校的职务是（可多选）：
☐ A. 科任教师　　☐ B. 班主任　　☐ C. 年级组长　　☐ D. 教研主任
☐ E. 少先队大队辅导员　　　　☐ F. 校团委负责人
☐ G. 其他（请注明）_____

19. 您现在教几个年级：
☐ A.1 个年级　　☐ B.2 个年级　　☐ C.3 个年级及以上

20. 您每周的课时量是：
☐ A.1—5 节　　☐ B.6—10 节　　☐ C.11—15 节
☐ D.16—20 节　☐ E.21—25 节　☐ F.25 节以上

21. 您参加县级以上（包括县级）的培训的次数：
☐ A.1 次　　☐ B.2 次　　☐ C.3 次　　☐ D.4 次　　☐ E.5 次
☐ F.6 次　　☐ G.7 次　　☐ H.8 次　　☐ I.9 次　　☐ J.10 次及以上

22. 您现在每月工资收入为：
☐ A.500 元以下　　　　☐ B.501—1000 元　　　☐ C.1001—1500 元
☐ D.1501—2000 元　　 ☐ E.2001—2500 元　　 ☐ F.2501—3000 元
☐ G.3001—3500 元　　 ☐ H.3501—4000 元　　 ☐ I.4001—4500 元
☐ J.4500 元以上

23. 您的工资收入与本地居民收入相比：
☐ A. 明显高于当地居民　　☐ B. 稍微高于当地居民　　☐ C. 基本持平
☐ D. 稍微低于当地居民　　☐ E. 明显低于当地居民

24. 您在平时教学中的总体感受为（　　）
☐ A. 很累，压力很大　　☐ B. 比较累，但还可以承受　　☐ C. 一点也不累

25. 您的教学生活的幸福程度是（　　）
☐ A. 非常幸福，总感觉很快乐　　　☐ B. 比较幸福，但也有一些苦衷
☐ C. 不太幸福，有很多苦衷　　　　☐ D. 非常不幸福，痛苦多于快乐

26. 您对您的工资收入的满意度（　　）

　　□ A. 非常满意　　　　　　□ B. 满意　　　　　　　□ C. 一般

　　□ D. 不满意　　　　　　　□ E. 非常不满意

27. 您期望的工资收入（参考当地人均实际收入情况）大约为（　　）

　　□ A.2000 元以下　　　　　□ B.2000—2500 元　　　□ C.2500—3000 元

　　□ D.3000—3500 元　　　　□ E.3500—4000 元　　　□ F.4000 元以上

28. 您选择做特岗教师的最主要原因是：（最多选 2 项）

　　□ A. 找一份稳定工作　　　　　　　　□ B. 为了支援农村教育

　　□ C. 通过这种方式转为正式教师　　　□ D. 工作地点离家近

　　□ E. 离男（女）朋友更近　　　　　　□ F. 没有找到其他满意工作

　　□ G. 先工作，再寻找其他机会　　　　□ H. 家里人的要求

　　□ I. 锻炼提高自己　　　　　　　　　□ J. 其他

29. 目前您的住房问题是如何解决的？

　　□ A. 完全自费，在校外租房　　　　　□ B. 学校补贴部分租金，在校外租房

　　□ C. 校内优惠提供住房　　　　　　　□ D. 校内免费提供住房

　　□ E. 住在家里（包括亲戚家）　　　　□ F. 其他（请填写）

30. 您目前最主要的压力来自于：（最多选 2 项）

　　□ A. 经济负担　　　　□ B. 教学任务　　　　　□ C. 职称晋升

　　□ D. 个人婚恋　　　　□ E. 能否入编　　　　　□ F. 家人的支持

　　□ G. 对本地的适应　　□ H. 领导、同事认可　　□ I. 学生及家长的认可

31. 您工作中最苦恼的是：（最多选 3 项）

　　□ A. 对教材不熟悉　　　　□ B. 学校教学条件差　　□ C. 教学经验不足

　　□ D. 学生难教难管　　　　□ E. 有语言交流障碍　　□ F. 和同事交流研讨不畅通

　　□ G. 与学生家长交流不畅通　　　　□ H. 信息技术应用不熟练

　　□ I. 工作很努力，但成绩提不上去　□ J. 工资低，收入少

　　□ K. 很难得到学生、同事和领导的认可

32. 您生活中的最大困难是：（最多选 3 项）

　　□ A. 交通不方便　　　　□ B. 气候不适应　　　　□ C. 同事关系不融洽

　　□ D. 住宿条件不好　　　□ E. 婚恋问题无法解决　□ F. 生活习惯不适应

　　□ G. 与配偶两地分居　　□ H. 不能或很少陪伴孩子　□ I. 没有任何困难

33. 自入职以来，您是否有过离职的想法？

☐ A. 有 ☐ B. 偶尔会有 ☐ C. 从来没有

34. 假如有让您重新选择工作的机会，您是否还会选择特岗教师？

☐ A. 会 ☐ B. 不会 ☐ C. 不确定

35. 总体来说，您对特岗教师这一职业是否满意？

☐ A. 很满意 ☐ B. 比较满意 ☐ C. 一般

☐ D. 不满意 ☐ E. 很不满意

36. 您认为特岗教师在当地的社会地位：

☐ A. 非常高 ☐ B. 较高 ☐ C. 一般

☐ D. 较低 ☐ E. 非常低

37. 您周围的人对特岗教师的态度：

☐ A. 非常尊重 ☐ B. 尊重 ☐ C. 一般

☐ D. 不尊重 ☐ E. 非常不尊重

38. 您最关心服务期满后的哪些问题？（最多选2项）

☐ A. 教师落编 ☐ B. 工资待遇 ☐ C. 职业发展机会

☐ D. 国家政策的落实 ☐ E. 婚恋问题

39. 您身边的特岗教师有在服务期内离职的吗？

☐ A. 有，据您了解，他们离职的原因是：

☐ a. 继续升学 ☐ b. 婚恋问题 ☐ c. 考公务员

☐ d. 考公职教师 ☐ e. 不适应当地语言及生活 ☐ f. 家人影响

☐ g. 自主创业

☐ B. 没有

40. 三年服务期满，您的打算（或选择）是：

☐ A. 继续留在本校任教 ☐ B. 调到当地其他学校 ☐ C. 去城市找工作

☐ D. 回家乡就业 ☐ E. 考公务员或事业编制考试

☐ F. 考研究生 ☐ G. 自己创业

41. 您认为可能造成特岗教师离职的原因是：

☐ A. 不适应当地生活 ☐ B. 考公职教师 ☐ C. 婚恋问题

☐ D. 考公务员 ☐ E. 继续升学 ☐ F. 其他

42. 影响您去留的最主要因素是：

☐ A. 待遇 ☐ B. 喜爱程度 ☐ C. 父母期望

☐ D. 婚姻需要 ☐ E. 地域太偏

43. 您认为特岗教师的专业发展（　　）。
    □ A. 农村条件有限，想发展但很难实现，但还会尽力发展
    □ B. 农村条件有限，想发展但很难实现，所以就不去发展
    □ C. 没必要实现专业发展，只要不下岗，凑合干着就行
44. 您认为"特岗计划"实施以来，最显著的效果在于（单选）：
    □ A. 缓解了高校毕业生的就业压力　　□ B. 提高了农村师资队伍的数量和质量
    □ C. 改进了农村学校教育教学效果　　□ D. 给农村学校带来了活力
    □ E. 减轻了县级财政负担　　□ F. 探索了农村地区教师补充的新机制
45. 您认为"特岗计划"的实施，最大的受益者是（单选）：
    □ A. 受聘的特岗教师　　□ B. 特岗教师的家庭　　□ C. 特岗教师所教的学生
    □ D. 聘用特岗教师的学校　　□ E. 教育行政部门　　□ F. 特岗教师毕业的高校
46. 当您进到特岗入职的学校后，您觉得与您当初报考时对特岗教师政策的了解有出入吗？如果有，有哪些出入？这些因素对您现在的工作与生活产生了什么影响？

47. 您觉得"特岗计划"政策落实情况如何？是否发挥了应有的作用？各部门是否是按政策要求严格执行？

48. 您觉得当前"特岗计划"的实施最需要在哪些方面有配套措施的跟进？您对完善"特岗计划"这项政策的执行有些什么好的建议？

请您仔细核对以上题目，以免有遗漏。再次感谢您的耐心作答！祝您工作愉快！

后　记

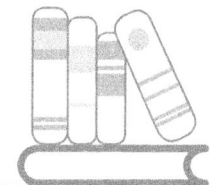

"特岗计划"是国家乡村义务教育阶段学校教师特设岗位计划的简称。该计划通过公开招募高校毕业生到西部"两基"攻坚县县以下乡村义务教育阶段学校任教，引导和鼓励高校毕业生从事乡村教育工作，逐步解决乡村师资总量不足和结构不合理等问题，提高乡村教师队伍的整体素质。河南省自2009年开始实施乡村特岗教师计划以来，已经为河南省乡村补充中小学教师15万余名，使乡村中小学教师短缺问题得到初步解决。

《河南省"特岗计划"实施成效研究》一书以我主持的河南省教师教育课程改革研究重大招标课题《河南省"特岗计划"实施成效研究》课题研究为基础，通过全面、深入了解河南省乡村教师补充政策十二年的发展历程，总结成功的经验，探索可推广的模式，更好地促进河南省乃至全国的教育均衡发展和教育公平，为实现教育公平提供借鉴；有利于及时发现政策实施十二年来出现的新问题，全方位地分析出现问题的原因，反思"特岗计划"政策的局限性，从而为河南省教育行政部门对政策的完善、提升提供合理的对策，有利于"特岗计划"的长期、顺利实施。

本书由刘筠任主编，负责全书的大纲制定、任务分配、修改、通稿和定稿工作；文正建、冯静任副主编。本书的编委既包括对特岗计划高度关注和研究基础的高校教师、河南省教育厅就业部门的工作人员，也有来自基层农村学校一线的特岗教师，多层次的研究人员为高质量完成此项目提供了充分的人力及时间保证。

参加本书编写的人员是：刘筠（负责第一编、第二编的材料收集、梳理，第三编研究编中绪论、第一章、第七章、第八章），田蕾（第二章），杨媛媛（第三章、第四章），冯静（第五章），文正建（第六章），李月和刘筠（共同完成第七章、第八章），景其彦和张刘成参与了课题调查问卷的设计、调查、统计和资料整理工作。

本书在编写和出版过程中得到了河南省教育厅教师教育处吕康老师的大力支持、悉心指导和无私帮助，得到了王北生教授、李醒东教授、高闰青教授和王章喜科长的指导和帮助，谨此表示致谢！感谢梁煜老师在课题前期申请中的努力和常晓鹏老师的支持！

　　本书的研究报告在撰写过程中学习、参考了众多学者的相关研究成果和提供的相关资料，由于研究水平有限，书中难免有疏漏之处，恳请同行专家、同事和朋友提出宝贵意见，今后继续加强研究。

刘　筠

2021年7月1日于郑州龙子湖高校园区